鉄の壁

イスラエルとアラブ世界

【第二版 上巻】

アヴィ・シュライム 著
神尾賢二 訳

緑風出版

我が父、ヨセフ・シュライム（一九〇〇～一九七一）
の思い出に捧げる。

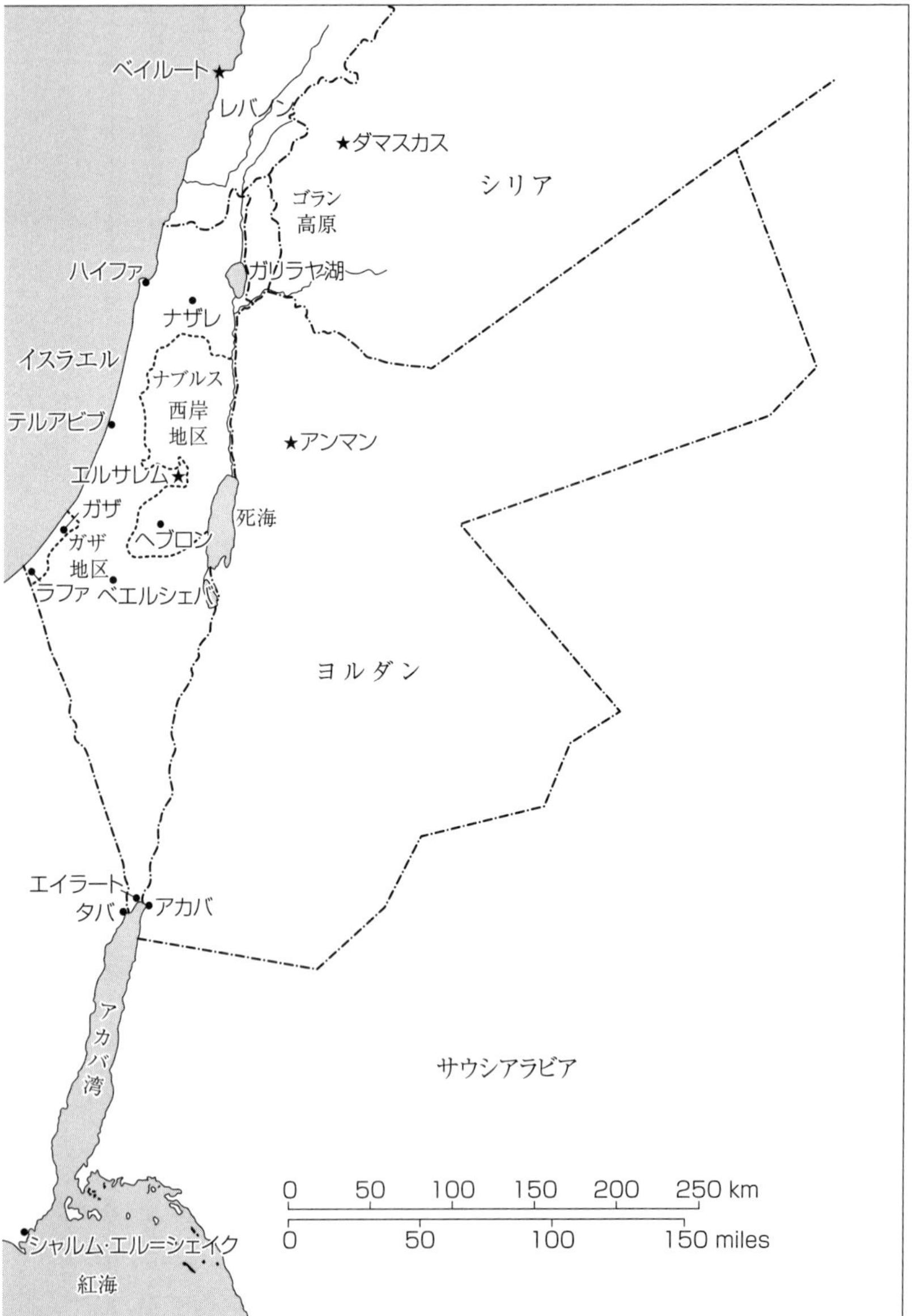

ベイルート
レバノン
★ダマスカス
シリア
ゴラン
高原
ガリラヤ湖
ハイファ
ナザレ
イスラエル
ナブルス
西岸
地区
テルアビブ
★アンマン
エルサレム
ガザ
死海
ガザ
地区
ヘブロン
ラファ
ベエルシェバ
ヨルダン
エイラート
タバ
アカバ
アカバ湾
サウジアラビア
0 50 100 150 200 250 km
0 50 100 150 miles
シャルム・エル=シェイク
紅海

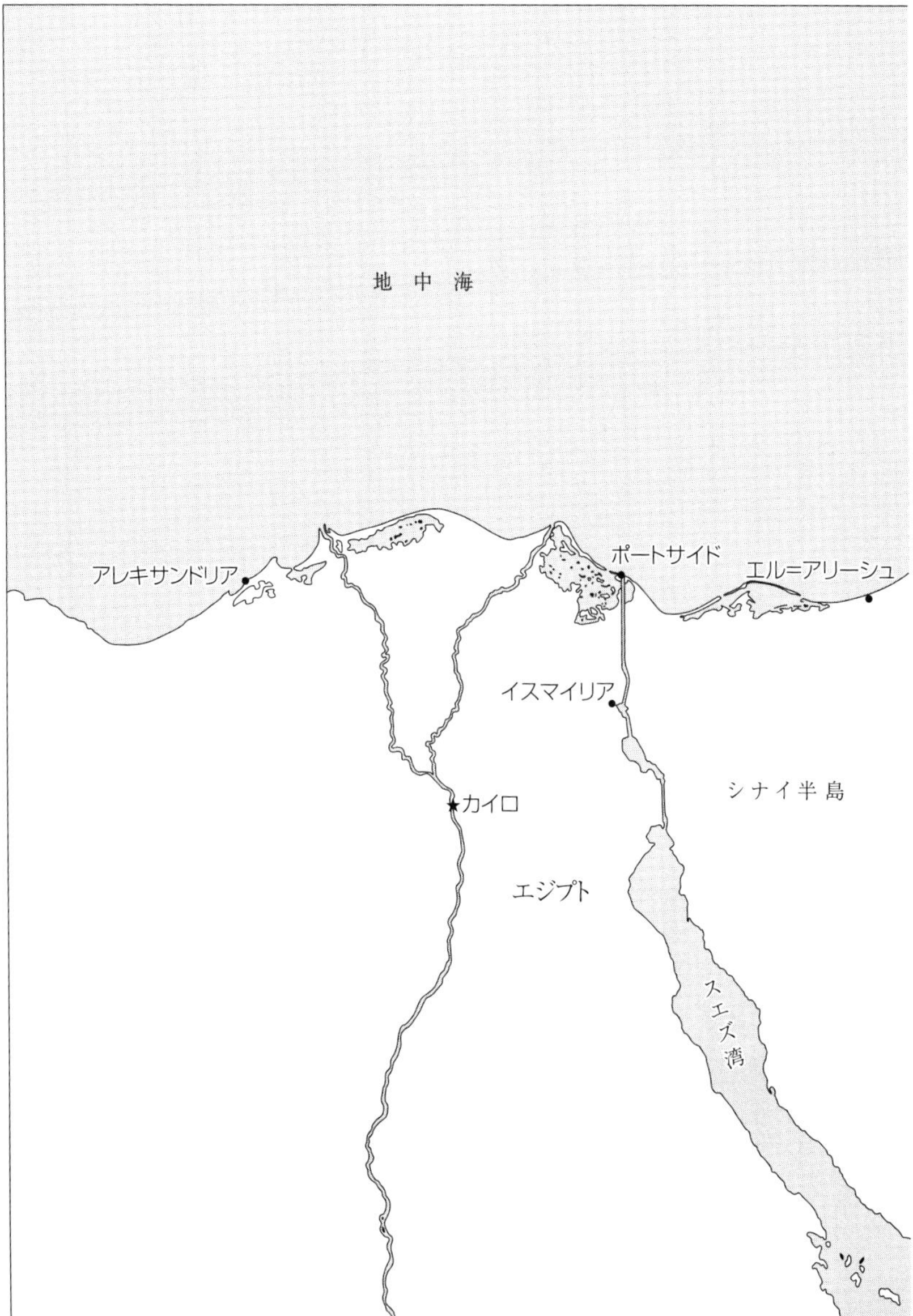
地 中 海
アレキサンドリア
ポートサイド
エル=アリーシュ
イスマイリア
シナイ半島
カイロ
エジプト
スエズ湾

目　次

鉄の壁〔第二版〕〔上巻〕――イスラエルとアラブ世界

日本語版に寄せて

『鉄の壁――イスラエルとアラブ世界』を日本の読者に読んでいただけるのは光栄なことであり、喜びでもある。本書は最初、二〇〇〇年にイギリスで出版され、一年後にペーパーバック版になり五万部以上売れた。これまでアラブ語、ヘブライ語、フランス語、ドイツ語、スペイン語、ポルトガル語に翻訳されている。本書の日本語版を実現していただいた緑風出版と、この長い本を日本語に翻訳された神尾賢二氏に大いに感謝したい。

初版『鉄の壁』は、一九四八年から一九九八年までの五十年間におけるイスラエルの近隣アラブ諸国に対する国家的政策を綿密に考察したものである。そして、今読者が手にされているのはその第二版である。第二版は量的にかなり増えており、内容も今日的に刷新した。一九九八年から始まり、アリエル・シャロン首相が意識不明になりエフード・オルメルトが後を継いだ二〇〇六年に至るまでの過程を新たに付け加えている。さらに、日本の読者のために第十五章でベンヤミン・ネタニヤフについて補足し、二つの章を書き加えた。一九九九年から二〇〇一年までのエフード・バラクについての第十六章と、二〇〇一年から二〇〇六年までのアリエル・シャロンについての第十七章である。また、日本語版のためのエピローグを追加し、年表と参考文献も改めた。

私の本が日本語で出版されるのは初めてのことだ。そこで私自身の経歴についてひと言述べておきたいと思う。私は、一九四五年にバグダッドのユダヤ系イラク人家庭に生まれた。そして私の一家は、第一次中東戦争の後にアラブ諸国で起きたユダヤ人エクソダス（集団脱出）の一員として、一九五〇年にイラクからイスラエルへ移住した。私たちは難民ではなかったし、虐待されたのでもなく、決して追い出されたわけではなかったが、真の意味で中東紛争の犠牲者だったと言えるだろう。私はイスラエルで成長し、イスラエル国防軍で兵役を務めたが、大学教育はすべて英国で受けた。最初にケンブリッジ大学で歴史、それからロンドン・スクール・オブ・エコノミクスで国際関係学を学んだ。それからの三十八年、最初はレディング大学、次いでオックスフォード大学と、英国の大学で教えてきた。学者になった最初の頃、私はイスラエルの主義主張の正当性と中東紛争の起源について、ごく月並みな見方をしていた。しかし、イスラエルの実際の行動を調査、検証した結果、徐々に私は、より批判的な視点を形成していった。私は、ユダヤ人の民族解放運動としてのシオニズムの正当性と、一九六七年境界線内のイスラエル国家の正当性はまだ認める。私が受け入れるのを拒否するのは、それも断固として拒否するのは、一九六七年境界線を越えたシオニストの入植計画である。

シオニストとシオニスト派歴史学者は、イスラエルという国を、他に選択肢がない場合しか戦争をしない平和主義国家、というイメージで描きがちだ。この流儀に従えば、一九四八年に始まった中東紛争は、アラブ人がイスラエルの正当性を否定したことと、アラブの非妥協性が原因となる。中東紛争の原因と過程に関するこの一般的シオニスト流見解は、この二十年の間に「ニュー・ヒストリアン（新しい歴史家）」、あるいはイスラエル史再検証主義歴史学者グループによる批判的検証の対象となってきた。この新しい歴史観がどのようにして生まれたのかが説明できる要因の一つに、三十年ルールによってイスラエル政府の機密文書が解除、公開されたことがある。

もう一つの要因は、レバノン内戦後の一九八二年段階におけるイスラエル国内の思潮傾向の変化である。大量の新しい情報源が閲覧を解除されたことが、イスラエル史再検証主義が登場した背景の大きな要因の一つだとすれば、一般市民の政治世論の変化も、もう一つの要因といえる。多くのイスラエル人、特にリベラルな考え方の人はリクードによる間違った、そして悔いの残るレバノン侵攻が分岐点だったと考えている。これまでのシオニスト指導者たちは、戦争が身の上に避けがたくのしかかって来た場合にだけ、仕方なく立ち上がって戦う、という平和主義者のイメージをていねいに育ててきた。それまでは、「ein breira ＝選択の余地なし」*という概念が、なぜイスラエルは戦争をしたのかを説明する論拠になっており、戦争加担を正当化する手段でもあった。ところが、レバノン侵攻賛成派と反対派の激論が依然として白熱状態にあった時期、メナヘム・ベギン首相がイスラエル国防軍士官学校で、選択できる戦争と選択できない戦争、について講演した。そこでベギンは、レバノン戦争は一九五六年のシナイ戦争のように政治的目標を達成するために計画立案された、選択できる戦争であったと説いた。そのように（イスラエルの戦争を）認めたことは過去のシオニスト運動には見られなかったことであり、ここで「ein breira ＝選択の余地なし」概念を軸に形成されてきた国民的コンセンサスが揺らぎ、イスラエル国家の過去の歴史を批判的に再

---

ein breira：breiraは「選択、オルターナティヴ」を意味するヘブライ語。一九六〇年代、アラブ諸国との和平のためには一九四九年の停戦ラインに回帰するしかない、とした世論のスローガン。その対極にあるのがaval yesh breira ＝選択の余地あり、というヘブライ語。

検討する政治的環境が生まれたのである。

母体になった新しい歴史学者グループには、イラン・パペ*、ベニー・モリス*、そして私自身がいた。私たちは全員、オックスフォード大学セント・アントニー校中東研究センターと関わりがあった。パペは、博士課程の学生で、モリスは上級準会員、私は一九八七年以来の名誉校友だった。私たちは、イスラエル国家建設四十周年を迎えた一九八八年、全員が著書を出版した。イラン・パペは、彼の著書『イギリスと中東紛争、一九四七〜一九五一』(Britain and the Arab—Israeli Conflict, 1947〜51)で、パレスチナ委任統治の黎明期におけるイギリスの本当の目的が、ユダヤ人国家の誕生を防ぐことではなく、むしろパレスチナ国家の誕生を中絶させることにあった、と論じている。また、ベニー・モリスは、『パレスチナ難民問題の誕生、一九四七〜一九四九』(The Birth of the Palestinian Refugee Problem, 1947〜1949)で、パレスチナ人は自発的にパレスチナを去ったのではなく、イスラエル人に強制退去させられたことを証明してみせた。私自身の著書は『ヨルダンの共謀：アブドゥッラー王、シオニスト運動、パレスチナ分割*』(Collusion across the Jordan : King Abdullah, the Zionist Movement, and the Partition of Palestine)という題名だった。私は、アラブ人はユダヤ人国家という生まれたばかりの赤ん坊を絞め殺したいという欲求など抱いてはいなかったのであり、むしろその中の一人などは——トランスヨルダンの支配者であるが——ユダヤ人と共謀してパレスチナ人の犠牲の上に、パレスチナを山分けしようという作戦まで立てていた、と書いた。さらに、銃声がすっかり止んだ後も、イスラエルの非妥協的姿勢が原因で政治的膠着状態が三十年間続いた、と書いた。そして、『鉄の壁——イスラエルとアラブ世界』で私は、歴史再検証主義の立場から一九四八年から一九九八年までのイスラエルの外交政策にさらに批判を加えた。

「新しい歴史」は様々な分野で強いインパクトを与えた。まず何よりも、イスラエルの学校における歴史教育に影響した。ニュー・ヒストリアン＝新歴史学派の研究成果のいくつかを組み込むために、高校の歴史教科書が書き直された。それは、単にイスラエルの誕生に関する一般的シオニスト説が廃棄されて新しい教科書にとって代わられただけでなく、解釈の仕方がこれまでとは異なる、相反したイスラエル建国史を学生、生徒に提示し、議論し、討論する場を創り出したことであった。

さらに、「新しい歴史」は、イスラエル人一般大衆が理解するのに役立った。アラブ人からすると、「新しい歴史」はアラブ人が彼らのことをどう見ているか、そして両者の紛争についてどう考えているかを、イスラエル人一般大衆が理解するのに役立った。アラブ人からすると、「新しい歴史」は占領者がこれまで流してきた宣伝文句ではなく、嘘のない、正しい、自分たち自身が体験した事実に基づいた歴史を意味した。「新しい歴史」は最終的に、イスラエルとパレスチナの境界線の両側に、和平交渉の進展を可能にする環境を創出した。二〇〇〇年七月のキャンプ・デービッドと二〇〇一年一月のタバで、

イラン・パペ：一九五四年イスラエル生まれ。エクセター大学歴史学教授。第一次中東戦争に関する論文で、一九八四年にオックスフォード大学で博士号を取得。ハイファ大学政治学科でのシオニズムに批判的な研究（テディ・カッツ論文）を弁護したことでハイファ大学を「追放」されるが、国際的な援護を受けて復帰した。反シオニスト左派の雑誌『News from Within』などでの執筆活動も行なう。著書に『The Ethnic Cleansing of Palestine』(One world Publications／二〇〇六）がある。二〇〇七年に来日講演をした。

ベニー・モリス：ベン＝グリオン大学教授。一九四八年生まれ。ニュー・ヒストリアンの名付け親で主要メンバー。シオニスト側の新資料に基づいて中東紛争の新史観を切り開いた。二〇〇四年一月、イスラエルの新聞『ハアレツ紙』で「近い将来、パレスチナ人の追放は避けられない」と発言し、物議をかもした。

『ヨルダンの共謀』：本書の著者、アヴィ・シュライムの著書。イギリスの委任統治期にシオニスト、イギリス、トランスヨルダンの三者がパレスチナの分割を協議したとき、パレスチナ人独立国家を望まないトランスヨルダンとイスラエルとの間で、パレスチナの土地を両者で分割する確約があった事実を実証した。

パレスチナ側交渉団はニュー・ヒストリアン、特にベニー・モリスの研究に言及し、一九四八年の難民たちの窮状に対する責任の一端をイスラエル側にも負わせようとした。

セント・アントニー校の学生時代に、オックスフォード大学の博士号をとったイスラエルの元外相、シュロモ・ベン＝アミは、キャンプ・デービッドとタバ交渉の代表だった。ベン＝アミは「新しい歴史」が政治的プロセスに実際に役に立ったと考えている。彼は二〇〇七年七月七日、私宛ての電子メールでこう書いている。

「交渉は弁論の戦いでした。そして、パレスチナ側は間違いなく『新しい歴史』のおかげで彼らの論議の正当性への確信を固めることができたのです。中東紛争の歴史の新解釈を『亡国的』だとか『片手落ち』だとする批判はいくらでもありましたが、イスラエル交渉団は、最新の研究成果によって形成された視点に立って、交渉の席についたのでした。一九六七年境界線をベースに解決を図ろうという前向きの意志、エルサレムの分割、そして一九四八年の難民の悲劇、などはどれも『新しい歴史』の研究をめぐって交わされた議論と完全に切り離すことができません。歴史学者が政策決定者に、ずばりダイレクトに影響を与えることなどめったにありません。しかし一九四八年の戦争に関して、これまでにない激論がイスラエルの国民大衆に提示されたことで、これを認めるのか否かというまさにこの点が、私たちの大多数にとっての知的宿題になったのです」

要するにこれは、歴史が変われば話が変わる、ということである。しかし、ここ八年間はどうか。政治的領域での様々な変化から、イスラエルの国民大衆は歴史の新解釈に疑問を抱き始め、むしろ古い解釈の方を受け入れようとしている。オスロ和平交渉の決裂、二〇〇〇年九月のアル＝アクサ・インティファーダ*の発生、二〇〇一年二月のリクード総裁のアリエル・シャロンの権力掌握などの結果、イスラエル世論は「新しい歴史」に疑問を抱き、旧来の無修正のシオニスト史観に揺り戻されている。

選挙の半年前、アリエル・シャロンは教育制度にはどのような変革が必要と考えるかと問われ、こう答えた。

「子供たちには、イスラエル国民とイスラエル国土の歴史を学んでもらいたい……子供たちは、ユダヤ人のシオニズム的価値観を学ぶべきであり、『新しい歴史』を教えてはならない」

この答えの背後には、国内の保守派に広く共通する、ニュー・ヒストリアンは愛国的価値観とイスラエル人の大義の正当性に対する若者の信念を蝕んだ、という意味が隠されていた。シャロンの意図は、新しい歴史が生んだ効果を帳消しにして、教育制度に再び伝統的価値観を強く打ち出すことにあった。

二〇〇一年のリクードの権力掌握は、即パレスチナ人との関係における原理主義的立場への逆行と、偏狭な民族主義的史観の復活をイスラエルの歴史に持ち込んだ。シャロン内閣教育相のリモール・リブナット*は、新しい歴史とポスト・シオニズム*そして彼女が敗北主義、宥和政策と呼ぶオスロ合意への道を開い

アル＝アクサ・インティファーダ：二〇〇〇年九月二十八日に発生した反イスラエル暴動（第二次インティファーダ）。イスラエルのリクード党首で外相のシャロンと武装した部下が、神殿の丘のユダヤ人とキリスト教徒の宗教儀式は許されていないアル＝アクサ・モスクに入場したのがきっかけで起きた。

リモール・リブナット：一九五〇年生まれ。イスラエルの政治家。元シャロン内閣の教育相。後にスポーツ文化相。一九九二年にリクードから初当選。シャロン派として入植地拡大やアラファト追放などを強く主張しオスロ合意に激しく反対した。二〇〇四年のシャロンのガザ入植地撤去政策に断固反対した。

ポスト・シオニズム：シオニズム思想は一九四八年のイスラエル国家建設が実現された時点で終焉したとする考え方。また、イスラエルの右派がオスロ合意をとりつけた左派を指す呼び方。

たあらゆる政治的営為と表現に対して、全面的に攻撃を始めた。彼女は、二〇〇一年一月二十六日付『エルサレム・ポスト』紙に「鉄の壁への回帰」と題する、寄稿文というよりどちらかと言えば選挙向けマニフェストを発表した。リブナット女史は、オスロ交渉が「ヨシ・ベイリン*によって一九九二年に秘密裏に非合法的に開始された」として、国民を欺いたかどで左派政党を非難した。しかしながら彼女は、民主選挙で選ばれた政府の外務副大臣によって開始された外交プロセスが、なぜ非合法となるのかは説明することができない。彼女の寄稿文の主題は、左派政党の平和主義と、右派政党の現実主義の比較対照にあった。リブナット女史に言わせれば、オスロ合意の裏に隠されたイデオロギーは、建国以来イスラエルの指導者の政策を率いてきた「鉄の壁」戦略に真っ向から対立するものである。しかも彼女は、「中東紛争を終わらせるには、平和を唱え、国家的なシオニズム思想を棄てるだけで十分だという、誤った考え」に警告を発する。その結論には、これでもかとばかりに永続的対立志向が強調されている。「軍事的脅しによってもテロリズムをもってしても、ユダヤ人の権利と自由を守るというイスラエルの決意は微動だにしないことを、今一度アラブ人に思い知らせるために、イスラエルは今こそ『鉄の壁』を再構築しなければならない」。

　リブナット女史の、鉄の壁戦略はあまりにも粗野で短絡的で、いったいこの人はゼエヴ・ジャボチンスキー*の著作を読んだことがあるのだろうか、と首をかしげたくなる。ジャボチンスキーを読めば、彼がシオニストとパレスチナ人との永続的対立主義の提唱者ではなく、紛争を終わらせようとする志向性を強く持った交渉を提唱していたことが彼女にもわかるはずだ。リブナット女史は鉄の壁を、一つの目的——シオニズムとパレスチナ人のナショナリズムとの対立の納得行く解決という——のための手段としてよりも、自己目的と考えていた。

　リブナット女史が教育相に就任して最初の仕事の一つが、「新しい歴史」の影響の跡が認められるものをすべて削除した中学校歴史教科書改訂命令だった。こうした公的強制措置による攻勢に加えて、二つの事実が「新しい歴史」の求心力と信頼性を弱体化させる役割を果たした。一つはテディ・カッツ事件*、もう一つがベニー・モリスの変節である。テディ・カッツは、一九九八年に大量の聴き取り調査資料を駆使した修士論文を、ハイファ大学に提出した。論文は、一九四八年五月末にハイファの南三五キロの所にあるタントゥーラというアラブ人村で、アレクサンドロン旅団が犯した虐殺について書いたものだった。タントゥーラ村がすでに降伏していたにもかかわらず、村民二百人以上が射殺されたというカッツの調査結果が、二〇〇〇年一月にイスラエルの新聞に掲載された。これで一気に大激論が巻き起こり、アレクサンドロン旅団の退役軍人が、カッツを名誉毀損で訴えるまでに発展した。法廷は、ハイファ大学側に学術専

ヨシ・ベイリン：イスラエルの左派政治家。元クネセト議員、外務副大臣、法務大臣。労働党次いで左派政党メレッツ議長。オスロ合意、ジュネーヴ合意と中東和平交渉全般に関わったことで知られる。
ゼエヴ・ジャボチンスキー：（一八八〇年～一九四〇年）シオニスト指導者。ロシア帝国オデッサ生まれ。新聞記者時代の一九〇三年にシオニズム運動に傾倒。ユダヤ人義勇軍自衛組織を設立。名前もウラジミールからヘブライ語の「ゼエヴ（狼）」に変えた。ヘルツルの死後、右派シオニスト指導者となる。一九三四年に書いたユダヤ国家憲法草案で「アラブ人少数派の地位は『国の公共の生活領域すべて』においてユダヤ人と平等であり、両コミュニティは軍や行政面の義務を分担し権利を享受する」と宣言した。
テディ・カッツ事件：二〇〇〇年、ハイファ大学院生のテディ・カッツが一九四八年のパレスチナ人虐殺（タントゥーラの虐殺）について発表した論文が退役軍人に名誉毀損で訴えられ、大学が判決前にカッツの修士号を取り消した事件。パペ教授はカッツ論文を高く評価し、ハイファ大学を追放されそうになった。

門家委員による内部調査の開始を指示した。調査の結果、論文に、中でも聴き取り録音テープの書き起こしに重大な専門的誤りが発見され、カッツは修士号を剥奪されるという結末になった。

学術的論争においては、特にハイファ大学政治学部のイラン・パペをはじめ数名の学者がテディ・カッツを弁護した。パペが二〇〇一年春に『パレスチナ研究ジャーナル（Journal of Palestine Studies）』で書いたように、この事件は一九四八年の戦争が孕んでいた「民族浄化」の側面を際立たせるような研究を、シオニスト主流派はいつでも妨害できることを端的に示している。事件をめぐる論争は、激しく、露骨に政治的だった。評論家はカッツだけでなく、ニュー・ヒストリアン全体にまで広げてその信頼性に疑問を投げかけた。十把一絡げに連座させるのは、およそ学者として恥ずべき行為である。一修士論文の、それも真偽の定かでないミスが一つや二つあるからといって、それをもって一学派全体を攻撃できるという理由にはならない。だが、むやみやたら泥を投げつけられたら、すべてきれいによけることもできない。

争いに引きずり込まれたニュー・ヒストリアンたちは、ベニー・モリスの変節によってさらに厳しい状況に追い込まれ、苦しい闘いを余儀なくされた。アル＝アクサ・インティファーダが始まって間もなく、中東紛争とその主人公たちに関するモリスの考え方は根本的に変わってしまった。彼は、オスロ和平交渉の決裂と武力闘争への回帰を、すべてパレスチナ暫定政府のせいにした。二〇〇二年二月二十一日の『ザ・ガーディアン』紙に、ヤセル・アラファトを「根っからのうそつき」と口汚く罵り、なぜパレスチナ人との平和共存が不可能であるのかを彼なりに説いた。この記事は、ベニー・モリスに似合わず、長さの割には証拠に乏しかった。翌日私は、「歴史への裏切り」という題の、長い怒りの記事を書いてベニー・モリスに応じた。

同じ論争をむし返したいとは思わないが、これだけははっきりさせておきたい。ニュー・ヒストリアンの初期の仲間同士の間にはもはや、一九六七年以降の中東和平への主たる障害はイスラエルである、という共通認識は存在しない、と。ベニー・モリスは、和平への主たる障害はパレスチナ民族運動である、とする。私は、主たる障害はイスラエルである、と考える。この結論は、イデオロギーやイスラエルに対する偏見などのなせる業ではなく、こつこつと調査し、証拠、証言を客観的に評価した結果だ。外交交渉が行き詰まったのはイスラエルの責任であるというのは、私の出発点ではなく、私の研究の終着点なのである。私を批判する人たちは、私が政治的予見を抱いていたと非難しているが、そのうちの誰一人として、こうした告発内容を実証する具体的証拠を提示していない。私の本当の目的は、誰かを責めたり、恥をかかせたりすることではなく、過去を照らし出すことにある。私の歴史の方法論は完全に伝統的である。私はイスラエル人とアラブ人のお互いの言い分を、現存する証拠と照らし合わせ、批判的立場から精査した上で、いかに深く考察し、熟考した内容であっても、そうした精査に耐えられないものは省く。私にとって歴史学とは、政治的あるいは学術的貢献を旨とするものではなく、錯綜した真実を純粋に追求することだ。

イスラエルの過去をめぐる論争は続いており、これは決して終わることのない種類の論争である。したがって、新しい史観をもって最終的判断を下すのはまだ早すぎる。あるジャーナリストが周恩来に、フランス革命が与えた影響についてどう思うかと質問したことがある。中国人指導者は答えた。

「答えるにはまだ早すぎます」

新しい歴史の影響力についても同じことが言えるだろう。アラブとイスラエルの関係のあり方と、歴史的過去に対する人々の考え方には、明らかに強い関連性がある。一九八二年のレバノン戦争後、リクード政権の悪夢から覚醒したことが新しい歴史研究に拍車をかけたように、二〇〇〇年の暴力の復活によるパレスチナ人に対する失望が、ニュー・ヒストリアンを孤立させ、疎外し、あまつさえ非合法化させる方向に働いた。

イスラエル人が脅威を覚えれば覚えるほど、単純で利己的な歴史物語に逃げ込み、異議を唱える声を聞こうとしなくなる。しかし、まさにこうした危機においてこそ、異議を唱える声が何としても必要なのだ。他民族排斥主義で独善的な民族主義史観は、こうした悲劇的対立の火に油を注ぎ、長期化させるだけである。そこで、将来的な和解への展望を少なくとも維持するには、過去の歴史をより深く、公平に理解することが必要不可欠である。なぜ私が本書を著し、そして日本の読者のために内容を改めたかと言えば、現代世界におけるもっとも苦渋に満ち、もっとも長い、もっとも厄介な紛争の一つについて、さらに深く理解してもらいたいからである。私の願いが叶ったかどうか、それは私自身ではなく、読者に判断していただきたいと思う。

二〇一一年五月　オックスフォード、セント・アントニー校にて

アヴィ・シュライム

初版まえがき

一九四八年五月十四日のイスラエル建国は、二十世紀の歴史におけるもっとも重大な出来事の一つであった。本書は、イスラエル建国後五十年間の外交政策、とくにアラブ世界とイスラエルとの関係に焦点を絞って研究したものである。このテーマで書かれた著作は実に沢山あるが、そのほとんどがイスラエル寄りの立場で書かれている。イスラエルは、諸事件に関して自己流解釈を世の中に通用させることにかけてはアラブの敵対勢力よりはかなり巧妙にやってきた。しかしイスラエルの考え方は、どの国家主義の歴史ともそう変わるところのない、一方的で自己中心的なものだ。フランスの哲学者エルネスト・ルナン*は言っている。

「国家とは、過去についての誤った見解と隣人に対する憎悪とで結束した人間の集団である。国家の中心的要素は、個々が多くの事柄を共有していることである」

イスラエルもその例外ではない。

エルネスト・ルナン：フランスの宗教史家、思想家（一八二三〜一八九二）。近代合理主義的な観点で書いた『イエス伝』の著者。パレスチナで学術調査を指揮、後にコレージュ・ド・フランスのヘブライ語主任教授に就任。一八六三年刊行の『イエス伝』では「奇跡や超自然」を非科学的伝説とした。

中東紛争の大義、性格、経緯に関する標準的なシオニト流解釈は、長い年月にわたってアラブ世界以外では異議を唱えられることがなかった。ところが、イスラエル建国四十周年の一九八八年、イスラエル国家の誕生と最初のアラブ―イスラエル戦争に関する従来の正統史とされてきたものに異議を唱える四冊の著書が出版された。その四冊とは、シムハ・フラパン*の『イスラエルの誕生：神話と現実』、ベニー・モリスの『パレスチナ難民問題の誕生、一九四七〜一九四九』、イラン・パペの『イギリスと中東紛争、一九四七〜一九五一』、そして私自身の著書『ヨルダンの共謀：アブドゥッラー王、シオニスト運動、パレスチナ分割』のことである。この著者たちは総称してイスラエル史再検証主義派、あるいはニュー・ヒストリアン＝新しい歴史家と呼ばれるようになった。

再検証主義派史観では、イスラエルの誕生と一九四八年の中東紛争をめぐる諸事件に焦点が絞られている。本書における私の目的は、建国を実現してからの五十年間におけるアラブ世界に対するイスラエルの政策を再検証主義から解釈することにある。まず、本書が中東紛争の全体史ではなく、イスラエルのアラブ世界に対する政策についての研究であることをことわっておかねばならない。したがって、重点は全体を通してイスラエル――紛争におけるイスラエルの解釈、イスラエルの立場、イスラエルの考え方、イスラエルの態度――におかれている。本書は年代順に構成されているが、私はイスラエルの外交政策への批判的分析を加えつつ、年代順の諸事件の単なる羅列に終わらないようつとめた。英国の歴史学者、Ｅ・Ｈ・カーが言ったように、私も歴史学者の責務とは記録することではなく、評価を下すことにあると考えている。

カーはまた、歴史を記すことは、学者と出典との永遠の対話である、とも言っている。だから、本書の記述の出典に関するひと言もおろそかにしたくない。本書の主題に関する二次史料は厖大にあり、脚注で引用している著書や記事も参考文献に掲げた。しかし私は、英語、フランス語、ヘブライ語、アラブ語を問わず、どんな場合でも原典に依拠する方を選んできた。本書の主題が外交政策である以上、もっとも相応しい種類の原典とは、政府の公文書からなるものだ。エルサレムにあるイスラエル国立公文書館の仕事も、また公文書館の発行による『イスラエルの外交政策記録』という表題のすぐれた史料集の編纂も、どちらも国際関係学の研究者の協力によるところが大きい。イスラエルは、英国の外交文書再調査と機密指定解除三十年ルールを採用した。アラブ諸国の政府は、所有する記録文書は調査以外の目的では公開しないし、たとえ全部公開しても、無計画で気まぐれなやり方をとる。研究者に内部文書にアクセスさせ、それによって本書のような批判的研究を可能にしたのはイスラエルの功績にあずかるところが大きい。

私にとって真に問題だったのは、イスラエル側の史料とアラブ側のそれとの手に入りやすさの差ではなく、三十年ルールのもとで私が調べることができたイスラエルの文書が、一九六〇年代半ばまでのものだったことだ。私は、初期の時代について深く調べるか、より最近の時代の公文書史料が相対的に不十分であっても、半世紀のイスラエル外交政策をより包括的に扱うことにするか、どちらかを選ばなければならなかった。私は後者の行き方を選んだ。全体像を見せる方を選んだことが、効を奏したかどうかの判断は

シムハ・フラパン：イスラエルの政治家、歴史学者（一九一一～一九八七）。ポーランド出身。左派シオニスト政党、マパムの議長を務め、雑誌『ニュー・アウトルック』を刊行してアラブとイスラエルの接近を提唱した。イスラエルの軍事力依存に反対し平和共存を訴えた。著書に『シオニズムとパレスチナ』、『イスラエルの誕生：神話と現実』がある。

他人が決めることである。

本書を書くにあたり、私は政策決定者や本書で記述した出来事に関与した人たち、すなわち官吏、議員、閣僚、軍人、そして王様一人とのインタビューを非常に多く取り入れた。

もう一度言う。私は、記憶違い、利己的解釈、歪曲、ねつ造といった聞き取り調査で生じる短所や落とし穴などについては知りすぎるほど知っている。それでも私は、文献資料の代替物としてではなく、その補完物としての口述歴史資料を大いに信頼する。インタビューはほとんど全部、建国後二十五年間の政治と国防問題に関する著書の資料収集のために、一九八一年から八二年までの一年間、イスラエルに滞在したときに行なったものである。私は、一九五一年のアブドゥッラー王殺害で終わったイスラエルとヨルダンの三十年の関係に焦点を当てた『ヨルダンの共謀』を書き上げた。私の手元にはインタビューという貴重な宝が残されていた。それらが、今回の本で初めて陽の目を見た資料に他ならない。

私がインタビューした方々は、イスラエル人も、そうでない人も巻末の参考文献の中にその名を掲載してある。時間を割いて質問に答えていただいた方々には全員に感謝したい。中でも、一九九六年十二月にヨルダンの故フセイン・ビン＝タラール王に二時間のインタビューができたことはとくに運がよかったと思う。このインタビューは、一九五三年から一九九六年までのフセイン王のイスラエルとの関係について問うたものであった。一九九四年のイスラエル―ヨルダン和平協定締結に先立つイスラエルの指導者たちとの会談について、王がテープレコーダーを前に話したのはこれが初めてのことである。

本書の刊行までの長い過程で、さまざまな段階で私を支えてくれた団体や個人の方々のことは、本当にありがたく思う。なかでも最もありがたかったのは英国アカデミーであり、一九九五年から九七年まで二年間、研究講師助成金を交付していただいた。研究講師の処遇は、オックスフォード大学での教職と事務的な雑務から解放してくれ、助成金は研究出張、公文書調査、研究助手雇用を可能にしてくれた。英国アカデミーの惜しみない援助がなかったら、本書の執筆は不可能だった。

また、休暇の延長を手助けしてくれたオックスフォード大学国際関係学部の同僚たちと、代講をつとめてくれたエリカ・ベナー博士にも感謝する。

研究作業の一番楽しかった部分は、遠く離れた土地を訪ねて、埃に埋もれて資料を漁っている時だった。だが、いつもそうとはいかず、誰かに代理をお願いしなければならないこともあり、その役割を担ってくれた三人の非常に真面目な研究助手にもお礼を言いたい。リアンナ・フェルドマンはスデ・ボケルのベン＝グリオン資料館で、アリエル・アブラモヴィッチはエルサレムの国立公文書館で、マイケル・ソーンヒルはキューの英国国立公文書館で、それぞれ調査を担当してくれた。マイケルは、英国国立公文書館とオックスフォード大学のいくつもの図書館での仕事に加えて、アドバイザー、作業管理、経理、編集、校正の仕事までこなした実に貴重なアシスタントであった。

多数のイスラエルの友人が、色々な形で私を助けてくれたが、とくに名前をあげておきたい友人が三人いる。ベン＝グリオン研究センターのザキ・シャローム博士は、イスラエルの外交、国防政策に関する知識と貴重な個人資料を提供してくれた。同センターのモシェ・シェメッシュ博士は、家族と一緒にやってきたオックスフォードでの休暇もそっちのけで、毎晩のようにアラブ語の資料と首引きでアラブの対イスラエル戦略が何なのかを私に教えてくれた。元兵士で学者のモルデハイ・バール＝オン博士は、情報と発想と議論の尽きせぬ泉であった。

何人かの友人と昔の学生たちが本書の初稿を読んで、意見を寄せてくれた。スディール・ハザレエシンとナイリー・ウッズは初めの数章を読んで建設的なコメントをくれた。カルマ・ナブルシとラアド・アルカディリはすべての原稿に注意深く目を通し、より良くするための非常に有効な助言を与えてくれた。

エリザベス・アンダースンはいつ終わるのかわからない山のような原稿を、すばらしき忍耐力と技術と喜びをもってタイプしてくれた。マーガ・ライオールは参考文献を整理してくれた。オットー・ゾンタグはタイプ原稿を巧みに、想像力を持って、ディテールに細心の注意を払いながらリライトしてくれた。W・W・ノートン社のスタッフにも感謝したい。ドナルド・ラムの聡明な編集指揮、ドレーク・マクフィリーの確かな助言と支援、セーラ・スチュアートの実に多岐にわたる協力に。

最後に、結婚生活二十五年を経ても私の仕事に興味を持ち続け、数多くの刺激的な会話を交わしてくれ、辛らつな批評と深い洞察力のあるコメントを与えてくれ、長年私を励まし続けてくれた妻のグウィン・ダニエルに感謝したい。

もし本書が何らかの賛辞を受けたとしたら、ここに名前を挙げた団体、組織、個人の全員がそれに値する。そして至らないところがあったなら、それはすべて私の責任である。

一九九九年五月　オックスフォードにて

アヴィ・シュライム

年表

一九四七年十一月二十九日	国連、パレスチナ分割決議案を採択。
一九四八年五月十四日	イスラエル建国宣言。
一九四八年五月十五日〜一九四九年一月七日	第一次中東（アラブ―イスラエル）戦争。
一九四九年二月〜七月	アラブ―イスラエル休戦協定調印。
一九四九年四月〜六月	国連パレスチナ調停委員会賛助のもと、第一回ローザンヌ会議。
一九四九年五月十一日	イスラエル国連加盟。
一九四九年十二月九日	国連総会でエルサレム国際化を議決。
一九四九年十二月十三日	イスラエル立法府クネセト、エルサレムでの議会開催を決定。
一九五〇年四月四日	ヨルダンが東エルサレムを含む西岸地区を併合。
一九五〇年五月二十五日	英仏米三国が中東への武器供与制限で共同宣言。
一九五一年二月十二日	イスラエル、シリアとの非武装地帯内でフラ湖排水工事を開始。
一九五一年四月四日	シリア、アル＝ハンマでイスラエル偵察隊を攻撃。
一九五一年五月二日〜六日	イスラエルとシリアがタル・アル＝ムティッラで交戦。

一九五二年七月二十三日	エジプトでナセルら自由将校団がクーデター。ファルーク国王退位、共和制を樹立。ナセルは副首相に就任。
一九五二年八月十八日	ダヴィド・ベン＝グリオン、クネセトでエジプト革命を歓迎。
一九五二年十月九日 〜一九五三年五月二十七日	シリア―イスラエル非武装地帯分割協議。
一九五三年九月二日	イスラエルがヨルダン川水利計画を開始。シリアが国連安保理に抗議。
一九五三年十月一日	アイゼンハワー大統領、水交渉の調停役にエリック・ジョンストンを任命。
一九五三年十月十五日	キビヤ村虐殺事件。
一九五三年十二月七日	ダヴィド・ベン＝グリオン辞任、モシェ・シャレットが後継首相に就任。
一九五四年四月十七日	ナセル大佐がエジプト首相に就任。
一九五四年七月	ラヴォン事件、あるいは「しくじり」とも呼ばれているユダヤ人スパイ・グループのエジプトにおける破壊活動。
一九五四年九月二十八日	エジプトがポートサイドでイスラエル船籍バット・ガリーム号を拿捕。
一九五四年十月十九日	イギリスが、スエズ基地からの撤退に調印。
一九五五年二月二十一日	ベン＝グリオン、国防大臣として政界に復帰。
一九五五年二月二十四日	イラクとトルコがバグダッド条約に調印。
一九五五年二月二十八日	イスラエル国防軍によるガザ地区襲撃。
一九五五年四月五日	イギリス、バグダッド条約に加盟。

一九五五年八月九日	エルモア・ジャクソン、調停活動を開始。
一九五五年九月二十七日	ナセル、エジプト―チェコ武器取引協定を公表。
一九五五年十月二十日	エジプト―シリア相互防衛条約締結。
一九五五年十一月二日	ベン＝グリオン、イスラエル首相に再選。
一九五五年十二月十一日	キネレット作戦（シャロン大佐指揮によるガリラヤ湖岸シリア領襲撃作戦）。
一九五五年十二月〜一九五六年三月	アンダーソン使節団派遣。
一九五六年四月六日	国連事務総長、イスラエル―エジプト休戦復活に向けた往復外交を開始。
一九五六年六月十三日	イギリス、スエズから完全撤退。
一九五六年六月十八日	モシェ・シャレット、外相を辞任。
一九五六年六月二十四日〜二十六日	ヴェルマール協定（イスラエルとフランスの武器取引協定）。
一九五六年七月二十六日	エジプト、スエズ運河会社を国有化。
一九五六年九月三十日〜十月一日	サンジェルマン会議。
一九五六年十月二十二日	エジプト―シリア―ヨルダン相互防衛条約締結。
一九五六年十月二十二日〜二十四日	セーヴル会議。

一九五六年十月二十九日〜十一月七日	スエズ動乱（第二次中東戦争）。
一九五六年十一月五日	英、仏、イスラエルがエジプトへの攻撃を中止しなければロケット弾攻撃を含む武力行使に出る、とソ連が恫喝。
一九五七年一月五日	アイゼンハワー、反共主義のアイゼンハワー・ドクトリンを議会に要請。
一九五七年三月十日	イスラエル国防軍、エジプトとの休戦ラインまで撤退。
一九五八年二月	シリアとエジプトが合併し、アラブ連合共和国（ＵＡＲ）を結成。
一九五八年七月十四日	イラクで革命。
一九五八年七月十五日	米、レバノンに出兵。イギリス、ヨルダンに出兵。
一九六一年九月二十八日	シリアでクーデター。アラブ連合共和国崩壊。
一九六三年三月八日	シリアでバース党反乱。
一九六三年六月十六日	ベン＝グリオン、首相を辞任し、レヴィ・エシュコルが後継者に。
一九六四年一月十三日〜	第一回アラブ首脳会談がカイロで開催、ヨルダン川分水問題を討議。
一九六四年五月二十九日	パレスチナ解放機構（ＰＬＯ）創立。
一九六四年九月五日〜十一日	第二回アラブ首脳会談がアレキサンドリアで開催。
一九六六年二月二十三日	ＰＬＯの反イスラエル運動激化を受けて、シリアで左派クーデター起きる。
一九六六年十一月九日	シリアとエジプトが相互防衛協定に調印。
一九六六年十一月十三日	イスラエルがヨルダン川西岸地区のアッ＝サム村を襲撃。

一九六七年四月七日	イスラエル空軍機、シリア空軍のミグ戦闘機七機を撃墜。
一九六七年五月十五日	ナセル、シナイ半島に出兵。
一九六七年五月十九日	ナセル、国連軍緊急部隊のシナイ半島撤退を要請。
一九六七年五月二十二日	ナセル、チラン海峡のイスラエル海路を封鎖。
一九六七年五月二十六日	イスラエル外相アバ・エバン、ド・ゴール、ウィルソンと会談後、ジョンソン米大統領と会談。
一九六七年五月三十日	エジプトとヨルダンが相互防衛協定を締結。
一九六七年六月一日	エルサレムで挙国一致内閣が成立。
一九六七年六月五日〜十日	六日戦争。
一九六七年六月二十七日	イスラエル、東エルサレムを併合。
一九六七年七月二十六日	アロン計画を議会に答申。
一九六七年八月二十八日〜九月二日	ハルツームでアラブ首脳会議開催。
一九六七年十一月二十二日	国連安保理、決議第二四二号を採択。
一九六九年二月二十六日	レヴィ・エシュコル死去。ゴルダ・メイアが後継首相。
一九六九年三月〜一九七〇年八月	イスラエル―エジプト消耗戦争。
一九六九年十二月九日	アメリカがロジャース提案を発表。

一九六九年十二月二十二日	イスラエル、ロジャース提案を拒否。
一九七〇年六月十九日	第二次ロジャース提案。
一九七〇年八月七日	イスラエル、ロジャース提案を受諾し、エジプト―イスラエルが停戦。
一九七〇年九月	「黒い九月」事件。ヨルダンがパレスチナ人ゲリラ（フェダイーン）を虐殺。
一九七〇年九月二十八日	ナセル死去。アッ＝サーダート（サダト）が後継大統領となる。
一九七一年二月四日	アッ＝サーダート、暫定合意案を提起する。
一九七一年二月八日	ヤーリング、イスラエルとエジプトに質問状を送る。
一九七一年十月四日	第三次ロジャース提案
一九七二年三月十五日	ヨルダン王フセイン、アラブ連合王国構想を発表。
一九七二年五月二十二日〜二十六日	モスクワでニクソン―ブレジネフ首脳会談。
一九七二年七月十八日	アッ＝サーダート大統領、ソ連軍事顧問団を国外退去させる。
一九七三年十月六日〜二十六日	ヨム・キプール戦争。
一九七三年十月二十二日	国連安保理、直接交渉を呼びかける国連安保理決議第三三八号（米ソ共同停戦案）を採択。
一九七三年十二月二十一日	中東和平会議、ジュネーヴで開幕。
一九七四年一月十八日	イスラエル―エジプト兵力引き離し協定（第一次シナイ協定）調印。

一九七四年四月十日	ゴルダ・メイア辞任。イツハク・ラビンが首相に就任。
一九七四年五月三十一日	イスラエル―シリア兵力引き離し協定調印
一九七四年十月二十六日〜二十九日	ラバトでアラブ首脳会議。ＰＬＯをパレスチナ人唯一の代表として承認。
一九七五年四月十三日	レバノン内戦勃発。
一九七五年九月一日	イスラエル―エジプト暫定合意案（第二次シナイ協定）締結。
一九七六年六月一日	シリア、レバノン内戦に介入
一九七六年七月四日	イスラエル国防軍、エンテベ空港ハイジャックの人質解放。
一九七七年五月十七日	イスラエルで右派のリクードが政権奪取。
一九七七年十月一日	米ソ、ジュネーヴ和平会議を呼びかける共同声明。
一九七七年十一月十九日〜二十一日	アッ＝サーダート大統領、エルサレムを訪問。
一九七七年十二月二日〜五日	反イスラエル強硬派アラブ諸国（アルジェリア、リビア、シリア、南イエメン、イラク）によるトリポリ会議。
一九七七年十二月十四日	カイロ会議開幕。
一九七七年十二月十六日	ベギン首相、ワシントンでパレスチナ自治領和平案を発表。
一九七七年十二月二十五日〜二十六日	イスマイリアでベギン―アッ＝サーダート首脳会談。

一九七八年一月十一日	イスラエル―エジプト軍事会議、カイロで開催。
一九七八年三月十四日	イスラエル軍、リタニ作戦を決行、南レバノンに侵攻。
一九七八年三月十九日	国連安保理決議第四二五号を採択、イスラエルのレバノン撤退を求める。
一九七八年六月十三日	UNIFIL（国際連合レバノン暫定駐留軍）が進駐後、イスラエル国防軍、レバノンから撤退。
一九七八年七月十八日〜十九日	イギリス、リーズ城会議。
一九七八年九月五日〜十七日	キャンプ・デービッド三者会談。（カーター、ベギン、アッ＝サーダート）
一九七八年九月十七日	イスラエルとエジプト、キャンプ・デービッド合意に調印。
一九七八年十月十二日	ワシントンでブレアハウス会議開幕。
一九七八年十一月二日〜五日	バグダッドでアラブ連盟首脳会議。キャンプ・デービッド協定を非難。
一九七九年二月一日	イランでイスラム革命。
一九七九年三月二十六日	イスラエル―エジプト平和条約がホワイトハウスで調印。
一九七九年十月二十一日	モシェ・ダヤン、パレスチナとの自治交渉からはずされ外相を辞任。
一九八〇年五月五日	エゼル・ヴァイツマン、国防相を辞任。
一九八〇年九月十七日	イラン―イラク戦争勃発。
一九八一年六月四日	ベギン―アッ＝サーダート、シャルム・エル＝シェイク会談。

一九八一年六月七日	イスラエル空軍機，バグダード近郊の原子炉を爆撃。
一九八一年六月三十日	リクード、総選挙で改選される。
一九八一年十月六日	アッ＝サーダート大統領暗殺。後任にムバラク副大統領。
一九八一年十一月三十日	米―イスラエル、戦略的協力に関する覚書に調印。
一九八一年十二月十四日	イスラエル、ゴラン高原併合。
一九八一年十二月十八日	米、イスラエルとの戦略的協力に関する協定を保留。
一九八二年四月二十六日	イスラエルのシナイ半島からの撤退が完了。
一九八二年六月三日	ロンドンでイスラエル大使暗殺未遂事件。
一九八二年六月六日	イスラエル軍、レバノン侵攻。
一九八二年六月十三日	イスラエル軍、西ベイルートを封鎖。
一九八二年八月二十一日	PLO兵士、ベイルート撤退。
一九八二年九月一日	レーガン大統領、新中東和平案を発表。
一九八二年九月十四日	バシール・ジェマイエル大統領（レバノン）暗殺。
一九八二年九月十六日	サブラ・シャティーラのパレスチナ難民虐殺。
一九八三年五月十七日	イスラエルとレバノン、停戦協定。
一九八三年八月二十八日	メナヘム・ベギン辞任。イツハク・シャミルが後継。
一九八四年三月五日	レバノン大統領アミン・ジェマイエル、「イスラエル―レバノン和平条約」への調印を破棄。

一九八四年九月十四日	シモン・ペレス、挙国一致内閣首相となる。
一九八五年六月十日	イスラエル、レバノンから撤退完了するがレバノン南部に「セキュリティ・ゾーン」（事実上の占領地）を設定。
一九八五年九月十一日～十二日	カイロでペレス―ムバラク首脳会談。
一九八五年十月一日	イスラエル軍、チュニスのＰＬＯ本部を爆撃。
一九八五年十二月九日	タバ問題に関する国際調停がジュネーヴで開始。
一九八六年四月十五日	米のリビア爆撃。
一九八六年十月二十日	首相交代協定が適用され、シャミルがペレスに代わり首相に就任。
一九八七年二月二十五日～二十七日	カイロで第二回ペレス―ムバラク首脳会談。
一九八七年四月十一日	ペレス―フセイン（ヨルダン王）ロンドン合意。
一九八七年十二月九日	イスラエルへの抵抗運動「インティファーダ」発生。
一九八八年三月四日	ジョージ・シュルツの和平提案。
一九八八年七月十八日	イラン―イラク戦争終結。
一九八八年七月三十一日	フセイン王、ヨルダン川西岸地区の主権放棄を宣言。
一九八八年十一月一日	リクード、選挙に勝利。

一九八八年十一月十五日	アルジェにてパレスチナ民族評議会（ＰＮＣ）が国連安保理決議一八一、二四二、三三八号を条件付で承認（イスラエルを事実上承認）。
一九八八年十二月十四日	アラファト議長、米とＰＬＯとの会談条件（テロ作戦を放棄し、イスラエルの生存権を承認し、安保理決議二四二号および三三八号を受諾する）を受諾。
一九八九年十月十日	ジェイムズ・ベイカー、五項目プランを提案。
一九八九年十月十二日	サウジアラビアのタイフでレバノン内戦収拾のための国民和解憲章―タイフ合意―を採択。
一九九〇年三月十五日	労働党、挙国一致内閣を離脱。
一九九〇年六月二十日	米政府、ＰＬＯとの対話を中止。
一九九〇年八月二日	イラク軍、クウェートに侵攻。
一九九一年一月十六日〜二月二十八日	湾岸戦争。
一九九一年三月	ブッシュ大統領、新中東和平構想を発表。
一九九一年十月三十日〜三十一日	中東和平国際会議、マドリードで開催。
一九九一年十二月十日	イスラエル―アラブ二国間協議、ワシントンで開始。
一九九一年十二月二十五日	ソビエト連邦解体。
一九九二年六月二十三日	イスラエル総選挙で労働党がリクードに勝利。
一九九二年十二月十六日	イスラエル政府、ハマス活動家四百十八人を国外追放。

一九九三年一月十九日	クネセト、ＰＬＯとの接触禁止を廃止。
一九九三年七月二十五日	イスラエル、レバノン南部を一週間空爆。
一九九三年九月十日	イスラエルとＰＬＯ、相互を正式に承認する書簡を交換。
一九九三年九月十三日	イスラエルとＰＬＯが、ホワイトハウスで調印した協定のパレスチナ自治に関する原則宣言。
一九九四年二月二十五日	ヘブロンのアブラハム霊廟に集まったパレスチナ人虐殺。
一九九四年五月四日	イスラエルとＰＬＯ、原則宣言の適用で合意（カイロ合意）。
一九九四年七月二十五日	イスラエルとヨルダン戦争終結ワシントン宣言。
一九九四年十月二十六日	ヨルダンとイスラエルが平和条約を締結。
一九九四年十二月二十三日	イスラエル、シリア両国首席補佐官がワシントンで会談。
一九九五年二月二日	エジプト、ヨルダン、ＰＬＯ、イスラエルの第一回サミット。
一九九五年九月二十八日	西岸地区とガザ回廊に関する暫定合意」（オスロ合意Ⅱ）が成立。
一九九五年十一月四日	ラビン首相暗殺。
一九九五年十二月二十七日	ワシントン近郊ワイ・プランテーションで、イスラエル－シリア会談。
一九九六年一月五日	ハマスの爆弾作りの専門家ヤヒヤ・アヤシュ（コードネーム『エンジニア』）がイスラエルにより暗殺される。
一九九六年一月二十一日	第一回パレスチナ選挙。
一九九六年二月二十五日	ハマス、自爆テロを敢行。エルサレムでバス爆破。

一九九六年三月二日～四日	ハマスの四連続自爆テロでイスラエル人計五十九人が死亡。
一九九六年三月十三日	反テロリズム・サミットが、二十七ヵ国が参加してシャルム・エル＝シェイクで開幕。
一九九六年四月十一日	イスラエル、レバノン南部を攻撃（『怒りの葡萄』作戦）。
一九九六年四月二十四日	パレスチナ民族評議会（PNC）がパレスチナ憲章を修正。
一九九六年五月二十九日	イスラエル総選挙でベンヤミン・ネタニヤフがペレスに勝利。
一九九六年九月二十五日	イスラエルがエルサレム旧市街の地下トンネル開設を強行し、抗議したパレスチナ人と衝突。
一九九六年十一月十三日	第三回中東経済会議がカイロで開催。
一九九七年一月十五日	イスラエル－パレスチナの保安議定書（ヘブロン合意）調印。
一九九七年三月十八日	東エルサレムの入植地「ハール・ホマ」建設を強行。
一九九八年五月十四日	イスラエル建国五十周年。
一九九八年十月二十三日	ネタニヤフとアラファトが「ワイ・リバー覚書」にサイン。
一九九八年十二月十四日	パレスチナ民族評議会、イスラエル打倒を目標設定。
一九九八年十二月二十日	イスラエル政府、ワイ・リバー合意の批准を停止。
一九九八年十二月二十二日	クネセト、選挙実施を決定。
一九九九年二月七日	ヨルダン王フセイン死去。アブドゥッラー二世が即位。
一九九九年五月十七日	イスラエル総選挙でエフード・バラクがネタニヤフに勝利。

一九九九年七月十一日	バラク首相、ガザとイスラエルの国境でヤセル・アラファトと会見。
一九九九年七月十五日	バラク首相、ホワイトハウスでクリントン大統領と会談。
一九九九年九月四日	バラク首相、ヤセル・アラファトとシャルム・エル＝シェイク覚書に調印。
二〇〇〇年一月三日	バラク首相、ウェストバージニア州シェパーズタウンでシリア外相のファルーク・アッ＝シャラーと会談。
二〇〇〇年五月二十四日	イスラエル国防軍、一方的にレバノン撤退。
二〇〇〇年五月二十六日	ビル・クリントン、ジュネーヴでハーフェズ・アル＝アサドと会談。
二〇〇〇年六月十日	シリア大統領ハーフェズ・アル＝アサド死去。バシャール・アル＝アサドが大統領に就任。
二〇〇〇年七月十一日〜二十五日	キャンプ・デービッド首脳会談
二〇〇〇年九月二十八日	アリエル・シャロン、神殿の丘訪問。アル＝アクサ・インティファーダ発生。
二〇〇〇年十二月二十三日	クリントン大統領、和平案を提示。
二〇〇一年一月二十一日〜二十八日	イスラエル−パレスチナ、エジプト・タバ和平交渉
二〇〇一年二月六日	アリエル・シャロンがエフード・バラクを破り、労働党との挙国一致内閣を結成。
二〇〇一年九月十一日	ニューヨークとワシントンでアラブ人テロリストによる同時多発テロ。
二〇〇二年三月二十七日	イスラエル、ネタニヤのパークホテルで自爆テロ。死者二十九人、負傷者約百五十人。

二〇〇二年三月二十八日	ベイルートで開催したアラブ連合首脳会議でサウジアラビアの和平提案を採択。
二〇〇二年三月二十九日	イスラエル、西岸地区で「守りの盾」作戦を展開。
二〇〇二年六月二十四日	ブッシュ米大統領、パレスチナ暫定自治政府に新指導者を選ぶよう要求。
二〇〇二年十月三十日	労働党、挙国一致内閣から脱退し、アムラム・ミツナを党首に選出。
二〇〇三年一月二十八日	アリエル・シャロン、総選挙に勝利し、右翼政権を樹立。
二〇〇三年三月二十日	米英連合軍、イラク進攻。
二〇〇三年四月三十日	米、露、国連、EU四者連合、中東和平に向けたロードマップを提示。パレスチナ自治政府首相にマフムード・アッバスが就任。
二〇〇三年六月二日	ヨルダンのアカバで米、イスラエル、パレスチナの三首脳がロードマップ実現に向けて会談。
二〇〇三年九月六日	マフムード・アッバスが自治政府首相を辞任。
二〇〇三年九月十一日	イスラエル政府、基本的にアラファト「抹殺」を決定。
二〇〇三年十二月一日	非公式「和平合意」がジュネーヴで調印される。
二〇〇四年三月二十二日	イスラエルがハマス指導者シェイク・ヤシン師を暗殺。
二〇〇四年十一月十一日	ヤセル・アラファト死去。マフムード・アッバスが後継。
二〇〇四年十二月十八日	シャロン、ガザからの一方的撤退を発表。
二〇〇五年一月九日	自治政府大統領選挙でPLOのマフムード・アッバスが当選。
二〇〇五年八月	イスラエル、ガザ地区から一方的に撤退。

二〇〇六年一月四日	シャロン首相、意識不明に。
二〇〇六年一月二十五日	パレスチナ評議会選挙でハマスが勝利。
二〇〇六年三月二十八日	イスラエル総選挙でカディーマが勝利。

プロローグ　シオニズムの成立

一九〇七年のこと、パレスチナに入植したロシア出身のイツハク・エプスタインという名の教師が、ヘブライ語の雑誌『ハ＝シロアー』に「隠された問題」と題した一文を発表した。テーマは、パレスチナのアラブ人に対するユダヤ人の態度であった。エプスタインは書いている。

「我ら民族が自分たちの土地の上で再生するという概念から引き出された重大な問題の中に、他の問いをすべて合わせたよりもさらに重大な問題がある。それは、我々とアラブ人との関係についての問題である」

エプスタインはさらに続けている。

「この問題は、忘れられてはいない。しかし、シオニストの目からはむしろ完全に隠されてしまっており、その真の姿については我々の運動の発言においてもほとんど言及されていない」(原注1)

彼と同時代のシオニストたちの大部分はエプスタインのこの懸念を無視した。しかし、隠された問題はよみがえり、建国後五十年にわたってシオニスト運動と国家イスラエルを悩ませることになった。

シオニズムとアラブ問題

シオニスト運動とはユダヤの民が離散してからおよそ二千年後、十九世紀後半の一八八〇年代にヨーロッパで起こった、ユダヤ人の国を祖先の土地に再建することを目的とした運動である。「シオニズム」という呼称は一八八五年にウィーンの作家、ナタン・ビルンバウムが造った言葉で、シオン*（Zion）とは旧約聖書におけるエルサレムの呼称の一つである。シオニズムは、本質的に二つの基本的事実に由来するユダヤ人問題への答えであった。この二つの事実が何かというならば、それはユダヤ人が世界各国に離散したこと、そしてそれぞれの土地において少数派を形成したこと、である。シオニストの答えとは、この変則的な存在形態と他者依存状態に終止符を打ち、シオンの地エルサレムに還り、最終的に多数派として独立国家を建設することであった。

紀元前五八六年にエルサレム第一神殿*が破壊されてバビロンの虜囚となってから、ユダヤ人はシオンの地への回帰を切望してきた。この強い願望は、ユダヤ教の祈りに反映され、いくつかのメシア信仰活動の形をとった。それと対照的に、近世シオニズムはパレスチナへの政治的志向性を有した非宗教的なものであった。近世シオニズムは十九世紀後半のヨーロッパで起こった現象である。その原点は、西欧社会への同化を図ったユダヤ人の努力が報われなかったこと、ヨーロッパにおける反ユダヤ主義の増大、またそれと無関係とは言えない民族主義が平行して急激に高揚したことにある。民族主義が、ユダヤ人のことを異邦人で好ましからざる少数民族である、と位置付けることによって問題を突きつけたとすれば、そこには答えも隠されていた。それは、自分たちが多数派を形成する、自分たち自身の国家を作る、というユダヤ人の民族自決権である。さらに、シオニズムは単に新しいユダヤ人国家を作るだけではなく、パレスチナに自由と民主主義と社会正義の、普遍的価値観に立脚した新国家を建設する気概を体現するものでもあった。

政治的シオニズムの父であり、ユダヤ人国家を実現することを夢に描いた人、それがテオドール・ヘルツル（一八六〇年〜一九〇四年）であった。ヘルツルはハンガリー生まれのユダヤ人で、オーストリア＝ハンガリー帝国の首都ウィーンで新聞記者、劇作家として働いた。彼は西欧社会に同化したユダヤ人で、ユダヤ教にもユダヤの伝統行事にもとくに関心はなかった。彼にユダヤ人問題への関心を呼び起こしたのは、一八九〇年の初めに彼がウィーンの日刊紙のパリ特派員として取材した、ドレフュス事件*をめぐるユダヤ人に対する根強い偏見であった。彼は、同化や解放では解決にはならない、なぜならユダヤとは国家なのだから、という結論に到達した。ユダヤ人問題とは、経済でも社会でも宗教でもない、国家の問題なので

シオン（Zion）：旧約聖書ゼカリヤ書八章三節に「わたしはシオンに帰り、エルサレムの只中に住もう。エルサレムは真実の町と呼ばれ、万軍の主の山は聖なる山と呼ばれよう」とある。ズィオンとも発音する。
エルサレム第一神殿：ソロモン王が紀元前九六五年にエルサレムに建てた神殿。紀元前五八六年に新バビロニア王国のネブカドネザル王が南ユダ王国を滅ぼし、第一神殿は破壊された。第二神殿は紀元前五一五年に再建され、これを拡大する形でローマのヘロデ大王が紀元前二十年頃から第三神殿として建て直した。現在残されている城壁の一部が「嘆きの壁」である。

あった。こうした前提から、ユダヤ人にとって唯一の解決とは「ディアスポラ（流浪の民）」の生活と訣別し、自分たちの主権を行使する国土を手に入れ、そこに自分たち自身の国を建設することである、と論理的に敷衍していった。

これが、ヘルツルが一八九六年に出版した有名な小冊子、『Der Judenstaat（ユダヤ人国家）（原注2）』で主張した解決案であった。彼は、ユダヤとは一介の宗教集団ではなく、これから生まれようとする国家なのである、という点にこだわった。著書にはユダヤ人国家の青写真が詳細に描かれていたが、建設しようとする国家の場所については、歴史的関連性からパレスチナであるべきなのか、あるいはアルゼンチンの空地になるのかは未解決のままであった。一般的には、この『ユダヤ人国家』の出版によってシオニスト運動の口火が切られたと考えられている。この著書は、政治的シオニズムの同義語としてヘルツルの名を不動のものにし、ユダヤ人問題は国際的に意見の分かれる、それゆえに国際政治の共通の場で着手すべき政治問題である、という見解を生んだ。これは、一八八一年に宗教迫害やポグロム（虐殺）*の状況的背景に抗して、パレスチナへの移住と入植を推進する動きをロシアの数ヵ所の都市で始めたホヴェヴェィ・シオン（シオンの恋人たち）の実践的シオニズム*とは対照をなす。『ユダヤ人国家』の出版はまた、ヘルツルをユダヤ人運動のリーダーへと一気に押し上げることになり、彼は一九〇四年に亡くなるまでその地位を保った。

その明瞭な政治方針に沿って、ヘルツルは一八九七年にスイスのバーゼルで第一回シオニスト会議を召集した。当初、会議はミュンヘンで開催される予定であった。それは、コーシャ*料理のレストランがあったからだが、ミュンヘンのユダヤ人コミュニティの指導者たちは、ユダヤ人問題などは存在せず、会議開催は反ユダヤ攻撃の口実を与えることになるだけだ、と主張して主催を辞退した。バーゼル綱領は、「シオニズムは、ユダヤ民族のためにパレスチナに国際法によって保障された民族的郷土を創立することを目的とする」と謳っていた。この綱領を採択することによって、会議はヘルツルのシオニズム政治概念の支持を決議した。バーゼル綱領は意図的に、ユダヤ人のための国家とは言わず、敢えて郷土（home）という言い方をしたのであったが、バーゼル会議がきっかけとなって、それ以降、シオニスト運動はその明確で一貫した目的を、パレスチナにユダヤ人国家を建設することに設定した。ヘルツルは日記に告白している。

「私は、バーゼルで、ユダヤ人国家を創設した。今日このことを声に出して言えば、世界中の笑いものになるだろう。だが、今から五年後にはおそらく、そして五十年後には間違いなく、みんなにわかるに違いない（原注3）」

ドレフュス事件：一八九四年、フランス陸軍情報部はユダヤ人アルフレッド・ドレフュス砲兵大尉をスパイ容疑で逮捕し、証拠不十分のまま終身禁錮で南米の悪魔島に収監した。二年後、真犯人が判明したが軍上層部はもみ消した。一八九八年、エミール・ゾラが新聞『オーロール』に大統領宛ての弾劾文を掲載し軍部を糾弾、ドレフュス支持の運動が盛り上がった。また、ユダヤ人迫害事件も頻発した。一九〇六年、無罪判決が出てドレフュスは名誉を回復した。

ポグロム：東欧やロシアでのユダヤ人に対する集団的迫害を意味するロシア語。ポーランドでは、農民一揆にまぎれた虐殺事件が頻発し、ユダヤ人のパレスチナやアメリカへの移住を促進する要因になった。

実践的シオニズム：政治よりもまず実際にイスラエルの地に移民を送ること（アリヤー）を先決としたシオニズム運動。一八八〇年代に「シオンの恋人たち」運動が主導し二十世紀初頭には第二回移民を送り込み、町を建設し工業を興した。指導者にはアーサー・ラッピンやレオン・ピンスキーらがいる。

コーシャ：ユダヤ教の規定で許されている食物（Kosher または Kashruth）。四足動物ではラクダ、ウサギ、ブタは食べられない。魚類はヒレと鱗がないエビ、カニ、貝類、イカ、タコ、ウナギなどは食べられない。加工食品は製造過程で厳しく管理され、ラビが認定したもののみに限る。

『ユダヤ人国家』の出版はユダヤ人社会の中で様々な反応を呼び起こし、ある者は大賛成し、ある者は反発し、ある者は疑問を抱いた。バーゼル会議の後、ウィーンのラビたちはヘルツルの考えを審査することを決定し、二人の代表をパレスチナに派遣した。この現地調査団はパレスチナから一本の電報を打ってよこした。代表の二人のラビはこう書いていた。

「ハナヨメハ　ウツクシイ　シカシ　ホカノオトコト　ケッコンシテイル」

この電報には、シオニスト運動が最初から格闘しなければならなかった問題が包摂されている。ユダヤ人が心に決めた土地にすでに住んでいたアラブ人住民、である。(原注4) シオニスト運動は、若干の弱小グループを除いて、いわゆるアラブ人問題を構成することになるパレスチナのアラブ人の存在を無視する傾向にあったと、一般的に考えられている。このシオニストによるアラブ人無視が、パレスチナは自分たちの祖国であるとそれぞれに主張するようになる、異なる二つの民族運動が相互理解する可能性を阻害した、と論じられもしている。確かに、初期シオニストの大部分は、彼らが身も心も捧げた念願の土地の実情については意外なほどに無関心だった。また、彼らシオニストたちの主たる関心が、パレスチナの実情ではなく、ユダヤ人の事情、ユダヤ人とその国土との関係に向いていたことも事実である。だからと言って、シオニストがパレスチナのアラブ人住民の存在を知らなかったとか、この人たちがシオニストの企てに敵対してくる可能性を考えてはいなかった、とするのは誤りだ。漠然とではあったが、彼らはその深刻さを甘く見ていたし、そのうち解決策が出てくるだろうと期待していたのである。

ともすると希望的観測を抱きがちなシオニストの性癖は、ヘルツル本人に体現されている。ヘルツルは、とくにこの国土の社会、経済状況について詳しかったわけではないが、パレスチナにすでに相当数のアラブ人が居住していることは間違いなくわかっていた。彼は、先住民のことを未開で遅れた人たちだとみなし、むしろ保護してやるのだという姿勢だった。そして、彼ら一人ひとりがユダヤ人国家において完璧な市民権を享受すべきであると考えたが、この国土において圧倒的多数派を形成している彼らが、集団としての政治的権利を有する一つの社会である、とは見ていなかった。ヘルツルは、初期シオニストの大方の例にもれず、アラブ人住民は経済的恩恵に与ることで、パレスチナでのシオニストの企図を快く受け入れるものと期待していた。彼は、ユダヤ人は西洋文明のあらゆる恩恵をもたらす者として、東方の未開の住民たちに歓迎されるだろうと考えたのであった。

このような、パレスチナにおけるアラブーイスラエル関係の楽観的予測は、ヘルツルが一九〇二年に出版した『Altneuland（古くて新しい国）』という題名の小説に実にくっきりと表われている。先住民の代表、ラシッド・ベイはユダヤ人の入植を最上の恩恵として語る。

「ユダヤ人たちは私たちを豊かにしてくれた。なぜ彼らに腹を立てねばならないのだ？　ユダヤ人は私たちの兄弟として一緒に生きている。なぜ彼らを好きになってはいけないのだ？」(原注5)

このシーンはしかし、絵空事以外の何ものでもないユートピア的空想だった。作者は、自分たちの国をユダヤ人多数派によるユダヤ人の本国に変えようとするシオニストの攻勢への答えとして、パレスチナにアラブ民族運動が盛り上がる可能性を完全に見落としていた。

ヘルツルの肩を持つなら、十九世紀末パレスチナはまだオスマン・トルコ帝国の一地方に過ぎず、アラブ民族運動の展開は端緒についたばかりだったと言うべきかもしれない。だがたとえそうだったとしても、彼が上部構造での政治的画策を選択したことは間違いない。彼は、パレスチナにユダヤ人の入植地とユダヤ人の祖国を作る許しを貰うために、オスマン・トルコのスルタンを説得しようと粘り強く努力した。だが、彼はその大切なプロジェクトの推進を援助してもらうため、他にも世界各国の多くの指導者や影響力を持つ大物にアプローチをかけてもいる。彼が謁見した人たちの中には、ローマ法王、イタリア王、ドイツ皇帝、英国植民地相のジョゼフ・チェンバレンなどがいた。いずれの場合も、ヘルツルは相手の気に入るように工夫した最善の方法で提案した。スルタンにはユダヤ資本の投資を約束し、ドイツ皇帝にはベルリンの前哨地としてユダヤ人の領土を提供することをちらつかせ、チェンバレンにはユダヤ人の領土を大英帝国の植民地にしてもかまわないという可能性を提示した。具体的な中身は異なっていたが、ヘルツルの基本的目標は不変だった。それは、パレスチナをユダヤ人の政治の中心に設定することに対する列強の支持を取りつけることであった。

かくしてシオニスト運動は、ヘルツルが指導したその形成期に、以後の歴史的過程で基本的で永続的な重要性を持つことになる二つの顕著な特徴を顕示した。パレスチナを国家として認めないこと、そして中東地域外の列強との協力関係を追求することである。パレスチナ人を無視するのは、第一回シオニスト会議以来のシオニストの政策方針であった。口には出さなかったが、ヘルツルと彼の後継者たちが前提にしていたのは、シオニスト運動は現地パレスチナ人との相互理解を得ることによってではなく、当時の世界を支配していた列強の協力を得ることによって、その目的を達成するということであった。イスラエル建国前にパレスチナに存在していたユダヤ人共同体「イシューヴ*」の脆弱性と、パレスチナ人の強まる敵意とが相まって、列強諸国を頼りにすることがシオニストの戦略の中心的要素になっていった。中東を支配した大国は二十世紀を通して何度か入れ替わっている。最初はオスマン・トルコ帝国、第一次世界大戦後は大英帝国、第二次世界大戦後はアメリカ合衆国であった。しかし、国家的地位のための闘いと、国家的地位強化のために列強の支援を得ることへのシオニストの執念はつねに不変であった。

ハイム・ヴァイツマンと英国コネクション

シオニスト運動と大英帝国との協力関係を中心になって作り上げたのが、ハイム・ヴァイツマン（一八七四年〜一九五二年）である。ヘルツルがオスマン・トルコ帝国から引き出せなかったお墨付きは、ヴァイツマンが一九一七年にバルフォア宣言*という形で英国から手に入れた。ヴァイツマンは、二十世紀前半を駆け抜けた長く卓越せる生涯をかけて、英国との同盟関係を創り出し、それをシオニストのポリシーの土台にまで作り上げた。

ヴァイツマンは、ロシアに生まれ、ベルリンとジュネーヴの大学で学び、シオニスト運動の初期の集まりに顔を出し、シオニスト運動の端緒から活躍した。一九〇四年にロンドンに移り、マンチェスター大学の化学部教授の職を得るが、第一次世界大戦の最中に英国政府が砲弾製造の改良のために新設した特殊研

イシューヴ：イスラエル建国前の十九世紀後半に、ヨーロッパ諸国から戻ったユダヤ人がパレスチナで構築した共同体。新イシューヴとも呼ばれ、西暦七十年にローマ帝国軍に追放されたときに、パレスチナに残ったユダヤ人が守った共同体を旧イシューヴと呼ぶ。

バルフォア宣言（Balfour Declaration）：第一次世界大戦中の一九一七年十一月に、英外務大臣バルフォアが、英国のユダヤ人コミュニティのリーダー、ロスチャイルドに送った書簡で表明した、英国政府のシオニズム支持宣言。パレスチナにおけるユダヤ人の居住地の建設に賛意を示し、公式支援を約束している。

究所の長としてロンドンに転勤した。ロンドンでは政界の要人と親交を深め、彼らに取り入ってシオニズムの考えを情宣した。その卓越した外交手腕と説得力で、ヴァイツマンはたちまち指導者の地位に上りつめた。一九二〇年に世界シオニスト機構（WZO）代表に選出され、一九三一年から一九三五年までの中断期を除き、一九四六年までその地位にあった。イスラエルが建国されると、初代大統領となり一九五二年に亡くなるまでその地位にあった。

ヴァイツマンの初期の功績の一つは、進行中であった政治的シオニズムと実践的シオニズムの論争を解決したことである。政治的シオニズムは、ヘルツルの後を引き継いでパレスチナにおけるユダヤ人の国民的郷土建設に対する国際的な支持を獲得するためには、外交活動を優先させる必要がある、という考え方であった。他方、実践的シオニズムはパレスチナへのユダヤ人移民、土地の入手、入植、ユダヤ人経済の確立などを組織化することを強く主張した。論争は、単に方法の問題のみにとどまらず、シオニズムとは真に何を意味するのかをめぐっても交わされた。一九〇七年の第八回シオニスト会議で、ヴァイツマンは新しい用語、「合成シオニズム（Synthetic Zionism）」を提唱し、両者の方法は相互に補完し合っており、つまりコインの裏表と同じであると主張した。二つの方法は同時に実践すべきである、という新しい用語の政策への適用に両陣営とも納得した様子であった。

ヴァイツマンは個人的には、パレスチナにおけるシオニストの計画に、英国政府の支援を取り付けることにその努力の大半を傾けた。彼はアラブ人問題に関して直接的な知識も、いかに対処すべきかの独自の政策も持ち合わせていなかった。彼はパレスチナのアラブ人総体を、独自の国家意識を持った個別の政治的共同体としては見ておらず、アラブという大きな国家の小さな部分としか見ていなかったし、アラブ人に経済的利益の恩恵を施せばシオニズムに対する反感を懐柔できるであろうと期待していた。ユダヤ人とアラブ人の双方が、パレスチナを自分たちの民族的郷土だと主張していることについても、ユダヤ人の主張の方に蓋然的優越性があることを少しも疑わなかった。

パレスチナのアラブ人に対するヴァイツマンの姿勢は、相当程度まで英国によるシオニスト支援を獲得することを軸にした幅広い戦略で形作られていた。第一次世界大戦の過程の中で、英国政府との交渉が深化し複雑化するにつれて、ヴァイツマンはパレスチナ現地でのアラブ人との関係の難しさを重要視しなくなった。彼は自分が名づけたパレスチナ・ユダヤ共和国という、漠然とした計画に英国の支援を取り付けるため、アラブ人が組織的に抵抗する危険性は非常に小さい、と伝えた。彼は自説を展開する中で、戦略的重要性の高い地域に友好国が生まれるのですよ、と英国にとっての帝国主義的利点にアピールしたが、それだけではなく英国流理想主義をもくすぐった。彼の努力は、一九一七年十一月二日、外務大臣のアーサー・J・バルフォアがロスチャイルド卿に一通の手紙を書いたことで報われた。それにはこう書かれてあった。

大英帝国政府は、ユダヤ人がパレスチナの地に民族的郷土を樹立することについて好意をもって見ることとし、その目的の達成のために最大限の努力を払うものとする。ただし、これはパレスチナに在住する非ユダヤ人の市民権、宗教的権利、および他の諸国に住むユダヤ人が享受している諸権利と政治的地位を侵害するものではないことが明白に了解されるものとする。

この手紙がバルフォア宣言として知られているもので、シオニスト外交の大成功を表わすものとなった。これが書かれたとき、パレスチナのユダヤ人の人口は、アラブ人六十万人に対して、一割にも満たない五万六千人ほどであった。アラブ人が人口の九割以上を構成していることを考えると、市民権と宗教的権利を侵害しないという約束は、彼らの政治的権利が完全に無視されている以上、空疎な響きしかもたなかった。英国がユダヤ人と交わした公式な約束は、英国が以前にメッカのシャリフ・フセイン・アリと交わした、オスマン・トルコ帝国に対するアラブ人の反逆に対する報酬として、終戦後にアラブ人の独立王国建国を援助するという約束、あるいは連合軍が勝利した場合に中東を英仏の影響下に分割するという一九一六年のサイクス＝ピコ秘密協約*、このどちらとも両立するものではなかった。連合軍が勝利した直後、英国はこの戦時下に交わしてしまった実現できない約束に悩まされることになる。しかしヴァイツマンにすれば、曖昧さや限界はあるにしても、バルフォア宣言はユダヤ人にパレスチナへの門戸を開き、その国の主にしてくれる黄金の鍵を授けてくれたのである。

第一世界大戦終戦後も、パレスチナのアラブ人に対するヴァイツマンの姿勢は依然として、ユダヤ人の民族的郷土を誕生させるために英国の支援を維持する必要性に左右されていた。大戦中、メッカのシャリフが指揮する汎アラブ運動を支援した経緯から、英国はパレスチナのアラブ人に固有の政治的集合体を形成させるという考えには、まったく賛成していなかった。英国のポリシーは、メッカのシャリフの息子たち、つまりハーシム家*の王子たちをアラブの半独立国家の王に据えることであった。アラブ人の反トルコ反乱の司令官であったファイサル王子はシリア王に即位したが、フランスが彼をその勢力範囲から追放したため、英国は彼にイラク王の地位をあてがった。ファイサルの兄のアブドゥッラーは一九二一年に英国が創ったトランスヨルダン王国の元首に指名された。イラクとトランスヨルダンは、こうして第一次世界大戦後の大英帝国の中東における二大支柱となった（地図1参照）。

ヴァイツマンは早速、中東の新地図の上に居場所を探した。彼は、英国に右へならえしてパレスチナのアラブ人の主張を無視し、近隣アラブ諸国のハーシム家の支配者たちとの合意を取り付けるべく奔走した。これがベースになって、一九一九年一月三日にファイサルとの合意が成立した。この合意は、バルフォア宣言の内容を裏書きするもので、パレスチナにおけるそれぞれの領土での民族的願望の実現に向けての、アラブ人とユダヤ人の間の「もっとも誠意ある善意と理解」を意識していた。しかし、この合意はアラブ世界の世論とは対立しており、非常に短命であった。パレスチナのアラブ人に影響を与えるような協定に調印する権限が本来ファイサルにあってもなくても、彼はそれとは無関係に配下の民族主義者たちからパレスチナをシリアから分離することは容認できない、そしてシオニストの国家建設志向はアラブ人の本意と衝突するものだ、と一札とらされていた。アラブ人の目から見れば、ファイサル―ヴァイツマン茶番劇の主たる成果は、シオニストは中東における英帝国主義の片割れであり、民族自決の闘いに立ちはだかる邪魔者であることの再確認、ということであった。

サイクス―ピコ秘密協約：一九一六年四月にロンドンで英外務省のサイクスと駐ベイルート仏領事ピコとの間で、オスマン・トルコ崩壊後の中東分割について交わされた合意。パレスチナからメソポタミアにわたる旧オスマン・トルコ領土の戦後処理について秘密協約が結ばれ、ほぼ現在の国境を決定した。

ハーシム家：預言者ムハンマドの曽祖父ハーシムの子孫の家系。ヨルダン・ハシミテ王国は、ヨルダンに作られたハーシム家の王国。ヨルダンは第一次世界大戦後に成立したイギリスの委任統治領トランスヨルダン（ヨルダン川の向こう側）を前身とする。

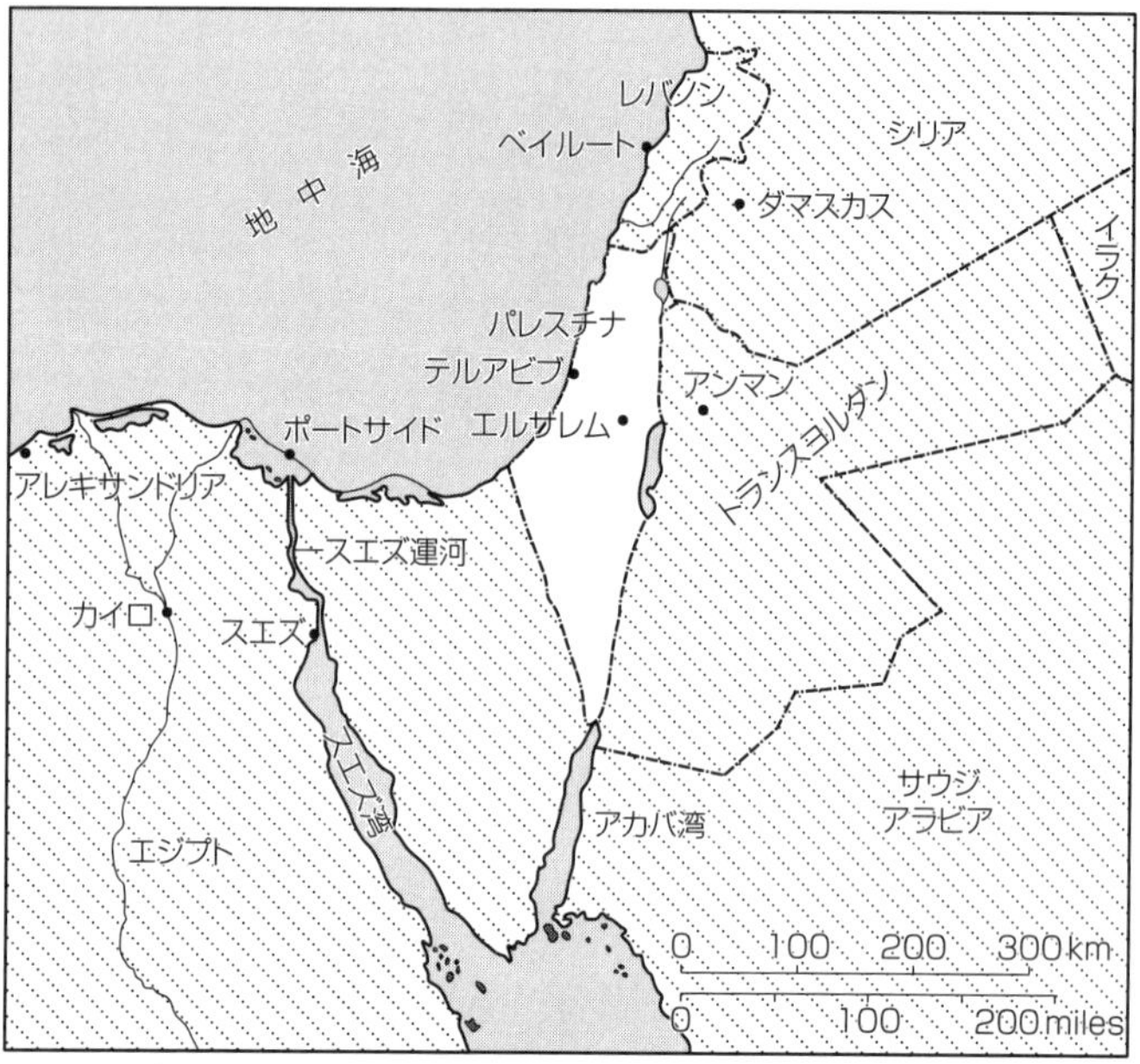

図1　第一次世界大戦後の中東

一九一八年から一九二〇年までの期間、シオニストはバルフォア宣言の解釈を、彼らが得意とする最大限主義的方法で貫徹した。シオニストは、パレスチナに関するユダヤ人流主張を承認するよう国際社会に求め、ユダヤ人の民族的郷土をヨルダン川両岸に拡張することを求めた。パリ講和会議に出席したヴァイツマンは、ユダヤ人の民族的郷土とは何を意味するのかと問われ、堂々とこう答えた。

「イギリスがイギリス人のものであるように、パレスチナをユダヤ人のものにすることです」

しかし彼は、用心深く、国家という言葉を公然とは使わず、少数派のユダヤ人が多数派アラブ人の上に君臨しようと企んでいる、といった非難の口実を与えないよう気をつけていた。ユダヤ人多数派によるユダヤ人国家が不変不動の最終目標ではあったが、ヴァイツマンは段階的で進化論的で非挑発的なスタイルでこのゴールをめざすことを肝に銘じていた。

ヴァイツマンはパレスチナのアラブ人に対して穏健的政策をとったと評価されているが、それは形式上のことで、本質的にはユダヤ人の利益を非妥協的に最優先させる考え方だった。彼は忍耐強く慎重で、アラブ人の声に積極的に耳を傾けたが、パレスチナにおけるユダヤ人の利益の防衛においては絶対に譲らなかった。ヴァイツマンはアラブ人を、二つの対等なコミュニティ間で選出された議会による、パレスチナ運営のパートナーとして受け入れる用意があったが、この国土の将来に関しては対等の交渉相手として認めていなかった。彼に言わせれば、そのような交渉は英国とユダヤ人との間だけでなされるべきものであった。

バルフォア宣言が出た後、些細な不信感がユダヤ―アラブ関係を大きく悪化させた。パレスチナのアラブ人は政治的に受動的扱いにすえおき、アラブ―ユダヤ紛争は社会的、経済的レベルで解決を見出す、としたヴァイツマンの仮説が誤りであることが明らかになった。第一次世界大戦中から、ある部分ではシオニストの攻勢に対抗するものとしてパレスチナ人の民族運動が起きていた。エルサレムの大ムフティ*、ハジ・アミン・アル＝フセイニ*の指導下で、パレスチナの民族運動はシオニズム反対勢力として活発化し、しかも戦闘的になっていた。ムフティは、英国が提案したすべての妥協案をことごとく拒否し、デモや反

ムフティ：イスラム教の宗教指導者。イスラム法（シャリーア）の解釈と適用に関して意見を述べる資格と、イスラム法学上の勧告、布告、裁断（ファトワー）を発令する資格を持つ人。イスラム法学者（ウラマー）の中でも上位に属する。

ユダヤ暴動を煽動し、一九三六年から一九三九年にかけて英国権力とその保護下にあるユダヤ人に対する全面的反乱を指導した。

ヴァイツマンは、パレスチナにおける英国とユダヤ人は本質的に利害関係を一つにする、という仮説においても同じ誤りを犯した。時として暴力を伴うアラブ人の抵抗の激化は、英国をして戦時下にシオニストと取り交わした約束の見直しを余儀なくさせた。その結末は、バルフォア宣言で表現されていた約束の漸次的後退であり、パレスチナで交戦状態にある二つのコミュニティに対する政策を平等なものにすることであった。一九二二年のウィンストン・チャーチル白書は、ユダヤ人の民族的郷土のための英国の支援内容に三つの重要な制限項目を設けている。つまり、初めてユダヤ人移民の経済的基準を策定したこと、対等ではなく比例代表制を基礎にした選挙による諸機関の設立、ユダヤ人入植用地域からトランスヨルダンの領土を除外したこと、である。英国の逆行政策への方針転換は大戦中も継続し、一九三九年の白書*でピークに達した。

英国に対するヴァイツマンの落胆たるや、他のシオニスト・リーダーの誰よりも苦渋に満ちていた。だが彼が導き出した答えとは、いかにも彼らしい慎重かつ実利的なものだった。英国との関係にすべてを賭けた結果がこれだ……。彼は悟った。民族的郷土の望みを繫ぎとめたければ、今は委任統治国に依存したままでいる以外に方法はない。これが、彼が英国とのケンカに反対した理由である。バルフォア宣言をこう解釈しろ、とシオニストの側から英国に強制することなどできない。彼は、ユダヤ人の民族的郷土の建設は、移民を一人また一人、入植地を一つまた一つと、こつこつ増やし続けていくことで実現できる、と説いた。

この意見は、シオニスト陣営で全員一致の賛成を得るには至らなかった。一九二〇年代初頭、アラブの好戦的傾向の増大と英国の対アラブ譲歩という情勢に直面し、シオニスト運動の基本方針を見直そうという声が高まった。なかでももっとも大きかったのが、ゼエヴ（ウラジミール）・ジャボチンスキーの声であった。

ゼエヴ・ジャボチンスキーと修正主義シオニズム

ゼエヴ・ジャボチンスキー（一八八〇年〜一九四〇年）は熱烈なユダヤ人民族主義者で、修正主義シオニズムの創始者であり、イスラエル国民の心の父でもある。オデッサのリベラルなユダヤ人一家に生まれ、ローマとウィーンで新聞記者として働き、文章家、弁論家、論客としての卓越した才能にめぐまれ、若い時からシオニズムの理想のために人生を捧げた。第一次世界大戦では、英国政府を説得して英国軍隊にユダヤ人義勇兵部隊を形成し、自らエジプトのシオン・ラバ隊（Zion Mule Corps）*将校として従軍した。ジャボチンスキーは一九二一年に世界シオニスト機構の幹部に選出された。ヴァイツマンとは初めか

ハジ・モハメド・アミン・アル＝フセイニ：パレスチナのアラブ人指導者。一九三六年、アラブ高等委員会を組織。エルサレム大ムフティとして一九三九年のアラブ反乱を指導。英当局によってベイルートへ追放され、イラク、イラン、イタリアからナチス・ドイツへ亡命。一九四五年に英国軍につかまるが脱獄。第一次中東戦争後、ガザの「全パレスチナ政府」大統領になるも四ヵ月で崩壊。その後、国連で活動した。

一九三九年の白書：マクドナルド白書のこと。一九三九年五月に英国議会が決議した声明。一九四九年時点での人口に比例した代表選出、ユダヤ人移民数を五年間で七万五千人に制限すること、その他土地購入制限などを盛り込んでいる。チェンバレン内閣の植民大臣マルコム・マクドナルドが起草した。

らそりが合わず、生涯の論敵であった。一九二三年には世界シオニスト機構の政治方針、とくに一九二二年のチャーチル白書受諾はパレスチナの喪失につながるものだと批判して、行政委員を辞任した。それ以後のシオニストの諸会議において、ジャボチンスキーは当代随一の弁論家として、また反対派の代表的論客の一人として不動の存在となった。一九二五年には新党の修正主義者シオニスト世界連合（The World Union of Zionists Revisionists）と、その青年部のベタル（Betar）を立ち上げた。それから十年後、シオニズム運動の反主流派だったジャボチンスキーとそのグループは一斉に運動から脱退し、新シオニスト機構を創立、ジャボチンスキーを議長に選出した。ジャボチンスキーはパレスチナ分割案に強く反対した。進行する軍国主義時代、ジャボチンスキーは反体制派軍事組織イルグン*の指揮を執ることになった。彼は、連合軍の戦争準備にユダヤ人を参加させる任務で訪れていたアメリカで一九四〇年に亡くなった。ジャボチンスキーは希代の秀才で、独創的思索家で、思想家で、実力を備えた政治指導者だった。彼の支持者は彼を崇拝し、反対派には逆に忌み嫌われた。

修正主義シオニズム運動はジャボチンスキーとその思想に大きく支配されていたが、彼の独壇場というわけでもなかった。シオニズムの歴史においてその危機とされる時期の一九二〇年代、ジャボチンスキーを支持する大きな草の根運動が盛り上がった。バルフォア宣言は、シオニズムは大英帝国の支援を得てすぐに現実のものとなるだろうという多大な期待を抱かせたが、英国の戦後政策を目の当たりにして、イシューヴ内では失意と落胆のムードが支配した。ジャボチンスキーはこの空気を察知して独自の運動を組織し、修正主義シオニズムのイデオロギーの提起を試みたのであった。

シオニズムの歴史上、この局面に認められる矛盾点の一つとして、ジャボチンスキーとヴァイツマンが、大英帝国の役割の評価をめぐって、根本的には異なっていなかったことが挙げられるだろう。両者はそれぞれの方法論で、建国をめざす闘いには大国の援助と庇護が絶対に不可欠であることを前提にしていた点では、どちらもテオドール・ヘルツルの後継者と言える。ジャボチンスキーの強い西欧志向は、独自の世界観に由来していた。彼は東方へのロマンチシズムを否定し、西洋文明の文化的優越性を重んじた。彼は明言している。「私たちユダヤ人には『東方』が意味するものと共通するものは何もない。そして、そのことを神に感謝する」。

　彼は東方を、精神的には消極的で、文化的には沈滞しており、政治的には独裁体制社会ととらえていた。ユダヤ人は、起源は東方にあるが、文化的にも道徳的にも精神的にも西洋に帰属する。ジャボチンスキーの概念では、シオニズムはユダヤ人の心のふるさとへの回帰ではなく、西洋文明の東方への分岐、あるいは移植であった。この世界観が、シオニストは東地中海のすべてのアラブに対決し、ヨーロッパの植民地主義と永遠に同盟関係にあるべきだとする戦略地政学的概念として理解されたのである。

　シオニスト主流派指導部との論争におけるジャボチンスキーの論拠は、彼のユダヤ人国家の概念にあった。彼は、修正主義シオニズムのイデオロギーとその政治方針の中核をなす二つの原則を規定した。一つ目は、エレツ・イスラエル*すなわち「イスラエルの地」の領土占有地域は、パレスチナ委任統治領の元来

シオン・ラバ隊（Zion Mule Corps）：ジャボチンスキーが一九一五年にエジプトに亡命していたロシア系ユダヤ人を集めて編成した部隊。ガリポリの戦いでめざましい働きをした。

イルグン：イギリス委任統治領パレスチナのイシューヴの軍事組織ハガナーから脱退した対アラブ強硬派のジャボチンスキーらが一九三一年に結成した武装組織。第一次中東戦争ではアラブ人住民を虐殺した。正式名はユダヤ民族軍事機構。略称はエツェル。イルグンはヘブライ語で「組織、機構」という意味。

の境界線内に該当するヨルダン川両岸にわたる地域とすること。二つ目は、この全地域の支配権をただちに宣言すること、であった。

シオニストが目標とするこの最大限主義的規定が、再び問題を引き起こすことになった。それは、パレスチナのアラブ人が固有の民族的集団を構成しているかどうかという命題であり、もし構成しているとすれば彼らに対するシオニストの対応はどうあるべきか、そして計画上のユダヤ人国家において彼らの地位はどうなるのか、であった。ジャボチンスキーの答えは、彼が一九二三年に「鉄の壁」という見出し付きで発表した、二つのきわめて重要な論説の中に見出された。論説は、アラブ問題に対する修正主義シオニズムの核心点を示し、闘いのスローガンまで書いていた。一つ目の記事は「鉄の壁の上で（我々とアラブ人）」という題であった。文は慇懃無礼《いんぎんぶれい》ともとれるアラブ人に対するジャボチンスキーの感情的姿勢を軽妙に綴ったメモから始まる。しかし続いての文章で彼は、それがどのようなものであれ、アラブ人をパレスチナから排除するというような考えは容認しがたいものとして完全に否定する。彼は言う。真の問題は――ここで哲学的文体となる――平和的目的は常に平和的手段で達成できるのか、ということである。彼は力説する。この問いに対する答えは疑いなく、シオニストに対するアラブ人の姿勢次第であって、アラブ人に対するシオニストの姿勢ではない、と。

ジャボチンスキーはアラブ人の姿勢を分析して、決然と言い切った。

「我々とパレスチナのアラブ人の双方からの自発的な合意は、現在も近い将来もまったく考えられない」

穏健派シオニストのほとんどがすでに承知していたことであるが、パレスチナをユダヤ人多数派の国にしてしまうことに、パレスチナのアラブ人が同意する可能性など少しもなかった。それは、アラブ人がこの地を自分たちの故郷だと思っており、この土地の主は自分たちだけでありたいと望んでいるからである。ジャボチンスキーは、パレスチナのアラブ人のことを、本音をやんわり誤魔化したシオニストの計略に簡単に騙されるような愚か者扱いをしたり、経済的な見返りのために自国での生活権をいつでも放棄するような打算的な連中だとみなすシオニストたちには、厳しい対決姿勢を見せた。彼は書いている。

「先住民とはおしなべて、外国からの植民の危険を避ける可能性が少しでもあれば、外国人入植者が来ても我慢するものである。アラブ人もこのように対応するであろうし、『パレスチナ』がイスラエルの土地になるのを防ぐ希望が少しでもあるなら、間違いなくそうするだろう」

シオニストに対するパレスチナ人の敵意の論理を解説した上で、ジャボチンスキーは政策論に入る。彼は言う。選択肢の一つは、パレスチナ以外のアラブ人にパレスチナのユダヤ人支配への同意と引き換えに金銭、または政治的協力を提供することである。この選択肢は、二つの理由から破棄される。一番目の理由、これをもってユダヤ人による植民地化に対するパレスチナのアラブ人の度しがたい敵意を緩和することなどとてもできない。二番目の理由としては、ユダヤ人の金と政治的援助を中東のアラブ人に与えることとは、とくに英国をはじめとしたヨーロッパの植民地宗主国を裏切ることになり、おまけにこれは自殺的行為ともいえる。ジャボチンスキーはそこで結論を述べる。

我々は、パレスチナのアラブ人にも、パレスチナ以外のアラブ人にもいかなる報酬も約束するこ

エレツ・イスラエル…「イスラエルの地」を意味するヘブライ語。神から授かったとトーラ（モーセ五書）に書かれている「約束の地」。旧約聖書では「カナーンの地」と呼ばれている地域。

とはできない。自発的合意も得ることはできない。アラブ人との合意がシオニズムにとって不可欠の条件であると考える者は、今やこの条件が獲得できないものであり、そうである限り、我々はシオニズムを放棄しなければならないということを、自明的なものとして認めなければならない。我々には、入植の努力を中止するか、もしくは先住民の気持ちを無視して入植を続けるかのどちらかしかないのだ。したがって、入植は先住民とは関係なく、実力で防衛しながら、彼らが破壊できない鉄の壁の内側で展開できるのだ。

アラブ問題に対するジャボチンスキーの政策とは、要約すれば、ユダヤ人の軍隊によって鉄の壁を建てることである。鉄の壁の必要性については、シオニストが全員一致で合意している、と彼は主張した。ただ一つのわずかな違いは「軍事派」は鉄の壁はユダヤ人の武力をもって建てるべきだとし、一方「菜食主義派（殺生反対派）」は英国の武力をもって建てるべきだとした点である。しかし、どちらも鉄の壁を求めた。アラブ人と交渉する意思がある、と繰り返すシオニストの言辞は欺瞞的なだけではなく有害であり、ジャボチンスキーはこの欺瞞性をさらけ出すことが自らの神聖なる責務であると考えていた。

ジャボチンスキーは自らの情勢分析の結果、パレスチナのアラブ人との合意に達する望みを放棄した、といった印象を払拭するため、記事の終わりに一定の行数を割いている。

私は、イスラエルの地についてアラブ人とどのような合意もありえない、と断言しているわけではない。だが、自発的な合意はありえない。アラブ人が、いずれ我々を排除できるだろうという一縷の希望を抱き続ける限り、彼らにこの望みを棄てさせることはどう転んでもできない話だ。なぜなら、彼らにしてもただの石ころではなく、血の通った人間なのだから。そして血の通った人間なら、外国人入植者を排除する望みを一切放棄せざるをえなくなったときだけ、この運命的結末に従うだろう。そのときになって初めて、「絶対反対だ」と叫ぶ過激派が影響力を失うだろうし、そのときになって初めて、彼らの影響はより穏健的なものに移行するだろう。そしてそのとき初めて、穏健派の妥協案が提起されるだろう。そのとき初めて、排除の補償や市民の権利と国民の権利の平等といった実際的な項目に関する交渉に出てくるであろう。

パレスチナでのアラブ人とユダヤ人の平和共存は可能だろう、という信念を告白しつつ文章はしめくくられる。ただしそれは、難攻不落の壁が構築された結果としての話であった。

彼らが満足する補償を与え、そして両方の人々が善き隣人同士として平和に生活する。私はそれを願い、そして信じる。だがそのような合意に通じる唯一の道は、鉄の壁、すなわちどんな場合でもアラブ人の圧力にびくともしない権力を、パレスチナに確立することを通して得られるのだ。言いかえれば、将来入植を実現させたければ、今は一切入植しようとしないのが一番である。(原注6)

穏健派シオニストはこの文章を、とくに不道徳な立場から書かれているという理由で批判した。ジャボチンスキーはそこで二つ目の論文を発表した。それは『鉄の壁のモラル』という題で、この批判に逆襲するものであった。道徳的観点では二つの可能性がある、と彼は言う。シオニズムとは道徳的な現象なのか、それとも不道徳的なのか。これは、シオニストであること以前の命題と言えた。そして実際、誰もがシオニズムは正当な自己権力であり、正義を携えた道徳的運動であると結論していた。だとすれば、「もしそれが正義であるならば、誰が賛成しようが反対しようが関係なく、正義は勝たねばならない」。

シオニストに反対する議論は多くの場合、パレスチナに住む民族自決権を持ったアラブ人多数派の民主的権利を侵害しているから、というものであった。ジャボチンスキーはこれに対して、ユダヤ人にはパレスチナに戻る道徳的権利があり、文明世界はこの権利を認めている、と応じた。そして彼は、鉄の壁という方法は、先住民の同意を得ずにユダヤ人をパレスチナに入植させようとしているからモラルに反しているのだ、とまで言った。世界のどこの先住民も外国人の多数派を積極的には受け入れようとはしないのであるから、論理的な結論としてはユダヤ人の民族的郷土という考えを一切放棄しなければならなくなる。そうなると、民族的郷土を夢見ることとさえモラルに反する、ということになってしまう。論文は鉄の壁の道徳性を宣言して締めくくられる。

「神聖なる真実は、それを実現するために実力の行使が必要であったとしても、神聖であることに変わりはない。これがアラブ人の抵抗に対する我々の立場であり、彼らに議論の用意ができるまでは入植について話し合うつもりはない」(原注7)

『鉄の壁の上で』は修正主義シオニストのバイブルになったにもかかわらず、その真意は支持者にさえも誤解されることがしばしばであった。彼にとって鉄の壁はそれ自体が目的なのではなく、シオニズムの今後の前進に対するアラブ人の抵抗を抑える手段に過ぎなかった。アラブ人の抵抗がおさまれば、パレスチナ人の民族運動内部に一連の変化が起こり、穏健派が前面に出てくるだろう。そこで、またそうなって初めて、まともな交渉が始まるだろう。この交渉では、ユダヤ人側はパレスチナ人に市民権と民族的権利を与えるべきである。ジャボチンスキーはこの記事の中で「民族的権利」がどのような意味を持つのかは正確に説明していないが、別の発言などから、彼の頭の中にあったのはユダヤ人国家におけるパレスチナ人の自治権のことではないかと思われる。この文から見えてくるのは、彼にはパレスチナのアラブ人が個別の国家的単位を構成しているという認識があり、したがって彼らには制限はあるにせよ、単に個人的権利だけにとどまらない何らかの民族的権利を与えるべきである、と考えていたことである。

思想的領域においては、ジャボチンスキーは修正主義シオニズムの創始者として重要な存在であった。政治的領域における彼の影響力は、一般的に考えられているよりはるかに大きかった。それは、彼の思想に影響を受けたのが修正主義シオニストだけではなく、シオニスト運動全体だったからだ。『鉄の壁の上で』は、ある優れた洞察力の持ち主の言葉によると、「シオニスト運動が直面する問題と取り組もうとする強固で真摯な努力として、そして事実上、シオニスト内部の支配的な根本原理となり、一九二〇年代から一九八〇年代の終わりまでのパレスチナにおけるイスラエルの対アラブ政策と政治姿勢となった公認の原理としてとらえるべきである（原注8）」。

シオニスト運動は一枚岩的な政治運動ではなく、互いにライバル同士の政党の連合体で、なかでも最大だった労働党は、思想的にはマルクス主義と社会主義を標榜していた。労働党のシオニズムと修正主義シオニズムの基本的な違いの一つは、軍事力の使用に関してであった。労働党シオニストは、シオニスト運動は目的達成のためには軍事力を必要とするだろうとは、あまり認めたくなかった。ジャボチンスキーは、この現実的命題に真正面から堂々と取り組んだ。彼はさらに進めて、シオニズムの優先順位を逆転させる考え方を提起した。労働党シオニストは、移民と入植を通じての国家建設を進めようとし、軍事力の増強はそれほど優先させていなかった。ユダヤ人の軍事力が、国家建設の闘いのキーポイントであるとするジャボチンスキーの信念が揺らぐことは決してなかった。公式には認めなかったが、ジャボチンスキーの考え方に次第に接近していったのは、労働党シオニストの方であった。そして、最終的には両者間のギャップはそれほどでもなくなった。労働党指導部も、次第に鉄の壁戦略に依拠するようになっていった。

ダヴィド・ベン＝グリオンとプラグマティズムの勝利

労働党シオニストが、鉄の壁主義とその戦略に転換した経緯は、イシューヴ軍隊を創設し、イスラエルを建国したダヴィド・ベン＝グリオン（一八八六年〜一九七三年）の経歴を見れば、もっともよくわかる。ベン＝グリオンは、ダヴィド・グリューンという名前でポーランドのプロンスクに生まれ、若いときから社会主義とシオニズムに熱烈に傾倒し、一九〇六年に農業労働者としてパレスチナに渡った。最初、社会主義のポアレ・ツィオン（シオンの労働者）党*で活動し、そのポアレ・ツィオンは一九一九年に他の諸グループと連合して社会主義政党の労働者統一党（アフドゥト・ハ＝アヴォダ*）を結成した後、一九三〇年に「イスラエルの地」労働者党＝マパイを結党した。彼は、労働党傘下の労働組合活動とシオニスト運動の活動家としてめきめきと頭角を現わした。一九二一年にイスラエル労働総同盟（ヒスタドルート*）の書記長になり、一九三五年まで務めた。一九三五年からユダヤ機関＊執行委員会議長となり、一九四八年にイスラエル国家が誕生するまで務めた。一九四八年から一九六三年に引退するまで、短期間を除いて、イスラエル首相および国防相を務めた。

ベン＝グリオンは、長い政治人生を通して、深く継続的にアラブ問題と取り組んだ。彼はこの問題に関して大いに発言し、多くの本や記事を書いている。しかし、これらの著作だけを基準に、彼について議論するのは大きな間違いである。それは、アラブ問題に関する彼の公的発言と個人的信条との間には大き

ポアレ・ツィオン：一九〇一年にロシア帝国の諸都市で起こったユダヤ人マルキシスト＝シオニスト運動、シオンの労働者のこと。すぐにニューヨーク、ロンドン、リーズに支部ができ、一九〇五年にはパレスチナで社会主義労働者党となった。オスマン・トルコ支配下のパレスチナで入植地を防衛することを「階級闘争」と位置づけた。

アフドゥト・ハ＝アヴォダ（イスラエル労働者統一党）：一九一九年にユダヤ人退役軍人とパレスチナの入植者が創立した社会主義政党。社民路線をとり、マルクス主義階級闘争の立場は放棄。一九三〇年に他派とマパイ（イスラエル労働党）を結成したが、一九四四年に自立、その後急進派左翼マパムとなり、一九六八年に再度マパイと連合してイスラエル労働党となった。

イスラエル労働総同盟（ヒスタドルット）：英国委任統治時代のパレスチナで一九二〇年に創立。一九二一年にベン＝グリオンを書記長に選出、一九二七年にはパレスチナのユダヤ人労働者の八割が加盟する大組織になった。二〇一一年現在、加盟労働者数七十万人（アラブ人も含む）でイスラエル全人口の一割を占める経済圧力団体になっている。現議長は、オフェル・エイニ。

ユダヤ機関：世界に離散したユダヤ人をイスラエルに移住させ、また世界のユダヤ人社会をイスラエルから強く支援することを目的としたユダヤ人組織。一九〇八年にヤファでドイツ人社会学者のアルトゥール・ルッピンにより設立され、オスマン・トルコ帝国下のパレスチナに入植を開始した。一九四八年のイスラエル建国後は経済発展に貢献、三百万人をイスラエルに移民させた。

な隔たりがあり、何よりも彼がプラグマティスト政治家だったからだ。一九二〇年代と一九三〇年代初頭のベン＝グリオンの公式発言は、労働運動の正統なあり方に則したもので、パレスチナのアラブ人はアラブ国家の一部であり、固有の国民的集団を構成してはおらず、それだけにとどまらず、パレスチナのアラブ人の利害とシオニストの利害との間に本源的対立は存在しない、と論じていた。シオニストの唯一の闘争はアラブ人土地所有者やエフェンディ（アラブ人資産家エリート）との階級闘争であって、自分たちの真の利害がユダヤ人労働者の利害と合致していることを、アラブ人農民が理解したときこの闘争は勝利する、というのが社会主義者としての主張であった。

ところが、私的な場ではベン＝グリオンはこの階級分析論あるいは楽観主義的展望を口にしていない。アラブ問題への彼の方法論を際立たせていたのは、断固とした現実主義であった。彼は農業労働者だったときからすでに、問題の難しさをよく把握していた。アラブ人の抵抗が本源的なものに根ざしており、シオニストの意図するもの一切の全面否定へと結着していることが確認できた時点で、彼の恐れと懸念は深まった。かくしてベン＝グリオンは、政治活動を始めた非常に早い時期から、シオニストとアラブ人の対立が不可避なもので、大変な難問だという結論に達していた。

アラブ人の抵抗の強さを認識したベン＝グリオンは、シオニスト運動の弱点を補強するため、外部勢力の支援を獲得することをめざした。彼の列強指向は、イデオロギー的なものというよりも実利的なものであった。その政治的歩みを見ると、彼はオスマン・トルコから英国そしてアメリカと、擦り寄る相手を次から次へと変えている。この方針変更は、これら列強の影響力の浮沈に左右されたものであった。英国が、オスマン・トルコに取って替わってパレスチナを支配下に治めた時、ベン＝グリオンはハイム・ヴァイツマンに賛同して英国との同盟を支持した。現実的に、ベン＝グリオンにとって英国との協定は、シオニズムが成功を収めるためには不可欠な条件と思われた。彼は、アラブ人との協力関係よりも英国との協力関係の方が重要であると考えた。彼のアラブ人に対する提案の大部分は、本音から出たものではなく、英国のご機嫌をとろうとするものであった。英国はユダヤ－アラブ友好関係を希望し、そこでベン＝グリオンは、たとえ彼の提案をアラブ人が受け入れる可能性がなくとも、この目的のために奮闘していると受け取られようとした。アラブ人との反帝国主義的連帯などは、社会主義イデオロギーが目指す方向かもしれないが、彼にはまったく関係がなかった。

一九三六年四月に起きたアラブの反乱*は、ベン＝グリオンのアラブ問題に対する姿勢の進化過程における転換点となった。彼は初めて、アラブのシオニズムに対する抵抗は民族主義的性格を持っていると率直に認めた。彼は、一九三六年五月十九日のユダヤ機関執行委員会で、我々は大きく対立している、と述べている。

「我々と彼らは同じものを求めている。どちらもパレスチナを求めている。これが、根本的対立だ（原注9）」

ベン＝グリオンは、イデオロギー的には他の同志たちよりも柔軟性があったので、政治的表現としてはユダヤ人が侵略者でアラブ人が防御者であると認めるにやぶさかではなかった。しかし、アラブの反乱の根の深さを知って、彼は協議や妥協の方向に傾かなかった。逆に、対立は外交交渉ではなく戦争によって

アラブの反乱：一九三六年から一九三九年まで続いたパレスチナのアラブ人の英国植民地支配とユダヤ人大量移民に反逆する闘争。第一局面はストライキやデモなどの穏健な運動で、英国植民地政府に潰された。第二局面は農民を中心に戦闘化し、アラブ人五千人以上が死に、第一次中東戦争の原因になった。

しか解決できない、という結論に至った。

ベン＝グリオンは、アラブの抵抗の規模や根の深さに関係なく、シオニズムを完璧に実現することの方に固執していた。一九三六年六月九日のユダヤ機関執行委員会宛の手紙で彼は、アラブ人との和平は目的のための手段に過ぎない、と力説している。

「（アラブ人との和平は）双方が合意して平和な国を作るためのものではありません。和平は我々にとって現実的な死活問題なのです。永遠に戦争状態にある国を作ることなどできません。とは言っても、和平は我々にとって（目的ではなく）手段です。我々の目的は、シオニズムの完全で完璧な実現です。ただそのためにだけ、我々は合意しなければならないのです」

ベン＝グリオンは、シオニズムの最終目標を設定した上で、アラブとの合意は可能だが長い時間を必要とする、と主張していた。

「全面的合意など今は問題外なのはわかりきっている。暴動や反乱計画が失敗に終わるだけではなく、この国で我々が成長発展を実現した結果としてアラブ人がすっかり匙を投げてしまえば、ユダヤ人のエレツ・イスラエルを受け入れるだろう（原注10）」

ベン＝グリオンのこの結論と、十三年前に書いた記事『鉄の壁の上で』におけるゼエヴ・ジャボチンスキーの結論との類似性には実に驚かされる。二人とも、パレスチナのアラブ人がユダヤ人国家の建設に道を譲る気がないこと、そしてこの対立は、外交交渉では解決できないことがわかっていた。二人とも、ユダヤ人が彼らの国土を奪うのを防ぐ可能性が残されている限り、アラブ人は闘い続けるに違いない、と考えた。そして二人とも、ユダヤ人の無敵の軍事力だけが唯一、アラブ人にパレスチナのユダヤ人国家を受

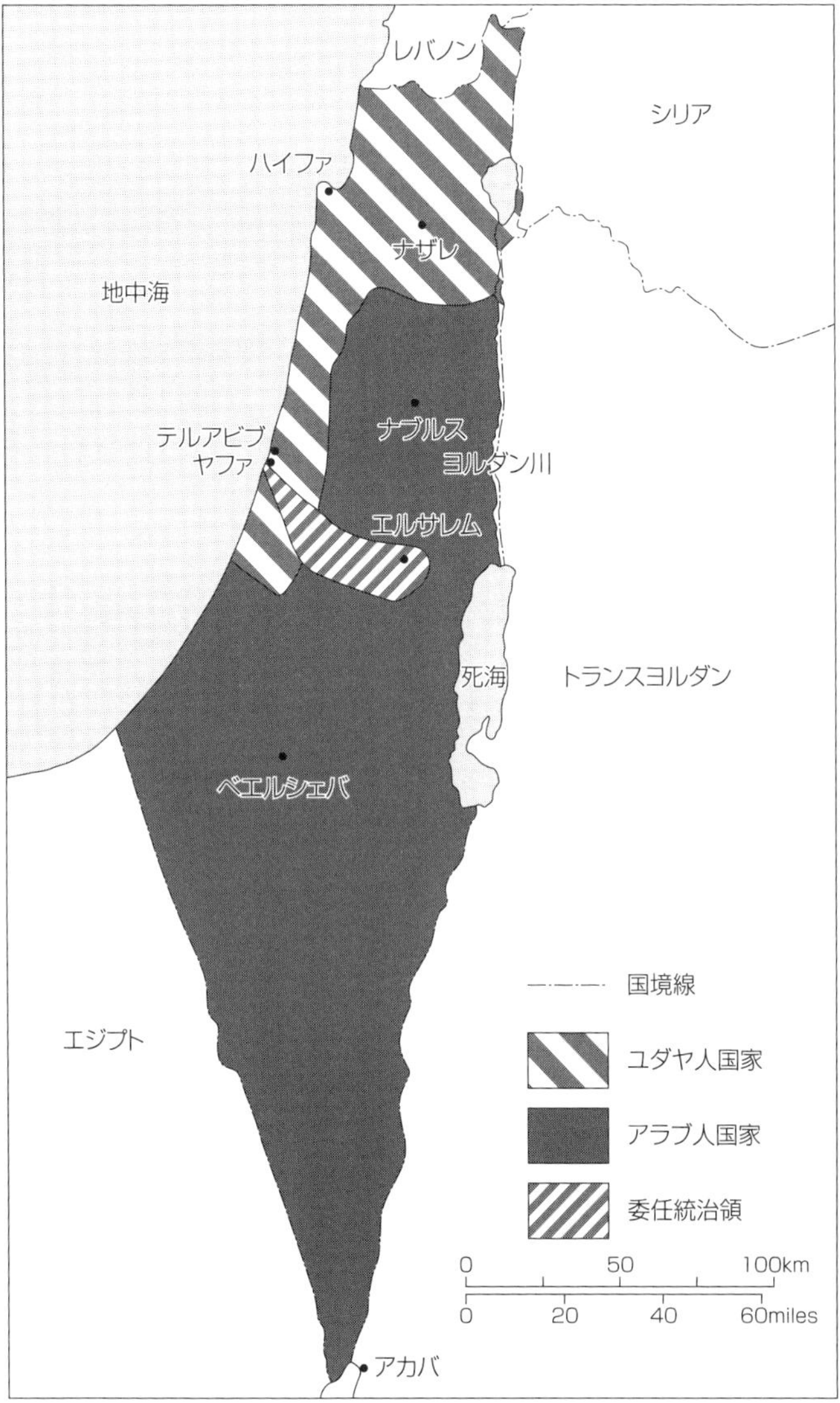

図2　1937年のピール委員会分割提案

け入れさせ、最終的に抵抗をあきらめさせるのだ、と断じている。ベン＝グリオンは鉄の壁という用語こそ使わなかったが、その分析と結論は事実上、ジャボチンスキーのそれと何一つ変わらなかった。

英国政府はパレスチナのアラブ反乱の勃発を受けて、暴動の原因を調査して解決策を勧告するためのピール卿を委員長とする王室調査委員会を任命することで対処した。委員会は、ユダヤ人のナショナリズムもアラブ人のそれと同様に熱烈で不屈な性格を持ち、両者の溝は深まる一方であると判断し、唯一の解決策はパレスチナ国土を異なる二つの国家に分割することである、と結論を下した。一九三七年に出されたこの最終報告は、五千平方キロメートルという極小のユダヤ人地区、広大なアラブ人地区、そしてエルサレムからヤファにかけた英国支配の国際連盟委任統治領地区に分割するというものであった（地図2参照）。

ピール委員会の分割案は、ベン＝グリオンにとって、英国によるパレスチナ委任統治の終焉の始まりとユダヤ人国家誕生という、現実性を帯びた政治プランを意味した。シオニスト運動陣営では分割案への対応をめぐって意見が対立した。とくに、ユダヤ人地区が小さいことや、実現性への疑問が対立の要因であった。一九三七年八月に開催されたチューリッヒでの第二十回シオニスト会議は、英国政府との交渉の前提として提案受諾を決定した。この決定は、これをもってユダヤ人独立国家の創設は、ユダヤ－アラブ間の合意に優先して実現されるということを暗黙裡に意味していた。したがってそれは、アラブとの合意を懸命に追求しつつも、シオニズムの実現はそれに依拠してはならない、というベン＝グリオンが前年に主張していた指導方針に沿ったものであった。

分割案賛成派の指導的メンバーはハイム・ヴァイツマン、ダヴィド・ベン＝グリオン、後にシャレットと改名し、イスラエル初代外務大臣になったユダヤ機関政治局長のモシェ・シェルトクであった。彼らが分割案に賛成した主たる理由は、たとえ小さくてもパレスチナの地にユダヤ人の独立国家を建設することが、他の何よりも確実なシオニズム実現への道だからである、というものであった。ヴァイツマンは、たとえそれがテーブル掛けほどしかない小さな土地だったとしても、ユダヤ人がピール案を受け入れないのは馬鹿げたことだ、と言った。ヴァイツマンは相変わらずの親イギリス志向の一端として分割案を受け入れたのであるが、ベン＝グリオンはもうイギリスのことは信用しなくなっており、パレスチナに独立した権力を有するユダヤ人社会を建設するチャンスを与えるものとしてピール案を評価した。

ベン＝グリオンは分割案を受け入れはしたが、ピール案の境界線を永久的なものとは見ていなかった。彼の中では、パレスチナの一部分としてのユダヤ人国家の承認と、この国家の境界線をイスラエルの地の全体へと拡大しようとする願望との間に、いささかの矛盾もなかった。彼と修正主義シオニストとの違いは、前者が領土の最小限主義で、後者が最大限主義だったということではなく、前者が段階的戦略を採用したのに対し、後者はすべてか無か、の形に固執したということである。

ベン＝グリオンの領土拡張主義の性格と程度がどんなものであったかは、一九三七年十月五日に息子のアモス宛にロンドンから出した手紙に、驚くほどありありと露見している。そこでベン＝グリオンは、自分はこのユダヤ人国家は終わりではなく始まりにすぎないという前提で活動しているのであり、たとえそれがパレスチナの分割を引き起こしたとしても、自分はただユダヤ人国家創設のためにだけ情熱を注いでいる人間なのだ、と吐露している。国家になりさえすれば、ユダヤ人は無制限に移民を受け入れ、ユダヤ人の経済を築き、トップクラスの軍隊を組織することができる。彼は書いている。

「必ずや我々は、アラブの隣人との合意と相互理解を通して、あるいはまた何らかの方法で、この国土のあらゆる場所に定住することができるようになるだろう」

意志と感情の内面の声がベン＝グリオンに告げた。

「今すぐユダヤ人国家を建設するのだ。全土に及ばなくともよい。その後の事は時とともにやって来る。きっとやって来る（原注11）」

シオニスト多数派は、分割とユダヤ人国家を選択したベン＝グリオンを支持した。チューリッヒでの第二十回シオニスト会議では、分割の是非が徹底的に討論された。これは分割をめぐる初めての公的な討論で、シオニズムの歴史の中でももっとも真剣に徹底的に討論された。この上なく重大な問題であることから、両派とも最大の熱意と心血を注いで、それぞれの議論を展開した。反対派は主に三つの点を主張した。祖先が言い残した約束の土地と聖書に書かれたことに背くことはできない*。イシューヴ（ユダヤ人共同体）はまだ自立できる状態ではない。英国はバルフォア宣言と委任統治の確約を厳密に守るべきである。ベン＝グリオンの提案に投票した代議員が二百九十九名、反対票百六十名、棄権六名。かくして、パレスチナ分割とユダヤ人国家設置を支持するという戦略的決定をもって議論は終了した。閉会に際し、ベン＝グリオンは、ユダヤ人国家の建国をめざして活動する特殊な目的を果たすため、ユダヤ機関執行委員会委員長職の再選に立候補した。それから十年、彼はこの目的に向かう一致団結した追求の仕事に全力を捧げた。

建国闘争

建国への闘いには多くの意見の食い違いが生じたが、それは長期的展望というよりも、むしろ戦術に関してであった。ベン=グリオン自身の建国への思いは、アラブの抵抗や英国の欺瞞にも揺らぐことはなかった。英国政府は、一九三七年に分割案を提起しておきながら、第二次世界大戦の接近とともにパレスチナ分割問題から後退しはじめた。枢軸国と戦争状態にある英国には、アラブ諸国とイスラム世界を援助する方がユダヤ人支援よりもはるかに重要になったからである。一九三九年五月十七日のマクドナルド白書（White Paper of 1939）*で、英国はシオニストとユダヤ人国家建設への支援を突如撤回した。これは、ユダヤ人が将来のパレスチナ独立国家において、永遠に少数派の地位におかれることを運命づけてしまうものであった。そこでシオニスト運動は、独自の軍事力を育成するようになり、対アラブ反乱のための準軍事組織ハガナー*（ヘブライ語で防衛の意=訳者注）を組織した。表向きには防御主義で通っていたハガナーであったが、アラブ人反乱勢力の脅威と軍事力に対抗するための戦闘的方針を採用した。防衛精神が常に秘めていた戦闘性はアラブ反乱以降、何かにつけて目立つようになった。

同時にイシューヴ（ユダヤ人共同体）が、ユダヤ人に土地購入とパレスチナへの移住を制限したマクド

約束の土地：旧約聖書はパレスチナの地は神がイスラエルの民に与えた約束の地（エレツ・イスラエル）であると説いている。後にキリスト教が興りその聖地となった。またアラビア半島に興ったイスラム教もエルサレムを聖地とした。三大宗教の聖地エルサレムを擁するパレスチナは特別な場所になった。

マクドナルド白書（White Paper of 1939）：一九三九年のチェンバレン内閣の植民地相マクドナルドが起草した白書。パレスチナへのユダヤ人移民を最初の五年間は年に一万五千人に規制し、それ以降はアラブ人の同意が必要と規定した。ユダヤ人がアラブ人から土地を買う権利も制限した。

ハガナー：イスラエル国防軍の基礎となった軍事組織。入植地のハーショメル（自警団）がアラブ人暴動を契機に編成されたもの。第一次中東戦争にも参加し、一九四八年にイスラエル国防軍に組み込まれた。ハガナー出身者にはイツハク・ラビン、モシェ・ダヤン、アリエル・シャロンなどがいる。

ナルド白書の方針に抵抗して、独自の抵抗活動を起こした。一九三九年九月、第二次世界大戦が勃発し、イシューヴは大きなジレンマに悩まされる。ナチス・ドイツとの戦いにおいては英国を頼みにせざるをえず、パレスチナの闘いにおいては英国と対立していた。しかし、このジレンマからの出口が見つかった。それは、ベン＝グリオンの発したスローガンに簡潔に表現されていた。

「白書がないかのように、イギリスのヒットラーとの戦争を助け、戦争がないかのように白書に対抗する」

第二次大戦中、ベン＝グリオンはパレスチナにおけるユダヤ人の政治支配権をいっそう強く主張するようになり、多数派であるアラブ人の支配権を否定した。彼は、イシューヴの人口問題を解決するために、二百万から三百万人のユダヤ人を終戦直後にパレスチナに移住させる考えであった。彼の主張では、アラブ人の問題はユダヤ人の問題と比較すればはるかに小さい。アラブ人にはパレスチナ以外にも広大な土地があるが、ヨーロッパから追われたユダヤ人にはパレスチナだけが安住の地である。このように彼は、アラブ人問題をユダヤ人多数派国家における少数派アラブ人の単なる地位的処遇の一種として扱った。

パレスチナ全土をユダヤ人国家にするという新しいコンセプトは、いわゆる「ビルトモア綱領」に表わされている。一九四二年五月にニューヨークのホテル、ビルトモアで開かれた、ヴァイツマンとベン＝グリオンも出席した全米シオニスト特別総会は、第二次世界大戦後、「パレスチナを新しい民主主義世界の一員としてのユダヤ共和国として設立する」と決議した。この決議で、シオニスト運動は初めて委任統治パレスチナの全土を要求したのであった。ユダヤ－アラブ合意の目標は放棄されたわけではなかったが、今やそれは明確に、ユダヤ人国家あるいは共和国の建設が実現してから、とされた。

ビルトモア綱領は、ヨーロッパにおけるナチスのユダヤ人抹殺作戦の全容とその恐怖が伝わってくる前に採択された。シオニスト指導者は、戦争が終結すればヨーロッパから数百万人の亡命ユダヤ人がやって来て、逆境をバネにパレスチナの大ユダヤ人国家建設のために活躍するだろうと想像した。誰一人として、ユダヤ人六百万人の命が奪われるというユダヤ民族史上最悪の災難となったホロコーストなど想像しなかった。しかし最終的には、ヨーロッパのユダヤ民族の悲劇はシオニズムにとってパワーの源になった。元来、自分たちの故郷はパレスチナにあるとするユダヤ人の思いは広く認められていた。ホロコーストがあってからは、そのことに異論の余地はなくなった。詩人のロバート・フロストは故郷を、来た人間を迎え入れてくれるところ、と定義している。ヨーロッパの真ん中で彼らがさらされた艱難辛苦《かんなんしんく》の果てに、ユダヤ人が故郷へ帰る権利に文句をつける人はまずいなかった。

シオニズムは、第二次世界大戦で鍛えられてずっと逞しくなり、ユダヤ人国家建設への思いはさらに深まり、ホロコーストの影の下でより切実さを増した。一方ホロコーストは、パレスチナをめぐる闘いにおいては自分たちの方が正しい、というシオニストの信念を揺るがぬものにし、またさらに、国際世論をしてユダヤ人独立国家という考えに目を向かせた。

ベン＝グリオンは第二次大戦の灰の中から生まれた「戦闘的シオニスト」の顔となり、まだ英国との同盟を探っていた外交派シオニストのヴァイツマンから、実力でリーダーシップをもぎ取った。一九四五年八月のシオニスト会議は、ヴァイツマンの提言に反して、英国支配に具体的に反対する政策を決定し、十月には武装蜂起が開始された。ハガナーは修正主義シオニズム運動から生まれた反体制派グループと連合するように導かれた。中心グループのユダヤ民族軍事機構（イルグン）は、一九三九年のマクドナルド白書の公布後にパレスチナのイギリス行政府に反対する行動を展開するようになった。この年の後半、イルグンが反英国の闘いの中止を呼びかけると、イルグン自体に分裂が起きた。アブラハム・シュテルンの指揮するさらに戦闘的な一派がイルグンから分裂して、イスラエル自由戦士（ロハメイ・ヘルート・イスラエル）を結成した。これはヘブライ語の名称の頭文字をとってレヒ、またはシュテルン・ギャングとも呼ばれた。シュテルン・ギャングは英国に対して非常な敵意を抱くあまり、パレスチナから追い出すために枢軸国との接触を図ったほどであった。一派のメンバーは三百人足らずではあったが、英国はシュテルン・ギャングに手を焼いた。一九四五年十一月から一九四六年七月までの間、三つの地下組織が手を組み「ヘブライ人抵抗運動」という名で知られるようになった。

これに対して英国は、軍隊を使った大規模な弾圧を加え、シオニスト指導部はヘブライ人抵抗運動を抑制せざるをえなくなったが、そのかわりに英国とアメリカの外交関係を裂こうと試みた。英国は、ユダヤ人の自治政府とアラブ人の自治州を作るという、シオニストには断固拒否された計画にアメリカの支持を取りつけようとした。アメリカを味方につけるため、ユダヤ機関執行委員会は一九四六年八月、パレスチナのしかるべき場所にユダヤ人国家の建設を考慮することに同意する決定を下した。この決定は、ビルトモア綱領の廃棄と、分割主義の復活を意味するものであった。決定はアラブへの譲歩としてではなく、アメリカにユダヤ人国家建設を支持してもらうための手段とみなされた。一九四七年二月、両者が同意するような解決策を提案できない英国政府は、パレスチナ問題を国連に委託した。

一九四七年十一月二十九日、国連総会はパレスチナの分割に賛成する歴史的決議第一八一号（通称パレスチナ分割決議）*を採択した。冷戦体制では珍しくも、米ソが同調して決議案に賛成票を投じ、英国は棄権した。決議案は、経済共同体として結ばれたユダヤ人国家とアラブ人国家の建国行程表と、エルサレムを国連統治下に置くことを策定していた。見たこともないような長く曲がりくねった境界線が引かれ、警備の手薄な検問所でユダヤ人地区とアラブ人地区を分割し、東ガリラヤ、沿岸平野部、ネゲヴ砂漠の離散した地域をつなぐため貧弱な交錯地点が設けられた。二匹の蛇が争っているような形をしたこの奇妙な境界線は戦略上、不安定要因になった（地図3参照）。ユダヤ人地区に指定された地域の人口構成たるや、ユダヤ人五十万人に対してアラブ人四十万人という、変則的としか言いようのない、かつ国家として非常に実現性の低いものであった。

こうした限界性と変則性にもかかわらず、国連決議*はシオニスト外交にとっては大きな勝利を意味した。パレスチナとエルサレムをすべて包括する国家が望みの、シオニストの最大限の野望には到底及ばないにしても、（国連決議は）ユダヤ人独立国家の建国のための国際的正当性を得るために、この上ないお墨付きとなった。世界中のユダヤ人が、国連決議採択のニュースを歓喜、感激を持って受けとめた。しかし、イルグンとシュテルン・ギャングのゼエヴ・ジャボチンスキー派はこの歓喜の輪には加わらなかった。国連採決の翌日、イルグン司令官メナヘム・ベギンは地下闘争組織に向けて「パレスチナ分割は違法である。断固として認めることはできない……エルサレムは我々の首都であった。そして未来永劫にそうでなければならない。エレツ・イスラエルはイスラエルの人々のために再建されるであろう。そのすべてが。しか

国連決議第一八一号：一九四七年四月、英国がパレスチナの委任統治問題を国際連合に委ね、十一月二十九日の国連総会はパレスチナ分割案を賛成三十三、反対十三、棄権十で可決。英国は棄権。人口三分の一のユダヤ人がパレスチナの五六・五パーセントの土地を獲得し、エルサレムは国際管理下に置かれた。

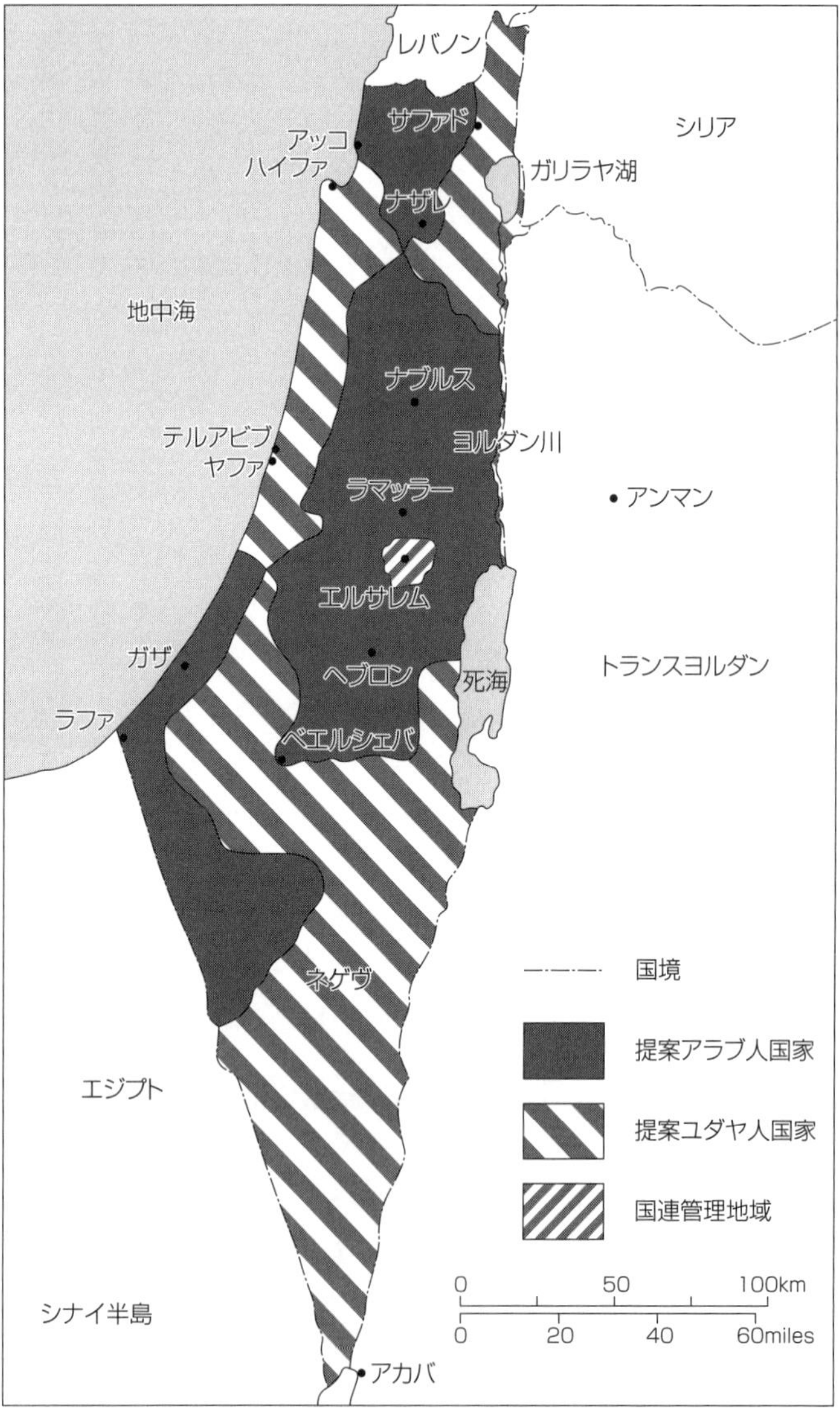

図3　1947 年の国連分割案

も永遠に」なる宣言文を発した。（原注12）

ユダヤ機関は国連の分割決議を正式受諾したが、指導部の多くは暗澹たる気持ちであった。それは、パレスチナ独立国家という考えを是としなかったからであり、エルサレムの除外に落胆し、国連の定めた境界線内でのユダヤ人国家の実現性に大きな疑問を抱いたからである。しかしながらこの決議に従って進めば、国連決議はユダヤ人国家建設のための多大な国際的支持の獲得へとつなげてくれるのである。

ユダヤ人とは異なり、国家建設の準備はあまりしていなかったパレスチナのアラブ人は、国連分割決議をそっけなく破棄した。パレスチナのアラブ人を代表するアラブ高等委員会は、決議案を「不合理、非実践的、不当」なものだと糾弾した。一九四五年以降アラブ連盟*として大雑把に組織化されていたアラブ諸国は、国連分割決議を非合法と主張し、その強制的適用に対する反抗をちらつかせた。十二月一日、アラブ高等委員会は三日間のストライキを宣言し、ユダヤ人一般市民に暴力的危害を加える事件も発生した。

このように、国連の分割案賛成決議はユダヤ人国家とアラブ人国家を創る国際的合法性を保障できなかっただけでなく、はからずもパレスチナの二つの社会の間の残虐な戦争開始の合図となったのである。

アラブ連盟：アラブ諸国の地域協力機構。一九四五年三月創設。本部カイロ。ナセルの提唱でアラブ世界の統一を目指したが、サウジアラビア、シリア、イラクなどの主導権争いで頓挫。パレスチナ解放機構の急進化やエジプト―イスラエル単独和平協定、ヨルダン内戦、レバノン内戦などで団結力は低下。湾岸戦争では多くの国が対イラク攻撃に参戦した。中東紛争でも政治的役割を失っている。

第1章　イスラエルの出現　一九四七年～一九四九年

イスラエル国家はパレスチナのアラブ人と周辺アラブ諸国に対する戦争のさなかに誕生した。イスラエル人が独立戦争と呼び、アラブ人がアル＝ナクバ（災難）と呼ぶこの戦争は二段階に分かれている。第一段階は国連が分割決議を可決した一九四七年十一月二十九日からイスラエルの建国が宣言された一九四八年五月十四日までの期間。そして第二段階は一九四八年五月十五日から戦争状態が終結した一九四九年一月七日までの期間である。パレスチナのユダヤ人とアラブ人社会の間の非公式な戦争の第一段階は、ユダヤ人にとっては勝利、パレスチナ人にとっては悲劇に終わった。周辺アラブ諸国の正規軍が参戦した公式な第二段階も、ユダヤ人の勝利とアラブ側の広範囲にわたる敗北に終わった。

非公式の戦争

第一次中東戦争を通してイスラエル側の鍵を握った人物はダヴィド・ベン＝グリオンである。イシューヴの専制君主ベン＝グリオンは、冷酷無比に権力を一手に掌握していた。一九四六年、ユダヤ機関執行部防衛大臣の地位に就いたベン＝グリオンは、ただちにアラブとの軍事的対決に備えてイシューヴの整備を始めた。彼は、アラブとの衝突を避けて通れないものと考えていた。ベン＝グリオンは、国連分割案は受け入れたが、ユダヤ人地区のために提案された境界線を最終案として受け入れたわけではなかった。ユダヤ人国家建国のための、国際的な、とくにアメリカとソ連からの支援は評価していたが、ユダヤ人国家が易々と実現できるとは期待していなかった。そしてついに、建国するためにはユダヤ人は戦わなければならないと確認したベン＝グリオンは、ユダヤ人の文句なしの軍事的勝利を求めた。これが、武力闘争を指揮する役割を買って出た理由であり、ユダヤ人国家建国のためのニューヨークでの外交活動をモシェ・シャレットに託した理由である。またベン＝グリオンは、建国闘争の過程でゴルダ・メイア（旧称メイヤーソン）の強い支援の世話にもなっている。一八九八年にロシアで生まれ、ミルウォーキーで教職を学んだメイア女史は一九二一年にパレスチナに移住、労働組合活動で頭角を現わし、労働党幹部になった。一九四六年にモシェ・シャレットが英国に逮捕されると、*メイア女史はユダヤ機関政治局の局長代理を務めた。彼女は、一九四七年から一九四八年までの期間、アメリカでの資金調達の責任者として尽力し、ベン＝グリオンをもっぱら武力闘争に専念させた。

国連決議案を受け入れることは、パレスチナ国家を認めることを意味したが、実際にはシオニスト指導部は近隣アラブ諸国の元首たちの誰かとの合意を探る方を選んだ。そして、東隣に位置するトランスヨルダン首長国のアブドゥッラー国王と最高の形で手を結ぶことに成功した。シオニスト指導者たちは他の外交手段を考えなかったのか？　一九四七年から一九四九年までの間、国連にパレスチナ問題を持ち込む選択肢はなかったのか？　答は否と言わねばならない。それは一九四〇年代後半、パレスチナ民族運動はハジ・アミン・アル＝フセイニの指導のもと、それまでの四半世紀と同様、依然としてシオニストに敵対す

シャレット逮捕：一九四六年六月二十九日の土曜日（ユダヤ暦のサバト）に英国パレスチナ委任統治当局による「アガサ作戦」というユダヤ機関機関員二千七百人の大量逮捕事件。英国の狙いは、鉄道妨害や誘拐事件を起こしていたハガナーやシュテルン・ギャングなどのシオニスト独立主義者の壊滅にあった。英国は一説には二万五千人もの兵士、警官を動員してエルサレム、テルアビブ、ハイファを戒厳令状態にし、武器、弾薬などを大量に押収した。逮捕者にはシャレットの他に、イルグン司令官メナヘム・ベギンも含まれていた。

る非妥協的姿勢を崩さなかったからである。

シオニストは、分割政策を受け入れ、ユダヤ人国家を承認し、建国後は平和共存する意志のあるアラブ人指導者を求めていた。一九四七年、この要求に応えられるアラブ人指導者は一人しかいなかった。それがアブドゥッラー王である。一九二一年にトランスヨルダン王国が成立して以来、アブドゥッラーとシオニストは友好的な関係にあった。アブドゥッラーは、シオニスト運動とアラブ民族運動の力関係を現実的に評価した。ユダヤ人がパレスチナに独立国家を建設するために、こんなにも懸命になる思想的根拠がいったい何なのか、それについては十分わかっていなかったかもしれないが、彼は何が肝心なのかはすぐに見てとった。アブドゥッラーとシオニストは、それぞれの目的を実現する手段を相手の手の内に見出した。アブドゥッラーにとってシオニストは、大シリア王国への夢を実現するための強力な支援の源を意味した。シオニストにとってアブドゥッラーは、どちらを向いても敵意に満ちたアラブの鎖を断ち切る手段を意味した。アブドゥッラーとシオニストは、文脈は異なるが、同じ言語すなわちリアリストの言語を話した。ハーシム王家とシオニストの友好関係を支えているのは、英国という共通の保護者と、ハジ・アミン・アル＝フセイニという共通の敵をかかえていることであった。どちらにとっても、パレスチナ民族主義は一つの脅威であり、したがってこれに圧力を加えることは両者に共通した関心事であった。英国のパレスチナ委任統治が不名誉な終焉を迎えつつあるのをにらんで、両者は互いの戦略を調整する作業を開始した。

一九四七年十一月十七日、国連がパレスチナの運命を決める総会を開く十二日前、拘束中で不在のシャレットの代理を務めていたゴルダ・メイアはヨルダン川上流のナハライーム*で秘密裡にアブドゥッラー王に面会し、大幅な合意を得た。アブドゥッラーはまず、パレスチナのムフティを抱き込んでアラブ地域を占領し、自分の王国に所属させる計画を披露して、これをユダヤ人がどう思うか反応をたずねた。メイア女史は、とくにユダヤ人国家の建設をアブドゥッラーが妨害することなく、軍事的対決を回避し、国連の意向に添うならば、ユダヤ人はこの企図に好意的な見解を持つでしょう、と答えた。彼女はアブドゥッラーに、パレスチナを王国の属領に併合する企てにユダヤ人の側から具体的に支援するという約束はしなかった。この合意は、言うなれば彼は彼でパレスチナを奪い、ユダヤ人は自分たちの国を建国し、ほとぼりがさめた頃に両者は和平条約を取り交わす、というものであった。この会談はどちら側に対しても特別な行動をとることを正式に求めるものではなかったし、決して国連の裁定に先行するものでもなかった。この会談は、国連が最終的に打ち出したものとは根本的に異なる路線に沿ったパレスチナ分割への意志一致を生み、その基盤を設定した。(原注1)

パレスチナ情勢は十一月二十九日に分割支持の国連決議が出て以降、急激に悪化した。ユダヤ人を標的にしたアラブ人のゲリラ攻撃が再発した。ベン＝グリオンは、この攻撃は近隣アラブ諸国の正規軍との全面的軍事対決の前奏曲にすぎないという確信を持った。一九四八年一月一日と二日、進行する軍事衝突におけるユダヤ側の戦略を形成するため、彼は部下の首席民事顧問および首席軍事顧問と協議した。ユダヤ機関のアラブ専門家は地域のアラブ人に見られる軍事的危険性を重視せず、彼らと弾力的に対応するよう

ナハライーム：イスラエルとヨルダンの国境線上にある場所で、ヨルダン川とヤルムク川の合流地点。川は急流でイギリス支配下の一九三〇年に水力発電所が建てられた。ここでメイアとアブドゥッラー王との会談があり、トランスヨルダンの参戦を協議した。

求めた。ハガナーの司令官たちは逆に強力な報復攻撃を主張した。ベン＝グリオン自身は、現状況における最善策は衝突を抑え拡大を防ごうとするのではなく、武力衝突をエスカレートしていくことである、とする後者の立場に組みした。その結果、ハガナーは経済破壊と心理戦を伴う「攻撃的防御」の方針を打ち出した。(原注2)

ハガナー司令部が三月に立案したダレット計画は、この攻撃的戦略の展開過程における大きな道しるべになった。この数ヵ月前に、パレスチナのアラブ義勇兵はアブデル・カデール・アル＝フセイニのカリスマ的指導の下、テルアビブとエルサレムを結ぶ幹線道路を切断し、ハガナーとの戦闘で優位に立とうとした。アラブ義勇兵の手にかかって何度か手痛い目にあったハガナー司令部は、主導権を奪還し、反撃に出ることを決断した。ダレット計画の目標は、国連の分割決議でユダヤ人地区に指定された全地域と、この地域外にあるユダヤ人入植地と、それに通じる回廊を確保してユダヤ人支配の確固とした持続的基盤を保証することであった。この計画の新しさと大胆さがどこにあるかと言うならば、それはハガナーがこれまでやったことのない、アラブ人の町や村を奪略せよ、という指令にあった。ダレット計画の目的とするところは、その文言こそ漠然としていたが、この地に存在するアラブの敵意と憎悪の要素の芽を摘み取ることにあり、その意味から市民まで放逐する理由があったのだ。四月、五月とダレット計画を実施したことによって、ハガナーは直接的そして決定的にパレスチナ難民問題発生の一因になった。

パレスチナ人社会は四月に展開されたユダヤ人の武力攻撃の打撃を受けて破壊され、パレスチナ人の脱出の動きが始まった。状況的に危うくなった時点でのパレスチナ人指導者の早期脱出も含め、パレスチナ人の脱出には様々な要因があったが、最大の要因はユダヤ人がかけてくる軍事的圧力であった。ダレット計画は、パレスチナのアラブ人を追放するために描かれた政治的青写真というわけではなかった。しかし、アラブの町村を占領し、破壊する指令を下すことで、この計画はアラブ民間人の強制的追放を容認し、正当化する口実になった。(原注3) 一九四八年の終わりの時点で、パレスチナ難民の数はおよそ七十万人に膨れ上がった。だが最初の、そして最大の難民の波は、五月十五日に正式な戦争状態が勃発する前にやって来た。大部分の難民は西岸地区とガザ地区、そして隣接するアラブ諸国、特にトランスヨルダン、シリア、レバノンに逃れた。

　パレスチナの抵抗闘争の崩壊は、アラブ連盟が同盟国の正規軍を分割に反対する戦いに派兵するきっかけとなり、地域アラブ人への経済援助と武器供与に限定した当初の決定が逆転した。(原注4) 形勢が一変すると、ユダヤ人側は軍事力こそアラブ問題の唯一の解決手段だという確信をさらに強めた。五月の第一週にアメリカが出した無条件停戦、およびパレスチナで現場交渉するための委任統治の十日間の延長を求める提案は、ユダヤ機関が拒絶した。英国のエルサレム休戦協定の提案も、ユダヤ機関側の逃げの一手でこれまた頓挫した。

　ユダヤ機関は、パレスチナ人と休戦協定を結ぶためにではなく、英国委任統治の期限切れを待ってパレスチナに侵攻しようとするアラブ連盟の計画に加わることをアブドゥッラー王に思いとどまらせるために、外交努力を払った。五月十一日、アラブ女性に変装したゴルダ・メイアは、危険を冒してアンマンに赴き、王との半年前の会談で得た合意を無駄にしないために土壇場の努力を試みた。王は夜の訪問者を丁重に迎えたが、その様子は意気消沈し、悩み、大きなプレッシャーがかかっているように見えた。王は、パレスチナは分割せずに残し、ユダヤ人が支配している地区は自分を王とした自治区にしてはどうだろうと提案したが、メイア女史はこの提案をにべもなく退けた。彼女はアブドゥッラーに、新提案など出すかわりに、最初のパレスチナ分割計画にこだわるべきではないのですか、と迫った。アブドゥッラーは両者に合意があったことは否定しなかったが、状況が変わり、今や自分はパレスチナ軍事介入への流れに抗しきれなくなった、と釈明した。メイア女史は王に、ユダヤ人側はここ数ヵ月間に劇的に軍事力を強化しており、平和的分割の場合における国連指定の境界線を尊重する意志はあるが、いかなる状況でも戦いの準備はできており、いざ戦争となれば全力を挙げて戦うつもりだ、と述べた。王は彼女に、彼の提案を再考し、五月十五日までに連絡してほしいと強く要請した。彼女は、こんな話はまったく受け入れられないし、両者の合意はなかったものとして戦争を選択するのなら、次にお会いできるのは戦争が終わってからでしょうね、と捨て台詞を残して帰っていった。(原注5)

五月十二日、停戦と独立宣言、あるいは英国委任統治の期限切れに伴うユダヤ人国家建国宣言の延期を求めるアメリカの提案を承認するか否かの最終決定のため、ユダヤ民族評議会が臨時に招集された。ゴルダ・メイアが、アンマン訪問の任務不成功を報告したのはこの会議においてであった。モシェ・シャレットが、ワシントンでジョージ・マーシャル国務長官から独立宣言を延期し、アラブ人との武力決着を避けるよう忠告されたと知らせてきた。軍司令部は軍事情勢に関してどちらかといえば悲観的な評価をし、勝算は五分五分だと報告してきた。イシューヴ*が勝てるチャンスは五分五分だという見通しは、トランスヨルダンのアラブ軍団を含むアラブ諸国全軍による一斉攻撃に耐えなければならない、という前提の上に成り立っていた。(原注6)

ベン＝グリオンは、この歴史的大チャンスを逃してなるものかと、リスクを承知で独立宣言の即時発布に向けて全力を傾けた。休戦協定を拒否し、独立を宣言するという提案を、臨時ユダヤ民族評議会委員は賛成六、反対四で可決した。さらに、ベン＝グリオンの強い要望で、独立を宣言する新国家の国境線は明示しないと決めた。これは、国連が定めた境界線を越える可能性を今後に残しておくためであった。新国家の国名はイスラエル、とされた。

一九四八年五月十四日、テルアビブ美術館に勢ぞろいしたイシューヴ司令官たちを前に、ダヴィド・ベン＝グリオンは独立宣言書（ハ＝フラザット・ハ＝アツマウート）を読み上げ、パレスチナの地に国名をメディーナ・イスラエル――イスラエル国、と称するユダヤ人国家を建国する、と宣言した。独立宣言は、イスラエル国家がイスラエルの預言者の考えに則って自由、正義、平和の原則に拠って立ち、宗教的、人種的、性的に差別することなく、すべての国民に完全なる社会的、政治的平等を保証し、国連憲章の原則を忠実に守る、と誓っていた。とくに、イスラエル国家におけるアラブ人住民の平等の権利を約束し、近隣のすべてのアラブ諸国に平和の手を差し伸べていた。

美術館のメインホールの中央にはテオドール・ヘルツルの肖像画が架けられていた。それはあたかも、五十年前にバーゼルの第一回シオニスト会議で彼が読み上げたユダヤ人国家の理想像を、今ここに現実のものとするべく結集した指導者たちの姿を見つめているかのようであった。ヘルツルは当初から列強の支持を取り付ける必要性を認識していたのであったが、これも今現実のものになろうとしていた。イスラエ

アラブ軍団：イギリス統治下トランスヨルダンで一九二〇年に編成された百五十名の治安部隊。一九二六年には千五百名のベドゥイン族兵士で構成された近代的軍隊に成長した。第二次大戦中はイラクを攻撃、シリアのフランス軍と戦った。第一次中東戦争では西岸地区を占領し、イスラエル軍と激しく戦った。

ル国を承認した最初の国がアメリカ合衆国で、米大統領ハリー・トルーマンは国務省の反対を押し切ってこれを承認したのであった。ソ連がそれに続いた。かくしてイスラエルは、中東のヨーロッパ支配に取って代わろうとする戦後世界の二超大国というゴッドファーザー二人の立ち会いのもとに誕生したのである。だがイスラエルには、怒れる周辺アラブ諸国という脅威が目前に控えていた。ベン＝グリオンは日記にずばり、こう記している。

「運命の鍵は防衛力だ」（原注7）

独立戦争

一九四八年五月十五日、エジプト、トランスヨルダン、シリア、レバノン、イラクの正規軍がパレスチナに侵攻し、パレスチナ義勇兵とアラブ連盟の資金援助を受けたアラブ解放軍は兵力を増強した。かくしてイスラエルは、戦争のど真ん中で誕生した。イスラエルがとった最初の対外政策は、サバイバル政策であった。ハガナーはイスラエル国防軍（ＩＤＦ）と改称し、イルグンとシュテルン・ギャングは後に解体してイスラエル国防軍に吸収された。

イスラエル独立戦争は、長い苦渋に満ちた戦争であり、そこで多くの人命が失われた。死者は兵士、民間人合わせて六千人、イスラエル人人口六十五万人の一パーセントに当たる。この戦争は、国連による二度の休戦命令で区切られた三度の戦闘からなる。最初の戦闘は、一九四八年五月十五日から六月十一日まで、二度目は七月九日から十八日まで、三度目は十月十五日から一九四九年の一月七日までであった。

伝統的シオニスト版ストーリーでは、一九四八年の戦争は一枚岩アラブ対小国イスラエルの正真正銘一対一の激闘のごとく描かれている。この物語によると、アラブの七つの軍隊が、ユダヤ人国家が生まれたらその場ですぐに潰せという、ただそれだけの目的で英国委任統治の期限切れと同時にパレスチナに侵攻したのであった。その後の戦闘も、ダヴィデ＝ユダヤ人対巨人ゴリアテ＝アラブ人という不利な闘いだった。まだ幼いイスラエル国はこの勝ち目のない対決を英雄的に戦い抜き、圧倒的不利の下馬評を覆して、ついにサバイバル戦に勝ったのである。戦争中、パレスチナ人数百万人の大半が命令されるがまま、戦争に勝って戻れるものと信じてアラブの隣国に疎開した。それだけではない。戦争が終わり、イスラエルの指導者が全身全霊をかけて和平を追求したにもかかわらず、相手は誰一人として聞く耳を持たなかった。銃火がおさまって以来三十年を経過しても埒が開かない政治的膠着状態の責任は、一にアラブ人の非妥協的態度にある……。

一九四八年の戦争の、この一般的で英雄的で善意の第三者的解釈は、イスラエルの対外的プロパガンダに広く利用されてきたし、現在もイスラエルの学校で教えられている。これは、一国の建国過程の歴史記述にナショナリズムが導入される典型的な例である。きわめて現実的な意味において、歴史は征服者の宣伝に使われるものであり、一九四八年の戦争の歴史記述も例外ではない。

とは言っても、第一次中東戦争の伝統的シオニスト流解釈の根拠は事実ではなく神話だ、と言いたいのではない。それどころか、この解釈は大いに史実に基づいたものだ。しかしながら、その史実は選り好みされたもので、解釈も主観的である。どうしてそうなるのかというと、この話が一九四八年の戦争を戦ったイスラエル人の個人的体験と解釈に非常に近いもので、それゆえにこれを検証し直して訂正を加えるとなると強い抵抗に遭うのが明白だったからである。

それでも、公式史料が公開された後、この解釈は批判的精査の対象になった。(原注8) 一九四八年戦争の正式な局面に関しては二つの主要な指摘があり、それはアラブとイスラエルの軍事力の差と、アラブの戦争目的に関するものである。

軍事力の差については、一貫してアラブ側が数的に圧倒的優勢だったと言われてきた。この戦争は長い間、少数対多数の戦いとして描かれてきた。ユダヤ人戦士たちの絶望的苦境とヒロイズムには何ら疑いの余地はない。そして、少なくともチェコスロヴァキアからの秘密の武器供給で形勢が決定的に有利に展開することになった最初の休戦までは、ユダヤ側が軍備面で劣っていたという事実にも間違いはない。しかし、一九四八年五月半ばにパレスチナ戦域で軍事行動にあったアラブ兵の総数が、正規兵と義勇兵の両方で二万五千人以下に対し、一方のイスラエル国防軍は三万五千人が戦闘配置についていたのである。七月半ばには、イスラエル国防軍は武装兵六万五千人を動員、十二月にはその数は最高の九万六千四百四十一人に達している。アラブ諸国の各軍隊も増強されたが、とてもこの増加ペースには追いつけなかった。このように、戦争の各段階でイスラエル国防軍は、つねに数的に敵アラブ軍を大きく凌駕しており、戦争の最終段階ではその優勢比率はおよそ二対一になっていた。したがって、戦争の結末は奇跡などではなく、アラブとイスラエルの兵力の差を反映したものである。この戦争は、幾多の戦争と同様、最終的に兵力に勝る方が勝ったのである。(原注9)

アラブの戦争目的に関しては、イスラエルの旧世代歴史学者は、パレスチナに送られたアラブの軍隊は新生ユダヤ人国家を破壊し、ユダヤ人を海に投げ込むことで全員が意思一致していたと主張していた。これは、彼らが当時のユダヤ人の間で有力だった解釈を代弁していただけの話である。アラブ連盟の軍事専門家がパレスチナ侵攻の共同計画を練っていたことに間違いはないが、パレスチナにおけるアラブ連合軍の名目上の総指揮権を与えられていたアブドゥッラー王はぎりぎりになって態度を変え、この計画は中止された。アブドゥッラーが自分の兵をパレスチナに送り込んだ目的はユダヤ人国家の建国を阻止することではなく、パレスチナのアラブ人地区の主になることであった。アブドゥッラーの侵略的野心に憤慨し、敵とグルになっているのではと疑心暗鬼になった他のアラブ人国家元首たちとアブドゥッラーとの間には何ら通じ合うものはなかった。他のアラブ諸国にしても、パレスチナ人のためにパレスチナを守るのだ、という美辞麗句の裏にそれぞれの王家や国の私利私欲を隠していた。外交的、軍事的計画を協力して作ることができないアラブ側の無能さが、彼らがたっぷり被ることになった災難の原因に少なからずなったのだ。(原注10)イスラエルの指導者はこのアラブ人の自分勝手な性格をよく知っており、正式な戦争状態に突入してからは、これまで同様このことを最大限に利用した。(原注11)

数え切れないほど多くの歴史学者がそうしてきたように、一九四八年の戦争をその軍事作戦に焦点を合わせて見てみると、イスラエルがアラブ世界全体をやっつけた、というよく知られたイメージが浮かんでくるだろう。しかし、戦争の政治的駆け引きを詳しく検証すると、もっと複雑な情景が見えてくる。ベン＝グリオンについて語るなら、その政治的狙いは建前と本音とでしばしば矛盾する人物であるだけに、それが本当は何なのかをよく知っておくことが大切だ。事実、戦争中のイスラエルの軍事的行動と終戦時の国境線は、彼の政治的狙いから決められた要素が強い。

ベン＝グリオンは独立宣言から十日目の五月二十四日、参謀本部に彼の大戦略を披露し、いくつかのキーポイントを示した。第一に、彼は戦略的な優先順位を明確に設定していた。北のエルサレム、ガリラヤと南のネゲヴである。二番目に、彼は防御よりも攻撃戦略を選択した。第三のポイントは、敵アラブ連合軍の対処の仕方とイスラエルの安全確保の原則に関わる主要な教訓で、アラブ人は一人ずつ狙い撃て、そして一つの前線で戦うと同時に別の前線を攻撃せよ、という指令であった。四番目は、敵の強力軍団さえ倒してしまえば残りの軍隊はすぐに崩れるとの確信のもとに、まず初めにヨルダンのアラブ軍団を片付けようとしたことであった（原注12）。

この戦争の初期の段階では、ベン＝グリオンと将軍たちとの間には大きなギャップがあった。彼は、アラブ軍団を一番の敵と見ていたが、将軍たちはエジプト軍が最大の脅威だと考えていた。彼は大量のイスラエル軍をエルサレム内外に集中させたかったが、将軍たちは南部戦線を優先させたがった。ベン＝グリオンは、アブドゥッラー自身が一度は提案を引っ込めた以上、以前に彼と交わした合意にまだ拘束されているとは当然ながら考えていなかった。エルサレムは、国連分割案では **corpus separatum** ＝特別区として国連の信託統治下におかれるべきで、どちらにしてもエルサレムは彼との合意には含まれていない。エルサレム奪取の戦いは、英国の委任統治期限が切れる数日前にイスラエルの攻撃から始まり、これに対する反撃としてアブドゥッラー王は五月十七日、アラブ軍団に Old City ＝エルサレム旧市街*の防衛に出動せよと命令した（原注13）。

イスラエルの攻撃はいったん食い止められ、戦いの焦点はラトルン*に移った。ラトルンには、テルアビブとエルサレムをつなぐ幹線道路に突き出た丘の上に城砦が建っている。国連分割案ではラトルンはアラブ人地域に組み込まれていたが、その戦略的重要性からベン＝グリオンはラトルン攻略を決めていた。将軍連の反対意見にもかかわらず、彼はラトルンに正面からの攻撃を三度試みたが、いずれもアラブ軍団に撃退された。そして、国連の休戦命令が下りて一度目の戦闘が終息した。

激戦を戦ったイスラエル軍にとって、休戦はモシェ・カーメル将軍の言葉を借りれば、さながら「恵みの雨」であった。イスラエル軍は休戦期間を兵士の増強、再訓練、再編成、再軍備に充てた。国連パレスチナ調停官のフォルケ・ベルナドッテ伯爵*が六月二十七日に和解案を出したが、両陣営ともこれを拒絶した。ベルナドッテ伯爵は九月十七日、二回目の報告を国連に提出した翌日、エルサレムで暗殺された。このスウェーデンの貴公子を英国のスパイときめつけた極右ナショナリストのシュテルン・ギャングの一員が犯人だった。国連調停官暗殺の黒幕は三人おり、その一人が後にイスラエルの首相になったイツハク・シャミル*である。シュテルン・ギャングとイルグンの一団は、ユダヤ側が支配権を主張していなかったエルサレムの単独支配を追い続けた。彼らは休戦を拒否し、「フリー・ユダヤ」という国をイスラエルの国外に建設するための闘争を計画した。ベルナドッテ暗殺で、政府は反体制組織に対して断固たる姿勢をと

エルサレム旧市街：現在のエルサレム市内の〇・九平方キロメートルの区画で、重要な宗教的遺跡がある。十九世紀に導入された四区画があり、ユダヤ教徒地区には第一神殿の丘と嘆きの壁、キリスト教徒地区には聖墳墓教会、ムスリム地区には岩のドームとアル＝アクサ・モスク、他にアルメニア人地区もある。

ラトルン：エルサレムの西二十五キロ、テルアビブとの中間にある、アヴァロン渓谷の丘。トラピスト修道院があり、観光地として有名。戦略的重要地で英国が一九三六年のアラブ反乱で要塞を建設した。独立戦争ではベン＝グリオンがベン・ヌン作戦で要塞奪取を図ったが失敗、多数の死者を出した。

フォルケ・ベルナドッテ伯爵：スウェーデンの外交官。近衛騎兵将校、アメリカ合衆国友好使節を経て一九四六年にスウェーデン赤十字社総裁になる。ドイツの降伏交渉にも関与した。第一次中東戦争で国連調停官として和平に尽力したが、一九四八年九月エルサレムでシュテルン・ギャングに射殺された。

らざるをえず、彼らをイスラエル国防軍に吸収合併させた。ベルナドッテ暗殺犯が裁判にかけられることは一切なかった。

七月八日、エジプトが休戦協定を破って攻撃を再開した。イスラエル国防軍は待ってましたとばかりに反撃に出た。反撃の中心目標はアラブ軍団であった。次のダニー作戦*の目的は、エルサレムに向かう道路を脅かすリッダとラムレの敵軍を倒し、ラトルンとラマッラーを陥落させて、エルサレムへの回廊を確保することであった。これらの町はどれも国連がアラブ人地区に指定した地域内にあり、アラブ軍団の支配下にあった。リッダとラムレは事実上無防備のまま放置されており、七月十二日にイスラエル国防軍に奪取され、住民は避難を余儀なくされた。ラトルン、ラマッラー、エルサレム旧市街はアラブ軍団が持ちこたえた。しかし、ここできわめて重要なことは、アラブ軍団がユダヤ人地区に指定された領土を奪う動きに出なかったことだ。他のすべてのアラブ軍はイスラエル軍に陣地を奪われていた。イスラエル軍は十日間の戦闘の結果、圧倒的な陣地を獲得した。イスラエルは主導権を奪い、最後まで維持した。

第一次中東戦争の後半、シオニストとアブドゥッラー王との特別な関係が再燃する。一九四八年の夏、両者の軍隊は戦場で渡り合ってはいたが、戦いが最高潮にあったときでもイスラエルとヨルダンの両国は、ハイファ大学上級講師、ウリ・バール＝ヨーゼフのぴったりの表現を借りれば、「最良の敵」同士であった。(原注14) アブドゥッラー王は戦争中一貫して、限定された目的のみ追求し続け、ユダヤ人国家の領土を侵略する動きには出なかった。ベン＝グリオンの方は、決して似たような自制的行動はとらず、少なくとも最初の二度の戦闘では、フランスの昔の諺で言う「à la guerre comme à la guerre（ア・ラ・ゲール、コム・ア・ラ・ゲール＝いざとなれば何でもやる）」という考えで動いた。とは言うものの、二度目の長い休戦期間に彼は、イスラエルとトランスヨルダンで西パレスチナを分け合うという、最初に成立していた話をまた持ち出すのもまんざら悪くないのでは、と考えるに及んだ。アブドゥッラーの態度からも、何とかあの話を考え直してくれないか、という腹がまる見えだった。

九月二十六日、ベン＝グリオンは内閣に西岸地区の相当部分を奪取する軍事的大攻勢を提案した。この時点で、イスラエル国防軍には西岸地区全部を攻略できる戦力があり、残るは出撃命令だけであった。内閣では六人の閣僚が賛成、六人が反対、よって計画は棚上げになった。ベン＝グリオンは、この決定を「次世代のことを思うと嘆かわしい」と評した。だが彼は、自分の提案が賢明なものかどうか、もう一度考え直したに違いない。なぜなら、その後二度とこの案を持ち出さなかったからだ。彼をよく知る人は、彼が西岸地区あるいはその大部分の奪取作戦を主張しなくなった理由をいくつか挙げている。それはまず、英国がヨルダンとの防衛条約を名目に軍事介入してくるのを何よりも危惧したからである。二番目に、彼は西岸地区の住民は避難しないだろうと予測し、ユダヤ人国家の国境内に限度を超えた数のアラブ人を抱え込みたくなかったからでもある。三番目の理由は、西岸地区の大部分を奪取すると、アブドゥッラー王と

イツハク・シャミル：イスラエルの政治家。ベラルーシ、ルジャヌィ生まれ。エツェルに参加した後にシュテルン・ギャングに参加。レヒのリーダーとなり、英中東担当相モイン卿、中東担当国連代表、フォルケ・ベルナドット伯爵のそれぞれの暗殺事件に関与した。イスラエル建国後、メナヘム・ベギンのヘルート（後のリクード）に入党、一九七三年にクネセト議員に選出された。一九八三年に首相に就任。一九七七年、アンワル・アッ＝サーダートのイスラエル訪問を統括した。一九九六年、政界引退。

ダニー作戦：第一次中東戦争の中盤にイスラエル側がとったエルサレム奪取軍事作戦。司令官はイーガル・アロン、副司令官はイツハク・ラビン、兵士総数約六千名でアラブ軍団とパレスチナ義勇兵を相手に七月九日から十日間戦闘を展開し、エルサレムを奪取した。

の特別な関係が修復不可能なまでに壊れてしまうからであった。どの理由にせよ、ベン＝グリオンには西岸地区をアブドゥッラー王の手に委ねる政治的決断を下す最終的責任があった。(原注15)

この東部戦線の軍事攻勢計画を断念した後、ベン＝グリオンは依然としてネゲヴ砂漠を大きく占領していたエジプト軍を攻撃する計画への関心を高めた。ちょうどその時、紛糾するパレスチナ問題に関わりたくないエジプト王ファルークが、イスラエルに平和使節を派遣してきた。ファルーク王の密使はカマル・リヤドといった。彼は、パリでイスラエル外務省の中東部長でアラブ語が母国語の穏健派リーダー、エリアス・サッソンに面会した。リヤドは、エジプトによるネゲヴの大砂漠地帯の併合に同意してくれれば、エジプトはイスラエルを事実上承認する、ともちかけた。(原注16) モシェ・シャレットはこの平和使節の話を詳しく聞きたがったが、ベン＝グリオンはにべもなく退けた。内閣は、エジプトとの和平を志向する閣僚と、ベン＝グリオンのようなトランスヨルダンとの和平を志向する閣僚との二派に分かれた。十月六日、ベン＝グリオンはエジプトの平和使節に関しては一言も触れずに、対エジプト戦争の再開を内閣に答申した。彼はそれどころか、トランスヨルダンとエジプトとの関係は非常にもつれており、たとえイスラエルがエジプトとふたたび戦火を交えてもアラブ軍団が介入するとは考えられないと述べた。十月十五日、イスラエルは停戦協定を破り、南にいたエジプト軍を攻撃した。一九四九年一月七日の停戦の時点では、ネゲヴ全域がイスラエルの掌中にあった。アラブ軍団は、イスラエルとエジプトとの戦争の間、中立を守った。イスラエルとトランスヨルダンは間違いなく、戦時における最良の敵同士になっていた。

イスラエルとアブドゥッラー王との特別な関係は、かくして第一次中東戦争の経過と結果を総括する場合の大きな要素となった。シオニストの歴史観はこの要素をすっかり看過しているが、それは小国イスラエルが孤軍奮闘して、アラブ世界全体と渡り合ったというヒロイックな戦争の絵図にしっくり収まらないからである。アブドゥッラーとゴルダ・メイアとの会談は、公式史料が公開されたはるか以前からイスラエルでは周知の事実である。アブドゥッラー批判の定説は、彼はここという正念場で合意を取り消し、新生ユダヤ人国家を破壊しようとするアラブ世界の総力戦に戻って行った、というものである。だがしかし、一九四八年の戦争をさらに詳しく解き明かすと、アブドゥッラーはゴルダ・メイアとの最初の了解事項に驚くほど忠実に従っていたことがわかる。さらにイスラエルは、敵アラブ諸国間同士のつながりを断ち切り、アラブ間連合の分裂を深め、お互い騙し合うよう、アブドゥッラーとの特別な関係を抜け目なく巧妙に利用した。この特別な関係なくして、イスラエルは第一次中東戦争であれほどの全面的、決定的な勝利を収めることはできなかっただろう。

戦争終結時、イスラエルは経済的に疲弊していたが、同時にすぐれた国家体制と国民の心意気、独立を実現するのだという強い確信、自信にあふれた未来への展望があった。それが、議会制民主主義の発達の基礎となった。総議席数百二十のクネセト*（イスラエル議会）の最初の総選挙は、一九四九年一月二十五日に行なわれた。比例代表制が採用されて少数派政党の進出を促進し、絶対多数を獲得した政党がなかったことで連立政権が誕生することになった。マパイが三十六パーセントを獲得、左翼のマパム（イスラエル統一社会党）は十五パーセント、統一宗教党十二パーセント、右派のヘルートが十一・五パーセント、「一

クネセト：イスラエルの立法府。成立一九四九年。一院制、定数百二十。議員任期四年。選挙権十八歳以上、被選挙権二十一歳以上。政党リスト（厳正拘束名簿式）に基づく完全比例代表制。名称は、紀元前五世紀にエルサレムに招集されたユダヤの代表機関、クネセト・ハッ＝ゲドーラー（大議会）に由来する。

般シオニスト」党が五パーセント、進歩党四パーセント、共産党三・五パーセント、セファルディーム党*が三・五パーセント、そして残りの票をいくつかの少数派政党が分け合った。選挙に引き続き、ダヴィド・ベン＝グリオンはマパイ、宗教党、進歩党、セファルディームからなる連立政権を組閣した。重要三ポストはそれまでと変わらず、ベン＝グリオンが首相兼国防大臣に、外務大臣にはモシェ・シャレット、財務大臣にエリーゼル・カプランが就任した。こうして、マパイが国防と外務の領域を独占し、極左と極右勢力を政権から排除することにも成功した。

アメリカの中道派シオニスト・リーダー、ナフーム・ゴールドマンが自叙伝に書いているように、一九四八年の軍事的勝利はイスラエルに心理的効果をもたらした。

それは、直接行動が交渉や外交より有利なのだと言わんばかりであった。（中略）戦争に勝ったことで、忍びがたきを忍び、耐えがたきを耐えた幾世紀にもわたる迫害と屈辱とは対照的な栄光が到来し、これからはもうこのやり方に限ると思われた。もう耐えなくともよい、やられたままじっと我慢することなどないのだ。ゴルディオンの結び目*を断ち切れ。そして既成事実を創り、それを歴史にすればいいのだ。実に単純で、魅力的で、明快なやり方、これがアラブ世界との紛争におけるイスラエルのポリシーになった。（原注17）

勝利の心理的効果を誰よりも如実に体現していたのは、ダヴィド・ベン＝グリオン自身に他ならない。ベン＝グリオンは中東紛争をつねに双方の基本的軍事力の優位性で判断する傾向があった。一九四八年、彼が軍事対決に集中したのはごく自然なことであった。しかし、一九四八年の終わり頃、イスラエル国防軍が連戦連勝したことで、政治的計画を進める必要が出てきた。シャレットは外務省中東部に、パレスチナ政府に向けていくつかの計画を検討するよう指示した。それに対してベン＝グリオンは、イスラエルの軍事的優位性ばかり強調するだけで、どんな政治的計画も頭ごなしに却下した。結果として、イスラエルのアラブ問題専門家はどんどん疎外され、欲求不満に陥っていった。このことは、外務省の中東部首席補佐官、ヤーコヴ・シモニが、当時パリで何人ものアラブやパレスチナの当局者と対話の機会を持っていた部長のエリアス・サッソンに書いた手紙に明らかである。シモニは、ベン＝グリオンが「問題のほとんどを軍事的手段で解決しようとし、そのようなやり方ではどんな政治的交渉も政治的行動も何ら意味がなくなる」と訴えている。(原注18)

ベン＝グリオンは、戦勝に鼻高々の軍隊をバックに政治のプロの助言どころか、国連の停戦命令さえ無視した。十二月の終わり、彼は南部に二度目の攻撃、ホレブ作戦を発動し、国連境界線を越えてまでエジプト軍を追い詰めようとした。イスラエル国防軍はシナイ半島まで進軍し、エル＝アリーシュ郊外まで達

セファルディーム党：ユダヤ人はアシュケナージとセファルディームに大別される。前者はイスラエル建国までのシオニズムの担い手で、後者の大半はスペインから追放され、南欧や中東、北アフリカに移住し、イスラエル建国後に移住したユダヤ人。言語はアシュケナージのイディッシュ語に対しユダヤ・スペイン語（ラディーノ語）を話す。イスラエルのセファルディーム党はリベラル派だった。

ゴルディオンの結び目：紀元前三三三年、アレクサンドロスがペルシャ領リュディア王国の首都ゴルディオンを占領した時、ゼウス神殿に古い戦車が祀られていた。その戦車は複雑に絡み合った縄で結わえられ、この結び目を解いた者がアジアの支配者になると言い伝えられていた。するとアレクサンドロスは結び目を一刀のもとに切断、そして運命とは自らの剣によって切り拓くものだ、と宣言した。

したが、アメリカの強い圧力がかかり撤退を余儀なくされ、ガザ地区もエジプトの手中に残した。両者は、一九四九年一月七日の国連安保理の停戦命令を受諾、停戦交渉の開始に合意した。

休戦協定

イスラエルと隣接アラブ諸国との休戦交渉はラルフ・バンチ*の尽力で一九四九年一月十三日にロードス島で行なわれた。国連はベルナドッテ伯爵が暗殺された後、パレスチナ問題の調停人にバンチを指名した。このアメリカ人黒人外交官はあらゆる外交手腕を発揮してこの困難な任務を果たし、その功績が認められノーベル平和賞を受賞した。イスラエルは、まずエジプトから手始めに、アラブの隣国それぞれと二国間で交渉し、各々と個別の休戦協定を交わした。交渉の順番が印象的であった。イスラエルとエジプトは二月二十四日に調印した。イスラエルとシリアは七月二十日であった。イスラエルとレバノンは三月二十三日、イスラエルとヨルダンは四月三日、それぞれの交渉には異なる特徴があり、戦況における各国独自の軍事的、政治的状況に条件付けられていた。すべての交渉に共通していたのは、各国とも国連の保護下にあったということである。(原注19)

イスラエルとエジプトの交渉は一月十三日に始まり、一ヵ月半費やした。戦争に勝利したことと、ネゲヴ砂漠の大部分を軍事的に支配していたことによるイスラエルの利点は、ある程度エジプトに有利に働いていた国連決議の効力で相殺された。協議内容のいくつかの点について、イスラエルの代表団は内部分裂した。イガエル・ヤディン将軍率いる軍代表は政府の姿勢は順応的すぎると受け取り、外務長官のウォルター・エイタン*博士率いる外交官代表は政府の方針は柔軟性が不足していると警告していた。

二月二十四日、イスラエルとエジプトの交戦状態を公式に終結する休戦協定が調印された。両国とも、交渉開始の時点での立場からこの合意にこぎつけるまでに長い過程を経なければならなかった。イスラエルは、エジプト軍のガザ地区駐留とエル＝アウジャの武装解除を認めなければならなかった。しかし、この合意でイスラエルのネゲヴ支配が確約され、国際的地位が強化され、国連加盟の資格獲得へ向かって前進し、これと類似した他のアラブ諸国との合意への道が整えられた。

イスラエルとレバノンとの交渉は三月一日に始まり、三週間続いた。レバノン代表は私的な場で、イスラエルとの直接交渉を行なう最初のアラブ国家にはなれない、とイスラエル代表団に話しており、二番目にしてほしいと要求していた。また彼らは、自分たちは全面的にアラブ人国家ではなく、意志に反してパレスチナ紛争に引きずり込まれたにすぎない、とも言っていた。代表団の正式交渉が始まったとき、イスラエル国防軍はレバノン領内の、十四の村を含む細長い地帯を占領した。イスラエルは国連分割境界線まで撤退するつもりでいたが、それはシリア軍がガリラヤ湖東岸に同じように占領していた小さな陣地から

ラルフ・バンチ：アメリカ合衆国の政治学者、外交官（一九〇三〜一九七一）。ミシガン州デトロイト生まれ。UCLAを最優秀で卒業、ハーバード大学で政治学博士号を取得。第二次世界大戦中、国務省に勤務。一九四八年に国連パレスチナ特別委員会に参加。一九四九年中東戦争停戦協定に国連代表として尽力。調停の功績が認められ、一九五〇年、黒人として初めてノーベル賞（平和賞）を受賞した。

ウォルター・エイタン：イギリス出身のイスラエル外交官（一九一一〜二〇〇一）。一九四八年から一九五九年まで外務長官。ロードス島停戦交渉、及びローザンヌ国連パレスチナ和解委員会のイスラエル代表。以後、駐仏大使、外務大臣の政策補佐官を歴任。著書に『最初の十年：イスラエル外交史』がある。

撤退する条件に限ってのことであった。ついには、レバノン軍とシリア軍の戦線をつなぐ企ては放棄された。ベン＝グリオンは、アラブの国同士がつながることは基本的に好ましいものではなく、イスラエルとしては各アラブ国家と厳密に二ヵ国間ベースで対応するのが好都合と考えていた。また彼は、レバノンとの停戦協定はイスラエルの国際的な立場を有利にし、ヨルダンとの交渉に向けて立場を強化すると考えた。

イスラエルとヨルダンの停戦交渉は、それに先立つエジプトそしてレバノンとの交渉、あるいは次に予定されていたシリアとの交渉とは異なっていた。交渉は、ヨルダン代表の独特の服装やイラクがヨルダン代表を遠隔操作したことや、アブドゥッラー王とユダヤ人国家との政治的関係などに影響された。西岸地区を軍事的に抑えたアブドゥッラーは、一九五〇年四月の連合法に完結する、西岸地区をヨルダンに併合する動きに入った。この西岸地区併合政策を他のアラブ諸国が承認しなかったため、アブドゥッラーはますますイスラエルの好意にすがるようになった。実際、アブドゥッラーはパレスチナに残るアラブ人地域をヨルダン・ハシミテ王国に併合するための国際的支持、とくにアメリカの支持を取り付けるためにイスラエルを頼りにした。これが、一九四八年の秋にイスラエルとヨルダンとの関係が修復した背景である。

エルサレムは、東部戦線全体の中でも最も危険な一触即発の発火点であり、両陣営の論争の原点であった。ベン＝グリオンは包括的和平交渉にアブドゥッラーを引っぱり出すために、正真正銘のエルサレムの停戦を申し出る用意があった。一九四八年十一月、エルサレム戦線のそれぞれの指揮官同士が直接会うことになった。モシェ・ダヤン大佐とアブドゥッラー・アッ＝タッル大佐である。両者の対面が、十一月三十日エルサレムにおける「偽りのない完全な停戦」につながった。ベン＝グリオンからすれば、この一歩はイスラエルとヨルダンでエルサレムを分け合うというずっと控え目な目標を選択することで、エルサレム全体をイスラエルの主権下に治めるという目標の無言の放棄を意味した。このような分割は、エルサレムの国際化を進めようとする列強や国連による不断のプレッシャーを避けるための、この時点における現実的戦略であるとも考えられた。

西岸地区については意見が分かれた。エリアス・サッソンは、イスラエルは西岸地区を併合したいアブドゥッラーの計画を支持するべきであると考えた。軍事専門家は、西岸地区の停戦ラインは維持するのが難しく、アブドゥッラーと交渉するとイスラエルに軍事的選択肢がなくなるのを危惧した。ベン＝グリオンは、アブドゥッラーの西岸地区併合計画を公然と支持することには消極的だったが、彼も戦争終結を望んでおり、十二月十九日の閣議で、「唯一の解決策は、アブドゥッラーだ」と言った。左翼のマパム党員は併合に反対し、依然としてパレスチナ独立国家の樹立を支持した。内閣はヨルダンとの停戦交渉開始の決定を下したが、アブドゥッラー王の併合計画を支持するというあらかじめの確約もしなかったし、軍事作戦の可能性も棄ててはいなかった。(原注20)

十二月二十六日に両陣営の直接交渉が始まったとき、アラブ軍団もまたネゲヴ南部に陣地を構えていた。その態勢から、アブドゥッラーに後退する意志のないことが交渉の過程で明確になった。そこでイスラエル首脳は、アラブ軍団を国境線の向こうまで押し戻す軍事作戦を立てた。この作戦は、エジプトとの休戦協定調印後、そしてヨルダンとの休戦交渉開始以前に実行に移すことが望ましかった。エジプトとの交戦中にヨルダンが中立で留まってくれたことで救われたイスラエルは、計画中の対ヨルダン攻撃の間にエジプトが中立に留まるのを期待した。しかし、ヨルダンとの休戦交渉の開始を引き延ばす企ては成功しなかった。

バンチ博士を調停者とした正式な休戦交渉は一九四九年三月四日に始まり、一ヵ月続いた。アブドゥッラーは、彼が冬に利用するシュネー宮殿にイスラエル代表団を招いて、イスラエルとの実質的停戦交渉を内密に進めようとした。そこで彼は、ロードス島の休戦交渉の場には相対的に二線級の将校を送り、したがってこの交渉は茶番劇に毛の生えたようなものになった。茶番の幕が開いたまさにその翌日、イスラエルはウヴダ作戦（ヘブライ語で既成事実作戦の意＝訳者）を敢行、南部ネゲヴからエイラート*まで支配下に治めた。ウヴダ作戦によって休戦交渉は深刻な危機に陥ったが、既成事実はもう取り返しがつかなかった。

三月中旬ごろ、西岸地区の北部方面にイラク軍が構えていた陣地をアラブ軍団がかわりに引き受けることにヨルダンとイラクが合意すると、ここでまた新たな危機が発生した。イスラエルはこの機に乗じて、アブドゥッラーにワディ・アラ地方（ハイファ地方のアラブ人地区＝訳者）のかなり大きな領土を差し出すよう強い圧力をかけた。この要求を呑まなければイスラエルが軍事力にモノを言わせてくることがはっきりしていた。アブドゥッラーはまたもやお手上げになった。

地図を添えたイスラエルとヨルダンの全面的停戦協定は、一九四九年四月三日にロードス島で調印された。南部境界線は国連分割境界線に合致しており、イラク側の境界線はアブドゥッラーの譲歩を反映し、エルサレムの境界線は十一月三十日の「偽りのない完全な休戦」に根ざしたものであった。協定第八条は双方の代表で構成する特別委員会を任命し、生活道路の交通活動、エルサレム旧市街の聖地へのアクセスなどすべての未解決問題を処理する権限を与えた。

ヨルダンとの休戦協定はイスラエル外交の大きな勝利を意味した。交渉が軍事力による脅しと、その実行を伴っていたので「恫喝外交」という言葉の方が適切かもしれない。この外交と軍事力のコンビネーションによって、ネゲヴ砂漠とワディ・アラ地域におけるイスラエルの大きな領土的、戦略的前進が確保できた。軍事衝突を回避するため、アブドゥッラーは撤退した。それでもなお、イスラエルは休戦協定に調印することで、国連がパレスチナ国家に分配していた領土の大部分の支配権を自分のものにしてしまった。休戦協定は、ヨルダン・ハシミテ王国の名において調印された。これは、この国名が公式に使われた最初であった。パレスチナとトランスヨルダンは、イスラエルとヨルダン・ハシミテ王国に変わり、正式国名が新しい現実を反映することになった。アラブ人のパレスチナ、あるいはその名残は正式に西ヨルダン、より通常には西岸地区とされ、そしてそれまでのトランスヨルダンは、東ヨルダンまたは東岸地区として知られるようになった。そこで、きわめて現実的な意味において、ロードス島での調印式はアラブ人のパレスチナの正式な消滅を意味するものになった。両陣営とも、休戦協定に引き続く全面和平合意への期待を抱いた。

ヨルダンに次いで、シリアにイスラエルとの休戦交渉の番が回ってきた。アラブ諸国の中でも、シリアが一番難物だという定評だった。交渉は最も長引き、四月五日から七月二十日までかかった。戦争の過程では、シリア軍はパレスチナ委任統治領の境界線内のガリラヤ湖の北と南にいくつかの橋頭堡を建設し、イスラエル国防軍はシリア軍を国連分割境界線の後ろまで押し返そうとしたが失敗していた。イスラエル

エイラート：イスラエル最南端の貿易港でリゾート。南はエジプトのタバ、東はヨルダンのアカバ、南東はサウジに接する。BC七世紀には世界最古の銅の製錬所があった。聖書出エジプト記にも登場する。一九四七年の国連分割決議でユダヤ国家に組み入れられ、一九四八年以来の中東紛争でアラブ諸国はスエズ運河や紅海を封鎖、イスラエルのアジア、アフリカ交易を阻害した。この状況は一九九四年まで続いた。

はしたがって、交渉開始時には軍事的に不利な立場にあったのだが、国連の後ろ盾で取り付けた三つの休戦協定と、五月に国連に正式加盟を認められたことによって国際的地位を向上させていた。

シリアは軍事的に優勢ではあったが、国内的には安定していなかった。停戦交渉開始まで一週間も残されていなかった三月三十日、参謀総長のフスニ・ザイム大佐が無血クーデターで体制を転覆した。このクーデターはアラブ諸国の政治に軍部が介入し、パレスチナ喪失の責任を負う旧体制を転覆するお手本になった。ザイムは、シオニズムと徹底的に戦う、とクーデター共謀者たちに約束していたが、いったん権力を握るとイスラエルと仲良くするために懸命に努力した。彼はイスラエルと和平協定を結ぶ最初のアラブ人指導者になるという野心を表明し、この目的に向けて協力を得ようとベン＝グリオンに何度も会見を申し込んだ。(原注21)

休戦交渉の第一局面は暗礁に乗り上げた。それは、イスラエルとシリアの出発点に大きな開きがあり、どちらにも譲歩する用意がなかったからである。イスラエルはシリアの国連分割境界線までの無条件撤退に固執し、一方シリアは現行の停戦ラインは新しいものに変えるべきだと食い下がった。膠着状態を打開するため、ザイムは驚くほど大胆な提案をした。彼は休戦の話し合いを一切飛び越して、大使の交換、国境の開放、通常の経済交流を含む和平協定の締結を一気に進めたがった。そしてザイムは、おまけとして全体のほぼ半数に近い三十万人のパレスチナ難民を全部北シリアに受け入れると申し出た。シリアはこの時点で十万人の難民を抱えており、この申し出によれば他のアラブ諸国に逃れてきた難民二十万人をさらに引き受けることになる。その見返りとして、ザイムは国連分割境界線を変更し、ガリラヤ湖の半分をシリアに与えるよう求めた。ザイムはまた、低レベル会談での行き詰まりを打開するため、ベン＝グリオン

との直接会談を申し出た。(原注22)

ベン＝グリオンはザイムの申し出を歯牙にもかけなかった。彼は、まず以前の境界線を基本にした停戦協定に調印せよ、そうして初めてイスラエルは和平と協力について協議する用意がある、とシリアにはっきり言い渡すよう代表団に指示した。(原注23) そしてまた、国連分割境界線のイスラエル側に陣を張っているシリア軍を排除するための軍事作戦計画を密かに再検討した。(原注24) 休戦交渉は進展が見られないまま、五月十七日に一時中断した。

次にザイムが打った手は、国連のルートを通して以下の内容を含む極秘提案をイスラエルに伝えることであった。それは、現在の軍事境界線を基本にした停戦、以前の国連分割境界線を基本にした和平を三ヵ月以内に合意すること、難民三十万人をシリアに移すこと、であった。国連境界線の再変更は当然却下になった。この進行状況を五月二十四日に閣議に報告したモシェ・シャレットは、ザイムの提案、とくに難民三十万人の移住案を大きく評価し、ザイムとの首脳級レベルの話し合いを強く勧めた。ベン＝グリオンは逆に、これは外交的罠ではないかと疑い、ザイムとの会談を拒否し続けた。ベン＝グリオンは、ザイムの会談要請に応じるように促していたバンチへの返答文を閣議で読み上げた。そこには、ベン＝グリオンは両国間の和平を推進するためにザイム大佐に会う用意はあるが、シリアの休戦交渉代表団が戦争前の境界線まで撤退する用意があると明言するまでは、このような会談の意味を見出せない、と書かれていた。(原注25)

そこでバンチは、両陣営が納得できる妥協案で主導権を握った。彼の提案というのは、国連境界線と休戦ラインとの間の地域を、シリア軍の前線からの撤退を受けて非武装化する、というものであった。これは、イスラエル領土内からシリア軍を取り除いてやると同時にシリアも完全撤退するにやぶさかではないだろう、という提案だった。しかし、バンチの妥協策は、例えば非武装地帯の位置付けを含め、多くの点において複雑で曖昧でもあった。この妥協案だと、この後何年かかるかわからない際限のない論争になりそうであった。しかしこれがついに七月二十日、イスラエルとシリアをして休戦協定調印にこぎつけさせたのである。この三週間後、フスニ・ザイムは軍事クーデターによって倒された。

七月二十日にイスラエルとシリアの合意が成立し、ロードス島の休戦交渉は完了した。第一次中東戦争はここで正式な終末を迎えた。この戦争で、イスラエルは国連から配分されていたパレスチナ委任統治領の五十五パーセントから、その七十九パーセントまで領土を拡大した。また、イスラエルは西岸地区を抑えていたアラブ軍団を除くすべてのアラブ軍をパレスチナから追い出すことに成功した。これで、独立パレスチナ国家という国連計画の道は封印されてしまった。パレスチナ人は路頭に迷うことになった。パレスチナの名は地図から消えた（地図4参照）。興味深いことには、戦後処理の合意内容は、アブドゥッラー王とゴルダ・メイアが一九四七年十一月に交わした合意と同じ原則に基づいていた。パレスチナの分割は、パレスチナ人の犠牲においてなされる。これは、第一次中東戦争を通してイスラエルの行動の指針となった冷徹な現実政治学的アプローチの顕著な例である。

実現困難な和平

休戦協定は和平への道を踏み出す第一歩になるはずであった。四つの協定の前文はどれも同じで、その目的は「パレスチナにおける現状の休戦状態を永続的平和へと移行させることを促進する」ことにある、

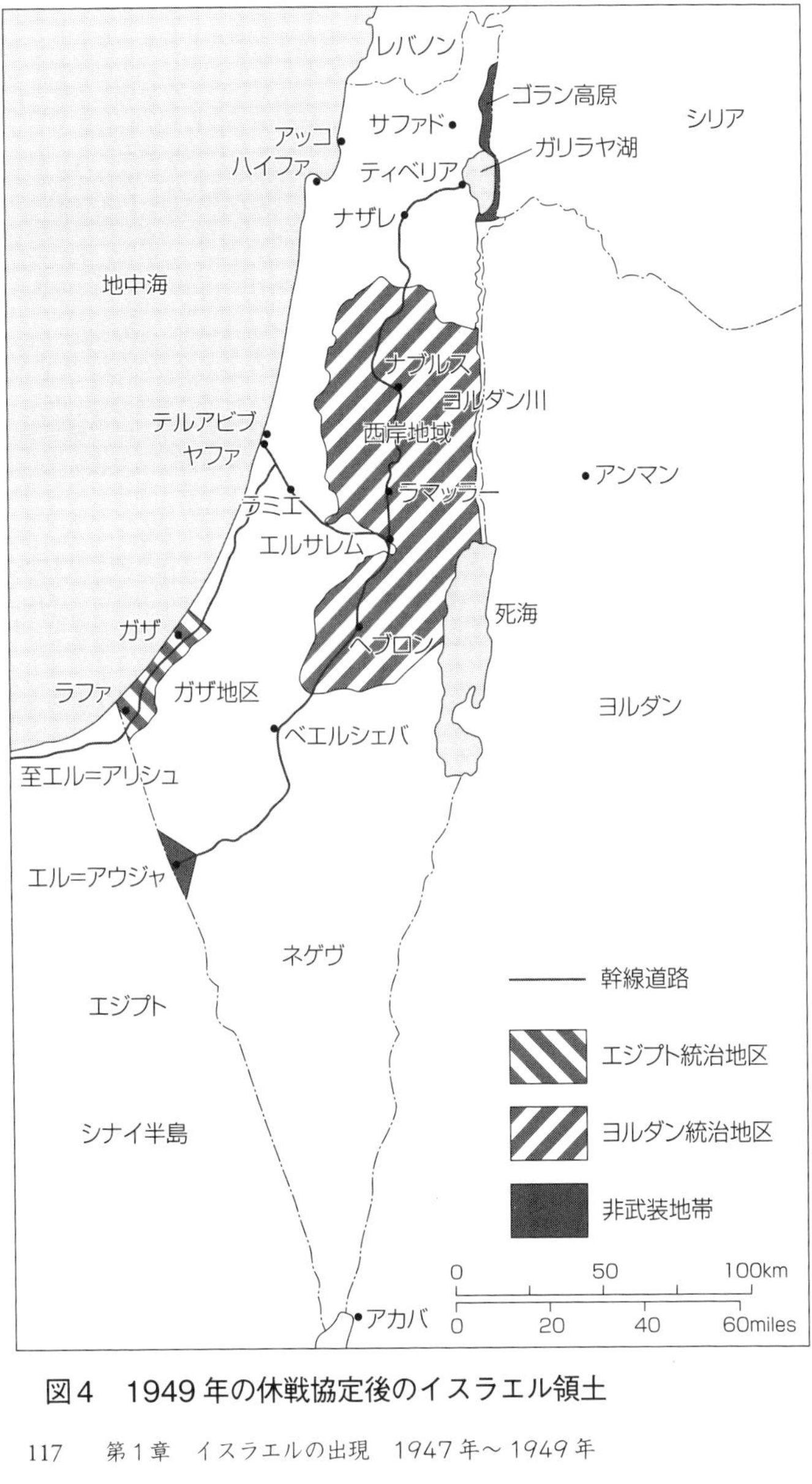

図４　1949 年の休戦協定後のイスラエル領土

と述べられている。正式な和平が成立する前にまず休戦協定ありき、それが通常ではないだろうか。しかしなぜ、銃声が収まってもイスラエルと隣国との間に政治的協定が成立しなかったのか？　なぜ、和平はかくも実現困難なのか？　これは、一九四八年に関する議論でもっとも論議の的になる問題の一つである。

これに対する伝統的シオニストの答は、わずか二言に尽きる。アラブ人の非妥協性、である。この考え方によれば、イスラエルの首脳は一九四八年の苦難の体験を経て紛争の平和的終息のために粘り強い努力を重ねたが、その努力もすべてアラブ人の非妥協性という暗礁に乗り上げてしまったのである。イスラエル首脳は懸命に和平の実現をめざしたが、向こうからは話し相手が現われなかった。アラブ人の敵意の越えがたい壁が突きつけてきたのは、和平の追求をどれだけ大切に考えてもどうすることもできない「ein breira ＝選択の余地なし」状況だったのだ。

その反対に、イスラエル史再検証主義派は、戦後のイスラエルはアラブ諸国よりも非妥協的で、正式に戦争状態が終焉してからも政治的膠着状態が続いた責任の大半はイスラエルにあるとする。この現象に対する再検証主義派の解釈の核心は「yesh breira＝選択の余地あり」で、アラブ人との将来的関係を考慮したとき、イスラエルがとるべき現実的な政治選択は存在した、という見方である。建国史上のあの重大な時期にイスラエルが直面していた本当の問題は、アラブの隣人たちとの和平が可能か否かではなく、何と引き換えにするか、であった。

この再検証主義派の解釈の根拠は、主にイスラエルの公式史料に見出すことができる。例えばイスラエル外務省の史料は、一九四八年九月から以後にイスラエルとの和平を打診するアラブ側の動きや、交渉の準備が整っていることを示す証拠にあふれている。論争のキーポイントになったのは、難民と境界線という二つの問題であった。どのアラブ諸国も、イスラエルと境界線について直接交渉し、取引する用意をしていた。

もう一つの核心的問題であるパレスチナ難民については、各アラブ国家にはその行動の自由に限界があった。この問題には、明確かつ一貫性を持った汎アラブ主義的立場が存在し、それがアラブ連盟の全加盟国を拘束していた。その立場とは、難民問題はひとえにイスラエルが作り出したのであって、イスラエルはこの問題を解決する責任を回避することはできない、というものであった。解決は、国に帰るのかそれともイスラエルから資産の補償を受けるのかの選択を、難民自身に委ねた国連決議の方向に沿ったものでなければならなかった。集団としての立場からは、各アラブ諸国はパレスチナおよび近東地域の難民のための国連難民救済事業機関（UNRWA）*に協力することができるが、この協力が難民の基本的権利を損なうものであってはならない、という条件にかぎっていた。

イスラエルのパレスチナ難民問題に対する立場は、アラブ連盟の立場とはまったく逆であった。イスラエルは、アラブ人が戦争を始めたからこそ問題が生まれたのであって、イスラエルは如何なる意味においても責任を負うものではない、と主張した。そして、難民に国に帰る権利を与えることも、またその代わりに補償を受ける権利を与えるという国連決議も受け入れなかった。イスラエルは、難民問題の解決を探るべく国際機関に協力する用意はあったが、それは大量の難民がイスラエルの国境の外にとどまる場合

国連難民救済事業機関（UNRWA）：第一次中東戦争の大量のパレスチナ難民救済のため一九四九年の国連総会で決議された事業。一九五〇年からヨルダン、シリア、レバノン、西岸地区、ガザ地区の難民約四百六十万人以上に教育、医療、保健、生活支援、福祉、金融、企業活動支援などを実施している。

にかぎるという条件においてであった。(原注26)この論争に伴うプロパガンダ合戦でイスラエルのスポークスマンは、アラブ諸国政府が関心を持っているのは難民問題の解決ではなく、これを政争の道具にすることだけだ、と非難を繰り返した。この非難には一理あった。戦争に負けたアラブ諸国の政府は、対イスラエルの戦いを続けるためには手当たり次第何でも武器にしたのであり、とりわけ難民問題は国際世論の審判の場でイスラエルを受け身にまわらせるのに効果的な武器になったからだ。その一方で、アラブ連盟の集団的立場は、政治的便宜主義に立脚するものではなく、原則主義的なものであった。(原注27)アラブ各国政府には国内に住んでいる難民についてはそれぞれ独自の対策があった。ヨルダン政府は、パレスチナ難民を社会復帰させる対策をとり、難民にヨルダン国籍を与え、国民生活に同化させていた。エジプト政府はそれと対照的に、ガザ地区の二十万人から三十万人の難民にはほとんど何もしてやらず、エジプト国籍を与えることさえ拒否した。しかし、パレスチナ難民の権利を全面的に無視しているイスラエルと個別に和平合意が進められるとは、どのアラブ政府も考えてはいなかった。

難民問題における汎アラブ主義的立場が、イスラエルとの単独講和を許さなかった一つの縛りであるとすれば、もう一つの縛りはアラブ世論であった。アラブ世論とアラブ国家元首たちとの違いを区別することは重要である。大衆的なレベルでのユダヤ人国家に対する嫌悪と敵意は、パレスチナの喪失と軍事的敗北の後、計り知れないほど激しさを増した。逆に、アラブの国家元首たちは同じ結果を受けて意外なほどの実利主義的態度を見せた。現実的には、生まれたてのユダヤ人国家に軍事的に敗北したという反省を踏まえ、彼らはイスラエルを承認し、それと直接話し合い、和平を実現する準備までした。イスラエルとの和平の引き換えに失った領土は高くついたが、どの元首も話し合いは拒否しなかった。

イスラエル側では、軍事が政治選択の領域に踏み込んだ。今やこの国に君臨するのは、その地位と性格でごり押しを通す首相であった。ベン゠グリオンは、戦時下と同様、平時においても政策決定権を一手に握っていた。独立戦争の終わりにイスラエルが選ぶことができたいくつかの選択肢について、彼はマパイ党内でも政権内でも、積極的に話し合おうとはしなかった。ライバル党派が提起するエジプトやパレスチナやヨルダンに関する方針に対しても賛成か反対か決して明言しなかった。そして、重要な政策決定権は相当程度、国防省と外務省の内輪だけで独占し続けた。戦争終結時のイスラエルの国家戦略と国家的優先事項の大綱を決めていたのはベン゠グリオンだった。ベン゠グリオンは首相の地位にモノを言わせて対アラブ政策決定を厳格に操作していたが、それよりさらに重要なのは、彼がイスラエルの上部構造、とくに軍部多数派が賛成するような政策を小気味よく提案したことである。

確かに、アラブとの和平はベン゠グリオンも望んでいたことではあったが、彼にとってこの時点では最優先課題ではなかった。彼が最優先させたのは、国家建設、大規模移民、経済発展、そして勝ちとったばかりの独立国イスラエルの強化であった。彼は、休戦協定が対外的認知、国家の安全保障、安定というイスラエルにとって肝心な要求を満たしたと考えた。彼は和平協定を正式に成立させるためには、隣国に領土を譲り、大量のパレスチナ難民の帰還に同意することを交換条件にせざるをえないのはわかっていたが、そこまでの代償を払う価値はない、と見た。ベン゠グリオンの選択が正しかったかどうかは意見の分かれるところである。だが、彼が一つの選択を下したということだけは間違いない。

このように、休戦協定から和平協定へと前進することに失敗した大きな原因の一つは、ベン゠グリオンの頑なさであった。そして、この頑なさの最大の原因は、彼が「時代はイスラエルに味方している」と信じ込んでいたことであった。一九四九年五月二十九日、彼はこの考えを閣議で披露した。彼はまず、アラブ人との正式な和平に失敗したことで大騒ぎするべきではない、と前置きして意見を述べ始めた。そして曰く、あらゆる大問題を前にして、状況はイスラエルに有利に展開したではないか。境界線しかり、難民しかり、エルサレムしかり。まず、時が経つにつれて世界はイスラエルの現行の境界線に慣れていき、国連分割境界線やパレスチナ独立国家といった発想は忘れられていくだろう——。また同じように、パレスチナ難民に関しても、彼らの帰還を認めなさいと言う国連の道義的圧力にもかかわらず、イスラエルの立場は好転し続けていた。エルサレムに関しても同じことが言えた。世間は、現状に慣れ始め、ある町の上に突然、国際的政府を樹立するという発想の不条理さに気がつき始めていた。

「確かに、こんなことで和平への道が閉ざされてはならない。我々とアラブ人にとって平和は重要な問題であり、それには大きな代償を払わねばならないからだ。しかし、問題が長引けば——こちらに有利になる。過去にムフティに助けられたように」

ベン＝グリオンは続けた——。エジプトの場合に限っては、望まれる和平の実現のために真剣に取り組むことが肝要だ。それは、この国との間には具体的利害に関わる対立がないことがそもそもの理由である。両国は広大な砂漠に隔てられており、「エジプトはアラブ諸国の中で唯一まともな国といえる国であり、国内にはしっかりした国民がいる。エジプトは大国である。この国との和平を結実させることができたなら——それは我々にとってとてつもない勝利を意味する」。和平の実現を云々する場合でも、ベン＝グリオンがはからずも勝利という軍事用語を使ったのは言わずもがなである。とにかく、彼が言いたいことははっきりしていた。「だが一般的に、アラブ人が我々との和平を拒否したところで、そんなに残念に思うことはない(原注28)」。

モシェ・シャレットは、最終的にイスラエルも完璧な孤立無援で生きていけるわけではなく、和平なしでは不可能な多角的な経済的利益を得ずに生きていけるわけでもないと考え、誰よりも真剣に和平の追求と取り組んでいた。ベン＝グリオンは、休戦協定は完璧に適切になされたものであるが、イスラエルが和平を急いでいる素振りをすると、境界線と難民問題で譲歩があるかもしれないとアラブ人に期待させるので、もう数年待った方が得策だ、アラブ人指導者と協議する機会はいつでもあると、駐米大使と国連代表を兼務していたアバ・エバン*と申し合わせてもいる(原注29)。ニューヨーク・ヘラルド・トリビューン紙の特派員、ケネス・ビルビーとのインタビューで、ベン＝グリオンの一見矛盾した見解が端的に表現されている。「私は和平協定に調印するためなら真夜中に起こされてもかまわない——だが私は急いではいないし、十年だって待てる。イスラエルには何のプレッシャーもない(原注30)」

アラブの和平仕掛人に対するベン＝グリオンの回答は、イスラエルの交渉姿勢を変えるのは時間の経過だけである、というこの確信的考え方の中に見出される。だからこそ彼は、一九四八年に和平の打診に来たファルーク王の使節や、一九四九年春のザイムの和平打診をはねつけたのであった。ザイムは直接の首脳会談を切望していたが、相手方から誰も出て来なかった。ザイムの和平会談への誘いをベン＝グリオン

アバ・エバン：イスラエルの政治家（一九一五〜二〇〇二）。南アフリカ、ケープタウン生まれ、イギリスに移住しケンブリッジ大学を卒業した。一九四九年から一九五九年までイスラエル国連代表。一九六六年まで駐米大使。一九六六年から一九七四年まで外務大臣。米国との関係強化に貢献した。

はことごとく断わり、ついにザイムは時間切れになってしまった。もちろん、ザイムが権力を握り続けていればどうなったかは誰にもわからない。しかし、権力の座にあった短期間、ザイムは武器を置いて平和共存への礎を築くためのあらゆる機会をイスラエルに提供した。彼の打診が退けられ、彼の建設的な提案が試されもせず、打開へのチャンスを逸したのであれば、その責任はザイムにではなくイスラエルに帰する。そしてその責任の在処は、時代はイスラエルの味方であり、アラブ諸国との和平とパレスチナ難民問題が解決できなくてもイスラエルは完璧にうまくやっていける、と主張したベン＝グリオンを最強の牽引者としたあの一派全体にずばり突き止めることができる。

第２章　強化の時代　一九四九年〜一九五三年

一九四九年から一九五三年の期間、シオニズム運動は中東の現状を変革するために中心的に活動した。一九四九年、独立を実現したイスラエル国家は既成の勢力となった。イスラエルは戦後の現状（ステータス・クオ）を受け入れ、それを変えようとするアラブの企てに抗して現状を維持した。この戦後の現状の主な二つの側面は、人口と領土であった。独立戦争終結時のイスラエル国家の領土内には七十一万六千人のユダヤ人と九万二千人のアラブ人がおり、この土地に住んでいた七十万人のアラブ人が戦争の過程で隣接アラブ諸国への難民になっていた。新しい人口状況に対するイスラエルの関わり方は、難民帰還に断固として反対する形をとった。

現状（ステータス・クオ）

戦後の領土的現状（ステータス・クオ）は、イスラエルが一九四九年の前半にエジプト、レバノン、ヨルダン、シリアと交わした休戦協定によって定められた。これらの休戦協定の一つを除くすべてが大衆からも議会からも幅広い支持を集めた。その一つとは、ヨルダンとの協定であった。四月四日のクネセトの議論で、この協定をめぐり政府は左右両勢力から集中砲火を浴びた。二つの内閣不信任案動議が、ヘルート*とマパムから議会に提出された。両党の批判は、（ヨルダンとの）停戦協定は西岸地区とエルサレム旧市街をアブドゥッラーの王国に併合させることを承認しているのと変わらない、というものであった。右翼政党ヘルートは、イルグンが解散した後にメナヘム・ベギンとゼエヴ・ジャボチンスキーの弟子たちによって結成され、ユダヤ人にはイスラエル全土を保有する歴史的権利があるという修正主義シオニズムの思想を信奉していた。ベギンは、イスラエル政府が母国の西部地域の広大な土地をヨルダン・ハシミテ王国に引き渡したという理由で一つ目の不信任案動議を提出した(原注1)。

歴史的境界線とイスラエル全国土を要求するメナヘム・ベギンらの意見をダヴィド・ベン＝グリオンは、口先だけの最大限主義だとけなし、まるで評価しなかった(原注2)。ベン＝グリオンはクネセトでベギンに対し、ユダヤ人国家なきイスラエル全国土よりも、イスラエル全国土なき民主的ユダヤ人国家の方がまだましだ、と言った。ユダヤ人国家は――彼は言った――それが同時に民主主義国家でなければならないとするなら、イスラエル全土では実現できない。なぜなら、アラブ人の数の方がユダヤ人より多いからである。選択すべきは、国土の一部に民主主義イスラエル国家を作るか、全国土にユダヤ人国家を作り、アラブ人住民を追放するか、のどちらかであった(原注3)。

ベン＝グリオンの左翼反対派、マパムと共産党は、アブドゥッラーに西岸地区の支配権を渡すことでイスラエルは米英の影響下におかれてしまった、と批判した。イスラエル共産党のアラブ人党員タウフィク・トゥビは、休戦協定はベン＝グリオン政権が独立戦争を通して追求した独立パレスチナ国家の建国を積極的に妨害する政策の礎石である、と主張した。マパムの動議は、協定がアブドゥッラー王によるイスラエルの国土の一部の併合と、この地域への米英帝国主義の進出を認めるものである、という理由で協定を拒否していた(原注4)。マパムは、西岸地区を占領し、そこにイスラエルと和平を結ぶ「進歩的部分」の指導の

ヘルート：イスラエルの右派政党。一九四八年にメナヘム・ベギンが創立した。独立後、クネセトで二十五議席を獲得し第二党に進出した。ヨルダン・ハシミテ王国の承認に異議をとなえ、ヨルダン川両岸の獲得を主張した。一九八八年にリクードに吸収された。

もとに独立パレスチナ国家を建設する、などと言い出した。そして、パレスチナ人戦士を動員し、彼ら自身の国家を建設する戦いを支援するとまで提案していた。

この提案に対して、ベン＝グリオンはパレスチナのアラブ人のための国家を建設するのはイスラエルの責務ではない、とことわりを入れた。彼は皮肉っぽく言った。

「我々は、独立パレスチナ国家建設を請け負っているのではない。これはアラブ人自身の問題だと私は考える」(原注5)

元来リアリストのベン＝グリオンは、一九四九年一月十八日の日記の冒頭でその考えを一つの単純なルールにまとめている。

「和平はきわめて重要である――だが、アラブ人という架空ではなく現実の存在との和平は、どんな代償を払ってもやらなければならないものでもない。アラブ国家のために戦争はしない。特定のアラブ人の集団を権力につかせるために戦争はしない。もしそのような戦争が求められたら、アラブ人同士に戦争させよう。我々ではなく」(原注6)

独立戦争の最終段階で、南部戦線司令官イーガル・アロン*は西岸地区を征服するために、多くの計画をベン＝グリオンに強く提案したが、ベン＝グリオンはことごとく却下した。彼は、西岸地区には以前からの住民に加えてかなりの数の難民がいることがわかっており、占領してから先のことを心配したのであった。一九四九年の状況では、移民の大規模吸収という最優先の責務があり、彼は休戦協定を国家の安全と国際的認知を追求していく上で、非常に幸先のよい出発点である、と考えた。彼は、新しい領土的現状（ステータス・クオ）を踏まえた和平にむけて十分に準備を整え、休戦協定が和平への道を切り開いてくれるだろうと期待した。(原注7) 少なくとも最初は、ベン＝グリオンは休戦協定をそっくりそのまま受け入れた。そういう意味では、彼は純情派であった。彼は、協定が戦争の完全な終わりを告げるものと考え、双方の協定文には名誉がかかっているものと期待した。

新しい領土状況に関して外務省と国防関係省庁の間に大幅な意見の食い違いはなかった。国防省の何人かは、イスラエルはその軍事的優位性を十分に活用しておらず、イーガル・アロンの言葉を借りれば、「イスラエルは戦争には勝ったが、和平には負けた」(原注8) と感じていた。しかしこれは、少数派の考え方であった。イスラエル国内の諸機関、つまり内閣、外務省、国防省などは、イスラエルに足りないのは領土ではなく人口である、と考えていた。休戦協定については、和平への非常にポジティブな一歩を表わすものであり、和平はもうすぐそこまでやって来ている、というのが一致した意見であった。(原注9)

だがまもなく、イスラエルとアラブでは休戦協定の受け取り方が非常に異なることが明らかになった。イスラエルは、協定によって押しも押されもしない三つの権利を手に入れたと主張していた。一つ目の権利は、正規軍だけでなく義勇兵も非戦闘員も含む完全停戦の権利である。二つ目は、停戦ラインは最終的和平合意の結論に准じて、あらゆる意図、目的にかかわらず国境線をそれとする、ということである。これは、非武装地帯への兵力の配備だけを制限した領土内でのイスラエルの完全な支配を意味した。三つ目

イーガル・アロン：イスラエルの政治家で元イスラエル国防軍司令官（一九一八〜一九八〇）。パレスチナ生まれ。アフドゥト・ハ＝アヴォダの指導者。一九五五年にクネセト議員に初当選し、大臣、首相代行を務めた。第一次中東戦争では主要作戦を率い、六日戦争を提案したグループの一人でもある。一九六九年、レヴィ・エシュコル首相の死後、臨時首相、ゴルダ・メイア内閣で副首相と文部大臣、一九七四年から一九七七年まで外務大臣となったが、一九八〇年急死した。

の権利は、領土内のすべての土地にユダヤ人が入植し、難民になった以前の地主の権利に関係なく経済活動を展開できる権利である。

アラブは逆に、休戦協定から三つの権利を主張した。一番目の権利は、協定はイスラエルとの戦争状態の終息を規定しておらず、したがって国際法によってイスラエルの航行の自由を拒否し、経済ボイコットを課し、反イスラエル情宣活動を行なう権利を妨げられない。二番目に、休戦ラインは停戦ラインに過ぎず、国境ではない。よってイスラエルは非武装地帯における水源開発権の制限対象となる。三番目としてアラブ側は、休戦協定は追放されたパレスチナ人が自国に帰る権利を破棄するものではなく、したがってイスラエルが当該の土地を使用することは違法である、と主張した。さらに、パレスチナ人は自分たちの土地が占領されたことに対して闘う権利を有し、アラブ諸国にこの闘争を規制する義務はない、とした。(原注10)

この基本的に完全に異なる解釈の調整を図り、休戦協定を和平協定へと転化させる仕事が、国連パレスチナ調停委員会（ＰＣＣ）に託された。ＰＣＣはイスラエルとアラブ隣国を招請し、中断をはさんで一九四九年四月から九月までローザンヌで行なわれた。最初からイスラエル側出席者は、この会議を不毛な外交的駆け引きと見て乗り気ではなく、何の期待もしていなかった。(原注11)手続きに関するかぎり、イスラエルは会議参加のアラブ各国と二国間の直接交渉を希望したが、ＰＣＣはイスラエルとアラブ代表間の間接全体協議のみを提起した。内容に関しては、その基本的立場が人口的、領土的現状を維持することにあるイスラエルに、和平のために譲歩するよう圧力がかかることが予想された。イスラエルはそこで、ローザンヌ会議には用心深く、守りの態勢で乗り込んできた。イスラエル代表団は一貫して、ＰＣＣとアメリカ政府がかけてくる圧力をかわすことに終始し、結論が出ないまま会議が終わると、全員安堵の表情を見せた。

イスラエル代表団の一員の言葉を借りれば、会議そのものが「徒労」であった（原注12）。

アラブ諸国政府もローザンヌ会議に非妥協的雰囲気で臨んだ。敗戦の苦い結果を踏まえ、共通の敵を前にしてアラブ諸国はある程度まで一致団結に成功し、方針を調整し、共同戦線を張ってPCCに対応した。一九四七年十一月二十九日の国連分割決議を拒否していたアラブ側は、時計の針を逆戻りさせ、あの境界線をイスラエルとの合意のベースとして利用しようとしていた。戦後の現状は、アラブ人からすれば合意のベースとしては全面的に受け入れがたいものであった。この時点では、その姿勢は実際はうわべよりかなり過激だった。アラブ連盟の立場は、少なくとも原則的には全加盟国を拘束していた。アラブ連盟事務総長の内部報告には、ユダヤ人国家の領土は国連分割決議が規定したものに準ずるべきであるが、条件が二つある、と書かれている。一つ、このユダヤ人国家は自分たちの故郷へ帰る権利を行使しなかった難民が住む場所として、その領土の一部を切り離すべきである。二つ、イスラエルは戦争で手に入れた領土のいくつかを維持することを選択したなら、国連がユダヤ人国家に分配していた他の領土をアラブ人に返還することで埋め合わせしなければならない（原注13）。つまり、アラブ連盟は加盟諸国の敗戦の余韻の中で、イスラエルに対し国連の地図担当者が一九四七年に作成した領土よりももっと小さい領土を認めろ、と言ったことになる。

ローザンヌ会議における議論の二大テーマは、難民と領土であった。前者に対するイスラエルの立場は明瞭かつ強硬であった。難民問題の責任はアラブ国家にあるのだから、解決する責任も負うべきである。イスラエルはこの問題の解決のためにささやかではあるが経済的に貢献する意向ではある。だが、それは紛争の全面的収拾の一部として、そして難民がアラブ諸国に残留することを条件とした上でのことである。二つ目の条件については、イスラエルの立場は、隣国との永久的境界線は若干の微調整はあっても、休戦

ラインを基準としなければならない、というものであった。(原注14)

アラブ代表は、イスラエル代表との直接交渉を拒否し、統一代表団としてPCCと単独で協議することにこだわった。アラブ代表団は、パレスチナ人の集団疎開の責任は唯一イスラエルにあると主張し、難民問題を最優先議題として設定することを要求した。また、すべての難民が母国に帰るか、補償を受けるかのどちらかを選ぶことができるよう求めた。永久境界線を休戦ラインに基づいて決める、というイスラエルの提案は即座に却下され、アラブ諸国代表はそれぞれに、自国とイスラエルとの境界線の大幅な変更を要求した。

イスラエル政府高官とアラブ代表団の各人との秘密会談が持たれたが何の進展もなく、PCCから非難されるはめになった。PCCはイスラエル政府高官が抜け駆けをしていると責め、イスラエル側は委員会のやり方がアラブ代表と直接コンタクトを取るように仕向けたのではないか、と反論した。エリアス・サッソンが、上司に事態の深刻さを報告し、別の方針を採用するよう催促した。彼は、イスラエルの方からアラブの要求に何とか答えようとする用意がなければ、アラブ諸国がこちらの要求にすべて答えてくることは期待できない、と訴えた。

最初モシェ・シャレットがサッソンの助言を却下したが、アメリカから強烈な圧力がかかり、シャレットは難民十万人を引き受ける意向があることを宣言に盛り込むよう内閣に進言した。この数字には、すでに家族に再会することを認められた三万人の難民が含まれていた。それでもまだベン＝グリオンは、アメリカもアラブもこれでは納得しないし、イスラエルの安全も脅かす、という理由でこの提案に反対した。内閣は最終的にシャレットに、彼の提案を中身を薄めてアメリカ側に打診する権限を与えた。アメリカ側は、主旨は歓迎したが、イスラエルが引き受ける用意のある難民の数の少ないことに失望を表明した。アラブ側は、難民十万人の受け入れ提案を全面的に不十分とし、ローザンヌ会議はまたもや行き詰まった。

ローザンヌ会議の失敗はイスラエルにとって驚きでも何でもなかった。直接二国間交渉の方が、第三者の仲介を通すよりも進展が確実だ、という確信を強めただけであった。イスラエルはローザンヌで、現状維持には成功したが隣国との和解においては何の進展も得られなかった。一九四九年の前半は、ベン＝グリオンの強硬路線は成功した。この路線は、イスラエルはその安全まで害するような譲歩はもちろんのこと、和平のために譲歩する余裕などない、そして当面は休戦協定が十分に和平の役割を果たしている、というものであった。

国連パレスチナ調停委員会（ＰＣＣ）がイスラエルにその態度を変えさせることができなかった重要案件の一つは、エルサレムの扱いである。エルサレムは、聖書上の宗教的で精神的なつながりゆえに、ユダヤ人にとってはきわめて大切な場所である。またエルサレムという場所は、ユダヤ人の国を「国々の光」であれと願う心の中に存在している。しかし、イスラエルのエルサレムに関する外交的姿勢は奇妙にぎくしゃくしていた。国連の分割決議を受け入れることで、ユダヤ機関はエルサレムを国際管理下におくという規定を了承した。それにもかかわらず、新生のユダヤ人国家はその首都としてエルサレムを切望した。一九四八年の終わり、エルサレムはイスラエルとヨルダンの休戦ラインに準じて事実上分割された。一九

国々の光：聖書イザヤ書49―3、5、6にある予言＜わたしはあなたを僕として／ヤコブの諸部族を立ち上がらせ／イスラエルの残りの者を連れ帰らせる。だがそれにもまして／わたしはあなたを国々の光とし／わたしの救いを地の果てまで／もたらす者とする＞から、ユダヤ人は自らを「光の子供たち」と呼ぶ。

四九年の終盤というのは、国際化の脅威がこれまでになく不気味に迫っていた時期だ。二つの邪悪な同盟が聖都をめぐる政治闘争にからんでいた。イスラエルとヨルダンは、手の内にあったそれぞれの聖都の一部を守る争いで手を組んでいた。両国に対抗して、国際化に賛成する三種類の国家ブロックが登場した。大部分がイスラム教国家のブロック、バチカンとカトリック国家のブロック、ソ連とその衛星国のブロックである。

イスラエルでは外交官が反国際化キャンペーンを精力的に展開している間に、内閣も精力的に国内論争を引っ張っていた。首相はエルサレムをイスラエルの首都であると宣言し、できるだけ多くの官庁を移転しようとした。外務大臣はそれに注意を促した。一九四九年十二月五日、首相はエルサレムに外国の法律を適用することをイスラエルは絶対に受け入れないと断言する声明をクネセトで読み上げた。彼は、国連が聖都を監視することには同意したが、こうも付け加えた。

「それと同時に、我々は――イスラエルの歴史、イスラエルの信仰と我が国民の魂は分かつことができないように――ユダヤ人のエルサレムが、根本的で不可分なイスラエル国家の一部であると宣言することが我々の責務であると考える。エルサレムはイスラエル国家の精神であり、その心髄である」

この声明はしかし、エルサレム国際化の支持者たちを抑えることはできなかった。十二月九日、国連総会は大多数の賛成で、エルサレムを分割統治とし、国連管理下におく決議を採択した。

国連の決定でイスラエルの閣内論争が再燃した。首相は、言葉だけでなく態度でもチャーチル流の挑戦的態度を示した。彼は、国連決議に対する徹底的弾劾、そして既成事実を現実に眼前に確立し、イスラエルの主権を宣言する現実的対策を即刻実行に移すことを提案した。ニューヨークにいたシャレットは現実的対策をとることには同意したが、国連への宣戦布告には反対した。大荒れの論争の後、内閣は首相が起草した声明文をわずかな修正を加えただけで承認した。マパイのクネセト議員総会でも、首相の提案に大多数が賛成した。そうして、十二月十三日、クネセトの演壇に立ったベン＝グリオンは、クネセトと政府庁舎をテルアビブからエルサレムに移す決定を発表した。この決定の発表から実施まで、まったく時間はかからなかった。

シャレットはその三つの敗北に――国連と内閣と党での――ニューヨークから外務大臣辞職願の電報を打ってけじめをつけた。しかし、ベン＝グリオンは辞表を受理せず、シャレットは職に留まった。シャレットが大見得を切ったのは、政府の方針と、面子がつぶされたことに対する不満を表明するためであった。それは同時に、展望なき思いつきの宣言はイスラエルの威厳と国際的立場を損なうものであることを周囲に警告する意味もあった。シャレット自身の考えは、国連決議は実行不可能で、どうせ長持ちしないものである、だからイスラエルが国際機関と揉めるような方針をとるのは賢明なやり方でもないし意味もない、というものであった。ベン＝グリオンはこの主張をはねつけた。彼は国連決議をより深刻に受け止め、イスラエルの対応は即、実行され、かつ強い確信のあるものでなければならないと考えた。彼の頭にあった究極の目的は、エルサレムをイスラエルの首都として勝ち取ることであり、そのためには国連と衝突する危険をも顧みなかった。

この時期、ベン＝グリオンの独断的な外面の裏に、実は深い疑念と不安が隠されていたことには、党内の側近ですら気がついていなかった。彼は日記に、エルサレムに関する決断は国連の弾劾という要素だけではなく、イスラムとカトリックとソビエト体制との対決を含んでおり、それまでに求められた中でも最も難しくもっとも重大な決断の一つであったと告白している。これは、イスラエルがその短い歴史の中で初めて世界全体を敵に回した戦いであった。ベン＝グリオンは想像した。もし世界がその気になれば、百万人のユダヤ人がイスラエルから叩き出されてしまっていただろう。それはしかも、エルサレムを失くしてしまうだけではない。すかさず、難民を受け入れ、他の聖地も国連の監視下におくよう国際的圧力がかけられ、最終的な結果として、独立が消え失せ、無政府状態になる。ゆえにエルサレムは、すべてを超越したもっとも重要なケースだったのだ。もしイスラエルが国連決議を粉砕できたなら、国境問題は解決し、難民を戻せという圧力も止まる。

「エルサレムの獲得が、イスラエル国家を取り巻くすべての国際問題を片付けてくれるのだ（原注15）」

それからの出来事は、国連決議が孕んでいた危険性をベン＝グリオンが大げさに膨らませたことを示している。エルサレムを獲得することが、イスラエルのすべての国際問題を片付けるという彼の判断も、これまた根拠がない。イスラエルはこの闘いには勝ったが、エルサレムをめぐる戦争は何十年も続いた。その領土を譲り、難民を戻せとするプレッシャーもまた何十年も続いた。イスラエルの国連への挑戦に対するシャレットの評価は、はるかに正当で現実的だった。この問題をめぐる対立は続き、この二人の関係に長い影を落とすことになる。

ヨルダンとの和平会談

東西冷戦が、中東への超大国の関わりと対立関係の拡大を導いた。これが、イスラエルとアラブ問題の解決をかえって難しくした。例えば、ローザンヌ会議の期間中、イスラエルは国連パレスチナ調停委員会（ＰＣＣ）のアメリカ代表からアラブに譲歩するよう強い圧力を受けた。ＰＣＣが解散する前から、ローザンヌでのアラブ対イスラエル紛争の国連による包括的解決の失敗は目に見えていた。ローザンヌ会議の後も和平会談は続けられたが、そのほとんどがイスラエルとアラブ各国との秘密会談だった。

二国間協議は何度も持たれたが、ヨルダンとのそれがもっとも長くて可能性があった。(原注16) ローザンヌにおけるイスラエルとヨルダン代表との会談は一九四九年十一月に始まり、これが一九五一年にアブドゥッラー王が死ぬまで断続的に続くことになった直接交渉への道を整えた。会談のほとんどは、シュネーのアレンビー橋*の近くにある王の冬宮で行なわれた。ヨルダンからの主席代表は王以外に、宮廷大臣で後の首相、サミール・アッ＝リファーイであった。イスラエルの首席代表は、外務省のルーヴェン・シロアーとエリアス・サッソン。外務省長官のイガエル・ヤディン、参謀総長のモシェ・ダヤン少将も数回出席している。エリアス・サッソンがトルコ大使として赴任した時は、アブドゥッラー王とのつながりを個人的に維持するために、息子のモシェ・サッソンが代理を務めた。(原注17) 当時アンマンにあった英国高等弁務官アレック・カークブライド卿が、これらの首脳級会談に注釈を加えている。

アレンビー橋：ヨルダン川に架かる橋。西岸地区のエリコとヨルダンを結ぶ。一九一八年に英国陸軍のアレンビー将軍が建設した。一九四六年にハガナーが爆破し、一九六七年の第三次中東戦争でふたたび破壊された。一九九四年に日本の「無償資金協力」で恒久的に再建された。イスラエル人がアレンビー橋を通過することは禁止されており、外国人観光客とパレスチナ人だけが通過できる。

客のルーヴェン・シロアーはいつも、王がエルサレムに差し向けた車でやって来た。そして王の食卓で首相と夕食をとり、食後は揃って控えの間に姿を消し、いつ終わるとも知れない協議に入るのであった。アブドゥッラー王は、何か好結果が生まれるのを待ちながら、眠いのをできるだけ我慢して起きていた。話し合いはいつも午前三時頃まで続き、その後シロアーは境界線を越えて帰っていった。二人の代表が協議にかける時間の長さには驚かされた。(原注18)

全面的和平合意を目的とした会談の第一段階は、一九四九年の十一月に始まった。イスラエル側においては、ヨルダンとの和平がそれ自体に価値を持つだけでなく、しかもエジプトとレバノンとの和平への道を切り開くことを期待されていた。しかしながら、政府の譲歩の許容範囲は、様々な国内事情に束縛されていた。マパムと共産党は、アブドゥッラーを英国の傀儡と見なし、ヨルダンとの交渉に反対していたが、西岸地区をイスラエル領土であると主張するヘルートは、アブドゥッラーにこの地区の支配権を認めることには戦闘的に対決する構えであった。ベン＝グリオンは、左派が抱くアブドゥッラーと英国の宗主たち*への不信感と、右派が抱く委任統治パレスチナ全土の要求を放棄することへの不安感の両方の考えを抱いているように見えた。だが実利主義政治家の彼は、イスラエルの何らかの譲歩なくして和平はないと見て、領土の交換を基本にした境界線の変更に備える考えであった。(原注19)

会談でサミール・アッ＝リファーイは、王はアラブ世界を前にして弁解可能な内容の和平を必要としていることを強調し、何よりもまずネゲヴ砂漠の南部すべてと、次に最も望ましいものとして、ヨルダンから地中海沿岸に至る、全面的にヨルダン主権の陸上回廊を要求した。大きな進展は、十二月十三日に最終的にイスラエルが王に地中海への回廊を提供したときに実現した。この会議で、「領土的合意の原則」なる文書が採択された。その原則とは、エルサレムの分割、死海西岸地区をイスラエル主権下に移すこと、ラトルン地域の境界線の変更、そして最重要事項としてヘブロンからガザまでの陸上回廊をヨルダン主権下におく、ということであった。しかし、回廊の提供には三つの条件が添えられていた。すなわち、イスラエルは数ヵ所の地点を自由に通過できる、ヨルダンは回廊内にいかなる軍隊も軍事施設も確保することはできない、英―ヨルダン条約は回廊内には適用されない、である。

この劇的な進展があった一週間後、会談は大きな難局にさしかかった。行き詰まりの主な原因は回廊の幅であった。ヨルダン側は数キロメートルを要求したが、イスラエルは五十メートルから百メートル、それ以上は認めなかった。もう一つの問題は、イスラエルが砂丘に覆われ、港湾には不向きな海岸から三キロメートルだけしかない地域を提供したことであった。ベン＝グリオンは外務省に、彼（アブドゥッラー）の回廊の概念はまったく受け入れがたいもので、会談を継続したいのであれば新しい提案を出すべきであろう、とアブドゥッラーに書面で連絡するよう指示した。サミール・アッ＝リファーイは、この動きを交渉の無期限延期と受け取った。会談におけるアッ＝リファーイは一貫して、その主人に較べてはるかに融通の利かない注文の多い相手だった。

会談の第二局面は、王の発案で一九五〇年の一月中旬に始まった。全面的合意の実現に失敗したこと

アブドゥッラーと英国の宗主たち：アブドゥッラー は一九二〇年にアラブ民族会議でイラク国王に選出されたが、シリア国王に選出された弟のファイサルをフランスがシリアから追放したため、英国はファイサルをイラク王、アブドゥッラーをトランスヨルダン国王にすえ、ヨルダンは一九四六年まで英国の保護下におかれた。

から、両者はエルサレムに関する合意をめざし、言いたいことを我慢して会談に臨んだ。イスラエルからは、シロアーとダヤンが代表になった。冒頭、イスラエル代表は彼らの基本的目標は依然として全面和平であり、この目標がエルサレム問題へのアプローチに影響する、と言った。しかしここでも、ヨルダン側がエルサレム新市街のアラブ人街の修復を要求し、その見返りとして限られた譲歩しか提示しなかったので、交渉は行き詰ってしまった。話し合いの第三局面は二月中旬に始まり、二月二十四日の不可侵条約仮調印で山場を迎えた。

五年間の不可侵条約という発想は、二月十七日のシュネーでの話し合いで、会談がご破算になるのを救うために、アブドゥッラー王自身が敢然と介入して提起したものである。アッ＝リファーイが煮え切らなかったため、王がその提案をシロアーに口述筆記させた。その主旨は、停戦協定に定められている現行の境界線を基礎にしたイスラエル—ヨルダン間の五年間の不可侵条約を締結することで、イスラエルとヨルダンはすべての宗教に対し、エルサレムの聖地に参拝する権利を遵守・尊重し、エルサレムの住民の財産に特別の補償を与え、両国間の通商関係とハイファ港におけるヨルダン向け免税地区（フリーゾーン）を再開する交渉を行ない、すべての資産所有者にイスラエルに帰還する許可または資産管理のために法定管財人を送り込む許可を与え、最終的合意の詳細を定める両者の合同委員会を指名することを、国連に対して確約するものであった。

イスラエル政府は、王の提案を交渉の基本として受理し、次の会談は二月二十四日にシュネーで開かれた。ヨルダン政府からは、王とリファーイの他に国防大臣のファウズィ・アル＝ムルキが出席した。お互いが議論し提案をさらに煮つめるため、王はムルキのために提案を読んで聞かせるようシロアーに頼んだ。読み合わせが終わり、協定案の完璧な写しが二部作られ、王はまずアッ＝リファーイとムルキに一部、それからシロアーとダヤンに一部渡し、彼らに二部の写しに仮調印するよう笑顔でうながした。

「署名はあなた方がしてください。私の役目は立会人だ」

両代表が統一文案を作成することを前提に、次の会談でこの方向に沿った合意文の原案を持ち寄ることになった。王は大きな喜びをあらわにし、この合意を交渉のターニング・ポイントだと大評価した。確かに、ターニング・ポイントには違いなかった。

しかしそれは、イスラエルとヨルダンの二国間関係におけるターニング・ポイントなのであって、ここで歴史が転換したわけではなかった。四日後、二つの合意文原案を検討する会議が行なわれた。イスラエル側は長くて規則ずくめの原稿を書いてきたが、それでも王の提案の要点はすべて押さえていた。一方、ヨルダン側の原稿は「休戦協定の改訂」を「不可侵条約」に変え、「通商の自由」の部分はすべて削られていた。イスラエル代表は、自分たちは休戦協定の改訂版に調印するつもりなどないと明言し、王の最善の努力にもかかわらず、会談は何の合意にも至らずに打ち切られた。

翌朝三月七日、王がイスラエルとの二国間合意に対する政府の反対を抑え切れないことがはっきりした。ヨルダンは、イスラエルとの取引が原因で、アラブ連盟諸国からの反ヨルダン・キャンペーンの洗礼を浴び、連盟を除名されるか否かの瀬戸際に立たされていた。王はこの状況を黙殺するつもりだったが、政府が黙っていなかった。王は会議の席上、ヨルダンはスローダウンする必要に迫られていると説明したが、スローダウンという言葉で言いたかったのは会談の決裂ではなく、いったん中止の意味だった。イスラエル側は絶望にも近い失望感に襲われた。こんなに頑張ってきたのにこの結果とは……。それでも、イスラエル側は双方の努力が報われなかったことで王を責めたりはしなかった。とくにシャレットはアブドゥッラーのことを、イスラエルを承認しないというアラブ世界では支配的な流れに抗して、イスラエルとの和解をめざす勢力の代表と考え、その信念を貫く勇気に全幅の信頼を寄せていた。

会談が止まっている間にも、イスラエルとヨルダン国境付近の長くて異常な情勢が次第に悪化し、年末にかけてイスラエル国防軍とアラブ軍団とが武力衝突するという最悪の事態になった。和平会談では衝突を自制することに関しては議題に上がらず、イスラエル国防軍はパレスチナ難民による主に経済的な理由からのイスラエル領内侵犯に対し、非常に攻撃的に対応した。かくして、外交上の閉塞状況が軍事衝突にエスカレートしたが、うまく行けば領土拡張のチャンスになる、と期待を抱く者もいた。

一九五〇年七月のイスラエル外国大使講演会は、はからずも現状維持主義的和平派と領土拡張派との最初の対決の場になった。モシェ・シャレットはその演説で、隣国との和平と通常的関係の必要性を延々と説いた。彼は、ヨルダンとの和平が重要なのは、和平が自己目的ではなく、難民問題においてヨルダンが取っている正当な立場を評価し、難民の帰還を条件としない和平合意のための前例になるからなのだ、と力説した。シャレット外務大臣の次にダヤン少将が演壇に立ち、アラブ諸国と形式的和平協定を結ぶことにいかなる価値があるのかと問うた。彼は、ヨルダンだけが和平の具体的成果を得たではないか、と指摘した。ヨルダンは見返りを要求したではないか。他のアラブ諸国にはイスラエルと和平を結ばねばならない現実的な要請などない。それどころか、和平を結ぶことによって彼らの面子に傷がつくのだ。イスラエルの立場から言うなら——ダヤンは断言した——この地域に経済的に進出し、中東経済の一員となる方が形式的和平を結ぶことより重要である。ダヤンは続けた。イスラエルは、ヨルダンと形式的和平について話し合うことに力を注ぐより、ヨルダン川流域の領土をすべて占領すべきだ、とまで提案した。これはそれほどはっきり言ったわけではなく、そういうのもありますよ、といった言い方だったのであったが、外務大臣の断固たる反論を招いた。シャレットは言った。

「イスラエル国家は、領土の獲得と拡張を意図的に率先させることで軍事的冒険主義に陥ってはならない。イスラエルはそのようなことはするべきではない。一つは、我々は世界の国々から侵略者だと誹謗されてはならないからであり、また安全と社会的な理由から、大量のアラブ人を国内で引き受けることもできないからである……我々はユダヤ人兵士の命を犠牲にすることはできない。そして、ただ領土拡張の欲望を満足させるために、勝手気ままなやり方で他人を傷つけてはならない（原注20）」

一九五〇年四月、ヨルダンは正式に西岸地区を併合し、十二月にはアブドゥッラーがイスラエルとの交渉再開を示唆した。この会談をリードしたのはシロアーと、この間に首相に就任していたアッ＝リファーイであった。会談の主旨は、とくにスコープス山の大学*や病院、エルサレム旧市街の「嘆きの壁」といった人道的施設、建造物への通行権をイスラエルに与えている休戦協定第八条を軸にした、休戦協定の完全な履行に関してであった。北のナハライームや南のワディ・アラバ地域*をめぐる領土論争があったが、これらの論争がヨルダンの納得がいくよう決着したなら、和平への第一歩として第八条を遂行する、と王

スコープス山の大学：東エルサレムの丘陵地にある国立ヘブライ大学のこと。一九二五年創立。初代学長はハイム・ヴァイツマン。第一次中東戦争でアラブ勢力に繰り返し攻撃され、ユダヤ人地区から切り離された。ヨルダン政府が一九四九年の休戦協定を破り、スコープス山の学部は閉鎖され、講義は一九五三年まで分散して行なわれたが、六日戦争でエルサレムが再統一され、大学はスコープス山へ戻った。

は約束した。だがこの時、ベン＝グリオンは、ヨルダンとの政治的合意の可能性だけでなく、それが望ましいものかどうかも疑わしい、と言った。一九五一年二月十三日のアブドゥッラーとの会談を前に相談に来たシロアーに、ベン＝グリオンは疑問の理由を七つも列挙した。一つ、ヨルダンは真正で安定した政体とは言えず、しかも、英国に頼り切っている、いつ死んでもおかしくない一人の人物の上に成り立っている国である。二つ、ヨルダンとの政治的合意は、エジプトとの合意の妨げになるかも知れない。三つ、エジプトとの和平抜きのアブドゥッラーとの合意では、イスラエルがアジア、アフリカ、ヨーロッパの三大陸で直面している包囲網を解くことができない。四つ、このような協定は、周辺地域における英国の支配力を強化する。五つ目の理由は、質問の形で示された。「このようなくだらぬ境界線にこだわって、我々に何の得るところがあるのか?」。六つ、エジプトとの合意は、イスラエルとアラブ・イスラム世界全体との関係を整え、重要な経済的つながりを作り出すことができる。最後七つ目は、エジプトは真正で安定した国であり、イスラエルと真の対立関係にはない(原注21)。はっきり言えば、和平を模索する相手としてはヨルダンよりエジプトの方が相応しい、ということであった。

ベン＝グリオンがヨルダンとの政治的合意に関わろうとしなかったことが、会談が失敗した大きな原因であった。会談は、文字どおりアブドゥッラーが死んだ日まで続けられたが、話し合いは前進するどころかむしろ後退した。シロアーとアッ＝リファーイは会議録をやり取りしていたが、未解決の問題を何一つ解決できず、スコープス山については新たな問題が出てきた。五月、両国関係は公式レベルで袋小路に入ってしまった。接触は保たれたが、心情的に通じ合うものはなくなっており、交渉らしい交渉はなかった。王はしばらくの間はすべての面倒を見ていたが、シロアーとアッ＝リファーイの間に立った調停の試みも会談再開にはつながらなかった。イスラエルとの合意を進めるのだ、という決意は決して揺らぎはしなかったが、王は次第に孤立し、力を失っていった。彼が、エルサレムに行ってイスラエルの首相に個人的に会いたい、と申し出たとき、何とも白々しい沈黙が支配した。ベン＝グリオンはと言えば、ヨルダンには何の関心も期待も抱かなかった。彼が受け入れる可能性があったのは、互恵主義に基づいた境界線の微調整だけだったが、王が求めていたのは、アラブによるイスラエル承認を主張する彼の面目躍如たる気前のよい協定だった。全面的合意の模索は、かくして基本的に失敗する運命にあった。それは、イスラエルがあまりにも強くて、頑迷で、アブドゥッラーがあまりにも弱くて、孤立していたからである。

これは悲劇で幕を閉じた、悲しい物語である。一九五一年七月二十日金曜日、アブドゥッラー王は、エルサレム旧市街のアル＝アクサ・モスクで狂信的イスラム教徒に暗殺された。王の死によって、ヨルダン―イスラエルの個人外交の時代は終わりを告げた。この知らせを聞いたベン＝グリオンの頭を最初によぎったのは、一九四八年にヨルダンとの境界線を変更した失敗を改めるチャンスが到来した、ということであった。彼は軍事顧問に、いつなんどき事が起こっても大丈夫なように西岸地区占領計画を立てておけ、と命じた。ベン＝グリオンはこの計画だけでは安心せず、スエズ運河を国際水路に変えるためにシナイ半島全土を占領する許可を英国に打診する手を思いついた。エジプトをシナイ半島から叩き出せば、英国は軍事基地を設置できる。ベン＝グリオンは、英国の助けを得てシナイ半島を攻略する発想をあれこれ思い

ワディ・アラバ：ガリラヤ湖南端からアカバ湾に広がる渓谷。ソロモン王がここに銅山を開いたと言われ、イスラエルとヨルダンを区切る。ここで一九九四年にイスラエル―ヨルダン和平協定が締結された。両国政府は紅海―死海を運河で結ぶアラバ地域共同開発に合意し、ヨルダンが建設を進めることになった。

めぐらす度に、この考えがますます気に入った。とくにシナイ半島は、西岸地区とは違いアラブ人住民が集住していない。(原注22)結局彼は、英―イスラエルの対エジプト共同作戦の実行を五年後まで延ばさざるをえず、シナイ半島と西岸地区の占領も十六年後にベン＝グリオンの後継者の仕事になった。

アブドゥッラー暗殺はかくして、ベン＝グリオンの考えにある変化をもたらした。一九五一年までは、ベン＝グリオンは領土的現状を受け入れ、それをかき乱すようなことは一切しなかった。ひとたびアブドゥッラーが抹殺されると、現状（ステータス・クオ）に対する彼自身の関わり方が揺らぎ始め、彼は領土拡張の夢にふけるようになっていった。暗殺はまた、他のアラブ諸国との和平に悲観的な展望を抱かせた。彼は結論を下した。アラブとの和平は、交渉では実現できない、それどころか妨害され、おどされ、脅迫される。

アブドゥッラー王暗殺はイスラエルとアラブの歴史上の重大事件であった。ベン＝グリオンは、この後一年間の対アラブ政策について語った際、暗殺のインパクトをこのように要約している。「イスラエルとの和平を求めていた一人の男がいた。我々は彼と話し合おうとした。しかし、英国が妨害した。そして一発の弾丸が飛んできて、話をご破算にした。アブドゥッラーというファクターが省かれて、何もかも終わってしまった(原注23)」

対シリア紛争

イスラエルとの関係において、アブドゥッラー王がもっとも穏健なアラブ人指導者だったとすれば、シリアはイスラエルのもっとも非妥協的で執念深い敵であった。これは、少なくともイスラエルにおける一般的な評価である。イスラエルが一九四九年七月の休戦協定締結の後、シリアと一年半に及ぶ友好関係を享受したこと、そして一九五一年の春の最初の軍事衝突が、イスラエル側が境界線地域の現状（ステータス・クオ）を変えようと試みたことに対するシリア側の反撃であったことは通常忘れられている。一九五〇年代、最終的には成就しなかったが、両国間の不和を平和的に解決するために、イスラエルとシリアとの間で真剣な交渉が行なわれたことも広くは知られていない。（原注24）

イスラエルとシリアの停戦ラインは、イスラエルには欠くことのできないヨルダン川の水源地帯を横切っており、休戦協定が明確に位置付けていない非武装地帯の三地域を通っていることが原因で、紛争の火種になりがちであった（地図5参照）。イスラエル―シリア紛争と両国の武装衝突の元来の原因は、非武装地帯の主権問題であった。シリアは、これら非武装地帯は休戦協定が締結されるまでは、国連の監視下にしておくべきだと主張していた。イスラエルはそうではなく、これは自分たちの領土内にあり、武器を持ち込まなければ問題はない、としていた。休戦協定そのものは、和平合意の最終結論を保留にしたまま、この地帯内で通常の市民生活を継続することができる、としているだけで、非武装地帯におけるイスラエルの主権については触れていない。国連の判断はそこで、非武装地帯の法的位置付けについてはシリアの主張を大幅に認め、イスラエルの主張は認めない、というものであった。

非武装地帯内は、ユダヤ人入植者はごくわずかで、多数のアラブ人農民が住んでおり、イスラエルはシリアがその勢力拡大のためにこの農民たちを利用することを警戒した。イスラエルはそこで、停戦協定調印後すぐに非武装地帯内に既成事実を作ってしまう、強引で情け容赦のない政策にとりかかった。この政策の中心的立案者は二人で、一人は一九四九年から五〇年までイスラエル国防軍参謀として停戦交渉に参加していたモシェ・ダヤンと、もう一人は外務省の停戦交渉担当主任でタカ派のヨセフ・テコアである。テコアはハーバード大学で国際法を学び、イスラエルの法外きわまりない仕業でさえ、法律的理屈をこねて正当化してのける頼もしい存在であった。彼は、外から見るよりもよりはるかに深く土地と水源の支配力拡大に関与していた、イスラエル国防省の非妥協的手法をしっかり身につけていた。彼は国防省では背広を着た軍人と呼ばれ、仲間同様であった。彼はまさしく、圧倒的にアングロサクソン・サークルそのものと言える外交官社会に送り込まれたトロイの木馬のような存在であった。彼の考えでは、イスラエル外交の基本的役割は国家の安全への貢献にあった。

ベン＝グリオンはテコアが気に入った。非武装地帯を全面的に支配することがイスラエルの安全には不可欠であると、ベン＝グリオンは考えていた。そこで彼は、それが休戦協定の条文の精神あるいは文言に反していようがいまいがお構いなく、シリア人を非武装地帯から締め出そうと考えた。そこで彼の政策は、領土的な現状（ステータス・クオ）の保持ではなく、それを変えることになった。(原注25) この政策には三つの主要な目的があった。議論の対象になっていた地域の実質的支配を確立すること、シリアの影響を抑え込むこと、国連の監視を排除すること、である。一つ目の目的を達成するため、イスラエルはシリア人村民から土地を買い上げ、ユダヤ人入植地を開拓し、新しい農業入植地を建設し、周囲に砦を築き、一般市民に変装した兵士や警官を配備した。二つ目の目的のために、イスラエルは一九五一年、ベドウィン族住民数百人を、彼らがイスラエルのＩＤカードの受け取りを拒否した機会をとらえて、非武装地帯中央部からイスラエル北部のアラブ人集落に強制的に移送した。三つ目の目的をめざしたイスラエルは、国連の市民活

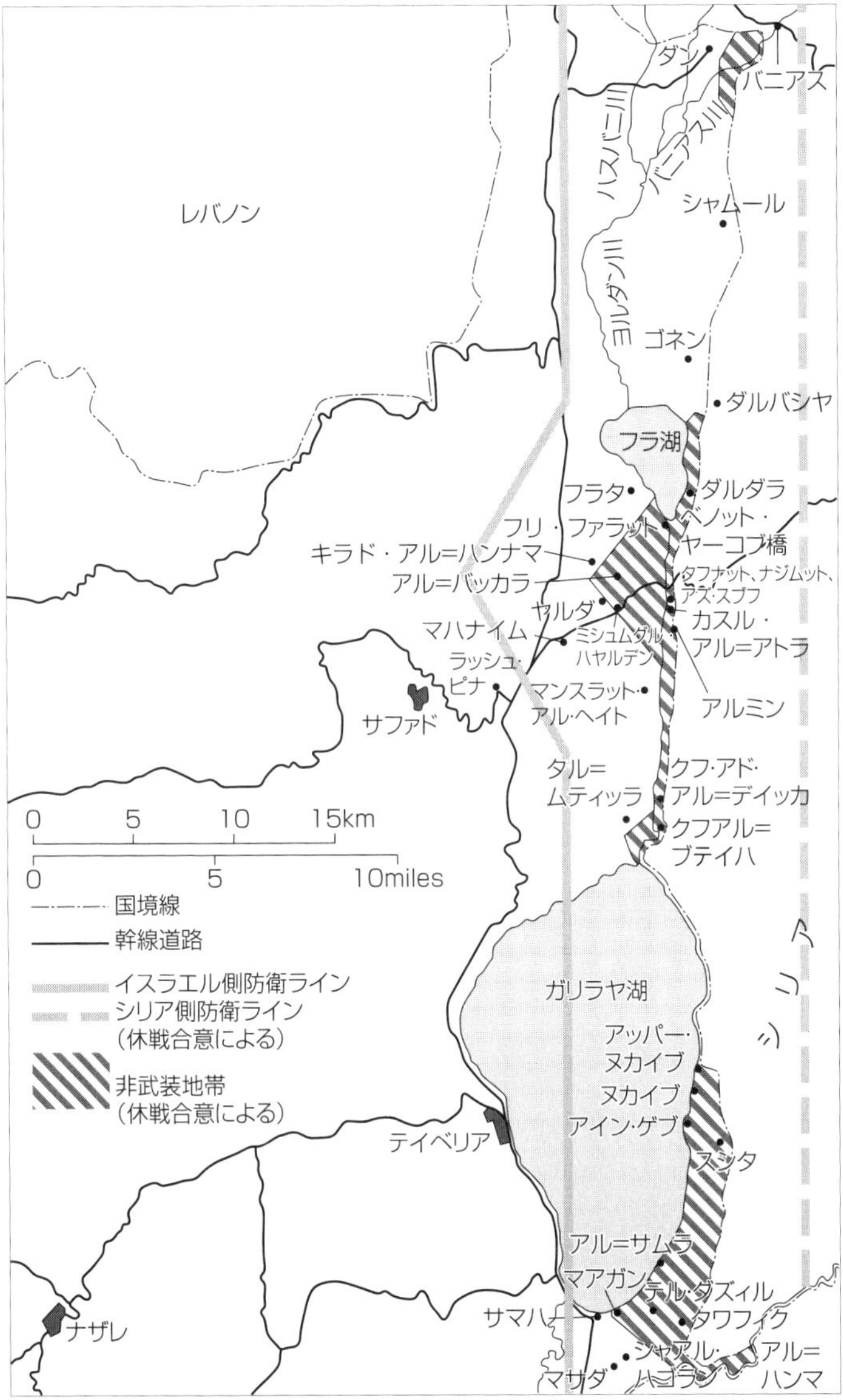

図５　イスラエル―シリア休戦ライン

動管轄権を拒絶し、道路を閉鎖し、国連監視官が非武装地帯に入るのを阻止した。シリアと国連監視官は共に、イスラエルの政策にしてやられ、侵略されたと感じた。

一九五一年の初め、イスラエルは一大開発計画に着手した。農業目的で一万五千エーカーを埋め立てるというフラ湖*排水事業計画である。湖そのものは非武装地帯の外にあるが、事業の初期段階では非武装地帯の中央部にあるアラブ人所有地での工事が含まれていた。非武装地帯の中であっても、工事がユダヤ人の所有地内で進められているかぎりシリア側は何ら異議を申し立てなかった。しかし、ブルドーザーがアラブ人村の所有地まで入ってきたので、シリアはシリア―イスラエル合同休戦委員会（ＭＡＣ）に抗議した。ＭＡＣの委員長、ウィリアム・ライリー少将は、当事業はイスラエルに軍事的優越性を与えるものだというシリアの抗議は却下したが、そのかわりアラブ人土地所有者への賠償協定が成立するまでの計画中止を命令した。イスラエルはこの裁定を勝手に解釈して、国連との対立およびシリア側との武力衝突をも辞さないという瀬戸際政策に打って出た。三月二十六日にシリア軍の参謀副長とイスラエルとの会談が持たれたものの論争は決着せず、逆に緊張の度合いが高まった。

三月三十日、外務大臣が病気のため代わりに首相が議長を務めた会議で排水工事の続行と、軍事行動は自制するが応戦はすること、そして非武装地帯中心部でのイスラエルの支配権主張に向けた実力行動の開始が決議された。この実力行動の一つが、非武装地帯内二ヵ所のアラブ人村落の住民八百人の強制退去であった。国連は、この行為を厳しく非難した。非公式の会談が何度か持たれ、少しは進展があった。四月四日にＭＡＣとの話し合いが持たれた。だがしかし、まさにこの日、イスラエル国防軍の首脳レベルの決定により、警察官に扮装した偵察兵を非武装地帯南、最先端部のアル＝ハンマに送ることになった。偵察隊を派遣した意図は、完全にシリアの制圧下にあった地域にイスラエル国旗を揚げることであった。シリア軍は激しい対応を見せ、銃撃でイスラエル軍偵察兵七人を殺し、残りの兵士も退却させなかった。

アル＝ハンマへの偵察隊派遣は、クネセトの国防外交委員会と外務省の高官から厳しく追及された。国防軍司令官は、政府側に打診しなかったことや、軍事的決定による政治的結果について考慮しなかったことを批判された。シャレットは、偵察隊派兵を「非常に軽率かつ思慮に欠ける行為」であると見なし、驚くべき感受性の欠如と、それとわかっていながら敢えて兵士を死なせた、として責任者を譴責処分にした。そして、休戦問題に関する日常的ベースでのイスラエル国防軍と外務省との緊密な連係体制を指示した。(原注26)

四月五日の閣議は、外務大臣が欠席し、非武装地帯内にあるアラブ人村落を三つ破壊し、アル・ハンマのシリアの郵便局と警察を空爆し、MACをボイコットし、「警察官」七名が殺害されたことについて、国連安保理に異議を申し立てるべきだとする首相の提案が受理された。イスラエルの方が挑発した事件に対するこの対応は、驚くほど攻撃的だった。停戦協定締結以後、イスラエル空軍（IAF）が出動したのはこれが初めてであった。これらはすべて、アラブ人市民を境界線地域から排除し、非武装地帯でイスラエルが主張している主権に対して如何なる制限も認めない、というイスラエルの決意を示威し、ふたたび軍事力に訴えるのをシリアに思いとどまらせるためにとられた行動であった。

だが、ここでシリアは引き下がらなかった。五月初旬、シリア軍は非武装地帯中央部を横断して、ガリ

フラ湖：イスラエル北部にある湖。一九五〇年代は最大面積十四平方キロ、最大水深三メートルだったが、農業のための排水事業で縮小した。しかし自然保護の趨勢から一九六三年に一部地域が自然保護区とされた。古代遺跡があり、約八十万年前に人類が最初に火を使った痕跡がある。旧約聖書ではメロム湖。

ラヤ湖の北、停戦ラインの西一・六キロの地点にある戦略的丘陵地、タル・アル＝ムティッラを占領した。イスラエル国防軍はこの丘を奪還はしたが、その作戦は劣悪で兵士四十人の命を失い、軍の意気も阻喪した。イスラエルは国連に訴えたが、安保理は五月十八日にイスラエルのタル・アル＝ムティッラ攻撃を非難、イスラエルが非武装地帯から追放していたアラブ人住民を元に戻すこと、排水事業の再開はシリアーイスラエル合同休戦委員会（ＭＡＣ）委員長の了解を得ることが条件である、と言い渡した。ライリー少将との交渉は長引き、しかもとげとげしい雰囲気で行なわれ、イスラエルの経済発展にとって重要な意味を持つとされていた事業に遅れや変更をきたした。これらの経験すべてから、ベン＝グリオンはシリアとの関係はゼロサム・ゲームであり、イスラエルはフラ湖排水プロジェクトを完成するには一方的に対処するべきである、と確信した。数多くの流血の惨事を生み、イスラエルの国際的地位に傷をつけた挙句にプロジェクトは完成したのであったが、その挙句に専門家からは排水工事は不必要で、イスラエルの農業と環境に現実的に損害を与えているという結論が下された。

シリアとイスラエルの武力対決は五月に収まったが、肝心な非武装地帯の主権問題は解決されないままであった。一ヵ月後、シリア側からＭＡＣのイスラエル代表に、非武装地帯の分割について首脳レベルの政治会談を持ちたい、と提案してきた。イスラエル代表は、シリアには非武装地帯問題に介入する権利がない、という理由で最初は断ったが、ついに折れて本国政府にこの提案を伝えた。シャレットはこの提案を好意的に受け取ったが、シロアーはこれを危険性に溢れていると判断し、軍部が非武装地帯についてシリアと交渉をすること自体が、この地域にシリアの何らかの権利があると認めることになる、と警告した。彼らの見方では、シリアの提案は両国間の関係を全面的に見直すという意欲に動かされたものではなく、領土拡大の欲望に突き動かされているだけであった。イスラエルは会談を了承したが、境界線問題に限定しないことを条件にしていた。イスラエルが提案した経済関係と和平条約を含む協議内容は、シリアには受け入れがたいもので、結果として会談は実現しなかった。

イスラエルに対するシリアの態度に変化が生まれたのは、一九五一年十一月、シリア軍の参謀副長アディブ・シシャクリが権力を奪ってからであった。強固な親米派のシシャクリは、国内の改革と再建に集中するためイスラエルとの和解を望んだ。その第一歩として、非武装地帯における事実上のシリア支配をMAC内での交渉による正式合意によって確かなものにしようとした。延期されていた協議内容と会談の水準に関する交渉を経て、一九五二年十月九日にガリラヤ湖の北、ロシュ・ピナにあるシュラミット・ホテルで交渉が持たれた。イスラエル代表団の団長は、六月に北部方面司令部長官に任命されていたダヤン将軍で、一方のシリア代表団を率いていたのはラッサン・ジャディード中佐であった。シリアの要求で国連のオブザーバーが会談に同席したが、開会式の後に退席し、両国代表の直接会談に入った。シリア代表は、フラ湖東岸とヨルダン川の間の線に沿った非武装地帯の分割を提案した。イスラエル代表団はこの分割案を無視はしなかったが、合意したければ総合的和平協定または不可侵条約の一部として、あるいは少なくとも分割案は和平の方向に向けての休戦合意に一歩踏み込んだものとして解釈されるべきである、という点に固執した。シリア側は、既存の停戦協定を相互に同意した上で、修正する見地から話し合う方を望んだ。会議では何も決定されなかったが、話し合いを継続させることを確認して終わった。

シャレットは、会議の報告書を読んでイスラエルのやり方は間違っていると感じた。彼のメモには、利害関係のない人がこの報告書を読めば、シリア側が重大問題をめぐる不一致を好意的に解決しようとしているのに対し、イスラエル側は形だけの質問をしたり、法的問題にこだわってばかりいると断言するだろう、とある。シリア側が有利だったことは事実である。しかしやり方に関するかぎり、シリア側が問題を簡単に現実的なやり方で解決しようと努力したのに対して、イスラエル側は詭弁ともとれる法律的なディテールをあげつらって話を難しくした。(原注27)

ベン＝グリオンは、いくつかの点でシャレットとは意見を異にした。彼はまず、シリア側は元来、権利もないのに領土と水利権を求めてきた、と指摘した。これらの領土は非武装地帯ではあるが、その一部はイスラエル領土であり、しかも事実上イスラエルの支配下にある。二番目に、問題は非武装地帯について交渉するかどうか、あるいはどのような枠組みにするかではなく、シリアが何と引き換えに領土をよこせと言っているか、である。三番目は、不可侵条約にこだわるべきでないのは、すでに休戦協定に含まれているので全面的に賛成である。だが一方で、シリアとの領土論争を解消することが重要だとは思わない。なぜなら、どんな論争でも一方が譲れば簡単に解決するからだ。ベン＝グリオンは結論として、シリアがイスラエルの譲歩に対する見返りを提示しなかった以上、イスラエルは非武装地帯の解消に関するいかなる正式交渉にも入るべきでない、と指摘した。そして何よりもイスラエルは、おそらく実現は期待できないが、シリアからそれに相当する見返りがないことには、ヨルダン川とガリラヤ湖の独占権を手渡すことはできない、とした。(原注28)

シリアとの話し合いは継続するが、イスラエルの立場をより用意周到に準備することと、水問題の専門家の助言を仰ぐことが決定された。会談は、休戦協定の枠内で行なう、というシリア側の意向を受け入れることになった。そして、戦略的かつ入植政策の観点から、イスラエルにとって不可欠な利益が守られるのであれば、基本的に小規模地域を譲ることに同意した。一九五三年一月十五日から二十七日まで、国連主導下で、アメリカの賛同を得て、両国間での非武装地帯の分割合意実現に取り組むべく、九度にわたる話し合いが持たれた。会談は、ベノット・ヤーコブ橋の近くにあるシリア税関庁舎とロシュ・ピナで、交互に場所を変えて行なわれた。国連オブザーバーの出席のもとでの公式会談以外に、多くの非公式会談が行なわれた。公認議事録は残されていないが、イスラエル代表団は上部報告用として会談の全報告をまとめている。

四月十三日の八度目の会談で、会談の行末を危惧したシリア代表団はイスラエルに非武装地帯の約七割を譲る提案をした。大きな進展が生まれ、多くの提案項目や概要が文書化されたが、これらは両国の本国政府の承認を必要とした。イスラエル政府は四月二十六日に閣議を招集し、非武装地帯分割のシリア側提案を検討した。イスラエル水利計画局局長のシムハ・ブラスが閣議に呼ばれた。ダヤンがブラスに、シリアの提案を地図上で示した。ブラスはダヤンに、イスラエルが手放さねばならないと思われていた領土の大部分が農耕には適していないにもかかわらず、シリアの提案はイスラエルの灌漑・水利開発計画に不都合だ、と述べた。もし、バニアス地域*の国境線が移動すると、この水源へのイスラエルの支配に影響をきたす。それまでは地図を承認していたダヤンは、水問題に関するブラスの見識に一歩譲る形になった。ベン＝グリオンはブラスに閣議の前に会いに来るように言った。ブラスは地図に対する異議の理由を、領土

バニアス：ゴラン高原のヘルモン山麓にある渓谷地帯。ヨルダン川源流の湧水がある。第一次大戦後、シリア、レバノン、パレスチナの国境地帯となり、宗主国フランス、イギリス、オスマン・トルコが争奪戦を展開した。第一次中東戦争後は非武装地帯をめぐるイスラエル＝シリア紛争の原因になった。

問題ではなく水問題に絞ってもう一度説明した。ベン＝グリオンは、これらの配慮は重要だが、和平の方がさらに重要だ、と答えた。そして、イスラエルが他のすべてのアラブ諸国と対立関係にある以上、少なくともアラブの一ヵ国がイスラエルと何らかの協定を結ぶことが肝心なのだ、と付け加えた。

ブラスは全閣僚の前で三度目の反対意見を述べた。ベン＝グリオンはそこで一定程度、彼自身の見解を展開している。ブラスからすると、他の閣僚はおとなしい幼稚園児が怯えているように見えた。意見のある者は、首相の圧倒的な権威の前に恐る恐る手を挙げていた。この場でベン＝グリオンは、シリア提案に制限付きで賛成する意見を述べた。彼はまた、イスラエルの将来のためには北部の開発が重要であり、今後十年は平穏無事に過ごし、紛争は避けるべきだと力説した。閣議はシリアとの交渉の継続を採決したが、ブラスが提起した問題点と条件を考慮に入れることにした。(原注29)

肯定的なニュアンスの表現だったにもかかわらず、この決定が交渉を圧殺したかに見えた。この決定で、予備段階の合意の変更と新たな条件の設定が要求され、交渉の進行が難しくなった。五月四日と二十七日の二度の会談で、イスラエルは新たな条件を提示した。これはシリアが拒否し、交渉は合意に至ることなく終了した。

この首脳級会談の失敗には説明が必要だ。表面的には、イスラエル軍部が反対したのでシリア提案の先行きが封印されてしまったように見えるかもしれないが、この場合はそうではない。軍は、国境線西側の大部分の地域の支配権確立のために、何の有効性もない周辺部の小地域ならいつでも渡す用意があった。外務省高官の何人かは、領土明け渡しは将来的な交渉のためには好ましくない前例になるかもしれない、と危惧していた。しかし、シャレットの対応は見事に実利的なものだった。摩擦の主要因を解決するために領土を制限付きで譲渡することが不可欠なら、それも価値があると彼は考えた。合意の道を塞いでいるのは、土地ではなく水利権であった。政界と軍部のエリートに支持された一連の提案が、水問題の専門的要請に応えていないがゆえに力を失ったのは驚きだった。それは、ここという時のリーダーシップと政治家としての器量が、ベン＝グリオンに欠けていることを表わしているようであった。つきつめて言えば、湖とヨルダン川の独占的自由裁量権に固執したイスラエルの態度が、何もかも台無しにしたように思えた。大敵との和議のチャンスは存在したのに、それが消えるにまかされたのだ。交渉がほとんど成功しかかっていた、という事実自体は重要である。なぜならこれは、イスラエル人の一般的見方とは裏腹に、シリアが実践的、実利的、建設的方法をとることができたことを示しているからだ。シリア側には間違いなく誰か物のわかった人間がいたに違いなかった。

エジプト革命

一九五一年七月のアブドゥッラー王暗殺の後、イスラエルは和平への取り組みの焦点をヨルダンからエジプトに転換した。エジプトをアラブ世界との和解への鍵と位置付けることが、イスラエルの外交政策の基本前提になった。エジプトの歴史、国の規模、国家的結束、その指導的立場などを総体的に判断して、イスラエルはこの国を、和平を結ぶのに適した相手として選んだ。イスラエル代表とエジプト代表の直接会談は、ロードス島やローザンヌやその他の場所で持たれ、これらの会談でエジプトはネゲヴ砂漠の領土の実質的譲渡とパレスチナ難民の帰還だけを交換条件に、イスラエルとの不可侵条約の締結を検討する意向を表明していた。イスラエルの政治家は誰もこの話をまともには受け取らなかった。ヨルダンと同様、エジプトも君主国だったが、（ヨルダンの）アブドゥッラー王が穏健派でイスラエルとの対応においては実利的であったのとは違い、ファルーク王の敵意は一貫して変わらなかった。一九四八年五月、対イスラエルの闘いにエジプト軍の参戦を決定し、戦争後も、彼の出した条件をのむこと抜きにイスラエルとの和解を拒絶し続けたのはファルーク王であった。

一九五二年七月二十三日の無血クーデターで王政を転覆した自由将校団の革命で、イスラエル―エジプト関係に新たな時代が始まるかもしれない、という期待が生まれた。シャレットは書いている。「わがまま君主のお気に召さない和平だったが、ファルーク転覆で少なくとも障害の一つが排除された（原注30）」自由将校団が抱いていた多くの不満の一つに、王国が王家の家庭の事情から、適切な準備もせず、物資も与えずにパレスチナ紛争に派兵したことがあった。自由将校団は、汎アラブ主義的冒険主義とイスラエルとの対立には目を向けず、国内改革に集中する意志を表明した。彼らは王党主義者で保守派のアリ・マヘールを文民首相に擁立し、イスラエルとの国境摩擦を軽減しようとした。それだけでなく、イデオロギー的には、新体制には旧体制よりもイスラエルの社会主義政権との共通点がはるかに多かった。ベン＝グリオンとその同志たちは、ムハンマド・ナギーブ将軍と同志の将校たちのことを、協調的であるということだけではなく、イスラエルとの対立がエジプトにとって最重要の項目ではないと結論を下す可能性のある、真正のエジプト人ナショナリストであると見た。この評価は、新体制に対して全面的に和平への期待をかけることにつながった（原注31）。

八月十八日のクネセトでの演説で、ベン＝グリオンは革命を実現した自由将校団を祝福し、エジプト―

イスラエル関係の新しい出発への期待を表明した。彼は述べている。

「エジプトとイスラエルの間で紛争が起きる要素はない。両国間には広大な砂漠が広がっており、国境論争の可能性などない。この隣人同士の間には、いかなる政治的、経済的、あるいは領土的対立要因もなかったし、現在もない……イスラエル国は、自由独立の先進的エジプトに期待するものである」

この公式な交渉呼びかけの後すぐ、ベン＝グリオンはナギーブ将軍を議長に戴く革命指導評議会（RCC）へ個人的メッセージを送った。八月二十二日、パリのイスラエル大使館一等書記官のシュムエル・ディヴォンが、エジプト大使館の臨時代理大使アリ・シャウキの公邸を訪ね、イスラエル政府からの提案を伝えた。提案は二国間で和平に関する秘密会談、あるいはエジプト政府さえよければ、和平合意に向けた可能性を探る予備会談を行ないたいというものであった（原注32）。革命指導評議会（RCC）からはこの提案について直接には何も返事がなかったが、エジプトの外交官と第三者からいくつかの好意的な伝言があった。国連総会ではエジプト代表のイスラエル批判が激しさを増した。この矛盾する行動にイスラエルは、ナギーブがイスラエルとの和解に向けた具体的な手は打たずに、エジプトが武器供与と経済援助を受けられるような穏健派国家の印象を与える芝居を打っているのではないかと勘ぐった。

疑惑と新体制への失望とが混濁していた。十月一日、政策協議のために首相官邸を訪れた政府高官の多くが、エジプトとの関係に進展が見られないことを嘆いて、イスラエルの萎れ気味の和平攻勢にテコ入れしようとばかり、様々なアイディアを持ち寄って来た。ベン＝グリオンはこれらをおしなべて評しながら、懐疑的メモを残している。和平に関するイスラエルの言葉に嘘はない、と彼は言う。

だが同時に、忘れてはならないのはアラブ人との和平を求める我々の意欲にも限界があるということだ。和平は我々にとって死活に関わることの一つではあるが、最も決定的な関心事ではない。アラブ人との関係改善になってもならなくても、一番目に、そして何よりも大切なのは、イスラエルにとって何が必要なのかを見きわめることだ。我々の存続に関わる二つ目の要素は、アメリカのユダヤ人社会と我々との（そしてこれらユダヤ人が住みついて以来のアメリカと我々との）関係である。三番目が——アラブ人との和平である。これが優先順位だ。(原注33)

アラブとの和平は優先順位三番目だったが、エジプト外交官との接触は続いた。十月の終わり頃、シュムエル・ディヴォンは、パリのエジプト大使館で革命指導評議会（ＲＣＣ）から報道担当官として派遣されたアブデル・ラハマン・サデックと会った。サデックは、このような会談は二国間の正式な関係とは言えないと釘を刺しつつも、自分は革命指導評議会に直接報告を上げる任務を負っていると打ち明けた。こうしてイスラエルには、自由将校団にメッセージと提案を伝えるための貴重なルートができた。(原注34) 自由将校団は、厚かましいイスラエルの和平打診に応じて、合意するわけには行かなかったが、接触は継続したいと考えていた。パリ・ルートは、結果的にたっぷり二年は利用された。

一九五三年の前半、このルートを通して最高に興味深いメッセージがやり取りされている。革命指導評議会（ＲＣＣ）の中で、接触を継続しイスラエルとの一定の合意に向けて画策していた首班の一人が、ガマル・アブデル・ナセル大佐である。彼は、少佐としてパレスチナ戦争に従軍し、彼の旅団がファルージャ・ポケット*でイスラエル軍に包囲された時、イスラエル側と接触した経験があった。ナセルは今、イスラエルとの接触状況を監督する任務にあった。サデックが報告を上げるのも、指示を受けるのもこのナセルであった（原注35）。一月の終わり、サデックがディヴォンに、ナセルから革命指導評議会（ＲＣＣ）の名で会談を設定するよう指示があったが、エジプトは当面の間、パレスチナ問題においては総体的汎アラブ主義の立場から離れることはできない、と伝えるよう指示されたと連絡してきた。その間、サデックはアメリカの対エジプト経済援助を受けるためのイスラエルの協力と、英国軍のスエズ運河地帯からの撤退を求めるエジプトの要請への道義的支持を要求してきた。ナセルはこのやり取りを極秘にするよう希望しており、さもないと交渉は頓挫してしまう、と念を押してきた（原注36）。

　首相と外相の指示を仰いだ後、ルーヴェン・シロアーはディヴォンに、次のような返答を送るよう指示した。一つ、イスラエルは両国の関係成立を歓迎し、その実現に向けてディヴォンに全権を与える。二つ、イスラエルはエジプトがアラブ諸国家の敵対的姿勢から離れる意志がないことを遺憾に思う。三つ、イスラエルは両国間の基本的関係改善を期待するが、エジプトが少なくとも休戦協定とスエズ運河とアカバ湾の自由航行権に関する国連安保理決議を遵守すべきであると考える。四つ、エジプトがイスラエル石油タンカーのスエズ運河およびアカバ湾自由航行禁止令を解除するならば、イスラエルは五百億ドル相当の綿花その他の製品購入を発注して経済面でエジプトの一助となる用意がある。五つ、イスラエルは英国軍の撤退実現を希望するエジプトに同情し、エジプトがまずエジプト―イスラエル関係を改善するなら、この

ファルージャ・ポケット：一九四八年十月から翌年二月まで、英国委任統治領内ガザ地区の村アル＝ファルージャと隣村のイラク・アル＝マンシーヤでエジプト軍旅団四千名（ナセル大佐も含む）がイスラエル軍に包囲され、停戦協定成立で撤退した。この孤立状況がファルージャ・ポケットと呼ばれる。

問題でエジプトに協力する意志がある。そして最後にイスラエルは、両国の関係改善のための障害を排除する秘密の首脳級会談を繰り返し提案している。(原注37)

五月十三日、サデックはパリのレイノルズ・ホテルでディヴォンと会い、革命指導評議会の正式レターヘッドにタイプされた、ナギーブの補佐官のナセルが署名したサデック宛書簡の写しを見せた。この書簡は、革命指導評議会はエジプトとアラブ世界の世論の動向に配慮して対イスラエル政策を徐々に組み立てており、イスラエルに対する攻撃的な言辞を避けることがその方向における最初の一歩である、と述べていた。ナセルは革命指導評議会が好戦的意志を一切抱いていないことを再度確約し、相互的信頼関係に根ざした彼の言葉をイスラエルが受け入れたことを喜んだ。ナセルはイスラエルに、アメリカにおけるその影響力を行使してエジプトの英国軍撤退要請を支援してほしいと強く求め、それが革命指導評議会にとってイスラエルとの最終的合意の近道になると言った。革命指導評議会はエジプト産棉花の購入オファーには感謝したが、これは時期尚早と考えた。結局は、謝意を表するために革命指導評議会はイスラエル船の航行審査を提案し、すでに規制緩和を始めていた。(原注38)

ナセルのメッセージには大きな重要性が認められる。なぜならば、革命指導評議会がイスラエル政府に二国間の関係改善に向かって前進し、最終的合意への道を切り開きたいという意欲を初めて示したからである。だが、ベン＝グリオンの目にはそう映らなかった。彼はシャレットへの短い書簡で、エジプトの考えていることはざっと次のようだと書いている。

「我らエジプト人は、すべてのアラブ諸国とともにイスラエル攻撃を継続するであろう。そしてイスラエルは棉花を買い、エジプトの利益のためにアメリカにおけるその影響力を動員することで、我々にその善意を証明しなければならない」

ベン＝グリオンはシャレットに、次の二点を明確に相手にわからせよと指示した。

「(1)スエズ問題におけるエジプトの要望のために我々の政治力を発動する用意はある。しかし、スエズ運河経由およびエイラート行きイスラエル船とイスラエル行き船舶の自由通航権を確実に保障すること。
(2)エジプトとわが国との和平が保障されないかぎりは——我々はエジプトへの武器供与に反対する」(原注39)
シャレットからナセルへの返答はベン＝グリオン流の無愛想なものではなかったが、気前のいいものではなかった。シャレットと彼のアドバイザーたちは、エジプトがおかれている困難な状況を利用して、はたしてエジプトに合意の意志があるのかどうかをここではっきり確かめるべきだと考えた。シャレットの書簡の目的は、イスラエルは空手形の引き延ばし作戦には容赦しないということと、エジプトはその言葉よりも実際の行動で評価される、ということを明確化させることにあった。エジプトの本心を測る実際的なテストは、スエズ運河の自由通航権の付与と、合意に向けての諸側面の進展であった。しかしその前にエジプトの意志をテストするのは、進行中のやり取りより高いレベルの秘密会談に同意するかどうかであった。(原注40)
シャレットへの返答はなかった。しかし後になって、ディヴォンはエジプトの消息筋から、革命指導評議会はアメリカの経済援助を確保するためにイスラエルには協力を求めないことにしたと聞いた。それは、イスラエルに借りを作りたくなかったからであった。十月、ディヴォンはサデックから、ナセルは秘密厳守を非常に気にしており、イスラエルがアメリカ側にナセルとの接触について喋ったことがナセルに知れてしまった、と聞かされた。ナセルはスエズ運河問題が解決されるまではイスラエルとの首脳級会談は行なわないことに決めた。その時までに、相互理解によってイスラエルとエジプトとの関係性が落ち着くだろうと期待したのである。逆にイスラエル側では、革命指導評議会には本格的和平交渉を始める意志がないのではないかという疑問が生じた。(原注41) この年の終わり、エジプト関連の問題解決に寄せられていた大きな期待は何もかも消えてしまった。

潜入と報復

イスラエルと隣接諸国との秘密会談の進展が不調のままに、イスラエル国境での状況が悪化し始めた。イスラエルの国防計画では「基本的安全」の問題と「日常的安全」の問題が大きく区別されていた。前者は、イスラエルの存続を危うくするようなアラブ国家正規軍による本格攻撃あるいは総力攻撃を言う。後者は、挑発、国境付近での敵対行為、民間人または不正規軍によるイスラエル領土内への小規模侵犯行為を指す。(原注42) 一九四九年夏の休戦協定締結の後、イスラエル国防軍は非常に短時間の召集で出動可能な、多数の予備役を擁した小規模常備軍に再編成されていた。これは、国家の基本的安全への脅威に対する国防計画上の解決策であった。しかし、はるかに緊急を要するのは日常的安全への脅威である。この脅威は主として休戦ラインを越えて潜入するアラブ民間人によるものであった。

潜入は一九四八年の戦争の過程での約七十万人のパレスチナ人の移動と強制退去の直接的結果であって、その背後にある動機は政治的あるいは軍事的というよりも、むしろ大きく社会的、経済的なものであった。潜入者の多くはパレスチナ人難民で、越境の理由は家族に会うため、故郷に帰るため、財産を取り戻すため、畑を手入れするため、収穫のため、そして時に復讐のためであった。潜入者の中には泥棒や密輸業者がいた。ハシシュの運び屋もいたし、国境線より羊に食わせる牧草の方が大切なベドウィン族の遊牧民もいた。テロ行為もあったし、元ムフティのハジ・アミン・アル＝フセイニなどが組織し、サウジアラビアが経済的に支援する政治的襲撃もあったが、それほど頻繁ではなかった。もっとも信頼のおける統計によると、一九四九年から五六年までの全期間でのあらゆる潜入行為の九割以上が社会的、経済的理由を動機にしている。(原注43)

年月が経つとともに、経済的理由の潜入と政治的潜入とがある種の連動関係に発展し、イスラエル人の殺害や傷害、そしてテロの拡大につながった。容疑者と見ればまず発砲し、それから尋問するという「フリー・ファイアー（無差別砲撃）」主義がイスラエルの軍、国境警備隊、警察で採用され、この連動化の一因になった。やたらと銃を撃ちたがる兵士を向こうにまわして、潜入者も組織に加わり始め、同じ対応をするようになった。一九四九年から五六年の間に、総計で二千七百人から五千人の潜入者が殺されたが、その大部分は武器を携帯してはいなかった。(原注44)

その大部分が自発的な性格を有していたと指摘しても、潜入がイスラエル全体に、そしてとりわけ境界線の入植地にきわめて深刻な問題を投げかけた事実を否定することにはならない。境界線地域の多くの農民はアラブ諸国からやって来たばかりの移民――時に東方ユダヤ人と呼ばれる人たち――で、彼らは新しい環境に適応する中で過酷な目に遭っていた。だいたい夜間に実行されることが多かった越境は、入植者たちを震え上がらせ、生命を危険にさらし、大きな経済的損害を与え、集団脱走の可能性を高めた。追い出された人たちがイスラエル国内の元の家や村に戻ってやり直そうとする恐れもあった。潜入は、つまるところ、国内の日常の安全だけでなく、領土保全に対する脅威でもあった。

この脅威に対処するため、イスラエルは境界線沿いに新しい入植地を建設し、放置されたアラブ人村を取り壊し、多くがホロコーストの生き残りだった中央ヨーロッパからの移民たちに、ヤファやハイファ市内のアラブ人住宅を与えた。イスラエル国防軍の部隊が境界線地帯をパトロールし、伏兵を配置し、地雷やブービートラップ（仕掛け爆弾）を仕掛けた。潜入者に対して「フリー・ファイアー（無差別砲撃）」主義が採られた。潜入者を排除するために、イスラエル国内のアラブ人村に対する周期的捜索作戦が展開された。この作戦に従事する兵士たちは、時に残虐行為を犯した。輪姦や殺人、そして一度は百二十人の潜入容疑者を、水も与えずにアラバ砂漠に放置したこともあった。残虐行為は戦闘の最中に行なわれたのではなく、ほとんどの場合、女性や子供を含む無実の民間人に対して行なわれた。日常的安全への対応は、このようにイスラエル国防軍を残忍な軍隊に変貌させた。ピュアリティ・オブ・アームズ（戦争のモラル）*の教訓を誇りとする軍隊の兵士たちが、人命を軽視し、戦争犯罪としか言いようのない野蛮な振る舞いをするようになった。

潜入を取り締まるための領土内での作戦行動に加えて、イスラエルは潜入者が越境して来る国、主にヨルダンとエジプトへの武力報復政策に訴えるようになった。イスラエル国防軍の敵陣襲撃は、潜入を幇助した疑いのあるアラブ人村に対して、休戦ラインを越えてかけられた。それは実際、村全体を叩くという連帯責任追及主義をとった。イスラエル国防軍による最初の全面的攻撃は、一九五一年二月にヨルダンのファラマ村とシャラファファット村に対するものだった。

ファラマ村襲撃は、失敗したことで有名な作戦である。この作戦は、国防軍歩兵大隊百二十名によって実行された。ファラマに到着した大隊はヨルダン国家警備隊員十二名と遭遇し、銃撃を受けた。大隊はあわてて退却した。この失敗で一九四八年の戦争以降、国防軍が戦闘能力を総体的に低下させている徴候があらわになった。ファラマ以降、国防軍による一連の報復攻撃がヨルダン国境を越えて、そしてまたガザ地区内でも行なわれた。夜間に展開されたこれらの襲撃は、すべて民間人を標的にしていた。そして、ほとんどすべてが目的を果たさずに終わっている。作戦的観点から成功したと言える場合でも、与えたダメージには限られたもので、基本的な問題は残されたままであった。イスラエル国防軍にとって難しい時期であった。その士気も警戒心も実行力もすべて低迷していた。

武力報復政策はその目標を実現できなかったが、アラブのイスラエルに対する憎悪を大きく膨らませ、国際社会の高まる批判にさらされることになった。西欧超大国は、この政策は中東をソ連の脅威から防衛するための各国の計画をぐらつかせ混乱させるものだとし、イスラエルに強い圧力をかけてやめさせようとした。イスラエルは、攻撃は最大の防御なり、という格言に則って行動した。イスラエルは、境界線の緊張関係と武力衝突の責任をすべてアラブ諸国政府に押しつけた。正式な言い方はこうだ。パレスチナ人のイスラエル潜入は、正規軍の戦争で負けたアラブ諸国政府が手助けし、教唆しているものである。これは、生まれたばかりのユダヤ人国家を弱らせ、破壊するために仕組まれた非公式のゲリラ闘争の一形態で

ピュアリティ・オブ・アームズ（the purity of arms）：軍の主任司祭でラビのシュロモ・ゴレンによるイスラエル国防軍の戦時訓「戦争のモラル」。「兵はその武器と力の使用を任務遂行のためと求められた範囲内に留め、戦いにおいても人間性を守らなければならない。兵はその武器と力を非戦闘員、戦争捕虜に危害を加えるために使用してはならず、その生命、肉体、名誉、財産を侵さないよう全力を尽くさねばならない」とある。

あり、したがってイスラエルはアラブの挑発と侵略の無実の被害者であって、その武力報復行為は合法的正当防衛である。

アラブ諸国政府の態度についてのイスラエル人の受けとめ方ははなはだしく不正確で偏っていた。第一次中東戦争後の最初の六年間、アラブ諸国政府が潜入に反対の立場で、それを規制しようとしていたことを示す強力な証拠が、アラブ諸国、英国、アメリカ、国連そしてイスラエルにも存在する。アラブ各国政府はこの問題にそれぞれの方法で対処し、その成果の度合いはまちまちであった。レバノン政府はパレスチナ難民の多くを北部のベイルート、ティルス、シドンの難民キャンプに移し、イスラエルとの国境を事実上封鎖した。シリア政府もイスラエルとの国境の監視を厳重にし、潜入は稀であった。エジプト政府は二十五万人のパレスチナ難民をガザの狭い地区に閉じ込めたが、一九五五年まで一貫して潜入規制政策をとり続けた。

ヨルダンとイスラエルとの間にはこの上なく長くて曲がりくねった国境があり、その両側に非常に多くの民間人が居住していた。ヨルダンのいくつかの村は休戦ラインによって真二つに分断されたが、住居はヨルダン側に残り、土地はイスラエル側になったケースが通常だった。結果は、大量の越境であり、絶えざる緊張と混乱、イスラエル軍の頻繁な報復攻撃、ヨルダン側からの数え切れない国境地帯の安全向上提案、そして潜入の流れを止める不断の試みであった。

一九五一年七月のアブドゥッラー王暗殺の後、ヨルダン・ハシミテ王国に政治的に不安定な時期が訪れたが、息子のタラールと一九五三年に王位についた孫のフセイン*が、ユダヤ人の隣国との平和共存を尊重するハーシム家の従来の伝統を守った。フセインは十八歳で王になった。この時、彼自身が認めるところでは、彼はイスラエル首脳の考え方についてあまりよくわかっていなかったが、休戦ラインを越境した瑣末な事件に対するイスラエルの暴力的な反応には非常に面食らったと言う。これは四十年後の彼の述懐だが、これらの対応は、「村々にも警察署にも休戦ライン沿いの住民にも攻撃を加えるという、きわめて厳しく、きわめて破壊的なもので、気分のいいものではもちろんなかった。ヨルダン国内で起きたこの有様に私たちは非常に困惑した」。ヨルダン政府が「潜入を防ぎ、イスラエルへのアクセスを封じる」ためにできることはすべてやってきたという事実ゆえに、彼の困惑は余計に大きかった。(原注45)

ヨルダンの王家代々の鍵を握っていた人物は、グラッブ・パシャとしてよく知られている、アラブ軍団を率いていた英国軍人ジョン・バゴット・グラッブ*である。グラッブはその立場からイスラエルへの潜入をやめさせ、国境での事件を防ぐために最善を尽くした。一九五二年二月、ヨルダンはイスラエルと潜入防止のための地方司令官協定に調印し、この協定はこの年末までの平和共存を促進した。グラッブが誰彼かまわず繰り返し説いていたのは、アラブ軍団はイスラエルとの平和的境界線を維持するためにつねに最高の水準を保っているということであった。この言葉は彼の著作の随所に出てくる。(原注46)

イスラエルの回答は、ヨルダン政府は国境の侵犯を幇助し教唆しており、休戦体制の崩壊が起きるならば、それはひとえにヨルダン側の責任だ、というものであった。この押しつけは、当時イスラエル人が

フセイン：アブドゥッラー王はヒジャーズ太守フセインの次男で、初代イラク国王ファイサルの兄。暗殺後、息子のタラル一世が即位し、弟のナイーフが摂政に就任した。その後タラルは退位し、孫のフセイン一世が即位した。フセイン国王は一九九九年に亡くなった。

ジョン・バゴット・グラッブ：英国軍人。アラブ軍団を拡大し中東唯一の機甲部隊を含む大軍に育てた。イラク侵攻やシリア侵攻を戦い、第一次中東戦争でヨルダン領土を拡大させた。通称グラッブ・パシャ。

手に入れることができた証拠とは相反している。証拠は、グラッブの声明文のみならず、起こり続ける問題処理を目的としたヨルダン―イスラエル合同休戦委員会（ＭＡＣ）のヨルダン代表全員が示した建設的、協力的態度にも存在する。全体的に、ヨルダン側は中央集権体制ではなく、地方司令官と警察官僚に各地点での小規模事件の対処を委ねる方式を望んだが、イスラエルはすべての事件をエルサレムの合同委員会の中央機関に託すことを要求した。そしてグラッブは、合同休戦委員会でのイスラエルの発言者が、現実的な問題解決を図っているのではなく、イスラエル国民、国連、あるいはアメリカ国民を意識して喋っているという印象を受けた。(原注47)

一九六七年六月の戦争でイスラエル軍が押収したヨルダン軍の極秘書類は、グラッブが記したヨルダン側の政策が真実で、イスラエルの記録はまったくの虚偽であることを決定的に証明している。これらの文書は、民間人が休戦ラインを越えないようにするためのヨルダン側の文官と武官の当局者、そしてとくにグラッブの懸命の努力を物語っている。例えば一九五二年二月二十七日、ヨルダンの国防大臣は首相宛に、検挙された者に対し裁判にかけて厳罰に処すといった、潜入防止のための徹底した処置を求める書簡を送っている。この提案には二つの理由があった。第一には、（アラブ人地区で）ユダヤ人が押収した資産はユダヤ人地域で潜入者が盗んだ財産よりつねに価値が高かった。(原注48)そして第二には、ユダヤ人軍隊によるアラブ領土内での復讐行為を抑制するのに役立った、からである。

一九五二年七月二日、グラッブは地方司令官会議に出席して、潜入問題の重要課題に関する彼の意見を集中して述べた。彼は、事件の八十五パーセントは厳重に取り締まれば未然に防止できる、と推測した。この目的のために、彼は地方司令官に対し、もっと懸命に取り組み、さらに警戒を厳重にし、管轄の警察署長の行動を緻密に報告せよと厳命した。(原注49) グラッブがこの方針を立てた理由は、国防大臣が挙げた理由と非常に似通っていた。何よりも第一に、潜入規制はヨルダンのためであって、イスラエルのためではないということ。第二に、ユダヤ人は潜入者がユダヤ人地区で盗んだものより多くのものをアラブ人地区で押収していたこと。第三に、ユダヤ人部隊がヨルダン領内で報復攻撃に出る恐れが大いにあることであった。もっとも印象的なのは、ヨルダン政府と軍の最高レベルで国境問題が最優先課題になっていたことである。

こうした懸命の対策にもかかわらず、一九五三年には国境周辺に緊張が高まった。一月、イスラエルは地方司令官合意を廃棄し、その後二度にわたってヨルダン領内を報復攻撃した。これらの攻撃が、軍事的観点から見て成功したとは言えない場合でさえ、アラブ人村では人命が失われ、物質的損壊があった。一九五三年、武力報復政策をめぐる論争が激化した。論点は、この政策の有益性とそれに代わる行動が相対的に価値を有しているかどうか、だった。イスラエル国防省のスポークスマンは、現状況下ではアラブ人村落への攻撃がイスラエルの日常の安全を守るもっとも有効な手段である、と主張した。境界線付近に住む難民の悲惨な生活状態が侵犯行為の要因でもあるとわかってはいたが、休戦協定違反の責任はすべてヨルダン政府が負う、というのが全体の一致した意見であった。報復攻撃は、ヨルダン政府に対し、潜入に厳然と対処し、潜入者へのアクセスを封じるよう村々に圧力をかけさせる目的を持っていた。報復攻撃のさらなる理由は、一定期間無風状態が続いたのでここで国防軍をふたたび闘う軍隊に鍛え直し、国境地帯の入植者に安心感を与えたい、という要請でもあった。(原注50)

潜入問題対策を武力に委ねたのは、一つは国内政治を配慮したからでもあった。野党、とくに右派のヘルートと左派のマパムは、現政権に対しイスラエル市民の安全を有効に守りきれていないと批判していた。

そこで与党マパイは、支持率の低下を避けるために実証的行動へと旋回したのである。マパイは全国的世論にも煽られ、アラブの挑発への対策を強化した。一九五〇年代前半の政治的風土の中では、アラブ対策はこのように武力を行使する傾向があった。ベン＝グリオンは、この国民的な軍国主義ムードの体現者で、政権内でも党内でも行動派の不動の指導者であった。彼は、イスラエル市民を攻撃さえしなければ罰しないことを示すため、国境を越えてくる者は民間人でも徹底的に痛い目にあわせよと、イスラエル国防軍に命じた。彼は直感的に、国連のもたもたした手続きに頼るよりも腕力にモノを言わせた方が早い、と考えたのだ。国連＝ＵＮ（ユーエヌ）はヘブライ語ではウームと呼ぶ。そこでベン＝グリオンは国連軽視の意味をこめてウーム・シュムーム＝国連・無内容、と皮肉っていた。

ベン＝グリオンに対抗する穏健派の旗手はシャレットであった。行動派と穏健派との論争の中心テーマだったのが武力報復である。行動派は、アラブ人の狙いはイスラエルを潰すことで、痛い目に遭わせないとわからない者たちで、国連を頼りにしていてはイスラエルの安全は守れず、生き残るためにはイスラエルの国は何度でもその軍事力を見せつけなければならない、と考えていた。つまり、彼らは鉄の壁主義の信奉者であった。穏健派は基本的に武力報復には反対しなかったが、武力はここという時に抑制を効かせたやり方で、起こりえる政治的結果について慎重に配慮した上で行使すべきだとした。穏健派はアラブ人の心情と国際世論により敏感で、中東の平和共存の可能性を促進するような環境を創出したいと考えており、頻繁な、しかも過剰な武力行使は逆にイスラエルに対するアラブ人の憎悪を増大させ、和解の可能性を妨げると考えていた。国連で政府を公式に防御する立場にあったアバ・エバンは、境界線での衝突や緊張は、停戦協定で決められた領土的現状（ステータス・クオ）を維持するというイスラエルの基本的利益に相反する、と政府に注意を促した。ウォルター・エイタンは、報復主義はイスラエルの日々の安全問題の解決に完全に失敗しており、防衛的手段と取り替えるよう主張した。彼は、アラブ人は痛い目にあわせないとわからない、と言う国防軍の主張にも反対した。(原注51)

殺人や破壊活動などの大事件が起きるたびに、閣議で武力報復が議論になった。首相と外相は、どちらも逆の立場になるのが普通だった。ベン＝グリオンは何度も大規模報復攻撃作戦を閣議に提案し、ある時は国境の向こう側の村を攻撃し、ヨルダン側が二度と殺人事件は起こさないと約束するまで占領するという計画を提出した。この提案を推す理由として、ベン＝グリオンは境界線付近の入植地に広がるパニック状況と軍隊の低い士気を挙げ、生死に関わる安全の問題においては、たとえ友好関係にある列強国といえどもイスラエルの決定に影響を与えることは許されない、と言った。閣僚の意見は行動派と穏健派とに真二つに割れ、採決はいつも僅差の争いになり、両派の板挟みになって居心地の悪い妥協を余儀なくされた閣僚も何人かいた。(原注52)

一九五三年夏、今や六十八歳ですっかり疲れきっていたベン＝グリオンは、少なくとも一、二年、政界から引退することを考えていた。七月、彼は政府の仕事を離れ三ヵ月にわたって国の安全状況とイスラエル国防軍の内部状況を詳細に検討した。モシェ・シャレットが首相代理を務め、無任所大臣のピンハス・ラヴォンが臨時国防大臣を務めた。休暇を終えるとベン＝グリオンは以後二年間職を辞任し、ネゲヴ砂漠南部に孤立した政党色のまったくないキブツ、スデ・ボケルに移住する意向を発表した。

ベン＝グリオンは一九五三年十一月二日に公式に辞職したが、シャレットはその前から党と政府と国のすべてを切り盛りする大変厄介な仕事をまかされた。こうした形でベン＝グリオンが去ったことで、政権および後継者の権威は弱体化した。首相代理としてのシャレットの初仕事は、北部のヨルダン川から南部ネゲヴの乾燥地帯への分水プロジェクトで引き起こされた危機的事態の処理であった。この事業は問題を二つ抱えていた。一つ、ヨルダン川は国際河川で、すべての河岸国家は国際法で認められた水利権を享受することができた。二つ、フラ湖排水事業計画とともにいくつかの工事が非武装地帯内のベノット・ヤーコブ橋の南で進められていた。

分水事業を推進させていた背後にはモシェ・ダヤンがいた。ダヤンは、イスラエルにはヨルダン川の合法的な水利権がないこと、そしてこの問題が国連に持ち込まれたら、裁定はイスラエルに不利になることがわかっていた。そこで彼は、国連でも覆せない既成事実を作ることにした。ベン＝グリオンが去る前の七月、閣議でヨルダン川上流の水を分水してネゲヴに移すことが決まった。閣議決定を遂行するとなると、それはもう折り紙付きのダヤン流テクニック以外の何物でもなかった。非武装地帯に突如ブルドーザーが現われ、ネゲヴに送水する運河掘削を開始した。閣議決定では、分水口の正確な場所は特定されておらず、水利専門家の一人、アハロン・ヴァイナーは非武装地帯の外に適切な候補地を提案していた。ダヤンはその進言を拒絶した。そのかわりに、実力行動派のシムハ・ブラスの進言に依拠し、ダヤンは分水口の設置場所をイスラエル領土内ではなく、非武装地帯内の海抜五十四メートルの特定の地点を選択した。分水口は非武装地帯内に設置されたが、まず分水路を非武装地帯の外に掘削し、本流への接続は後から行なわれた。しかしダヤンは政治的意図をもってこの土木工事を竣工していた。彼には、シリアを追い出して非武装地帯と北部イスラエルの水源をイスラエルが完全支配するという、大きな目的があったのである。

シャレットはベン＝グリオンより先に既成事実を作ることにした。彼は、ギデオン・ラファエルを伴って、ベン＝グリオンと一緒に閣議に出た。ダヤンも、ヨセフ・テコアとともに自分の計画を提起すべく、それに続いた。シャレットは、プロジェクトの進め方は滅茶苦茶で、違法で、挑発的であると述べた。ベン＝グリオンがまさにこの主張の真意に納得しそうに見えたとき、テコアが不意に言葉をさしはさみ、国連にはこの問題に介入する法的根拠はない、と言った。ベン＝グリオンはシャレットの方を振り向いて言った。

「法律の専門家が、これは国連とは関係ないと言っている」

テコアの影響を受けたベン＝グリオンは、工事継続を命じ、国連のことは無視するようにと言った。シャレットはきわめて苦渋に満ちた心境で閣議を終え、外務省に戻る道すがら、辞任するとさえ言った。彼は、国連との衝突は避けがたく、イスラエルを混乱から救い出さねばならなくなるだろうと思った。(原注53)

シリアがシリア—イスラエル合同休戦委員会に抗議し、九月二十三日に国連休戦監視機構（UNTSO）参謀で合同休戦委員会議長のヴァン・ベンニケ少将がイスラエル政府宛に、関係国間の合意が成立するまで非武装地帯内での工事の中止を求める書簡を発送した。

合同休戦委員会のイスラエル代表は、工事は非武装地帯内のイスラエル領土内に限定して行なっていると固執したが、シャレットが現地を視察すると、アラブ人の所有地が削られており、勘違いだったことが判明した。すると工事を中止するように、アメリカから強い圧力がかかった。これをイスラエルが拒絶すると、米国国務長官のジョン・フォスター・ダレスは、イスラエルが申請していた補助金の凍結を発表した。アイゼンハワー政権には独自に、TVA（テネシー川流域開発公社）の計画にヒントを得たヨルダン川河岸国家間の分水計画があった。同政権はまた、国際開発諮問委員会議長エリック・ジョンストンを任命してヨルダン川河岸諸国間の水利権の配分をはかり、合意を仲介した。

イスラエルに対するアメリカおよび国際社会からの圧力を取り除くために、工事の一時中断を求めるいくつかの提案がシャレットから出されたが、閣内で多数の支持をとりつけることができなかった。アバ・エバンは、アイゼンハワー政権との関係をこじらせることになった政府の方針に批判的であった。彼の考えでは、一時的中止を求めたベンニケの提案を受け入れた方がよかったかも知れなかった。ベン＝グリオンは批判を退け、エバンに諭すような長文の手紙を書いて、彼の考えを述べた。ベン＝グリオンは、アメリカの世論や国連の言うことを心配するエバンの気持ちはわかるし、自分ももっともだと思うと言いつつ、命に関わる問題と二の次にしてもかまわない問題とを区別すべきだ、と続けた。ヨルダン川の水は、命に関わるものである。それゆえに、外部からの圧力に対しては断固たる姿勢で臨まなければならない。また手紙には、当時イスラエル国防省内で一般的だった考え方が述べられていた。国連を信用しないこと。友好国、同盟国ですら疑ってかかること。孤立を恐れないこと。過去の苦しみを現在の政策の正当化に生かすこと、である。(原注54)

十月二十五日、内閣はシャレットの提案で、国連安保理で論議されている間はヨルダン川の分水工事を中断することを決議した。その三日後、ダレスがイスラエルに対する二千六百万ドルの補助金の交付を発表した。アメリカとの危機は去った。しかし、安保理では一九五四年一月二十二日までこの問題が討議された。この日、ソ連は西側諸国の提案に拒否権を発動した。非武装地帯内での工事は再開されなかった。そして、イスラエル北部の水を南に運ぶためにまったく異なる計画が出されることになる。

イスラエルがニューヨークの国連安保理で槍玉に上がっているころ、一九五三年十月十四日から十五日の夜にかけて、イスラエルの報復政策は国防軍によるヨルダンの村、キビヤを攻撃するという酷い行為に出た。攻撃命令は、キビヤ近郊の休戦ラインを越境した潜入者がイスラエル人の母親と二人の子供を殺した事件の後、臨時国防大臣のピンハス・ラヴォンが下した。ラヴォンはこれを閣議にかけず、攻撃命令についてはたまたまシャレットに伝えただけであった。十月十三日の合同休戦委員会で、ヨルダン代表は殺人を非難し、犯人捜査に全面的に協力することを約束し、イスラエルに報復攻撃を控えるようグラッブの要望書も送った。この報告を聞いてシャレットはラヴォンに電話し、攻撃を中止するよう頼んだ。ラヴォンはベン＝グリオンに相談すると答えた。ラヴォンは後に、本当にベン＝グリオンに相談し、ベン＝グリオンは私に賛成だと言ったと主張したが、だとすれば意見は賛成二対反対一となる。ベン＝グリオン本人が後に語ったところによると、彼は当時仕事を離れていて、相談も受けなかったそうである。しかし、相談されていれば報復攻撃を支持していただろう、と語っている。

ラヴォンの命令は、特殊任務を実行する目的で八月に結成された小コマンドー部隊、ユニット一〇一によって実行された。ユニット一〇一の指揮官は、アリエル・シャロン、通称アリックという名の闘争的で野心的な若手少佐だった。シャロンの指示は、キビヤに侵入し、家屋を爆破し、村民に重い傷を負わせることであった。彼はこの任務を成功させたが、結果は予測をはるかに超えていた。キビヤで起きた恐るべき事実がすべて残らず明らかにされたのは、襲撃の翌朝になってからであった。村は瓦礫の山と化していた。四十五戸の家屋が爆破され、六十九人の村民が殺された。三分の二は婦人と子供だった。シャロンと部下の兵士は、住民は全員逃げたものと思っていて、家の中に隠れていたとは思いもしなかった、と主張した。(原注55)現地調査した国連監視官の結論は違った。

「この話は何度も繰り返し語られている。家々の戸は銃弾で粉々にされ、戸口に死体が転がっていた。これを見れば、激しい射撃にはばまれて逃げられなかった住人の頭上から、爆破された屋根が落下してきたことがわかる（原注56）」

イスラエルの短い歴史の中でも前例のない暴挙、キビヤの虐殺に国際社会から抗議の嵐が巻き起こった。十月十八日、三ヵ月の休暇から戻ったベン＝グリオンは閣議を招集した。シャレットは、事件の規模の大きさと残虐さに驚愕し、この行為と結果について遺憾の意を表明する公式声明を出すことを提案した。ベン＝グリオンは、国防軍がこの作戦を実行したと認めることに反対し、際限のない殺人行為に堪忍袋の緒が切れた怒れるイスラエル住民がついに自らの手で法を執行したのだ、という声明を出すことを提案した。閣僚の大多数がベン＝グリオンに賛成し、彼が原稿を書くことになった。ベン＝グリオンは、翌日のラジオで公式声明を発表した。彼は、国防軍の関与を全面的に否定し、事件の責任を忍耐の限界を超えて挑発された村人たちの所業になすりつけ、無実の人々が殺されたことに対する政府の遺憾の意を表明した（原注57）。これは国のためを思って彼がついた最初の嘘でも最後の嘘でもなかったが、もっとも恥知らずな嘘の一つであった。

公式声明を信じる人はいなかったし、イスラエルのイメージに与えたダメージの回復にはつながらなかった。十一月二十四日、国連安保理はキビヤ作戦に関してイスラエルを非難し、以後こうした作戦を控えることを要求する決議を採択した。自国の弁護のため、国連で最高の雄弁を発揮したアバ・エバンのペン先から、おそらく最も辛辣な批判が紡ぎ出された。十一月二十六日付けのシャレットへの書簡で、エバンは書いている。

「全面戦争をしかけるつもりはないのに、国境線を越えて正規軍を派遣する。ここがまず他のどの国とも違うイスラエルのやり方だ。どこの国もこのような行動はとらない。多数の死者を出したことより、むしろ世界はこのことに驚いたのだ(原注58)」

だが、キビヤ襲撃の主犯に反省の意識はなかった。ラヴォンは閣議で、報復命令を出す権限を彼に付与した六月の閣議決定に基づいて命令を出した、と述べた。彼はまた、この報復攻撃はさらなるイスラエル人の殺害を防ぐために必要なことだった、と主張した。アリエル・シャロンはラヴォンの口のうまさがとても気に入った。彼は、作戦はイスラエル国防軍の士気を大いに高めたと考えていた。彼は、ベン＝グリオンはこの作戦を祝福してくれた、とも言った。シャロンによれば、職を去る首相は彼にこう言ったという。

「実際にはどうということはない……キビヤのことを世界中で何と言おうが。肝心なのは、この地域でどう思われるか、だ。そこに、ここで生きていく望みが隠されているのだ(原注59)」

シャロンはモシェ・ダヤンから命令を受けた。ダヤンは報復政策を考えた中心人物であり、この時は参謀本部作戦司令官だった。ダヤンはニューヨークに飛んで、国連で論争中のエバンにアドバイスした。彼は、シャレットが中東および国連担当参事官に任命したばかりのギデオン・ラファエルを伴っていた。国連イスラエル代表との最初の会議で、ダヤンはこの作戦の背景を解説した。継続するテロ襲撃がイスラエルの反撃の拡大を不可避にさせたのだ。そして彼は、暴力の繰り返しが最終的には全面戦争の引き金になるだろう、と予言した。彼は、アラブ諸国政府はテロリストの侵入を、全面戦争の替わりとしてではなく、散発的な段階として支援しているのだ、と説いた。外交官が感じた報復主義への疑問と懸念に対して、ダ

ヤンの答えは味も素っ気もない情勢分析だけであった。（原注60）

報復攻撃を挑発したテロリストはアラブ軍団が支援している、というダヤンの主張は露骨なまでに手前勝手なものであった。外務省高官のアリエ・エイランが、軍情報局副局長のイェホシャファト・ハルカビ*に、アラブ軍団の共謀の事実を証明する明らかな資料を求めたとき、ハルカビは「証拠は出せません。ありませんから」と答えた。ハルカビはこうも言った。「潜入の全体的現象について個人的に詳細にわたって調査した結果、ヨルダンおよびアラブ軍団が、自然発生的で散発的な活動であるところの潜入を防止するために最善を尽くしている、という結論に達した」。この明快な言葉に対してエイランは、事実がどうであれ、イスラエル首脳部が繰り返しヨルダン政府の共謀を公式に主張している以上、イスラエルのスポークスマンはその言葉を支持し続けなければならない、と食い下がった。

「もしヨルダンの共謀の話が嘘なら、我々は嘘をつき続けなければならない。もし証拠がないのなら、作り出さねばならない（原注61）」

上層部の不正直が、政府下層部に不正直と嘘を生んだ。

キビヤ事件はその後の武力報復政策をめぐる数多くの論争や対立の前兆と言えるが、この大騒ぎもベン＝グリオンの引退計画に支障をきたすことはなかった。十月十九日に臨時閣議が持たれ、閣僚がベン＝グリオンの防衛構想を拝聴した。彼は、イスラエル国防軍の強化と、国家の基本的な安全向上のための十八の細目にわたる提案をしたためた詳細な三ヵ年計画を提案した。その計画は、彼が話し合いの余地なし、と見なしているアラブ諸国が対イスラエル戦争を準備している、という前提の上に立てられていた。彼は、アラブ人は軍備・訓練・指揮系統の観点から、一九五六年には次の戦争に入る用意ができ上がっているだ

ろう、と判断していた。(原注62)

モシェ・シャレットはベン＝グリオンの二時間半にわたる話に感銘した。それは、安全問題に関して彼からそれまで聴いたどの話よりも深みがあり、増強されつつあるアラブ諸国の国力に関する正確な事実と数字に裏打ちされていた。しかし、彼の所説を聴きながら、シャレットはこの危機を非軍事的な手段で防ぐ方法を見つけ出さねばならないと思った。

「イスラエル側から補償を提供するような、思い切った具体案で難民問題の解決を促進する。世界の超大国との関係良好を再建する。エジプトとの相互理解の不断の追求。これらのどの行動方針も、下手をすれば悪循環に陥る可能性があるが、我々にはこれに取り組み、頑張る以外に道はない」

首相を辞めていく人と、これから首相になる人との深く異なる哲学が並び立っている風景がここにあった。それはまた、ベン＝グリオンに代って舵を取ることになるシャレットが思い描いていた政治プランの予告編でもあった。

十二月七日、ベン＝グリオンは大臣としての全職務を辞した。スデ・ボケルの砂漠に隠居する前に、彼はいくつかの重要な後継指名を行なった。彼は、四十九歳のピンハス・ラヴォンを国防大臣にすえ、二十九歳のシモン・ペレスを国防省の補佐官から長官に格上げし、最後の公務として、三十七歳のモシェ・ダヤンをイスラエル国防軍の参謀総長に任命した。

イェホシャファト・ハルカビ：イスラエル国防軍の情報局長（一九二一〜一九九四）。アラブ語堪能、イスラム文化に詳しく、パレスチナ自治政府との交渉を重視した。ハト派を自認し「量的ではなく質的なシオニズム」を求めた。退役後はプリンストン大学で政治学を教えた。

この三人には共通点が一つあった。全員、能動的防衛政策の熱烈な支持者だったことだ。去り行く首相は、自らが打ち立てた強い防衛政策を維持し、自分の進言に反して党が後継者として選んだ人物の宥和路線に対抗することを、この三人組に託したのであった。

第3章　和解の試み　一九五三年〜一九五五年

一九五六年十月のスエズ戦争に先立つ三年間というのは、イスラエルの対アラブ世界政策の重要な進化、形成期であった。イスラエルの指導者は、敵の脅威をどうとらえるか、自国の安全の最善策はいかにあるべきかをめぐって、深い部分で意見が分かれた。アラブの脅威の性格と規模についての認識の一致も、それにどう立ち向かうべきかのコンセンサスもなかった。紛争に際してイスラエルがとった行動はむしろ、タカ派かハト派かという内部の党派闘争の産物であった。一方は行動派で報復を、他方は穏健派で話し合いを選んだ。この二派とは、多くの重大事件が起きたこの時期に首相を歴任した、ダヴィド・ベン＝グリオンとモシェ・シャレットの両派に集約される。

人物と政策

シャレットは、軟弱で優柔不断な性格で、政治家としての実力に欠け、ベン＝グリオンにへつらっていて影が薄い、というのがイスラエルでの支配的評価だった。次のような見方をする人はほんの一握りしかいないだろう。それは――シャレットはイスラエルの安全の基本的問題について独自の自立した考えを持った人で、さらに重要なことには、ベン＝グリオンがリードしてきた、しかも一年以上のスデ・ボケルでの隠遁期間中でさえもその影響下にあった支配的考え方にとって替わるべき、新しい考え方の代表者である、と。シャレットを、事なかれ主義と臆病者の代名詞としてけなすのが一般的な傾向といえた。

ベン＝グリオンとシャレットの人格や性格に違いがあるのは火を見るより明らかだ。気性や特徴も二人は全然似ていない。これはシャレット本人も認めている。

「性分はずっと合わなかった。私はおとなしくて、無口で、慎重な性格だ。ベン＝グリオンは感情的で、性急で、直感的に行動する。私は用心（Caution）第一主義でCautionの頭文字はCだが、ベン＝グリオンは同じCでも度胸（Courage）第一主義のCだ」（原注1）

性格の不一致とは、断固行動派と静かなる信念の人の違いであり、反対を許さない権威主義的リーダーと、問題をあらゆる可能な角度から吟味し、努力を惜しまず他人の意見を理解しようとする器量の大きな知識人との違いである。

お互いの性格が合わないにもかかわらず、ベン＝グリオンとシャレットは二十年にわたって実質的に二人で切り盛りし、補完し合ったともいえるだろう。国家の安全状況の悪化がインパクトになって両者の政策の違いが鮮明化するとともに、人間関係までぴりぴりし、何かとトラブルが絶えなくなり、ついに一九五六年に悲劇的な破局を迎えることになった。（原注2）

両者の政策の違いの核心は、アラブ人に対して抱くイメージの違いである。ベン＝グリオンは、意外なほどアラブの歴史・文化の知識に乏しく、アラブ人に何ら共感をおぼえなかった。彼は六ヵ国語を話したが、その中にアラブ語は入っていなかった。一般のアラブ人と直接に触れ合った経験も限られていたので、アラブ人に信頼感や好感を抱くまでには至らなかった。彼のアラブ人のイメージは基本的に、力にモノを言わせることしか知らない原始的で残忍で狂信的な仇敵、であった。彼はそのやたらと長い演説でいつも「我々」と「彼ら」との隔絶あるいは溝のことを強調した。彼はある演説でこう言った。

「我々は二十世紀に生きているが――彼らは十五世紀に生きている」

そして彼はこの事実を誇りにした。

「我々は中世の真只中に……まともな社会を創造したのだ」(原注3)

ベン＝グリオンは、ユダヤ人とアラブ人を包摂した多民族社会が想像できなかった。彼はよく、イスラエルを船に、アラブを荒れる海にたとえ、この二つの間で調和がとれる可能性を否定した。彼がめざしたのは、どんなに荒れ狂った嵐でも転覆しないような頑丈な船を建造することであった。(原注4)

シャレットは対照的に、幼児期をしばらくアラブ人の村で過ごし、流暢にアラブ語を話し、アラブの歴史や文化や政治に精通していた。アラブ人の友人がいて、付き合いもあった。シャレットは、アラブ人は信頼できると信じていたので、政治的関係においても社会的関係においてもアラブ人に信頼されることができた。彼は――「誇り高き、感受性の高い」人たちだと書いたことがあるように、アラブ人を敵としてではなく、人間として見ていた。(原注5) 彼が抱くアラブ人のイメージは、ベン＝グリオンのそれよりも柔軟で、イスラエルの行為がアラブ人の感情にどんな影響を与えるかを、はるかに敏感に感じることができた。シャレットはマパイの政治委員会の席上、アラブ人は原始的で野蛮で、イスラエルが今さら何をしてもこれ以上ひどくはならないほどに、彼らのイスラエルに対する憎しみは深く染みついている、という見解に異議を唱えた。アラブ人は「きわめて鋭い理解力と繊細な感覚」をそなえている、と彼は言った。そして、「彼らとの間には壁があり、その壁の高さが増しているという悲しい現実がある」と認めた上で、こう言った。「しかし、この壁が高くなるのを防ぐことができるなら、それはこの世の中でもっとも神聖な仕事である」(原注6)

アラブとの和解を広義に解釈するなら、シャレットとベン＝グリオンとの間にさしたる違いはなかった。二人とも、和解は現状（ステータス・クオ）の上に成り立つと考えていた。アラブとの和平合意の交換条件が、大量のパレスチナ難民を引き受けることや、広大な面積の領土の放棄であるならば、シャレットの考えもベン＝グリオンのように否であった。彼はベン＝グリオンとは違い、アラブ人の敵対心を軽減するために、辛抱強く思いやりのある外交努力と、融和的な言葉使いと、友好的な表現に高い価値をおいていた。シャレットは、中東紛争の根本原因に派生的原因を追加したくなかった。もしアラブ人の憎悪を根絶できないのなら、何としてもそれを緩和し、可能なコミュニケーションと対話のためのあらゆる連絡手段を常に用意しておく必要があると考えていた。

ベン＝グリオンとシャレットの政治的見解を構成する重要な要素は、「外的要素」に対する姿勢であった。ベン＝グリオンがもっとも大切にした政治信念は、独立独歩である。彼は、ユダヤ人が直接行動によって、そして事実の積み重ねを通して、中東における自らの運命を形成する能力に多大な信頼を抱いていた。独立独歩主義は当然の結果として、ユダヤ人国家の創造と生存における「外的要素」の軽視につながる。彼は一九五四年に、国連に関する記事でこう書いている。

「我々は、イスラエルの国外に軍隊がいて、それがわが国民の生命を守ってくれるなどといった都合のいい、何の根拠もない幻想を抱く自分を乳離れさせなければならない。我々自身の自衛能力だけが頼りなのだ」(原注7)

ベン＝グリオンがよく引用していたこの言葉ほど、国連や国際世論への無頓着を端的に物語るものはない。

「我々の未来は、異教徒たちの言葉ではなく、ユダヤ人の行為が決める」(原注8)

ベン＝グリオンとは明らかに対照的に、シャレットは異教徒の言葉だけではなく、その行動にも非常に敏感だった。彼は、国連がイスラエルの建国に欠くことのできない役割を担ったことを認めており、中東紛争の調整のために、国連により幅広い効果的な役割を委ねることに賛成だった。彼は、国際世論がイスラエルの安全保障に関与してくるだろうと見ており、頭に入れておくべき要素と考えていた。そして何よりもまず、イスラエルの安全保障と和平の追求に対する西欧超大国からの共感と支援を強く求めていた。このため、アラブの憎悪に油を注ぐような行動をとることを控え、国際的に支配的な行動規範を遵守すべきであると考えていた。

一九五三年以降、イスラエル国内の行動派と非行動派との論争は、次第に報復の問題へと焦点が絞られていった。ベン＝グリオンとその支持者は、イスラエル国境を越えてくる侵犯に対しては容赦ない敏速な武力報復で応じる政策を主張した。シャレットは、基本的には報復に反対しなかった。彼が主に問題にしたのは、イスラエルとアラブ諸国との関係、またイスラエルの国際的立場上、長い眼で見た場合に報復がもたらす否定的な結果であった。シャレットは、報復を一定の状況下での不可避な最終的手段と考えたとしても、無分別な軍事的習慣化するのを恐れた。彼は、武力に訴えるのであればイスラエルの地域的かつ国際的利害関係における否定的結果をできるだけ抑えるために、イスラエルの外交政策全体の枠内で、その規模と時期について前もって慎重に検討すべきだ、と主張した。

ピンハス・ラヴォンの国防大臣指名は、シャレット政権に時限爆弾を仕掛けたのと同じだった。シャレットはこの指名に強く反対したが、自分が国防大臣になったら外務大臣の職を放棄せざるをえないという理由で譲歩した。シャレット内閣の労働大臣を務めていたゴルダ・メイアに言わせれば、新国防大臣は「一貫して大の『ハト派』だったのが、軍事問題を担当した途端に最高に獰猛な『タカ派』の一種に変身した。頼りないマパイ党員の中では一番のやり手で、男前で、理屈っぽいインテリ」であった。ゴルダ・メイアやその周辺の人たちは、この大臣職は細かい気配りを必要とする繊細な仕事で、彼にはとても向いていないと思った。ラヴォンが、この仕事に必要な経験も決断力も持ち合わせていなかったからだ。ベン＝グリオンにこの点を指摘したが、彼は意志を曲げなかった（原注9）。

国防相入りしてからのラヴォンの変わりように、彼を知る人は誰もがびっくり仰天した。ベン＝グリオンの強硬路線の対極にあった超穏健主義者ラヴォンが、極端なタカ派に大変身したのだ。社会主義的思索者がリアルポリティーク＝現実主義政治の使徒に、国家間の友愛を説く伝道師がアラブ人蔑視のナショナリストに変貌した。ラヴォンの無節操な性格、シャレットを凌駕したいという欲望、軍の高官たちと比べて度胸に欠けていることを暴露されるのを恐れる気持ち、これらが一体となって新ポストを包む行動派的雰囲気にすばやく適応させたのであった。

ラヴォンは現状（ステータス・クオ）を不十分と考え、軍事的手段によってのみイスラエルに有利に変えることができる、と発言した。彼の主張によれば、イスラエルは周囲を敵に囲まれ、非常に脆弱な地政学的状況にあり、この上なく不利な状況にある。アラブ人が和平に関心を持っておらず、イスラエルが和平と引き換えに何ら具体的な見返りを与えられない以上、現実的に和平の可能性はない。その上、冷戦そして石油のお陰で、アラブは（国際的）交渉力をつけており、逆にイスラエルのそれは低下している。西欧超大国は、イスラエルよりもアラブにいい顔をしている。こうした条件下でイスラエルが紛争の最終的解決を求めたら、ツケはイスラエルに回ってくる。和解を追い求めても悪い結果になるだけだ。ラヴォンの結論は、イスラエルはしばらくの間、戦争でも平和でもない状況下で生きていく準備をすべきである、というものであった。これではイスラエルはその国家的目標を実現できないけれども、少なくともいずれは実現する選択肢を残す。イスラエルは、ここしばらくは三段構え政策を追求すべきである。中東紛争の政治的和解を引き延ばす。イスラエルの権利を断固主張し、譲歩は一切拒否する。そして武力行為にはすべて武力で応じる、である。(原注10)

ラヴォンがはっきりと公言しなかったのは、国家的目標とはイスラエルの国境を隣国の負担で拡張することを意味し、この目標は彼の分析によると、軍事力の行使によってのみ実現できるということであった。言いかえれば、彼が待っていた機会とは、イスラエルの脆弱な地政学的状況を変えるための戦争をする機会のことであった。彼は、一九五四年四月のマパイの党中央委員会でこのことを認めている。彼は同志たちに打ち明けた。アラブとの戦争を軍事的な観点だけから見るならば、現在ほど絶好のチャンスはない。「我々にとって明日より今日の方がいいし、明後日よりは明日の方がいい。なぜなら、明日や明後日になれば我々の軍事的立場はもっと危ういものになるからだ。私は、戦争がしたくない、などとは言えない。私は、戦争がしたい、と言おう。そして私はイギリス人もアメリカ人もいないような状況、我々とアラブ人だけしかいない状況になればいいと思う。そして、それは可能だ」(原注11)

ラヴォンの国防大臣指名がシャレット政権の時限爆弾だとすれば、モシェ・ダヤンの国防軍参謀総長指名も、もう一つの時限爆弾だった。ダヤンは、イスラエル生まれの新世代強硬派軍指揮官の一人であった。一九一五年にガリラヤ湖近郊のデガニアで生まれ、十代でハガナーに入隊した。一九四一年、レバノン戦線における連合軍とヴィシー政権フランス軍との戦闘で左眼を失った。一九四八年の戦争では、彼の大隊はラムレとリッダを占領し、彼はその後エルサレムの軍政長官になった。左眼の黒い眼帯がもっとも有名なトレードマークだ。非常に頭脳明晰で有能な将校であるが、それと同時に生まれつき独立独歩の独善的性格で、彼にシビリアン・コントロールの権威を尊重させることなど期待できなかった。初代から三人続いた国防軍の参謀総長はどれも政治的には無所属だったが、ダヤンはマパイの活動家で、策士で陰謀家だという評判だった。シャレットはダヤンを指名することに反対した。ダヤンは戦時には兵士らしく振る舞ったが、平時は政治家で、彼を参謀総長にすると参謀本部が政治色を帯びるとシャレットは考えた。与党のマパイ党員からもダヤンの指名に反対する声があったが、例によってベン＝グリオンに押し切られてしまった。[(原注12)] ベン＝グリオンは彼の師、保護者、そして父親のような存在で、ダヤンは完全に彼の言いなりだった。ベン＝グリオンが引退した後、ダヤンと国防省長官のシモン・ペレスは決まってスデ・ボケルに昔の親分を訪問しては、近況を報告し助言を仰いでいた。二人がこのような忠誠心を仕事上の上司に見せたことなど一度もなかった。

　ダヤンは、領土拡張主義と行動主義を旨としていた。彼は、イスラエルは国境を拡張しなければならず、したがって一九四八年の戦争で取り損ねたところは再度追求すべきである、という考えを抱いていた。とくに、彼自身も交渉に参加したヨルダンとの国境線をこのままにしておくのはとても我慢できず、ヨルダン川沿いを走る自然国境に置きかえるべきであると考えていた。彼は、イスラエルの安全保障問題は、イスラエル国防軍の戦争抑止力を高め、アラブ諸国政府に対する直接的軍事行動によってイスラエル潜入を規制させることにあると考え、その意味では実力行動主義者であった。このポリシーの前提にあったのは、力を抑えるためのもっとも有効な解決策は力しかなく、アラブの隣人の善意や外部勢力や国際機関の保護に頼るべきではない、という考えである。

イスラエルとアラブとの関係調整において武力が果たす圧倒的な役割についてのダヤンの思想は、深い部分でこの紛争の性質についての彼の概念と結びついていた。彼は中東紛争を、お互いが利害関係において譲歩できない二つのコミュニティの間の生存を賭けた闘いと、とらえていた。イスラエルはただ単に、この地域に居住するアラブ反対勢力を凌駕することができなかっただけだ。したがって紛争は、平和的に解決できる性質のものではない。イスラエル全国民が実現を強く望むこと、それは願わくば、彼らの敵意は変えられないにせよ、アラブ人に敵対行為をやめてもらうことである。イスラエルが生き残るための唯一の望みは、警戒心と力と決断力にある。この言葉はダヤンがその公的発言で繰り返し取り上げる命題であった。これは、一九五六年四月にアラブ人の強盗に殺された、ナハル・オズ・キブツの若き農業労働者、ロイ・ロットバーグの葬儀で彼が読んだ弔辞に雄弁に語られている。

きのうの朝、ロイは殺された。静かな春の朝に目が眩んだのか、彼にはあぜ道で待ち伏せていた人殺しどもの姿が見えなかった。今日は敢えて人殺しどもに非難の言葉を浴びせるのはやめておこう。我々に対する彼らの獰猛な憎しみの原因はどこにあるのか？　すでにもう八年、彼らはガザの難民キャンプに据え置かれ、その目の前では彼らやその先祖が生きてきた土地や村が私たちの畑に変わってしまった。

彼の命を奪ったのは、ガザのアラブ人ではなく、私たち自身ではないのかと問いかけるべきなのだ……これまでを振り返ってみよう。私たちは入植者世代であり、鉄兜と銃なしには木を植えることも家を建てることもできなかった……私たちをぐるりと取り囲み、私たちの命に手を下すことができる時を待つ何十万人ものアラブ人の心の中に燃えたぎる憎悪を直視するのを恐れてはならない。目をそらすな。そらせば力が失せる。これは私たちの世代の宿命なのだ。私たちにできる唯一の選択は、準備し、武装し、強く、決然としていることである。さもないと、私たちの剣は手から滑り落ち、生命の糸は断たれてしまうであろう。

明らかにダヤンは、アラブ人の気持ちが理解できないような人間ではなかったのだ。彼は、何十万人ものアラブ人を苦しめた自分の国の不正な行為が十分にわかっていた。しかし、まさにこのエンパシー（共感）が、アラブ人との和解の可能性における深いペシミズムを生み出した。これは彼の独善ではなく、イスラエルは生き残りがかかった危機にある、と思い込む気持ちが、彼から心の余裕を奪ったのだ。ダヤンの哲学は、戦争の中で生まれ、人生のすべてを戦争の中で過ごし、つねに思考の中心に戦争があった人間のそれであった。彼の弔辞には、アメリカでインディアン・ファイターと呼ばれた人たちと相似する、新参者が先住民と戦わざるをえなかった土地の入植者第二世代に共通する典型、むき出しの「アラブ・ファイター」の哲学が端的に表われている（原注14）。イスラエルは絶えざる戦争状態に生きていかねばならないのだ、という彼の本能的な感覚と、そこから生まれた冷徹な行動から、彼はイスラエル人実力行動派全世代の、あるいは「アラブ・ファイター」のシンボルとなったのである。

ダヤンは当初から報復政策に密接に関わっていた。強靭で独断専行型のダヤンは、たとえ民間人に対してでも、武力を行使することに関して自制心も良心の呵責も持ち合わせていなかった。すでに一九五〇年六月の時期に、マパイの党書記局とクネセト議員との会議で、彼は潜入者や破壊工作者隠匿の疑いのあるアラブ人村に対する連帯責任処罰政策を提起した。婦人、子供、老人がいる村を急襲することは「正当化もできないし倫理的でもないが、唯一の効果的方法であり、アラブ人がこちら側に地雷を仕掛けてきた場合、有効である」(原注15)

ダヤンの参謀総長任命は、報復政策が核になっているイスラエルの軍事政策の発展過程で画期的なことであった。彼が就任するまでは、報復は日常的安全保障の文脈の中で適用されていた。その目的とするところは、潜入を減らすことであった。彼の就任後は、報復政策は基本的安全保障の文脈で適用された。その目的は、イスラエル国防軍の戦争抑止力を強化し、アラブ諸国にイスラエルの軍事力の優越性を誇示し、イスラエルを潰すという彼らの望みを萎縮させてしまうことだった。言いかえれば、報復の目的が平穏な国境を維持することから、アラブ諸国正規軍の攻撃の脅威に対抗してイスラエルの基本的安全保障体制を強化することに転換したのである。

この軍事政策の転換のもっとも明確な表われが、「等価」戦略から「対抗」戦略への転換であった。等価戦略は民間人に向けられたもので、対抗戦略は軍隊を攻撃目標にしたものであった。この意味では、キビヤの虐殺が転換点になったといえる。それまでは、報復はアラブの民間人とアラブ人の村に向けられていた。それ以降は、民間人は敢えて標的からはずされた。この対抗戦略は、無実の民間人の命を助けるという偶発的ヒューマニズムの他に、基本的安全促進につながる効果的手段というメリットがあった。

一九五五年八月にモシェ・ダヤン自らが軍高官に向けて、報復政策が見直された背後にあった理論的根拠の、詳細で信頼できる説明を行なっている。日常的安全と基本的安全との相互作用がダヤンのメインテーマだった。彼は言った。国境線沿い、あるいは国境線周辺の小規模戦闘において勝つか負けるかは、日常的安全に直接影響するだけでなく、アラブ側のイスラエルの軍事力評価に影響し、イスラエル軍の自信も高めるがゆえに非常に重要である。国防軍の責務とは、国境線付近の入植地や国内における平和な生活と労働と生産のための十分な条件を保証することである。何が許され、何が許されないかのルールをイスラエルとアラブ隣国との間に打ち立てることを意味する。

我々は、すべての送水管が爆破されないように監視し、すべての樹木を引き抜かれないように見張ることはできなかった。果樹園の労働者や眠っている家族が殺されるのをすべて防ぐことはできなかった。だが、我々の命を奪えばそれがどれだけ高くつくか。アラブ人たち、アラブの軍隊、アラブの政府が償えないほどの、とても割に合わないと彼らが感じるような命の値段を決めるのは、我々自身の力なのだ……。彼らの弱さを見せつけることによって、イスラエルへの「力の政策」をアラブの政府に放棄させる、その力は我々が握っていた。(原注16)

これが四年間の参謀総長時代にダヤンの行動を導いた基本であった。ゼエヴ・ジャボチンスキーと同様、ダヤンもユダヤ人の軍事力を使って鉄の壁を構築したいと考えた。ジャボチンスキーと同様、アラブ人に彼らの軍事力が劣っていることを思い知らせるために、この鉄の壁を使いたいと考えた。そしてジャボチンスキーと同様、鉄の壁がユダヤ人社会との戦いに勝つ望みを、ついにアラブ人の心から断ち切ってしまうことを願ったのであった。

ダヤンの話から、中東紛争全体において、そしてとくに国家的政策の一つの手段としての軍事力の有用性の面において、彼の方法がいかにベン＝グリオンのそれに近いかがわかる。だが、二人とも鉄の壁論の擁護者であったのだから、何も驚くにはあたらない。どちらも、イスラエルの基本的安全がアラブ人によって絶え間なく脅威にさらされていると考え、どちらも目的は手段を正当化するという概念を無条件に受け入れ、どちらも軍事力こそイスラエルが生き残るための唯一の有効な手段である、と考えていたのである。

対立の真の構図は、攻撃的で冷酷なダヤン印の軍事行動主義対シャレット推奨の穏健派路線の対峙であった。一九五七年十月、これは政権を去ってから一年以上経った頃であったが、シャレットはマパイのメンバーを集めて開いた非公開の会議で初めて明確に、アラブとの関係をいかに導いていくべきかという問題について、イスラエルの対立二派の考え方に沿った報復擁護派と批判勢力との全面論争を提起した。シャレットは彼特有の公平性と客観性をもって、いわゆる報復主義派がどのような考え方をしているのかについて、また同時にそれに対する彼自身の批判も述べた。そして、彼が支持する対話主義と比較した。シャレットはイスラエルがおかれている状況の複雑さを過小評価もしなかったし、簡単な解決策があるかのようなことも言わなかった。しかしながら、彼は報復派のペシミスティックな前提は認めなかった。なぜならそれは、イスラエル自身の態度がアラブ人に与えているインパクトを完全に見落としていたからだ。周囲を取り囲まれた砦にたてこもって身を守りつつ、武力だけを頼りに敵の攻撃を抑えるのがイスラエルの宿命である、という結論に彼は異議を唱えた。とは言うものの、シャレットはアラブ－イスラエル問題の解決に近道があるとも考えてはいなかった。彼が首相時代にしたことは、イスラエルの立場を、周囲を取り囲まれた砦という考えから発想することではなく、イスラエルと地域の環境とを分離している障害を取り払うような、新しい外交政策を模索することだった。

実力行動派のシャレット攻撃

シャレットの首相一年目は、イスラエルにとって政治の前線でも日常的安全の前線でも難しい年になった。一九五四年、アメリカがアラブ諸国への武器供与を決定し、軍事計画を中東地域、主にイラクとエジプトの防衛に設定した結果、イスラエル–アメリカの関係が悪化した。当然ながら、イスラエルは疎外感を味わわされた。英国のスエズ運河地帯からの撤兵合意もイスラエルの心配の種になった。潜入、窃盗、殺人、妨害工作などの頻発で、イスラエルの国境地域の状況は悪化し、国連休戦監視機構（UNTSO）も防ぎようがなかった。こうした展開が入り交じって、イスラエルは孤立し、無視され、それによって二つの異なる立場の対立が激化した。シャレットは、アラブへの軍事援助を食い止め、イスラエルへの武器供与と安全保障を確保するべく、アメリカとの外交活動に奔走した。他方、ラヴォンに言わせれば、解決策はアラブを叩く武力行動にあった（原注18）。

事態をさらに悪化させたのは、ラヴォンが国防問題に関してシャレットの（首相）権限を認めることを拒否したことであった。彼はシャレットを外務大臣としてしか扱わず、自らの省の管轄と考える案件に対するシャレットの干渉に制限を加えようとした。ラヴォンは国防軍の国境周辺領域における作戦行動をシャレットに定期報告せず、その報告も断片的で要領をえないものが多かった（原注19）。ラヴォンはまた、国防政策の重大局面について内閣に詳しい内容を報告しなかったし、同僚の信頼や支持をえる努力もしなかった。一九五四年の中頃、シャレットはマパイ議員の上級閣僚五人からなる国防と外交について議論する委員会の召集を開始した。通称「五人委員会」と呼ばれたこの委員会の主目的は防衛政策論争に決着をつけることであった。委員会のメンバーは、シャレット、ラヴォン、労働大臣のゴルダ・メイア、財務大臣のレヴィ・エシュコル、無任所大臣のザルマン・アランの五人であった。この委員会の存在は秘密にされた。シャレットがこの委員会を立ち上げた動機は、同僚の古参党員を起用してラヴォンの動きを抑え、制御し、閣内における彼とのおおっぴらな衝突を避けることであった。彼はまた、ラヴォンとの破局が党の分裂を引き起こし、ベン＝グリオン復帰の条件を作り出すことも警戒した。

一九五四年一月三十一日、ラヴォンの提案で首相の自宅において、マパイ党員閣僚と新任幕僚総長も出席して、非公式の会議が持たれた。シャレットの日記にはこうある。

モシェ・ダヤンが「直接行動」のための計画を次々と発表した。一つ目は――エイラート湾の封鎖を解除させるにはどうすべきか、である。イスラエル旗をひるがえらせた船を派遣し、もしエジプトが爆撃すれば、こちらはエジプト軍の基地を空爆するか、もしくはラス・アル＝ナクブ*を攻略するか、ガザ地区の南の沿岸への突破口を開く、というのだ。これには全員が騒然となった。私はモシェにたずねた。「これはエジプトとの戦争を意味するとわかっているのかね？」彼は言った。「もちろん」。

出席者全員がこの計画を否決し、ラヴォンはすぐに引き下がった。ダヤンの二つ目の提案は、ガリラヤ湖でのイスラエルの独占漁業権を獲得するために、シリアに対して武力行動を起こす、というものだった。

三つ目の提案は、国境を越えてシリアに入り、イラク軍のシリア侵入にそなえて陣地を攻略する、であった。シャレットは、政治的決定が出されるまではいかなる行動も絶対にとってはならないと、明確に言い渡した。それでも彼は、新任参謀総長の思考方法に強い危機感を抱いた。

エジプト革命の指導者と目されていたナギーブ将軍がナセルに攻撃され、シリアではアディブ・シシャクリ政権が軍事クーデターで倒された一九五四年二月の終わり、ベン＝グリオンがシャレット、ラヴォン、ダヤンらの会議に招かれ、イスラエルはどう対応すべきかの相談を受けた。会議の場所はテルアビブにあるベン＝グリオン邸の書斎だった。部屋は寒かったが、議論もシャレットの心を暖めてはくれなかった。ラヴォンは、ガザをエジプトから奪い取るために南に侵攻し、北部のイスラエル－シリア国境沿いの非武装地帯を侵略しようと提案した。ベン＝グリオンはエジプトを挑発することには反対したが、シリアが無政府状態になったことにより、イスラエルは入植地を守らねばならなくなったという口実で、非武装地帯へ派兵することに賛成した。しかしシャレットは、これは西欧超大国と国連安保理を反イスラエルで一致させ、結局はイスラエルの屈辱的な撤退に終わることになり、どちらの計画にも断固として反対すると宣言した。ラヴォンは落胆した様子だった。彼はこの話はもう無理だと思った。

ベン＝グリオンはこの機に乗じて、得意の奸計を思いついた。レバノンを分裂させて、マロン派キリスト教徒*の国に変え、イスラエルの同盟国にしようと考えたのである。この陰謀計画は、中東のイスラム

ラス・アル＝ナクブ：一九四九年三月のウヴダ作戦でネゲヴ大隊がヨルダンのアラブ軍団から奪った町。一九五六年のスエズ危機ではシナイ半島の支配権の鍵を握る戦略的要衝になった。現在はイスラエル－エジプト国境の町ネタフィムに変わっている。

支配に対抗するために、より広げた発想の一つで、他の少数派がイスラエルに協力することを必要とした。ベン＝グリオンは、マロン派を炊きつけて彼らだけのキリスト教国家の建国を宣言させる絶好の機会だと述べた。シャレットは、マロン派社会は内部分裂しており、キリスト教分離主義派は弱小グループで防戦一方だと指摘した。キリスト教レバノンの建国は、ティルス、トリポリ、ベッカー高原の放棄を意味する。これは、レバノンの経済的存在基盤を壊すだけではなく、そもそもレバノンを領土的に第一次世界大戦前の規模にまで縮小させられるような政治力はどこも持っていない。このシャレットの反論を、ベン＝グリオンは臆病すぎると批判した。彼の観点からすると、これは中東に決定的な変化をもたらすもので、これほどの計画は百万ドル注ぎ込んでも惜しくはなかった。新しい時代が来るのだ。シャレットは、まるで風車に闘いを挑んでいるようなベン＝グリオンとの議論に疲れ果ててしまった。（原注21）

シャレットはラヴォンの非武装地帯占領案に反対し、案件は閣議で提案するのが原則だ、と強調した。翌日の閣議で、ラヴォンの提案は完膚なきまで粉砕された。ラヴォンは、イスラエルを強化する絶好のチャンスを逃した、と不平を言った。シャレットは、この計画は不測の事態を招きかねないもので、これで不必要なトラブルが避けられる、と反論した。（原注22）シャレットはこの三つの侵攻計画案を二日間念入りに検討していた。ベン＝グリオンとラヴォンとダヤンが一斉にかけてくるプレッシャーを前に、彼は一歩も譲らず、侵攻派が閣議を武器にして押しつけてくる方針に対抗した。議論は、危険を冒しても軍事的に先手をとってアラブ諸国の体制を打倒するという勢力と、軍事的冒険主義を抑え、アラブ隣国への内政干渉は避けるという勢力との論争に終始した。（原注23）

ベン＝グリオンはシャレットの路線を攻撃し続けた。ラヴォンとダヤンもそれに追随した。報復政策がマパイ内、クネセト、マスコミ、そして国内全体で不評を買うのを避けるため、政府に公認させるようシャレットに絶えず圧力がかけられた。軍首脳部がじりじりして好戦的になっており、戦争がしたくてうずうずしているとの報告がシャレットの耳に入ってきた。軍は、西欧超大国がアラブに武器供与しているのを見て神経質になっており、アラブが手に負えなくなる前に決着をつけなければ、と焦っていた。（原注24）ラヴォンもひそかに戦争を目論んでいた。おおっぴらには戦争に賛成とは言わなかったが、気持ちはそっちを向いていた。純粋に軍事的な見地からすれば、戦争するなら早いに越したことはないという意見もあった。イスラエルは戦争になることを恐れて武力行動を控えるべきではない、という意見もあった。シャレットは、五月十二日のマパイの政治委員会でこうした意見に隠された危険性を暴き出した。彼はまず、政府、とくに国防軍は和平を口にするだけでは十分とはいえない、それを態度で示すべきだ、と指摘した。第二に、たとえ望んでいなくても、そんな計画がなくても、戦争に引きずり込まれる危険性はある。第三に、一九四八年の戦争のようにイスラエルが余儀なくされた戦争と、イスラエルの方から始めた戦争の――選択できない戦争と選択できる戦争の――間には大きな違いがある。四番目に、イスラエルが戦争を始め、そして軍事的に勝利を収めたとしても、それが人口問題におよぼす結果は大きな代償になりかねない。イスラエルがヨルダン川沿いのパレスチナの残りの領土を奪ったとして、またパレスチナ人の集団脱出がまた起きる可能

マロン派キリスト教徒：レバノンを中心にした東方典礼カトリック教徒の一派。四～五世紀アンティオキアの宣教師聖マロンの創始といわれる。レバノンでは人口の約三割を占める最大宗派。教義はカトリックと同一だが教会用語や祈禱書は古シリア語やアラビア語。アラブと西欧の言語や商慣行に通じ、有力なレバノン商人を輩出してきた。米市民運動家ラルフ・ネーダーや日産自動車社長のカルロス・ゴーンなどはマロン派レバノン人。

性は少ない。シャレットとしては、百万人の住民をかかえた西岸地区を併合するよりも、今あるすべての問題を抱えた現在の境界線の方がまだ好ましい(原注25)。

ヨルダンに対する大規模報復のチャンスは、シャレットによる抑制の影響と、アラブ軍団が非常事態に備えて国境線沿いに四個大隊を配置したことによって縮小した。だからといって、イスラエル軍首脳部がおとなしくしているわけがなかった。彼らはヨルダンに脅しをかけるためのさらに巧緻な秘密の戦略を練り上げた。軍首脳部は西岸地区内に小パトロール隊を送り込んで敵部隊を攪乱し、殺人や破壊工作などを指令した。国防軍のスポークスマンは責任逃れのために、挑発はイスラエル領土内で起きたとか、イスラエルのパトロール隊がテロリストを懸命に追跡しているうちに国境線を越えてしまったとかの一連の事件をでっち上げた。英国人ジャーナリストの好漢ジョン・キムチーは、「国連の報告の方が軍の報告より正確なことが多かった」と言うダヤンの言葉をシャレットに伝えている(原注26)。

ラヴォンは国防軍の幹部と結託して、この秘密戦略をシャレットに隠し、事件が明るみに出ると虚偽の報告を提出したが、建前上は国防大臣であるラヴォン自身も、統制下にある軍の全行動について知らされてはいなかった。シャレットは、国防軍の全作戦行動とすべての事件、事象に関する迅速かつ正確な報告をラヴォンに求めたが、出てきたものと言えば、明らかに守る気のない空手形だけであった。実際、七月(一九五四年)の初め、ラヴォンは参謀幕僚たちを前に、一年前に国防大臣に就任して以来四十回以上の小規模軍事作戦が実行された、と自慢した。これはつまり、月平均三回以上ということになる。ラヴォンはまた、作戦の多様性も自慢した。「窃盗、地雷、家屋破壊、自動車への放火など……。ここ数年は戦時下の時期すべてを通してよりも多くの作戦が実行された(原注27)」。

シャレットが行なった独自の調査で、ラヴォンはその実力行動主義とは裏腹に、実は軍を効果的に統括することができず、またこの事実を認める度胸も持ち合わせていないことが暴露された。そこでシャレットはダヤンを召喚し、「きわめて危険な結果に対する配慮なしに、毎週月曜日と木曜日に国境線を越える違法行為を今後一切停止する」よう命令した。(原注28) こんな命令など、蛙の面に何とやらで、まったく効果がなかった。逆にシャレットの方に、配下の国防省との絶え間ない確執の影響が見え始めた。悪夢にうなされ、妻のズィポーラと自分が国家反逆罪の罪で銃殺刑の判決を受ける夢まで見た。(原注29)

シャレットにとっては、国内戦線よりも国際戦線の方が好調だった。イスラエルとアラブ諸国との水論争を解決するため、アメリカがＴＶＡ（テネシー川流域開発公社）をお手本にした想像力にあふれたプロジェクトをぶつけてきた。大統領特使、エリック・ジョンストンが現地に派遣され、関係諸国にこのプロジェクトでの協働を説得した。因みに、アメリカにはこの事業に出資する用意があった。プロジェクトというのは、水力発電施設と先進的灌漑ネットワークを開発し、すべての国々の利益に供し、しかもヨルダンの西岸地区にいる九十万人のパレスチナ難民を支えることができる肥沃な土地を作り出そうとするものであった。水利事業におけるアラブ―イスラエルの協力が、国境問題解決の礎石となることが期待された。

エリック・ジョンストンと彼のチームが、一九五三年十月にイスラエルを訪問し、一九五四年六月には本格協議のためにまたやって来た。国防省の対応は、例にもれず否定的で疑心暗鬼だった。ジョンストンの目的は、イスラエルを訴追して権利を押さえ込むための証拠調査にあると思い込んでいたのだ。シャレットの対応は、彼らしく柔軟で建設的だった。彼は、短期間だったが水について勉強し、交渉を陣頭指揮した。唯一合意にこぎつけたのは、イスラエルと隣国に対する分水配分率に関してであった。ジョンストンは最初、イスラエルに三十二パーセント、ヨルダンに六十四パーセント、わずかの残りをシリアに振り分ける案を出した。最終的配分は、イスラエルに四十五パーセント、アラブ側に五十五パーセントであった。ラヴォンと国防軍はこの合意内容に反対したが、内閣は首相を支持した。

シャレットは、水問題に向けたその考え方をマパイの党政治委員会で説明した。これは、イスラエルの水、安全、経済発展、政治的利害を考慮した考え方であった。イスラエルと隣国との関係は総体的に悪化しており、水だけが前進できそうな領域だった。彼自身としては、アラブ側との直接の協同事業が好ましかったが、そのような提案は誰からもなかった。唯一の選択肢は、アメリカと協力して共同事業を進めるか、またはまったく行なわないか、であった。彼は、いくつかの理由で前者を選択した。第一に、ジョンストンの分水配分案はイスラエルが期待していた内容に合致する。第二に、イスラエルの限られた資源から、この合意内容は今後十年から十五年間にわたるイスラエルの水利開発計画を遂行するにあたり、広い展望を与えてくれるものである。第三に、これによって今後のアメリカからのさらなる経済援助の可能性が生まれる。第四に、これはイスラエルとアラブとの共同事業の草分けとなるものである。(原注30)

現実に、ジョンストンの分水配分案はイスラエルと隣国との合意の稀有な例であった。合意は直接交渉で実現したのではなく、仲介者を通してであった。交渉の課題は議論になったが、双方が歩み寄った。アラブの首脳は、原則としてイスラエルの公式承認に反対し、合意への調印を拒否した。しかし、ヨルダン、イスラエルとも、両国はあたかも合意が調印されたかのように対応する、とアメリカに伝えた。その後十年間、この二ヵ国はジョンストン計画の規定に従って動いた。シャレットの弾力的対応は報われた。(原注31)

アラブとの実践的協力を促進するために、シャレットがアメリカの支援を得て尽力している間に、軍首脳は戦争への地すべり的展開の危険が高まるのを承知で攻撃的政策を続けていた。ベン＝グリオンですら、子分たちが行き過ぎていると感じるほどであった。六月八日、政府の政策よりももっと攻撃主義的な政策が望ましいとダヤンが言ったとき、ベン＝グリオンはさえぎってこうたずねた。

「攻撃主義とは何かね？　君は何がしたいのだ、戦争か？」

ダヤンは自分の考えを次のように説明した。

私はこちらから始める戦争には反対です。しかし、いかなる局面における譲歩にも反対します。そして、もし結果としてアラブ人が戦争したいのなら——私は反対しません。彼らに脅されて我々が行動を抑制するようでは困ります。ヨルダン川の分水がその例です。我々が分水を仕切らなければならないのです。もしシリアが攻めて来て、我々の仕事を実力で阻止するなら——我々も実力で応じましょう。エイラート海峡の自由航行権についても同じです。もしエジプトが力で対抗してくるなら——我々は戦争することを恐れてはなりません。

モシェ・シャレット氏が率いる政権の現在の発想は、「戦争に賛成なのですか？」と問いかけることです。そしてもし答えがノーだったら、実現しようとすればアラブに反対されて戦争になりそうなことがらは何でもイスラエルが譲歩すべきだ、という結論になります。（原注32）

ダヤンとシャレットの政策の相違は、権力闘争と個人的嫌悪と国防省内の支配権論争が相まってますます顕著になった。国家の首脳陣間のこのライバル意識と策謀と相互不信の暗黒の迷路が、「不測の事態」

への国内的背景となった。

不測の事態

不測の事態が起きた外的背景は、一九五四年に英国とエジプトが交わした英国軍のスエズ運河地帯からの撤退合意であった。英国は、一九三六年の協定に准じてスエズ運河沿いの軍事基地を維持してきたのであったが、長時間にわたる険悪な空気に包まれた交渉で引き出された英国軍基地撤退の合意は、独立をめざして闘っていた自由将校団にとって最大の成果であった。イスラエルにおいては、この合意に対する反応は様々であったといえる。軍事計画担当者はひどい災難と受け取った。彼らは、これでエジプトとイスラエルとの障壁がなくなり、西欧諸国のエジプト支援へとつながり、それがエジプトの軍事力を強化し、軍事支配力がエジプトに有利に傾くだろうと考えた。そこで彼らは、英国の撤退を外交的手段か何かを使って阻止すべきだと確信した。

イスラエル外務省のアラブ問題専門家は、外国軍隊の存在から自国を解放するという主目的が達成されたなら、ナセルは「エジプト第一主義」政策をとることになり、イスラエルとの合意に積極的になると見た。イスラエルが撤退の合意を潰そうとしてもうまくは行かないだろうし、むしろ裏目に出る。専門家の一人の回想メモによると、問題は軍部の意向と折り合いがつくかどうかであり、イスラエルの政策決定者次第であった。軍部がその実力行動主義の立場と企図を強く主張すればするほど、妥協主義派もその考え方を強めた。さらに、政府内の各部門間の足並みも揃わなかった。回想メモはこう記す。

「我々は同時に二頭の馬に乗ろうとしていた。一頭の名前は仲良し、もう一頭の名前は競争——そして二頭の間に落馬した」（原注33）

外交官がメッセージを伝えているころ、当時ベンヤミン・ギブリ大佐が指揮を取っていたイスラエル軍情報部は、完全に不意を突いてエジプトを急襲した。軍情報部が組織し、操作するユダヤ人スパイ団が、一九五四年七月にエジプト国内で連続破壊活動を行なったのである。これらの行動は、英国―エジプト合意を脱線させる、あるいは延期させるのが狙いであった。（原注34）七月二日、アレキサンドリアで郵便受けに発火装置が仕掛けられたが、被害は非常に少なかった。七月十四日、カイロとアレキサンドリアのアメリカ図書館と情報センターで同じ戦術の破壊活動があったが、これも被害は非常に小さかった。七月二十三日、自由将校団の革命勃発記念日に、一味はイギリスやアメリカの映画を上映している映画館や郵便局に爆弾を仕掛けた。どれも原始的な仕掛けで、その一つなどは犯人が映画館に入ろうとした際に早々とポケットから発煙した。犯人は現行犯で捕まり、その逮捕で一味が芋ずる式に検挙された。全員が裁判にかけられた。最終的に二人が処刑され、一人は獄中で自殺、残りは長期の懲役刑を言い渡された。

この素人じみて出来の悪い作戦をとらせた政治的発想は、驚くほど粗雑だった。計画の目的は、反英、反米テロを装うことでナセル体制がエジプトにおける西欧人や西洋人の財産を守る能力がないということを西欧諸国に見せつけることだった。英国はそこでスエズからの撤退を考え直し、引き続き駐留することによって中東でエジプト軍が横行するのを防いでくれる、という計算であった。もう一つの狙いは、バグダッドとカイロを軸にして西欧と結託する地域軍事同盟、つまりイスラエルの安全には不利と目される計画を進めている、エジプトとアメリカ政府との接近を断ち切ることであった。

この出来の悪い作戦命令を一体誰が下したのか、という不愉快な議論は軍将校と政府首脳の対立という構図に発展した。ダヤン自身は命令が下されたときはアメリカにいたし、彼はもとからスパイ組織を起用することには反対だった。ギブリ大佐は、七月十六日にラヴォン宅での会議でラヴォンからスパイ組織を動かすよう命令されたと主張した。ラヴォンの野蛮な実力行動主義と、彼が国防省の破壊活動書類に過剰な関心を示していたことから、この主張には信憑性があった。しかし、作戦が決定されたのはラヴォン宅の会議の二週間前で、その後明るみに出た証拠から、ギブリ大佐が文書を偽造し、無実を証明するために虚偽の証人を立ててラヴォンに責任をなすりつけたことが暴露された。ラヴォンはスパイ活動を命令したことを断固否定し、自分自身が告発される話どころか、このうさん臭い事件全体は彼をおとしめ、失脚させようと企む軍将校たちの仕業だと主張した。

ラヴォン自身の実力行動主義も一向におさまる気配がなかった。英―エジプト合意をめぐる閣議でも、彼はエジプトとの停戦協定の破棄とか、イスラエルはガザ地区を占領するだとか発言しては「気が変になっていた」(原注35)。それだけでなく、軍情報部の将校たちはエジプトでの下手な作戦のことを恥じる様子もなかった。彼らは、対エジプト戦争を挑発する意図を持った行動計画案を準備していた(原注36)。

九月、エジプトがイスラエル船舶のスエズ運河通航を禁止したことに抗議して、イスラエル旗を掲げた数百トンの小型船舶バット・ガリーム号をハイファに向けて運河を通航させるというイスラエル外務省の挑発に、国防軍も渋々従った。最初に船が拿捕され、そしてエジプトが国際社会の審判を受けることになる、といった筋書きが期待されていた。封鎖措置が一九五一年の安保理決議違反である以上、常任理事国に、エジプトに封鎖を解かさせ、イスラエル船舶の通航のために運河を開放させる以外に選択肢はないというものだ。九月二十八日、バット・ガリーム号は運河の南門で制止され、乗組員が拘束された。当時エジプトを防衛協定に参加させようとしていた西欧超大国は、イスラエルの抗議行動を評価しなかった。また、エジプトに手を引かせかねない無益な企てのために、エジプトとの関係改善を危険にさらすつもりもなかった。結果的に、イスラエルがとった行動は完全な失敗だった。封鎖をしても目下のところ別に問題はない、とエジプトに教えてあげただけの話だった。(原注37)

ダヤンはエジプトの海上封鎖突破に失敗すると、外交をまったく抜きにしたエジプトとヨルダンに対する正真正銘の武力攻撃提案をシャレット相手に連発し出した。ガザ地区との境界線の情勢は収拾がつかなくなっており、ダヤンはシャレットが抑制政策、および国連監視官やアメリカへの主張がうまくいっていないことを認めて、軍事行動を認めるよう求めた。彼は「小出し」の軍事行動ではだめで、大規模攻撃をかけないことには、エジプト首脳部に武力依存の傾向を鎮めるべく、ただちに確固とした対策をとらせることはできない、と付け加えた。さらにはっきりと、夜間にガザを襲撃し、主要官庁、警察本部、水利施設などを爆破することを提案した。イスラエルを平和愛好国として示し、西欧超大国にエジプトへの武器供与を思い止まらせようとする意志が固いシャレットは提案を一蹴した。ダヤンの提案は、イスラエルが侵略と征服に目が眩んでいると世界に向けて立証するようなものだったからである。(原注38)

ダヤンの次なる提案は、ヨルダンに対する武力報復であった。九月二十七日、四百八十頭の羊の一群が境界線のヨルダン側に入ってしまった。群れはキブツ、エイン・ハショフェット自慢の選りすぐりの羊だった。イスラエル側の話だと、近くのアラブ人村からやって来た三人の悪漢が白昼堂々、羊の群れを境界線の向こうまで追い立てていったそうである。一方、ヨルダン側の話では、よくあることだが、おそらく牧童が一、二分ほどうとうとしている隙に群れがただ単に牧草を求めて境界線を越えてしまった、ということだった。

報告を受けた国連監視官は直ちに調査を開始した。だがダヤンはシャレットに、報復しなければ境界線地域における破壊活動、殺人、窃盗を事実上放置するに等しいと進言した。彼はシャレットに、軍事行動のための非常に細密な作戦計画を見せた。シャレットは、事の重大さは理解するが、実力に訴える前に国連担当官に羊を取り戻すチャンスを与えたいと答えた。二人が話し合っているちょうどそのとき、ダヤン夫人が、羊の群れが戻ってきました、と電話で伝えてきた。二人とも安堵の胸をなでおろしたが、シャレットの方が心の底から本気で安心したに違いない。しかし、翌日になって電話の知らせには若干の間違いがあったことがわかった——それは「来ました」ではなく「来ませんでした」の誤りで、羊の群れは戻って来てはいなかった。そしてこの後、国防軍の作戦参謀がシャレットに、アラブ軍団との血なまぐさい戦闘の可能性が非常に高い作戦計画を提出した。ピンハス・ラヴォンは休暇を切り上げて、この作戦計画とその前のガザ襲撃計画を全力で推進した（原注39）。

羊失踪事件から六日後の日曜日の朝、国連休戦監視機構（UNTSO）のカナダ人参謀長、E・L・M・バーンズ中将*はエイン・ハショフェットの羊事件に関して、イスラエル国首相からの緊急召喚要請を受けた。シャレットは、このような瑣末な事件について話し合うために、一国の首相が国連の高官を呼び出すのはおかしな話と思われるが、これは原則の問題に関わるものだからと、話を切り出した。アラブの武力行動や停戦協定違反に対して、イスラエルはつねに力で報復すべきだと考える重鎮は何人かいる。彼自身、それから政権内多数派は停戦協定に定められた手続きに沿う考えである。イスラエルの防衛と外交政策に二つの方向性があることをシャレットがバーンズに打ち明けたのはこの時だけである。シャレットと同じ意見の多数派、主に外務省の高官たちはこの件に関して同じ考えを持っていた。つまり、外交による問題解決を図るためにバーンズに交渉派を支援してもらいたい、そうすれば報復派を抑えることができるのだが、ということであった。バーンズと彼の部下たちが奔走し、両国の代表による型どおりの話し合いの結果、羊の群れは停戦ライン越境後十二日にして持ち主に返された。

もちろん、言い争いはもっといっぱいあった。曰く、戻された四百六十二頭の中に質の落ちるヨルダンの羊が三十九頭混じっていたとか、コンテストで優勝した五十五頭の羊がまだ行方不明で、とくに極上の高価な子羊がいない、とイスラエル側は抗議した。これらの羊も、迷い羊も後で全部戻ってきた。優勝した羊は、最後に戻った。羊はとても疲れているようだった、とイスラエル人はまた文句を言った(原注40)。

国連担当官は、彼らが名づけたところの「ボピープ（いないいないばあ）」作戦の結果に少なからず満足し、シャレットも満足した。羊の群れは九割だけしか戻らなかったけれど、一発の銃声も聞くことなく、一滴の血も流されることなく、問題は解決した。もし、気の短い兵士に任せていたなら、事態はイスラエ

バーンズ将軍：カナダ陸軍中将E・L・M・バーンズ（一八九七〜一九八五）。王室カナダ軍将校として第一次、第二次大戦を欧州戦線で戦った。一九五四年から五九年までUNTSOの参謀長として中東和平維持にあたり、スエズ戦争勃発と同時に第一次国際連合緊急軍の長として第二次中東戦争の停戦監視を担った。

ルにとって厄介な政治問題に発展していただろう。その間ガザ地区の前線は、軍事的な無為無策が悲惨な結果を生む、と言ったダヤンの予言に反して、ずっと平穏を保っていた。(原注41)

だが一方、今度はシリアとの国境線で新たなトラブルが発生した。十二月八日、シリア領内数キロメートルの地点に入っていたイスラエル兵五人の集団が捕えられた。尋問に対しイスラエル兵は、以前にイスラエル国防軍が電話線に取り付けた盗聴装置を回収するのが任務だったと答えた。この捕虜拘束を受けてラヴォンはイスラエル空軍に、イスラエル兵の釈放と引き換えに乗客と乗務員を人質にする狙いで、シリアの民間旅客機をイスラエルに強制着陸させる命令を下した。国防軍のスポークスマンがこの後に発表した、シリアの旅客機がイスラエルを領空侵犯し安全を脅かした、という声明はまったくの作り話であった。一国政府による空の海賊行為という前例を見ない暴挙は世界中にセンセーションを巻き起こしたが、旅客機と乗客乗員は四十八時間後に解放された。これでシャレットの堪忍袋も緒が切れた。彼はラヴォンに書簡を送り、軍首脳部の愚かさと視野の狭さを糾弾し、政府は国防軍によるこのような「独断専行」行為を許さないことを関与者全員に了解させるよう国防大臣に命令した。(原注42)

シャレットは、軍から広がるニセ情報やマスコミの政府批判キャンペーンにも厳しく対応し続けた。合同休戦委員会（ＭＡＣ）議長はシリアにイスラエル兵士五人の釈放を命じ、シャレットはここでも「軍部の暴力路線に対する政治的努力の勝利」を期待した。(原注43) この五人のイスラエル兵士の一人、有名な元クネセト議員の女性の息子のユーリ・イランが獄中自殺したことで事態は悪化した。イスラエルの新聞は拉致と拷問の疑いがあったとシリアの残虐行為を書き立てた。自殺報道に軍隊仲間は動揺し、政府批判が一段と高まった。クネセトではヘルートが政権に対する不信任案を提出、続く議論でハイム・ランダウ*が敗北主義、臆病、妥協などと告発し、急先鋒に立って政権攻撃を展開した。

シャレットは一九五五年一月十七日、誠実な演説で対応した。彼は、兵士が拉致されたという国防軍の報告とは矛盾する合同休戦委員会（MAC）の報告を朗々と読み上げて、五人の兵士の任務に関する真相を明らかにした。また彼は、シリア航空機強制着陸の真相を明かし、軍がばら撒いたさらなる嘘を並べ挙げた。イスラエルは他人を攻撃しようとして自分がやられる危険を冒したのだ、と戒めた。そして彼は、イスラエルは「法治国家か無法国家か」どちらかを選ばなければならない、とラヴォンを間接的に攻撃する言葉でしめくくった。これに対し、ラヴォンは続くクネセトでの討議で、イスラエルは「法治国家であり、自衛国家である」とやり返した。一九五五年一月十八日、トラクターを運転していた二人のイスラエル人が、ヨルダンからの潜入者に殺された。アジュールというアラブ人の廃村で起きた事件だった。この寝耳に水のニュースを聞いたシャレットはすぐに、これで報復を求める声が上がることになり、今度という今度はあきらめる以外ないだろうと思った。彼は日記に書いた。

「ここ数ヵ月、どれだけ止めさせ、抑えてきたことか。危機一髪は防いだが、逆に国民の不満が高まった。これ以上我慢させるのは無理だ。何かはけ口が必要だ。さもないと、怒りが爆発し、私の同志まで巻き込むだろう」

その友のうちの二人、ザルマン・アランとゴルダ・メイアがその夜シャレットに会いに来た。シャレ

ハイム・ランダウ：イスラエルの政治家（一九一六〜一九八一）。オーストリア＝ハンガリー帝国のクラコウ生まれ。一九三五年にパレスチナに移住、ベタルを経て一九四七年にベギンと共にイルグン司令官として独立戦争を戦った。独立後、ヘルート創設に参加、ベギン政権の開発相、運輸相を歴任した。

ットはアランの話を途中でさえぎって、もう報復の許可を下ろしたよ、と言った。アランは申し訳なさそうに、二人がこうして口を挟むのは国民の不満の波が押し寄せているからなのです、と言い訳した。カイロのスパイ裁判、バット・ガリーム号拿捕事件、シリアのダマスカスの五人の虜囚、ユーリ・イランの獄中自殺、そしてトラクター殺人事件。全部わかっているよ、とシャレットは言い、そしてこう続けた。

町に出てみんなに言ってやってくれ。カイロ裁判の原因はこちら側にあった。バット・ガリーム号事件は軍事行動における一つの戦闘である。シリアの五人はこちらから始めた作戦の失敗で、もしアラブ人がイスラエル領内で同じ失敗をしていたら、わが方も有無を言わさず現場で殺していただろう。これは以前、敵兵がメヴォート・ベタル付近にイスラエル領内とは知らずに迷い込んだのを殺したのと変わらない。それぞれの兵士に息子の死を嘆く母親がいる。悲しいのはピガ・イラニット（ユーリ・イランの母親のこと＝訳者注）だけではない。みんなにこう言ってやってくれ。アジュールの殺人事件で、我慢の限界に達したことは確かだ。この怒りを鎮めなければならない。理由はこれだけ、これ以外にない。国家の安全という意味では、報復したところでわずかほども変わるとは思わない。むしろ逆に、境界線地域での殺戮連鎖の再発につながらなければいいと思う。

シャレットの堪忍袋の緒が切れたことで、彼も敵を襲撃する気概を秘めていることがよくわかり、世論は安心した。こうした襲撃が戦争抑止に有効だとする国防省の信条と、シャレットの懐疑主義とのギャップが依然として縮まっていないこともよくわかった。シャレットは、国境を越えた襲撃は両刃の剣だと考えていた。今回のように時には襲撃を容認するのならば、通常それは内政的な理由からであった。手綱を譲れば危険が増すことを彼が知らないわけではなかった。

「私が数ヵ月かけてしっかり建ててきた建物、取り付けた歯止め、構えた塀、これらすべてが一発で吹き飛んでしまう。だがいずれにしても、他に方法はないと思う」(原注44)

シャレットを大いに安堵させたのは、ある出来事のおかげで報復計画を進める必要がなくなったことであった。一月二十三日の閣議の最中、合同休戦委員会にヨルダン側からアジュール村の殺人犯のうちの数人を拘束したとの連絡あり、という知らせが飛び込んできた。犯人たちは全員アジュール村の元住民で、一九四八年の戦争で家を失くしていた。閣議後、シャレットは五人委員会を招集し、その夜のヨルダン急襲計画の中止を提案した。レヴィ・エシュコルは賛成してくれたが、ラヴォンは軍が賛成しないだろうと主張した。ゴルダ・メイアは、犯人が捕まっていないのならば襲撃の意味もあると思うが、犯人が捕まっているのに無実の人たちを殺すことには反対だと言った。アランは発言しなかった。シャレットは、作戦中止の結論を下した。軍はこの間、シャレットに犯人逮捕の知らせが伝わらないまま、時間切れで報復中止命令が出せなくなるのを期待していた。シャレットは日記に書いている。

「おかしな連中だ。時々血を見る機会を与えてやらなければ軍の士気が保てない、と信じ込んでいる」(原注45)

ナセルとの対話

一九五四年七月に起きた不測の事態で、国防関係省庁の武力行動への熱い思いが冷却化するわけがなかった。下手な作戦ミスは、軍の厳格な検閲のおかげで「不測の事態」という曖昧な表現で誤魔化すことができた。このミスを利用して、イスラエルの軍人派閥を一掃できれば最高だったが、シャレットがもたついているうちにそのチャンスは消え去った。五人委員会はこの難問を解決する役には立たなかった。一九五四年十月二十六日、ユダヤ人スパイ組織の破壊工作犯がカイロで裁判にかけられた後、五人委員会が集まり、エジプト当局への不信表明と被告の釈放要求を最優先に掲げたキャンペーンの開始を決定した。シャレットもキャンペーンに一役買って出た。十二月十三日、カイロ裁判が開廷した翌日、彼はクネセトでユダヤ人グループはでっち上げ告訴の被害者であり、彼らに対するエジプト当局の陰謀と見せしめ裁判を告発する、という声明を発表した。だが、でっち上げ告訴の本当の被害者はエジプトのユダヤ人スパイではなく、エジプト当局であった。

その舞台裏で、シャレットはナセルとの対話を再開していた。ディヴォン—サデックの裏ルートは一九五四年の八月までほとんど使われることがなかった。エジプトが英国のスエズ運河地帯からの撤退交渉を優先させていたからである。一九五四年七月のテロ攻撃は、イスラエルが以前はエジプトを自由な独立国家として扱いたいと太鼓判を押したのとはまるで矛盾していた。こうしたテロ攻撃は、ユダヤ人の二枚舌と裏表についてエジプト人が抱く最悪の固定観念と、エジプトの国民的団結と独立にダメージを与えようとイスラエルが仕組む恐ろしい陰謀への最大の恐怖の裏付けになったようであった（原注46）。背景にあった複雑な事情など知る由もないエジプト側が、このテロ攻撃をイスラエル政府の正式方針の表明と受け取っても当然である。

ナセル個人はシャレットに好感を持っていた。彼は正直で穏健な人柄だと、あるイギリス人外交官に語ったことがある。(原注47) それまでのイスラエルに対するナセルの対応は、イデオロギー的というよりもむしろプラグマティックで実践的なものであった。ナセルは、人前や非アラブ人との私的な会話の中では、いつかはイスラエルとの和平の時が来るという考えを認めていることを悟られないようにしていた。しかし、これがナセルにイスラエルとの和平を促進する用意があったという意味ではない。自由将校団の立場は、イスラエルという微妙で批判の的になりやすい領域で主導権を発揮するには、まだまだ未熟で弱いとナセルは見ていた。(原注48) しかし彼が送り出した代表は、国境地帯の緊張緩和を目的に休戦委員会を通してイスラエルに協力していたし、スパイ・グループがカイロとアレキサンドリアで爆弾を仕掛けた事件の後も、ディヴォン―サデック・ルートは生かしておいた。

一九五〇年代初期のナセルの対イスラエル姿勢を評価する上で理想的位置にいたアブデル・ラハマン・サデックは、彼の性格を非常に筋が通った器の大きい人物だが、騙されたとわかると烈火のごとく怒る、と表現していた。自由将校団による体制の信頼性を傷つけようとした陰謀が暴露された時、ナセルは大変怒ったけれども、これがイスラエルの諜報部がシャレットに無断でやったことだと、彼は理解できた。また彼は、陰謀がシャレットと革命指導評議会との平和的会談に対する破壊活動を目論む、諜報部強硬派が意図したことも信じるにやぶさかではなかった。(原注49)

とにかく、シャレットが対話のやり直しを呼びかけた時、ナセルは反対しなかった。このときに限っては、シャレットには内心、はっきりした緊急の目的があった。それは、カイロの軍事法廷で裁判にかけられているスパイ組織の諜報員の命を救うことであった。検察側は、被告が敵国のために働いたという理由で死刑を求刑していた。シャレットには、死刑となればイスラエル国内では大変なことになるのはわかっていた。イスラエル国民は、被告たちは無罪だと信じ込まされていた。シャレットはそこでいくつかのルートを使って、死刑の判決が下されないよう動いてほしいと誠心誠意ナセルに願いを伝えた。ディヴォンとサデックもパリでの連絡を再開した。英国労働党選出の議員、モーリス・オーバックは被告たちの助命嘆願のためにカイロ行きを要請された。

これらの話し合いは一九五四年の十月から一九五五年の一月まで続いたが、バット・ガリーム号とカイロ裁判だけに限らず、スエズ運河やアカバ湾へのイスラエル船の通航禁止、国境地域状況、宣伝活動の自粛、パレスチナ難民問題の解決策、経済協力の方法などといったイスラエル—エジプト関係の諸問題について広く話し合われた。(原注50) パリの代表団を通じて、シャレットとナセルは、普通の紙に書いた無署名の覚書も交わした。例えば十二月二十一日、シャレットは彼の国を外国の支配から解放する闘いにおいてナセルが示した理想と不屈の精神を称え、両国の関係改善への第一歩として海上封鎖を解くようナセルに提案し、カイロ裁判の被告たちに死刑の判決を下さないよう熱心に希望した。(原注51) ナセルはその十日後に返事を書いた。

五十四年十二月二十一日付けのお手紙受け取りました。そこで貴下からお尋ねがあった件に対する口頭での返答を伝えるよう特使に指示いたしました。両国の関係が平和的解決に至るために我々が払ってきた努力をご理解いただき非常にうれしく思います。彼ら（被告たち＝訳者注）も貴国による同様の努力を得て、両国のために望ましい結果となるよう願っております。(原注52)

イスラエルのいくつかの提案と要望に対するより詳細な返答が、ナセルからモーリス・オーバックに渡された。オーバックがイスラエル外務省のギデオン・ラファエルがしたためた長い書簡を読み、ナセルは注意深く耳を傾けた。内輪でしばらく話し合った後、ナセルは次のように答えた。まずオーバックに、彼からの感謝と賞賛の気持ちをシャレット氏に伝えてほしいと頼んだ。そして、カイロ裁判の被告は外国の諜報機関の傭兵だったことを強調した上で、自分の権威でイスラエル人の怒りを煽るような判決を下させないと確約した。三番目、バット・ガリーム号は解放するが、スエズ運河の通航はできない。四番目、船がイスラエル船籍でなければ、軍事物資と石油を除くすべての積荷をスエズ運河とアカバ湾を通航してイスラエルに運ぶことができる。五番目、もしイスラエルも同様の行動を示すなら、敵対的情宣活動と政略戦争は停止する。六番目、もしイスラエルも同様の行動を示すなら、国境における事件を防止するためにあらゆる努力を傾けることを確約する。最後に、厳重な機密保持を条件に、できればパリで首脳級会談を行なうことに同意する。(原注53)

首脳級会談にナセルが同意したことはもっとも勇気づけられることだった。シャレットは、前幕僚総長でロンドンに留学中のイガエル・ヤディンを会談のイスラエル代表に選んだ。彼は、ギデオン・ラファエルの助けを借りて、エジプトとヨルダン間に横たわるネゲヴ砂漠を通る陸路とか、ガザ地区のパレスチナ難民の再入植を援助する補償金の支給など、会談用にいくつかの建設的提案を準備した。(原注54) 米中央情報局(CIA)が会談の機密を保障するために協力することを申し出た。しかし十二月二十二日、イスラエルの諜報部員マックス・ベネットがカイロの獄中で自殺、一九五五年一月二十七日に軍事法廷は残り十二人の被告のうち八人に有罪判決を下し、二人に死刑を宣告した。このニュースにイスラエル中がショックを受けた。シャレットは首脳級会談を破棄し、こう言った。
「死刑台の下で交渉はしない」[原注55]

ギデオン・ラファエルは回想記の中で、ナセルの二枚舌とペテンを非難している。彼に言わせれば、シャレットへの返答は「ナセルの典型的なじらし戦法で、彼は長年かけてこの戦術を芸術の領域にまで高めた……彼は表現の仕方を変えては相手の感受性に訴える。イスラエルとの平和的な関係を作るために、必要とあらば強くその意志を打ち出したが……確約するような素振りは絶対に見せなかった。タイミングの悪さを言い訳にしたり、相手に意思表示をさせるやり方は彼のつかみどころのなさの典型だった」[原注56]。だが、こうした見方を裏付ける記録資料はどこにもない。実際に、記録資料から浮上してくる事実は正反対の事を示している。ナセルは何の言い訳もしていないし、イスラエルに何の意思表示も求めなかった。イスラエル軍諜報部がしでかした行為に対する彼の反応はほとんど不合理なくらい理性的であった。彼はまた、約束は必ず守る人であることを見せている。バット・ガリーム号を解放すると約束し、そして解放した。敵対的情宣活動と政略戦争は停止すると約束し、そして停止した。その時イスラエルは反対の事をした。ナセルは、国境での事件を予防するためにあらゆる努力を傾けると約束したが、この事実はエジプト軍情報部の記録に見出すことができる。彼はカイロ裁判をめぐって数多く発言したが、死刑判決を下さないとはひと言も言っていない。政府は公式には司法に介入することができない。軍事法廷が死刑を宣告した以上、ナセルといえども簡単に減刑させることはできなかった。その少し前、ムスリム同胞団のメンバーが似たようなテロ攻撃で有罪を宣告され、死刑になっている。イスラエルが助命嘆願のために送ってきた大勢の仲介者にナセルが説明したように、もしムスリムのテロリストよりユダヤ人の方に寛大だったとしたら、彼自身の政治生命が危機に瀕していただろう。

ナセルのイスラエルとの関係改善への真剣な関わりを何よりもはっきりと示していたのは、彼が首脳級会談に同意していたことだ。ナセルにとってこれはリスクの大きい冒険であったが、これを止めたのはナセルではなくシャレットの方だった。ナセルは、死刑の宣告が首脳級会談中止の理由になったとは見なしていない、とCIA経由でイスラエル側に伝えた。彼は、あれ以外にどうすることもできない状況下で可能なかぎり努力したことを理解してほしい、とイスラエル側に求めた。アメリカはシャレットの提案した方向性を建設的と賞賛し、その推進を強く望んだ。シャレットの答えはノーであった。ナセルが二重人格であれ、約束を守らないのであれ、どちらにしても誠実な交渉相手ではない、と彼は言った。(原注57)

このあまり知られていないイスラエル−エジプト関係の裏話は、イスラエルは一貫して直接対話を熱望したが、つねにアラブ側の拒絶に遭った、とする定説に疑問を投げかける。予定どおり会談が持たれていたとしたら、どうなっていたかはもちろん知る由もない。ナセルとの首脳会談にまでこぎつけていただろうか？　その後拡大していった紛争の防止につながっていただろうか？　イスラエルと、アラブ世界で最も影響力のある国との関係打開につながる、何らかの要素が生まれただろうか？　この問いに答はない。歴史に「たら、れば」はありえない。ただ言えるのは、ナセルはイスラエルに対話のチャンスを与え、そして、この申し出がはねつけられたということである。ある一面では、シャレットが動揺したことによって、この機会を逃したと付け加えてもいいかもしれない。大胆さが求められたその時に、シャレットは引き延ばし戦術をとり、臆病になって、絶好のチャンスを逃したのだ。部下の一人が言っている。シャレットは雄牛が角を差し出しているのに、その角をつかんで雄牛を押さえられなかった。(原注58)

シャレットは、カイロの災難が引きずる結果と独り格闘した。一九五五年一月二日、彼は悶々と悩んだ末に、事件の背後関係を調査するための委員会を設立した。委員には、高等裁判所判事のイツハク・オルシャン、前幕僚長のヤーコブ・ドーリがいた。委員会はラヴォンを陥れるためにねつ造された証拠や偽証を受理してしまった。真相はすべて、五年後になってようやく明らかにされた。ダヤンとペレスはギブリ証言を支持し、国防大臣としてのラヴォンの不適格性を批判的にかつずばり指摘する証拠を提出した。ダヤンは、ラヴォンが意図的にシャレットを欺いていたことを肯定し、自分自身の役割に関してもかなり率直な態度を見せた。

私は、シャレットを騙していたラヴォンに消極的に協力したことを隠さなかった。私はラヴォンがことあるごとにシャレットを（話に参加させず）出し抜いていたのを知っていた、と述べた。だが、ラヴォンが自分で責任をとるのであれば、私が口を出すべきではない。しかも私は、シャレットの政治理念に真っ向から反対であり、彼が往々にして作戦許可を与えなかったことが国家の損失につながったと考えている。また、任務が求める以上に彼を手助けする理由もなかった。(原注59)

最終的に、オルシャンとドーリは明快な評決に到達できなかった。彼らは、スパイ団を使えという命令を受けていない、と言うギブリは疑わしいと考えるのがもっとも合理的である、としか委員会報告に書けなかったが、同時にラヴォンがギブリに向けて実際に命令を下した、という確信も持てなかった。シャレットは、たとえラヴォンが、カイロの災難につながるような具体的指令をギブリに与えていなかったとしても、彼には政治的、道義的責任があると確信していた。なぜなら、「彼は絶えず、軍の幹部に向けて、中東をどのようにして火だるまにするか、どのようにしていさかいや武力衝突を作り出すか、あるいは破壊工作の標的や超大国の所有物件、失望的行為や自殺に至るまで、縁起でもないことばかり教えていた」からである。それと同時にシャレットは、調査の過程で浮上してきた全体像にショックを受けた。彼は日記に告白している。

「こんなことはまったく想像もしていなかった。我らが栄えある政府の頂点におけるねじれた関係が、憎悪と復讐と騙し合いの卑劣極まりない本能のなすがままに、かくも惨憺たる状態に陥るとは。私は、恐怖に震え上がり、絶望し、完全に力を失くし、夢遊病者のごとく彷徨った……私はどうすればいい、どうすればいいのだ？」(原注60)

二月二日、ラヴォンはシャレットに言われるまでもなく辞任を決断した。そして、党員たちに強く押されてベン＝グリオンが登場し、ラヴォンが残していった面倒な事後処理を引き受けた。二月二十一日、シャレットが就任するはずの国防大臣のポストに就くため、ベン＝グリオンがふたたびスデ・ボケルからやってきた。シャレットは、信頼をおく外務省の補佐官のウォルター・エイタンとギデオン・ラファエルに、この危機はこうして乗り切るしかないと説明し、そっと付け加えた。

「わかるかい、友よ。私の政治家生命はこれで終わりだ」

暗く沈んだシャレットに何を話しかけても無駄だった。彼の洞察力の鋭さは現実の出来事で証明された。(原注61)シャレットはこの年の十一月、首相の座をベン＝グリオンに明け渡した。そして翌年六月に外相を辞任、これで事実上彼の政治生命は終わった。

ベン＝グリオンは政権復帰を機に、一九五四年の惨憺たる結末で固定化し、先鋭化した交渉派対報復派の力関係の再構築を図るのではないかと思われていた。(原注62) しかし、束の間のスデ・ボケル滞在から戻った彼は、対アラブ政策におけるイスラエルの圧倒的防衛力を再構築することを決意し、戦闘的かつ非妥協的雰囲気にあふれていた。彼は、ナセルは執念深く危険な敵である、との結論に達していた。したがって、ナセルとは厳しく対決することを旨とし、シャレットの妥協主義的政策には本来的に我慢がならなかった。(原注63)

ベン＝グリオンは、内閣官房長官のゼエヴ・シャレフにシャレットについてこう言った。

「彼は臆病者世代を育てた。私はそうはさせない……。私は違う。これからは、戦う世代を育てる」(原注64)

ベン＝グリオンは初めから、まるで自分が首相のように振舞った。シャレットがスデ・ボケルに訪ねていったとき、ベン＝グリオンはこのような文章を見せた。

「国防がすべてに優先するが、平和を獲得するには不断の努力がなされねばならない」

これの意味するところは、たとえ和平の可能性を損なうものであっても報復は容認される、と言うことである。彼はさらに、自分とシャレットとの「連携」を刷新したいと提案した。この場合、連携とは二つの別々な路線を組み合わせることだと言った。彼は、独立した防衛政策の追求をめざしている、という文章に下線を引いた方がいいかな、とまで言った。ベン＝グリオンは、話し合いには応じると言った。

「外務大臣と協議する、これはいい。だが、防衛問題に関して外相や外務省高官からつねに干渉が入る

となると話は別だ。これは断る」(原注65)

ベン＝グリオンは内閣の連帯責任と首相の最高権力は認めたものの、それは両者が立場を異にする問題への首相の関与を容認するという意味ではなかった。彼は、外務大臣との提携にのみ同意した。ベン＝グリオンの書簡は、外相と高官が防衛問題に干渉し、この干渉を首相が支持するのであれば、国防大臣の首をすげ替えなければならなくなる、と警告した。

復帰してわずか一週間後の一九五五年二月二十八日、ベン＝グリオンは暗号名を「黒い矢」作戦という壊滅的打撃を狙ったガザ急襲作戦を皮切りに、新手の強硬派防衛政策を開始した。夜半、アリエル・シャロン率いるイスラエル国防軍落下傘部隊二隊が、ガザ郊外にあるエジプト軍司令部を強襲、兵舎を破壊した上、エジプト兵三十七人を殺害、三十一人を負傷させた。イスラエル兵は八人が死亡、九人が負傷した。攻撃の残虐性、物質的損傷、そして何よりもその大量の犠牲者の数から、これは一九四九年にイスラエルとエジプトの間に停戦協定が調印されて以来最大の武力衝突となった。

なぜイスラエルは、このような破壊的攻撃を加えたのか？　それまでの四ヵ月、国境地帯は比較的平穏な日々が続いていた。イスラエル領土内に深く侵入し、文書を盗み、自転車に乗った人を殺害した潜入者事件を含めて二つの事件が起きていたが、それがガザ襲撃の直接の理由になった。この二つの事件の後、新任の国防大臣と国防軍参謀総長（ベン＝グリオンとモシェ・ダヤン＝訳者注）が首相を訪問した。二人は、潜入者はエジプト軍情報部が送ったものに間違いないと述べ、ガザ近郊の陸軍基地への攻撃を提案した。ダヤンは、敵側の死者を約十人と想定し、ベン＝グリオンは過度の流血を避けるために手綱を締めてかかると確約した。シャレットは許可を与えた。彼がこの計画を容認したのは、ひとえに内政上の理由からであった。とくにカイロの死刑執行のほとぼりが冷めないうちに起きた挑発事件に対して、無為無策のままでは国民大衆も納得しないだろうと感じていたからだ。ただ、ベン＝グリオンのしてやったり顔が口惜しく思われた。報復はどのみち許可していたのであるから（原注66）。

ベン＝グリオンには、もっとさまざまな狙いがあった。第一に、彼はおそらく自らの権力の座へのカムバックをドラマチックに演出し、頂点には断固とした指導者が控えているのだとふたたび見せつけたかったのである。第二に、おそらく彼はエジプトときっちり決着をつけることが、怒れる国民大衆をなだめるために必要である、という考えをシャレットよりも強く持っていた。第三に、これがもっとも重要なことだが、ベン＝グリオンは、ナセルのダイナミックな指導力を得てアラブ世界に頭角を現わしてきたエジプトが、イスラエルの安全の大きな脅威になったという結論に達し、その体制の軍事的無能力を見せつけることでナセルの評価を下げようと考えたのであろう。この行動は究極、イスラエルが提示する平和共存の条件を、受け入れなさい、さもないと痛い目に遭いますよ、と示すことでアラブ人に受け入れさせるというベン＝グリオンの総合戦略の一部をなすものであった。

シャレットは「黒い矢」作戦の報告を聞いて、動転し、激怒した。その犠牲者の数の多さは、単に数字の問題だけでなく、作戦の性格自体の変容を物語っているのがすぐにわかった。彼は、イスラエルが国際社会からその好戦性を厳しく非難されるのを覚悟し、エジプト－イスラエル関係に及ぼす結果に大きな懸念を抱いた。さらに彼を怒らせたのは、イスラエル国防軍が発表したベン＝グリオン色の濃い声明文であった。声明は、衝突は警戒中の国防軍警備隊がイスラエル領内でエジプト軍に攻撃された後で起きたと主張していた。犠牲者数をわざと少なく見積もって自分を欺いたことは証明できなかったが、明らかに虚偽の、誰も信じないような経過報告を提出したベン＝グリオンをシャレットは非難した。
内閣の事件総括会議で、ガザ襲撃作戦だけでなく、報復問題総体に対しての反応がベン＝グリオンとシャレットでは非常に異なることがはっきりした。ベン＝グリオンは、ガザ襲撃作戦がアラブ最強国に対するイスラエルの軍事的優越性を誇示した重要性と、イスラエル国民大衆と軍の自信を高めた積極的価値を強調した。政治的マイナス効果に関しては、領土、人口、そして石油の面での圧倒的な優位性からつねにアラブ側に肩入れする西欧超大国に対してイスラエルが優等生的に行動するかしないかは決定的なウェートを占めないので、問題ないとした。シャレットは、殺されたエジプト人兵士の数は予想を超えた四倍の多さだったが、襲撃の全責任を引き受けた。彼は、襲撃の国内的効果は否定しなかったが、最近になって多少なりとも進展の兆しを見せていたエジプトとの秘密会談やアメリカからの武器供与や安全保障を得る取り組みに逆効果を及ぼすことは覚悟した。(原注67)
ガザ襲撃は、イスラエル―エジプト関係に大きな影響を与えた。ナセルと親しかったアメリカ人ジャーナリスト、ケネット・ラヴは書いている。

ガザ襲撃でエジプトのガマル・アブデル・ナセルとイスラエルのダヴィド・ベン＝グリオンとの間に連鎖反応――襲撃、反撃、軍備競争、列強との新たな同盟関係――が始まり、それは人間の意志をもってしても、政治的小細工を弄してもどうにも避けることのできない戦争への流れに発展していった。襲撃によって、これまで一定の水準にとどまっていた小規模の事件が、防衛か攻撃かの見境を失くし、誰にも区別がつかなくなり、恐怖と暴力の渡り合いに変わってしまった。(原注68)

ガザ襲撃がターニング・ポイントになった、とナセル自身が繰り返し述べている。ガザ襲撃が、イスラエルとの紛争の平和的解決の可能性への信念を揺るがし、エジプト軍の弱さをさらけ出し、この年の九月の対チェコスロヴァキア武器協定に集約されていったように、国家の優先政策を社会的、経済的発展から防衛に転換させたと言う。二月二十四日のトルコ―イラン相互防衛条約調印を土台に新発足したバグダッド条約*によって指導力が問われる中で、その不安を一掃するためにエジプトの軍事力を誇示しなければならなかったまさにそのとき、ガザ襲撃が起こり、ナセル体制の軍事的無能さが暴露された。ナセルはそのわずか数日前に、西欧諸国が後押ししたバグダッド条約への強硬な反対姿勢を宣言したばかりであった。そして今、ナセルはこの地域的防衛機構からつまはじきにされ、脅かされているイスラエルを、西欧帝国主義の道具にされていると非難した(原注69)。

しかもなお、襲撃の反動はナセルの国内的地位と国際的関係だけにとどまらなかった。ガザ地区にひしめき合う一九四八年戦争で避難してきたパレスチナ難民三十万人は、何年もかけて祖国奪還の戦いを準備するために武装し、軍隊を組織する権利を要求していた。イスラエルの攻撃によってガザ地区のいたるところで大規模デモや暴動が発生し、三日間にわたって荒れ狂った。怒れる難民は国連やエジプト政府の建物を襲い、窓を破壊し、車に放火し、エジプト国旗を踏みにじり、エジプト兵を袋叩きにした。全員が叫んでいた。

「武器だ、武器をよこせ。俺たちは自分で身を守る(原注70)」

このデモ隊や暴徒の暴力行為は、紛争に明け暮れる不安定極まりない地域におけるナセル体制の統率力に疑問を投げかけた。軍事体制国家が軍事的屈辱を舐めてしまったら、国内の安定が揺らいでも仕方がない。ナセルは苦しめられ、彼はこれを機にイスラエルにのみ注意を向けるようになった。この時点から以後、エジプト政府はガザ地区の人心の好戦性やイスラエルへの潜入を抑え、取り締まることをやめて、全面戦争に至らない程度の対イスラエル敵対行為の形で、難民の武装要求に応じる方策を検討し始めた。（原注71）

ナセルがガザ襲撃で受けた衝撃の話を聞き、シャレットはさもありなんと思った。（原注72）彼は、イスラエルの公人としてはナセルの言を信じた非常に数少ないひとりであった。一般的な見方では、ガザ襲撃は、ナセルが武器を求めてソ連ブロックに属することにした理由というよりもむしろ口実だった、とされている。

実は、シャレットとナセルの秘密会談もガザ襲撃の被害を受けている。両者の秘密会談は「不測の事態」のせいで風前の灯となっていたが、回復不能までには至っていなかった。ガザ襲撃は他の面で致命的打撃を与えた。この証拠は、二つ挙げることができる。停戦委員会エジプト代表のサラーハ・ゴハール大佐は、ガザ襲撃後に緊急会議を開いたとき、ヨセフ・テコアにナセルからの秘密の連絡について非公式にこう語った。ナセルから連絡が入り、イスラエルの首相と個人的に接触中だが、今のところ問題ない、このまま順調に継続する、と言ってきた。まさにそのとき、ガザ襲撃が起きた。——それで「もうお終い」になった、と言う。（原注73）もう一つの証拠は、ガザ襲撃直後のディヴォン—サデック裏ルートでのナセルの態度がはなはだしく逆転したことである。アブデルラハマン・サデックは暗号名をアルバートといった。彼とディヴ

バグダッド条約：一九五五年にイラク、トルコ、パキスタン、イラン、イギリスが反共、反ソの軍事同盟として調印した安全保障機構。中東条約機構（ＭＥＴＯ）とも呼ぶ。アメリカは対ソ戦略上、条約国に軍事、経済援助を行なった。一九七九年のイラン革命を契機に解消した。

ォンは三月にパリで継続会談を予定していた。ガザ襲撃後、この会談はサデックからの「ノー。アルバート」というたった一言の電報で中止になった(原注74)。これが、イスラエルの穏健派首相と、目下のところ穏健派のエジプト大統領との最後のやりとりになった。

ベン＝グリオンがこの時期のことを書いた回想録や大量の著作で、ガザ襲撃にひと言も触れていないのは奇妙だ。アリエル・シャロンから作戦の報告を聞いた後の日記に彼はこう書いている。

「これは人間のヒロイズムの頂点だったと私は思う(原注75)」

これは同時に、ベン＝グリオンの強圧的戦略が裏目に出て、恐ろしい事態を招いてしまった政治的狂気の極みだったのかもしれない。エジプト人の敵意に火を点け、反抗心をさらに強化し、ついにはスエズ動乱に至った暴力と暴力の血なまぐさい悪循環の火蓋を切る役割を果たしただけである。

ベン＝グリオンとその擁護者は、ガザ襲撃がナセルの穏健主義から対決主義への転換の理由ではなく、単なる言い訳に過ぎないと言い張ってやまない。彼らは、ガザ以後の展開を、襲撃からではなく、ナセルの非民主主義的体制に固有の攻撃的傾向から派生したものだとする(原注76)。この論理の正しさを証明する材料はないが、否定する材料は山ほどある。ナセルの対決主義への転換のもっとも明確な表われは、イスラエルに対するフェダイーン＊攻撃の形をとったゲリラ闘争を放任したことであった。「フェダイーン」とは自己犠牲を意味するアラブ語である。フェダイーンは、一九五五年八月にイスラエルにその姿を現わした。その後一年と二ヵ月、ガザのパレスチナ難民の中からリクルートされ、エジプト軍将校に破壊活動の訓練を受けたフェダイーンの部隊が、イスラエル国内で一連の攻撃を実行した。道路に地雷を埋め、車を奇襲し、建物を破壊し、殺人を犯し、市民を震え上がらせた。フェダイーン攻撃はイスラエルのシナイ作戦を誘発する理由になっただけだが、他に効果的な方法がない以上、仕方なかった。かくして、フェダイーンはこの混乱の時代の大きな構成要素となった。

エジプト政府が、一九五五年春にフェダイーン部隊を編成し始めたという事実に議論の余地はない。ダヤン将軍はこのエジプトの決断を、イスラエルへの潜入を大いに肩入れしていたエジプトの従来の政策の継続と解釈した。(原注77) 一方、ナセルに言わせれば、フェダイーンの形成は、彼のそれまでの抑制政策の反転であり、この転換をもたらしたのはガザ襲撃なのであった。(原注78) 彼の主張を言い換えるなら、フェダイーンを放任するのはエジプトの積極的行為ではなく、イスラエルの攻撃に対しての反応であり、ゆえにそれ以降のエスカレーションの責任もエジプトではなくイスラエルにある、ということであった。

一九五六年と一九六七年の戦争でイスラエル軍が押収したエジプトとヨルダンの軍情報部の記録は、ダヤンの解釈を決定的に否定し、ナセルの言い分を実証している。記録は、ガザ襲撃まではエジプト軍首脳部はパレスチナ人がガザ地区からイスラエルに潜入するのを堅く厳重に取り締まっており、フェダイーン部隊を編成し、対イスラエル闘争の正式手段とする新たな政策が実行に移されたのは襲撃後だったことを示している。

ヨルダンの資料も同様の事実を物語っている。そこからわかるのは、エジプト軍情報部が一九五五年六月以降になって初めて、イスラエルへのヨルダン領からの潜入を支援し始めたことである。ここではまだ

フェダイーン：アラブ世界で命を神に捧げて抑圧者に抵抗する行為、または人間自身のこと。第一次中東戦争から、エジプト支配下のガザ地区、ヨルダン支配下の西岸地区、レバノン、シリアで始まった。自爆テロとは異なる。ＰＬＯの登場とともに一九八〇年代以降この名称は使われなくなった。

潜入に対する公式の立場に変更はない。反対に、ヨルダン当局はエジプトの企図を知るや、それに反対してむしろかなり強硬で包括的な処置をとった。この処置をめぐってヨルダンとエジプトの間に摩擦が生まれ、緊張が高まった。(原注79)

連携

ガザ襲撃が生み出した（難民とエジプトとの）連携のせいで、襲撃後の情勢に一貫性のある安定した政策を追求することも不可能になった。ガザとの境界線地帯で激発する事件や流血の惨事は、イスラエルによる襲撃が招いた不可避の結果であるとシャレットは考えたが、ベン＝グリオンはエジプトの好戦性が強まったことの表われであるととらえ、もし放置すればイスラエルの基本的安全を危険にさらすと考えた。三月二十五日、非常に重大な事件が起こった。エジプト人の集団が、ネゲヴ砂漠地帯のユダヤ系イラン人の入植地パティッシュに殴り込みをかけ、結婚式開催中の家を機銃と手投げ弾で襲撃し、二十人を負傷させ、若い女性一人を殺した。ベン＝グリオンはダヤンを呼び、エジプト人をガザから追放し、ガザを占領してイスラエルの支配下に治めよと命じた。この指令にダヤンは驚いた。ベン＝グリオンは、それまで一貫してガザ地区の占領には反対していた。なぜなら、ガザには強い敵意を抱く三十万人のパレスチナ難民がおり、イスラエルの国としては来てほしくない人たちだったからだ。ところが今回ベン＝グリオンは、入植者を守り、自信を高め、万難を排して根を下ろさせるのだ、と説いた。ダヤンには軍事上の理由こそが何よりも重要であって、彼はその理由でこの計画に異議を唱えた。(原注80)

このような反対意見にもかかわらず、ベン＝グリオンは閣議に遠大な計画案を提出した。それには、ガザ地区占領とエジプト人放逐のための詳細な作戦計画が添えられていた。シャレットは、ベン＝グリオンの計画案の偏狭さと近視眼的特徴にぞっとさせられた。提案は、起こりうる結果や展開について深く追究せずに、ガザ地区占領を最終目標に設定していたからである。閣議での概要説明で提案をめぐり激論が交わされた後、シャレットは、イスラエルの既存の国境線を容認し、隣国との緊張を緩和し、西欧超大国との関係を強化し、国際社会からの支持を育むことを全体的に優先させていく考えを述べた。シャレットは、緊急の防衛的配慮が、イスラエルとアラブ世界の緊張関係を高め、イスラエルと西欧超大国との関係を損なうような行動を時に必要とすることは認めたが、このような行動は次々と繰り出すものではなく、できるだけ最小限にとどめるべきであると考えた。この全体的な枠組みの範囲内で言えば、ベン＝グリオンの提案はイスラエルを侵略者のように見せ、エジプトに戦争を挑発し、エジプト支持三者宣言のもとでの英国の干渉を呼ぶものとして、シャレットは反対した。それに加えて、ガザ地区の占領は安全問題の解決にはまったくつながらないと主張した。なぜならば、ガザに住む難民の半数がヘブロンの丘へ逃げるか逃がされるかしたとしても、彼らのイスラエルに対する憎しみは燃え上がり、復讐と絶望に凝り固まった、さらに恐ろしい行為を生むだけだからだ。(原注81)閣議は提案を九対四で否決したが、マパイの同志の大多数が彼に反対してベン＝グリオンを支持したこと、そしてこれがガザ地区の占領に同意するか留保するかで、戦争か和平かの根本的選択を迫られた場合の党内の力関係であることをシャレットは見てとった。(原注82)

内閣でガザ計画が最終的に却下された三日後、新たな殺人事件が起き、これがベン＝グリオンが劇的な新提案を出すきっかけになった。今度はエジプトとの休戦協定を破棄するのが目的の提案だった。彼は内閣の責任において休戦協定を取り消すことは要求しなかったが、何よりもエジプトが国際水路の自由航行権に関する国連安保理決議を無視していることで、実際問題として休戦協定を破棄しているのであるから、イスラエル政府内閣としては休戦協定がイスラエルを拘束するものとは見なさない、という声明を出すよう求めた。彼は、この前の提案の焼き直しだと思われるのを嫌い、今回は軍事的ではなく政治的手法の提案であると強調した。彼は、休戦協定は今やお笑い草のマンガに等しく、イスラエルはこんなものに関わるべきではないと主張した。もしエジプトがイスラエルとの和平交渉を率先して進めたいのなら歓迎しよう。さもなくば、イスラエルは好きなようにさせてもらう。

シャレットは、ベン＝グリオンは冷静な分析や計算では展開がつかめない大胆で危険な行動に活路を求めている、と感じた。そこで彼はベン＝グリオンの提案に全面的に楯突くことにした。彼は、自分でも驚くほど行き着くところまで行った。まず、シャレットは海上通航権の否定が休戦協定違反にあたるという証明の困難性と、さらにもう一つ、もしそれが実際に違反するとして、なぜ提案に示す声明を出すのにイスラエルが四年も待ったのかを説明することの難しさを指摘した。局外者はこの提案が、領土獲得作戦に乗り出そうとするイスラエルが、休戦協定の定める制限を逃れるために持ち出した口実だと考えるだろう。そして、国際社会は一斉に激しく断罪して来るだろう。何ゆえにイスラエルは、自らすすんで休戦協定破棄の責任を引き受ける必要があるのか？　と彼は問うた。もし、ベン＝グリオンが主張するように、隠された目的が示威的な政治姿勢に打撃を与えるためで、軍事作戦の準備でないのなら、損害を被るだけで何の見返りもないだろう。シャレットは力説した。休戦協定は、イスラエルの国境線に国際的合法性を与えてくれているものだ。もしイスラエルが、自分からそれに文句をつけたなら、エジプトはネゲヴの国境線のどこかを破って侵攻してくるかもしれない。すると、イスラエルは迎え撃たざるをえなくなり、新たな戦争に賭けることになる。イスラエルの基本的な目的を見すえた、明確な決断を下す必要があった――領土的現状（ステータス・クオ）を固めるのか、武力に訴えて新たな答えを探すのか、の決断を。

閣議の採決は引き分けだった。マパイ党員の六人の閣僚が休戦協定の破棄に投票し、六閣僚が反対票を投じ、残りは棄権した。ベン＝グリオンの提案は採択されなかったが、決定的に負けたのでもなかった。シャレット個人にとっては、投票結果は重大な危険信号であった。彼は、首の皮一枚で辞任を逃れた。だが恐ろしいことに、政権はこの国に災難を招き寄せようとしていた。(原注83)

ベン＝グリオンとシャレットの関係はますます緊張が高まり、とげとげしいものになり、シャレットは果てしないフラストレーションと精神的苦痛に襲われた。休戦協定問題の処理、そこでの国連の役割、西欧超大国との関係、そして何よりも報復行動、こうしたことについて外務省と国防省はそれぞれの管轄権をめぐって頻繁にぶつかった。強固な防衛政策の復権を胸にスデ・ボケルから復帰してきたベン＝グリオンは、内閣の穏健主義的流れに抗して泳いでいた。彼は、形式上はシャレットの格下だったが、そんなことは両者の力関係にはまったく反映されず、これも余計な摩擦ともめごとの種になった。総選挙が近づき、次期政権の担当を求められる公算が高かったベン＝グリオンは、シャレットに私的書簡を送り、自分の外交政策の主義主張を国民に知ってもらうために時折発言していく意向を伝えた。

イスラエルの安全保障をアメリカから得る必要に関しては、二人の指導者の間にこれといった違いはなかった。両国間の協議は、英国―エジプト間のスエズ運河地帯からの英軍撤兵協定と、相互軍事協定締結によるアメリカの対イラク武器供与を背景に一九五四年八月に始まった。この段階でせいぜい考えられたのは、アメリカが安全保障を宣言するか、またはアメリカとイスラエルの書簡の交換であった。ところが、一九五五年二月にイラクとトルコがバグダッド条約に向かって駒を進めると、アメリカの国務長官ジョン・フォスター・ダレスはイスラエルに相互防衛条約の締結を提案してきた。しかしこれは、国境線を武力で拡張しないことと、隣国に武力報復を加えないことを条件にしていた。ベン＝グリオンとシャレットは、一番目の条件は受け入れる意志があったが、二番目を受け入れる気はなかった。この超大国との相互防衛条約は、イスラエルの国際的孤立を終わらせ、領土保全と長期的安全を保証し、イスラエルに対するアラブ人の闘争を鎮静化に導く方法として魅力的であった。新任のアメリカ大使、エドワード・ローソンとの最初の会見でベン＝グリオンは、彼にとってもっとも大切なことが三つあり、それはイスラエルの安全と中東の平和とイスラエルとアメリカの友好関係であると述べた。そして彼は、この三つを一挙に実現するのはアメリカの力にかかっていると付け加え、イスラエルとの相互防衛条約へと結びつけた。(原注84)

一九五五年五月に行なわれた（イスラエルの）大使会議出席者の大部分は、首相や国防相を含め、アメリカとの防衛条約の実現がきわめて望ましい目標であり、それ相当の努力を傾けるべきであるとした。しかし、アメリカは条件を規定してくるであろうし、その条件は受け入れがたいものになるかもしれなかった。(原注85)結果的に、条件は受け入れ不可と分かり、チェコスロヴァキアとの武器取引が発表されてから以後、イスラエル外交はアメリカとの議論の主眼点を防衛条約から武器供与へと転換した。イスラエル国防軍参謀長だった人物は、アメリカとの防衛条約に終始一貫反対していた。彼は、イスラエルの安全にアメリカの保障の必要は認めず、イスラエルに領土拡張と武力報復の停止を約束せよ、とするアメリカの条件に強硬に反対した。ワシントン、ロンドン、パリの駐在大使との非公式の会談で、この人物すなわちダヤンは、武力報復を「麻薬」に喩えた。第一に、武力報復はアラブ諸国の政府に国境防衛のための抜本的な対策をとらせた。第二に、これが肝心なのだが、武力報復によってイスラエル政府は国内と軍隊内で高度の緊張を保つことができた。ダヤンとともにこの会談に同席していたギデオン・ラファエルは、シャレットに注進した。

「あんな風にして、イタリアやドイツでファシズムが始まったのです」（原注86）

ダヤンは少なくともその独立独歩の信念と他国の保護は断るという点において言行一致しており、これはベン＝グリオンよりは勝っていたと言える。ベン＝グリオンの方は、アメリカとの協定に大いに食指を示したが、その見返りを提供するのは嫌がった。報復攻撃をしないと誓うことは彼にとっては完全に問題外の話であったが、時としてダヤンの領土拡張願望に同調する面も見せた。ベン＝グリオンが五月十六日に召集した上級将校の会議がその例である。そこで彼は、イラクのシリア侵攻をとらえて、南レバノンを併合し、残りをマロン派キリスト教徒の国に変えるという狙いで、イスラエルがレバノンに介入するという得意の作戦計画の復活を画策した。

シャレットはこの思いつきを歯牙にもかけなかった。レバノンという国を、マロン派キリスト教徒が決定的多数派を占めていたオスマン・トルコの一地方だと見るベン＝グリオンは、救い難い時代錯誤だとシャレットは思った。以前ベン＝グリオンとの議論で、マロン派は内部分裂していて、頼れる指導者もいないし、一緒に組んでもいざという時には頼りにならない相手だ、と説得したことを思い出した。だが、ベン＝グリオンは介入したくてうずうずしていた。レバノンにはドゥルーズ派*もいる、と彼は指摘したが、なぜレバノンをキリスト教の国に変えるためにマロン派を手助けすべきなのかの説明はなかった。

レバノンの内部変革を可能にする手段については、ダヤンが彼特有のシニカルな具体的実行計画案を考えていた。

どうするかというと、大尉程度でもかまわないがまず将校を一人つかまえ、信じ込ませるか札束で買収するかして、私はマロンの救世主である、と宣言させる。そして、イスラエル軍がレバノンに進軍し、必要な領土を占領して、イスラエルと同盟を結ぶ意志のあるキリスト教国家を建国する。リタニから南の地域は、全面的にイスラエルに併合、これで万事うまく収まる。

ダヤンとベン＝グリオンの唯一の違いは、前者がすぐに動きたがったのに対して、後者はイラクのシリア侵攻の口実が見つかるまで待つ余裕があったことだ。シャレットは（ベン＝グリオンの）部下の将校たちを前にして、「驚くほどに粗っぽくて現実から遊離した」ベン＝グリオンの「奇想天外でスリル満点な計画」について、立ち入った議論を始めるのはナンセンスだと思った。シャレットは、この提案の狙いが独立国家レバノンの強化にあるのではなく、イスラエルとシリアとの戦争であり、これはそういうものとして扱うべきである、と述べるにとどめた。

計画を未然に防いだシャレットは、隣接諸国、とりわけレバノンの複雑な内部構造に対する軍部が見せたはなはだしい真摯さの欠如について熟考した。彼は日記に書いている。

「独立戦争においてあのように英雄的かつ勇敢に国を救った彼らが、平時に機会を得るやいかに国に災いを呼ぶようになるか、よくわかった」（原注87）

レバノンに関する議論でベン＝グリオンが明示したダブルスタンダードも、少なからずショッキングだった。イスラエルの独立と領土保全にかくも敏感で、外国からの内政干渉のわずかな兆候にもすぐに反応した同じ人物が、他の国の主権を完全に無視してかかるとは。そのレバノン分割計画は、とくに非難に値する。なぜならそれは、レバノン側からの挑発によって誘発されたものではなかったからだ。目には目を、というよくある理屈は、レバノンが一九四九年三月にイスラエルと合意に達した停戦協定のすべての条項を誠実に遵守していたという単純な理由から、この状況にはあてはまらない。

ダヤンはレバノン介入計画を簡単にはあきらめなかった。それは、彼の中に頑固さと無知とが同じ割合で同居していたからだ。彼は、レバノンをイスラム教徒の抑圧から解放するためにイスラエル軍を要請させる傀儡レバノン人将校を雇う計画を推進することにこだわっていた。ダヤンがこの「狂った冒険」に乗り出すのをやめさせるため、シャレットは設立後間もないレバノン問題各省間委員会に、調査活動を行なってイスラエル側につく気のありそうな、より独立志向の強いマロン派キリスト教徒集団と接触するよう命じた。(原注88)

レバノンはイスラエルの日常的あるいは基本的安全にとって脅威ではなかったが、エジプトは然りであった。日常的安全の問題はガザ襲撃後の状況の中で次第に深刻さを増していった。しかし一九五五年を通

ドゥルーズ派：レバノンを中心にシリア、イスラエル、ヨルダンに存在するイスラム教分派。中東全域に約百万人いる。十世紀にイマーム派から分離したイスマイール派が起源。マロン派と激しく対立し、オスマン・トルコ帝国解体後、対仏反乱を起こしシリア全域の反仏闘争に火をつけた。第二次世界大戦後、進歩社会党を結成、レバノン内戦で大きな役割を演じた。ムワッヒドゥーン、アフル・アル＝タウヒードと自称する。独自の聖典があり、礼拝の向きはメッカではなく、ラマダンの断食を義務としない。

して、ナセルが日常的安全ベースだけでなく、より基本的水準においてもイスラエルに脅威を突きつけてきたとベン＝グリオンは確信するようになった。彼は、ナセルがイスラエルを破壊する決意に凝り固まっており、この危険に対しては真正面から立ち向かわねばならないと信じていた。ベン＝グリオンから見れば、ナセルはアラブ世界を統率して戦いに立ち上がらせることができる軍事指導者、さしずめサラーフッディーン*の再来であった。団結せるアラブ世界という悪夢にとり憑かれていたベン＝グリオンには、ナセルが近代トルコの指導者ムスタファ・ケマル・アタテュルク*のような、時代遅れの国民を強大な力の持ち主にまで持ち上げる力を持った、イスラエルの未来を危機にさらす男のようにも思えてきた。ベン＝グリオンは、アンソニー・イーデンのごとくナセルの幻影にとり憑かれ、その抹殺こそイスラエルの死活を賭けた国家的課題である、と結論するに至った。

　五月半ばにエジプトとの国境線近くで地雷が爆発し、四人のイスラエル軍将校が負傷した事件をきっかけに、ベン＝グリオンは五人委員会に武力報復を提起した。シャレットはゴルダ・メイアとレヴィ・エシュコルにまず発言させた。二人とも、何もしないで放置するのは問題外だと考えた。なぜならば、エジプトの挑発を受けて、入植者や国民大衆は何らかの手を打つことを政府に期待していたからである。五人委員会出席者の全員が、内政的検討がもっとも大切だと考えていた。誰も口には出さなかったが、何もしないでおくのは来るべき総選挙においてマパイに深刻な打撃になると全員が感じているのをシャレットは見てとった。何千人もの選挙民が、ヘルートやアフドゥト・ハ＝アヴォダなどの行動主義政党に鞍替えするだろう。アフドゥト・ハ＝アヴォダは一九五四年に対外政策の違いをめぐってマパムから分裂していた。マパムはまだ社会主義的、親ソ的方向性を維持していた。アフドゥト・ハ＝アヴォダは一方で労働者政党でありながら、それよりはるかに民族主義的であった。その精神的指導者のイツハク・タベンキン*は大イスラエル主義を謳い、一方その政治的最高指導者の一人、イーガル・アロン*は実力行動政策の支持者でマパイを厳しく批判していた。シャレットはこの選挙対策的な考えに反対し、孤立した。彼は、提案には反対だが多数の意志に従うと言った。彼は、誰か一人くらいはこの提案に潜む偏った考えを指摘し、首相に

サラーフッディーン：十二世紀エジプトの王。本名ユスフ・ブン＝アユーブ。ティクリート（現イラク）に生まれ、若くしてダマスカス（シリア）に行きザンギー王朝に仕え、ヌッルディーン王の数度のエジプト遠征に従軍した。エジプトのアレキサンドリアで武勲を立てファティマ朝を征服、アユーブ王朝を創設した。一一八七年にはエルサレム王国を攻め、十字軍とも戦った。

ムスタファ・ケマル・アタテュルク：トルコ革命の指導者でトルコ共和国の初代大統領（一八八一〜一九三八）。第一次大戦後、反占領抵抗運動を指導し、一九二〇年連合軍に抗しアンカラ革命政権を樹立した。一九二三年に共和制を宣言、初代トルコ共和国大統領に就任した。脱イスラム化を進め、憲法のイスラム国教規定を削除、アラビア文字からアルファベットに変えた。宗教的衣服を禁止し、国民全員に苗字を義務付けた。アタテュルクは「トルコの父」を意味する新しい姓。トルコ建国の父として永遠の存在になっている。

イツハク・タベンキン：イスラエルの政治家（一八八八〜一九七一）。「偉大なるイスラエル運動」の精神的指導者。ロシア出身。マルクスの影響を受け一九一二年にパレスチナに移民。西岸地区で農業に従事、キブツ運動を創始した。共産主義的ユダヤ人共同体の創造を提唱。アフドゥト・ハ＝アヴォダ（労働者統一党）、マパイ、マパムの創立に関わった。シナイ半島とガザがイスラエルに帰属するのは「十戒」に由来すると主張、六日戦争後も領土的譲歩に反対した。

イーガル・アロン：イスラエルの政治家で元イスラエル国防軍司令官（一九一八〜一九八〇）。パレスチナ生まれ。アフドゥト・ハ＝アヴォダの指導者。一九五五年にクネセト議員に初当選し、大臣、首相代行を務めた。第一次中東戦争では主要作戦を率い、六日戦争を提案したグループの一人でもある。一九六九年、レヴィ・エシュコル首相の死後、臨時首相、ゴルダ・メイア内閣で副首相と文部大臣、一九七四年から一九七七年まで外務大臣となったが、一九八〇年急死した。

対策をまかせてくれるのではないかと期待したが、誰も手を挙げなかった。

ベン＝グリオンは議論の過程で、会議に集まったわずか一握りの古参幹部ではなく、まるで一般大衆を相手に演説しているかのように、ナセルの犯罪を痛烈にあげつらった。ナセルに教えてやらねばならない、と彼は大声で言った。

「任務を果たすか、倒されるか。絶対に彼を倒さなければならない。そうするのはミツヴァ*（戒律）でさえある。ところで、このナセル某とは何者だ？」

驚いたことに、報復攻撃の決議は内閣ではなく、党大会で採択された。党大会では党の政治方針がもっとも権威がある。シャレットは眠れない夜を過ごした。辞任を思いつめるのは今月に入ってもう三回目だった。マパイの党決定は、五人委員会に武力報復問題を最終決定させるということになり、彼にはもう首相としての立場を維持することができなくなっていた。政権内ではシャレット派の穏健路線が多数派を占めていたのだが、五人委員会では今やベン＝グリオンの行動派路線が多数派だった。シャレットには、党内ですら少数派なのにあてもなく同調者の支持に頼ることもできないことがわかった。

しかしながら、彼は報復攻撃の決定があまりにもいい加減なものに思えてならなかったので、翌日になって五人委員会の他の委員に再度疑問を呈した。午前中のこと、報復を止めさせる格好の理由が飛び込んできた。アメリカがイスラエルに原子炉建設の協力を申し出てきたのだ。シャレットはこの申し出は非常に意味があると考えた。これは、核開発とアメリカとの緊密な国際関係に大きく寄与するもので、もしイスラエルが攻撃的姿勢に固執するなら申し出が撤回される恐れがあった。しかしながら、委員たちに考えを改めてもらうための彼の努力は徒労に終わった。一日中、必死に頑張ったが、やはり四対一で軍事行動が支持された。その結果、五月十九日夜、イスラエル軍は地雷爆発地点の近くにあるエジプト陸軍の駐屯地を攻撃し、爆破し、一人の犠牲者も出すことなく基地に戻ってきた。シャレットは、参謀本部がこの襲撃を彼に対する勝利と受け取るのはわかってはいたが、それでも彼は一滴の血も流されなかったことに安堵の胸をなでおろした。

ある穏健主義者の試練と苦難

七月二十日に行なわれた総選挙の結果に与党指導部は愕然となった。百二十議席中、四十五議席を占めていたマパイ（「イスラエルの地」労働者党）は五議席を失った。マパイとの連立政権の中心パートナー、一般シオニスト党は二十議席から十三議席に減少した。行動主義派が脱党していた穏健派社会主義政党のマパム（イスラエル統一社会党）は九議席しか取れなかった。アフドゥト・ハ＝アヴォダ（労働者統一党）は選挙初登場で十議席を獲得した。ヘルートは八人から十五人に議席を増やし、マパイに次ぐ第二党に進出した。対外政策はこの選挙での中心テーマではなかったが、シャレットの穏健主義路線が党の貧弱な得票率につながったというのが大方の考えであった。

選挙の翌日、マパイでは役職の移動があり、シャレットに代わってベン＝グリオンが党首に選ばれ、首相の座に就いた。引き継ぎの際にベン＝グリオンが出した条件は、政策の変更であった。彼は配下の古参

ミツヴァ：ユダヤ教の戒律。神からユダヤ人への「命令」。善行、慈善行為、親切な振舞いもこう呼ばれ、敬虔なユダヤ教徒は日常的にミツヴァを実行するよう教えられる。

メンバーを招集し、言い渡した。

「防衛政策で私の考えの逆を行くような政権に参加したくはない。そして、もしそのような政権が成立したなら――私は闘う」(原注91)

彼はこの会議で、防衛政策の大綱を述べた。休戦協定の厳密な順守、隣接アラブ諸国との和平の追求、イスラエルが必要としているのはより以上のユダヤ人であり、土地ではないという理由による領土不拡大。しかし、もし相手が武力で休戦協定を破ったなら、イスラエルは武力で応じる。そして、もし相手がエイラートへの交易を武力で破壊したら、イスラエルも武力に訴える。(原注92)シャレットは、ベン＝グリオンと自分は防衛に関して明らかに立場を異にするので、次期政権には加わりたくないというのが個人的要望である、と述べた。彼は、ベン＝グリオンのもとで働くのを拒否はしなかったが、自分とは深く異なる彼の外交政策に携わることはできないとはっきり言った。したがって、まずやるべきことは政策的立場を明確化するための拡大党大会を開き、基本的問題を討議することである、と提案した。(原注93)

シャレットは、自分が首相として能力がないがゆえに交代させられたとは思っていなかった。本当のところは、権力欲剥き出しの同僚に強引に押しのけられたことに憤懣やる方なかった。(原注94)外交政策が八月八日のマパイ党中央委員会の議題であった。ベン＝グリオンは委員会で、「異教徒の言うこと」ばかり気にしている人たち（シャレットのことであったが）に、真っ向から勝負を挑んだ。彼は、国防政策の決定権を横取りしようとする外務大臣はイスラエルの安全にとって災いのもとである、と警告した。彼はさらに続けて、外務省は国防省のために仕えるべきであり、それ以外のことはしてはならない。後者の役割は防衛政策を立てることで、前者はその政策を世界に向けて説明するのが仕事だ、と言った。(原注95)

シャレットは、一九五五年十一月にベン＝グリオンが新連立政権を樹立するまで名目上の国家元首に留まったが、それまでの長期間、好戦的な国防大臣との間で衝突が激化し、首相の地位はもはや耐えがたいものになっていった。そして八月末頃、シャレットが少し前に渋々与えていた、ガザ－ラファ間道路沿いに架かる橋を爆破する国防軍の小規模作戦の許可を取り消したとき、重大な危機が発生した。

作戦指令を取り消した理由はアメリカの著名なクエーカー教の牧師エルモア・ジャクソンから出された攻撃の自粛要請だった。ジャクソン師はエジプト－イスラエル間の政治的合意あるいは少なくとも受け入れ可能な一定の暫定的合意の促進を目的とした秘密任務を引き受けるよう、エジプト政府から依頼されていた。ナセルは八月二十六日にカイロでジャクソン師に会い、シャレットとは強い信頼関係を築いてきており、パリで非公式に話し合いの場を持っていたが、ベン＝グリオンの国防大臣としての再入閣後に起きたあの酷いガザ襲撃で、それも潰されてしまった、と話した。イスラエル側の暴力的対応がこうもエスカレートしてくると、彼としてはもう迎え撃つしか手がなくなっていた。今や、シャレットとベン＝グリオンのどちらを信じていいのかさえわからないが、話し合いを続ける用意はあった。ジャクソンは八月二十九日にシャレットとベン＝グリオンと会談した際、イスラエルではガザ地区からのフェダイーン攻撃が増加しており、その反撃としてハーンユニス*への攻撃命令が出されたと聞かされた。ジャクソンは、基本

ハーンユニス：パレスチナ、ガザ地区の町。地中海に面し中世から交易で栄えた。一九五五年八月、イスラエル軍のミツヴァ・エルカヤム（皆殺し作戦）でエジプト人三十七人が殺され、一九五六年十一月にイスラエル軍が難民、市民二百七十五人を無差別殺害した。現在はハマスやファタハの根拠地で、二〇〇一年以降イスラエル国防軍の攻撃とハマスなどによるロケット砲の反撃が繰り返されてきた。

的な交渉はまだ脈があるけれども、攻撃が予定どおり行なわれたらそれもないだろう、との見通しを示した。ジャクソンの印象では、シャレットは同意したが、ベン＝グリオンははっきりしなかった。(原注96) シャレットはナセルとの間接的協議の機会を求めて、ハーンユニス攻撃命令を取り消した。

ダヤンはすでに境界線を越えていた部隊を呼び戻すと、エルサレムに赴き国防大臣に辞表を提出した。ダヤンは辞職願で、最近内閣が定めた防衛政策と彼自身が必要と考える政策とに差がありすぎて、これ以上、参謀総長としての責任を果たすことは不可能である、と述べていた。ダヤンにすっかり意気投合したベン＝グリオンは、政権内のマパイの党員閣僚を会議に召喚した。その席上ベン＝グリオンはダヤンの辞表を紹介し、シャレット路線かベン＝グリオン路線か、どちらかはっきり選択せよ、中間の路線を選択するのは有害以外の何物でもない、と迫った。ベン＝グリオンはガザ襲撃を提案したことを遺憾に思うと表明した。なぜなら支配的な政策路線に逆行していたからだ。ベン＝グリオンは言った。もし多数派がシャレットの路線を支持するなら、それを採用し支持しなければならない。これだけ言うと、ベン＝グリオンは席を立ち部屋から出ていった。そして、抗議のしるしとして、国防省の執務室に籠ると二十四時間出てこなかった。シャレットは匙《さじ》を投げた。まさにその日の午後、シャレットは閣議を招集し、彼自身の推薦でダヤンが提案したガザ地区南端にあるハーンユニスの警察署襲撃計画を承認した。ダヤンとベン＝グリオンはそれぞれの持ち場に戻り、ガザ襲撃以来の大規模作戦が決行され、エジプト人三十七人が殺され、四十五人が負傷した。(原注97)

シャレットは、ベン＝グリオンと将校たちを相手にした絶え間ない闘いに疲れ果てていた。境界線で事件が起きるたびに、武力報復の提案が出され、提案を潰すために閣議で多数決を求めるたびに、実力行動派はシャレット不信任動議を出した。彼は、報復攻撃提案だけではなく、対エジプト戦争を求める直接、間接の声にも立ち向かわねばならなかった。ベン＝グリオンが提案した境界線での事件の解決策は、UNTSO（国連休戦監視機構）参謀長のバーンズ将軍を召喚して、エジプトが殺人犯を死刑にするか、それともイスラエルがガザ地区を占領してエジプト軍を放逐し、独自で境界線を守るのかどちらかだ、と警告することだった。シャレットは、こんなやり方は戦争の危険性を大きくはらんでおり、イスラエルに戦争の準備ができていない以上、またこれこそ間違いなく、閣議での明確な決議がない以上、採用すべきではない、と反論した。（原注98）

外務省内のシャレットに近い指導的穏健派の数名が対エジプト予防戦争を主張して武力行動派陣営に加わったことに、彼は大きなショックを受けた。エジプトがイスラエル攻撃を計画しているという証拠がない以上、「予防戦争」という呼び方は間違っていたが、戦争支持派はつねにこのような言い方をしていた。これら戦争支持派はまた、軍事的勝利によってナセル率いる軍事体制の崩壊をもたらすことができる、と考えていた。ナセルの国内的な人気の高さを考えた場合、これはあまり根拠のない推量だったが、アメリカ政府内の反ナセル・グループも同じ考えだった。十月十二日、シャレットはアバ・エバンから重要な内容の長文電報を受け取った。それには、エバンと大使館参事官のルーヴェン・シロアー、大使館付武官のカトリエル・サルモン、それにギデオン・ラファエルたちが、イスラエルはエジプトがソ連から得ようとしている武器に相当するだけの武器供与、あるいは安全保障をアメリカから受けることができないとの結論に達した、とあった。そして、彼らの助言はエジプト軍が力をつける前にその屋台骨を叩き折り、ナセルとその一党を打倒するためにイスラエルは予防戦争を開始できる準備にとりかかるべきである、というものであった。シャレットは、この電報を読んだ時のやりきれない思いを日記に記している。

「この世界にはどのような未来があるのか――孫子の代まで戦いに明け暮れ、剣ですべてを決めるのか？」(原注99)

ラファエルは後に、ソ連の中東進出とエジプトに対する武器供与という新しい状況への対処方法の一つとして、自分たちはイスラエルが軍事的選択肢も考慮すべきだという結論に到ったと語っている。しかし、シャレットは彼らのことを猛烈に怒った。(原注100) 予防戦争の可能性に備えるのは、たとえ選択肢の一つにすぎないにしても、戦争突入のきっかけを生むかも知れないことが彼にはわかっていた。シャレット自身、戦争抑止と平和維持がイスラエルの行く末を決めるものであると考え、そのためにはどんなことでもする覚悟でいた。彼は、エジプトに対するイスラエルの予防戦争と、ソ連に対するアメリカの予防戦争の類似性、そして後者の戦争には全面的に反対するが、前者の戦争なら危険を犯しても良いとする立場が矛盾していることに気がついた。(原注101) イスラエルの対外諜報機関モサドの長官、イサル・ハルエル*は予防戦争の呼びかけを力強く応援した。彼は、予防戦争について深く追究した長文の覚書をシャレットに提出した。この覚書で、戦争に反対するシャレットの決意を揺るがすことはかなわなかったが、彼を精神的に苦しめることにはなった。(原注102)

思いがけないところから救いの手が差し伸べられた。十月二十二日の土曜日、シャレットは病床にあったベン＝グリオンを見舞ったが、気はとてもしっかりしていて大変元気だった。ベン＝グリオンはシャレットに、「先に手を出す戦争」には反対だ、と言った。シャレットは、エバンの電報とハルエルの覚書と軍情報部長イェホシャファト・ハルカビのメモを読んでいたが、どの意見にも賛成ではなかった。この言葉を聞いて彼の気分はがらりと変わり、それまでの数日間の悪夢から抜け出ることができた。それでも、組閣段階にあった政権にベン＝グリオンが提起しようとしていた方針は、あまり安心できるものとはいえなかった。それは、エジプトによる休戦協定違反に対してはことごとく強い制裁を加え、イスラエル国防軍をエル＝アウジャの非武装地帯に派兵し、駐留させ、もしシリアがおとなしくしないようであれば、シリア国境北の非武装地帯を占領する、というものだった。シャレットは、ベン＝グリオンがただ単に挑発があれば反応するつもりなのか、それともこちらから挑発するつもりなのか判然としないまま、その日は彼の許を辞した。言いかえれば、「先に手は出さない」とベン＝グリオンが言ったのは、戦争の主導権のことなのか、戦争行為そのものに反対なのか、そこのところがよくわからなかった。(原注103)

シャレットは、パリでエドガール・フォール仏首相に会い、ジュネーヴでアメリカ、イギリス、ソ連の外相と会うため、翌日旅立った。会談の目的は、エジプトの武装化を阻止し、イスラエルに武器供給することで軍事的均衡を回復するべく、西欧超大国に圧力をかけることであった。フォール首相からジェット戦闘機の供給の約束を取り付け、これについて口外しないよう言われたが、これ以外に旅の成果は何もなく、手ぶらで戻った彼はかなり失望していた。(原注104) 鳴り物入りだった外遊が失敗に終わり、上げ潮ムードにあるエジプトの軍事力に直面して、イスラエルの国際的孤立を再確認させられただけであった。

イサル・ハルエル：イスラエルの諜報実務家で同国国会議員（一九一二～二〇〇三）。ベラルーシ生まれ、独立ラトビアのダウガフピルスで民族主義に目覚め、一九三〇年にパレスチナ移住を果たす。建国前のイシューヴでハガナー情報局員として活躍。イスラエル総保安庁を創設し、イスラエル諜報特務庁長官になった。ベン＝グリオン政権で「安全保障担当」の地位にあった。

シャレットが知らなかったことがある。パリに向けて出発したその日、ベン＝グリオンの見舞いに来た別の人間がいた。その見舞い客とはモシェ・ダヤンで、彼は休暇でフランスにいたが、病気とはいえ精神的には元気だった国防大臣から話があると呼び戻されていた。ダヤンはエルサレムのプレジデント・ホテルの一室で病床にあったベン＝グリオンを訪問した。彼が書いた「シナイ作戦日記」で、ダヤンは明らかにしている。

「話の終わりに、彼は国防大臣の立場から私に、アカバ湾から紅海までの航行の自由を確保するために、とりわけチラン海峡、シャルム・エル＝シェイク*、ラス・ナスラニ、チラン島、サナフィール島を奪え、と指示した（原注105）」

ダヤンとベン＝グリオンは二人だけで会い、誰も立ち会っていなかったが、ダヤンがその本にははっきり書いていない件については、参謀総長の執務室の備忘録に見てとれる。ベン＝グリオンはダヤンに、新政権の防衛政策大綱を説明し、それについての感想を求めたのであった。そこで交わしたやり取りを経て、新国防政策の雛形ができ上がった。ダヤンはその日のうちに、参謀補佐官と情報部長に結論を伝えた。ダヤンは三日後、参謀本部臨時会議を開き、以後数ヵ月にわたる国防軍の活動内容の概括を通達した。ダヤンの通達には、国防大臣かつ次期首相の意向を理解した内容が忠実に反映されている。

(a)悪化しつつあるイスラエルの安全問題は、エジプトのナセル体制を転覆させることで抜本的に解決できる。様々な方法で状況を一時的に緩和させること、あるいは決断を先送りにすることはありえるが、ナセルを権力の座から完璧に抹殺しなければ、イスラエルを脅かす危険を除去することはできない。

(b)ナセル体制を打倒するためには、ソ連製の武器がエジプトに流れ込み、作戦困難になるか不可能になる前にできるかぎり早急にエジプトとの最終決戦に持ち込まなければならない。

(c)衝突の時が来るまでに、さらなる武器弾薬を入手するために最善の努力がなされねばならないが、何一つ他国に頼ることは許されない。

(d)以上のことがあるにもかかわらず、基本的にこの概念は予防戦争の考え方を否定するものである。予防戦争は、イスラエルが直接的に先に始める攻撃的戦争を意味し（中略）イスラエルが全世界を敵にまわすことや、侵略者呼ばわりされることがあってはならない。

(e)（中略）イスラエルは挑発に訴える必要はなく（中略）エジプトの方はつねに挑発を続けている。イスラエルはデトネーション（爆轟）の手法で対処すればよい。つまりそれは、断固として、非妥協的にその権利を主張し、エジプトの侵略に鋭く反撃することである。このような方針が最後には大爆発を生む。（原注106）

戦争というのは紛れもなく、選挙で選ばれた政治家には荷が重過ぎる仕事である。ダヤンの参謀本部に向けての指針には新しい防衛方針が体現されていたが、首相には目を通してもらっていなかった。彼らは、シャレットを困らせた問題への解答を用意したのだ。ベン＝グリオンが、この上なくはっきりと「先に手

シャルム・エル・シェイク：シナイ半島南部、アカバ湾のチラン海峡に面したエジプトの都市で中東一のリゾート地。スエズ戦争でイスラエル軍に占領され、翌年返還されたが、六日戦争でふたたびイスラエルに占領され、一九八二年に返還された。占領中、イスラエルがリゾート開発し、返還後エジプト政府も開発を継続した。中東問題関連の国際会議もこの地で行なわれることが多い。ムバラク元大統領の別荘がある。

を出す戦争」に反対だと言ったのは、戦争はしたいがイスラエルの方から先に手を出したくはない、という意味なのであった。十一月二日、シャレットは辞職し、ベン＝グリオンに首相の座を明け渡した。首相としての彼の仕事は終わった。同時に、彼が追い求めてきたアラブ世界との和解政策もまた、国防省配下の圧倒的反対勢力の前に終わりを告げた。

第4章　スエズへの道　一九五五年〜一九五七年

それまでのすべての政権と同様、一九五五年七月の総選挙の後に成立した新政権は、マパイ（「イスラエルの地」労働者党）が牛耳る諸派連立政権だったが、各派の意見をまとめるのは並大抵ではなかった。ベン＝グリオンは十一月二日になってようやく右派の進歩派と宗教連合、そして左派のマパム（イスラエル統一社会党）とアフドゥト・ハ＝アヴォダ（労働者統一党）を包摂する連立政権をクネセトに問うことができた。一般シオニスト党（General Zionist＝自由主義経済を主張する中道派）が連立政権から離脱し、マパムおよびアフドゥト・ハ＝アヴォダが政権入りしたが、それによって政府の外交政策に明確な差異は生じなかった。重要な決定は、実際上マパイの指導部と、時にはベン＝グリオン一人に委ねられる状態が続いた。

モシェ・ダヤンは戦争がしたい

ベン＝グリオンは、首相と国防相を兼任していた昔の姿に返り咲いた。モシェ・シャレットはかなりの不安要因を抱きつつも、外務大臣として残ることを承諾した。モシェ・ダヤンはトップの人事が変わった結果、飛躍的に影響力を拡大させた。彼は理論的には、政府が決定した政策を実行する立場にあったが、実際には国家の安全政策を策定する権限を着々と拡大した。この三人とも、非常に頭脳明晰で、献身的で、何よりも自分たちの国を何よりも大切なものと考えていた。また全員が、国家の基本的安全がチェコとエジプトとの武器取引に影響されることもわかっていた。しかしながら、安全を守るための適切な政策に関しては、それぞれの考え方は非常に異なっていた。ダヤンはエジプトに対する予防戦争を求めていた。シャレットは戦争に断固反対し、ベン＝グリオンはどちらとも決めかねていた。この問題に答えが出るまでには、およそ一年の時間を必要としたが、その答えとはすなわち、スエズ動乱であった。
ダヤンは基本的前提として、いずれにしても動乱は第二ラウンドまでは避けようがなく、イスラエルはそこで和平ならぬ、戦争の準備に入るべきであると考えていた。ダヤンに最も関心があったのは、今度の戦争の時期と条件をイスラエルの都合に合わせることであった。チェコとの武器取引を受けて、このことは緊急の課題になった。ダヤンは、エジプト軍は一九五六年の夏か秋には戦争に踏み切れる状況になるだろうと予測した。彼は、軍事的優位性がエジプトに傾く前に決着をつけることを目指した。彼は先制攻撃には賛成ではなかった。それは、イスラエルを侵略者の立場に落し込めるからだ。むしろ彼の戦略は、大規模な武力報復をかけ、準備を整えるまもなくエジプトを戦争に挑発することだった。この報復攻撃の目標は、エジプト軍を国境守備に釘付けにするのではなく、逆に戦争への条件を早期に作り出すことにあった。ダヤンは、イスラエル国防軍が全面戦争の準備を整えるためには、平時から絶えず軍事作戦行動に関わっていることが重要だと考えていた。彼がこうした作戦行動を報復や仕返しとしてではなく、平時の軍事作戦行動ととらえたのは偶然ではない。早い話、ダヤンは戦争がしたかったのであり、それもすぐに、したかったのだ。そして報復攻撃を、エジプトを戦争に駆り立て、イスラエル軍に戦争の準備を整えさせるために利用したのであった。(原注1)
それと対照的に、シャレットの基本的前提はエジプトとの戦争は避けられないものではなく、未然に防ぐためにあらゆる手段を講じるべきだ、というものであった。中東紛争固有の、大きなエスカレーションの可能性を承知していたシャレットは、警告を発して、強く自制を促していた。彼は、挑発的、あるいは軽卒な行動が大爆発を引き起こすことを危惧した。彼は、イスラエルが瀕している危険には気がついてはいたが、これがイスラエルの命運を握るものだとは考えていなかった。彼の方針は、紛争を抑え、拡大化の危険を最小限にとどめることであった。シャレットもダヤンと同様、報復政策はエスカレートする危険性が非常に高いことをよく理解していた。ただ違うのは、ダヤンは戦争を続けるためにエスカレーションを望んだのに対して、シャレットは戦争を防ぐためにエスカレーションを避けようとしたことである。(原注2)

シャレットとダヤンのもう一つの大きな違いは、武器の入手に関してであった。当然、両者ともイスラエル国防軍への武器調達に深く関わっていたが、そのやり方は著しく異なっていた。シャレットは、西欧の超大国にイスラエルへの武器供給を説得する最高の機会は、国際法の規定におとなしく従い、国連監視官に協力し、理性的で責任感のある国際社会の一員として行動することの中にある、と確信していた。ダヤンは、イスラエルがおとなしくしていると武器は絶対に手に入らないが、悪さをすれば手なずけるために少しは武器を譲ってもらえると考えていた。イスラエルには妨害効果というものがあり、(放っておくと危険なので)イスラエルが非行に走らないことを期待して西欧超大国が武器を与えるように仕向けるために、これを利用しようと考えたのであった。言いかえるなら、彼は武力行動主義こそ、武器獲得のためには障害どころか、その助けになると考えていた。(原注3)

この武器調達に関する考え方の出発点からの相違は、次第に二つの対立する外交方針の違いへと発展していった。シャレットは、フランスとの外交で一応の成功を収めてはいたが、アメリカに最大の期待を寄せていた。彼の外交政策はアメリカ志向で、アメリカに政治的支援、安全保障、武器を求めていた。かくして武器調達は、共通の目的、とくに中東の安定と平和を促進するためにアメリカと緊密に推進する幅広い外交戦略と結びついたものであった。イスラエル国防省長官のシモン・ペレスは一貫して、アメリカがイスラエルに武器を供給するかどうか疑問を持っており、フランスとのパイプを作り上げるために粘り強く動いた。そのため彼は、通常の外交ルートではなく、フランス国防省との直接ルートを使った。ダヤンはすかさず、奥の手を使い、最終的にフランス志向を支持することで、ペレスに同調した。当初は、アメリカかフランスかはイスラエルの安全にとって重要な問題であるとは考えられていなかった。首脳陣はイスラエルの軍事力を強化する必要があることは全員一致で認めており、武器はどこの国からでも手に入れるつもりでいた。ところがその後、武器の出所が大きな違いを持つようになった。フランスは、イスラエルを対エジプト戦争に引き込むことを期待して武器提供を申し出てきたが、アメリカはその同盟国に対して、戦争をしないという条件でのイスラエルへの武器供給を許していた。

子分のダヤンやライバルのシャレットとは異なり、ベン＝グリオンは予防戦争、報復攻撃、武器調達、外交政策の方針など相関関係にある問題に関して、明確なあるいは一貫した方針を持っていなかった。十月二十三日の会議でベン＝グリオンはダヤンに、エジプトとの全面対決とナセル体制の打倒を企図した政策の推進にゴーサインを出していた。だが、彼が疑問や迷いを払拭し、エジプトとの対決の方法論を理論的に追求するまでにたっぷり一年を要した。

エジプトとの対決方針は十一月二日、クネセトでの組閣発表の際にベン＝グリオンから提案された。彼は例によって、合意に向けてどのアラブの指導者とも話し合う用意はあると言いつつも、エジプトからイスラエルに向けられた一方的戦争は長続きしない、という厳しい警告でしめくくった。

「もし陸上や海上で、イスラエルの権利が武力行為によって蹂躙されても、我々にはそれらの権利をもっとも効果的なやり方で守るための行動の自由が残されている。我々は（戦争よりも）平和を求める――

だがその犠牲にはならない」

この言葉を立証するため、イスラエル国防軍の大旅団が夜半に出動し、エル＝アウジャ非武装地帯近郊のアル＝サブハにあったエジプト軍基地を急襲――エジプト兵五十人を殺し、五十人を捕虜にして作戦は完了した。

アル＝サブハ急襲は、イスラエル国防軍が一九四八年以来行なってきた軍事作戦で最大のものであった。これは、ナセルを戦争に引っ張り出す総合戦略の一環として、ダヤンが計画したものであった。襲撃の夜、エジプト軍陣地の占領が完了したとき、ダヤンはほとんどが非武装地帯の外にあったエジプト領の占領地に翌日の午後まで駐留する許可をベン＝グリオンに求めた。彼は、イスラエル軍をエジプト領内に残しておくことで、ナセルの反撃指令を誘発できると予想したのである。しかし、ベン＝グリオンはこれを認めず、イスラエル軍は硝煙漂う戦場を後にした。(原注4) ダヤンが個人的にベン＝グリオンに忠誠を誓っていたことは疑いの余地がない。この作戦の司令官補佐を務めたウジ・ナルキス*は戦闘が終わった後の夜明け、ダヤンとともにジュベル（山脈）・サブハの頂に立っていた。ナルキスは、兵を引き上げないでここに残って戦いを「続けましょう」と進言した。ダヤンは言った。

「ベン＝グリオンにその許しをもらえなかった。彼の意思には逆らえない」(原注5)

ソ連圏からのエジプトへの武器供給は、中東紛争の和解を促進しようとする英米の新たなプレッシャーの形をとった外交の後退に引き続いて起こった。英米による和解提案は、一九五五年二月のアルファ計画に概要が示されている。アルファ計画の核心的要素は：イスラエル―エイラート間を切断せずにネゲヴの二つの三角地帯をエジプトとヨルダンに譲り両国間をつなぐ、いくつかの懸案になっている領土はヨルダンに譲る、イスラエルと隣国間の非武装地帯を割譲する、一定数のパレスチナ難民を帰還させ、残留者には補償を与える、ヨルダンの水源の分配で合意する、アラブ経済制裁を終息させる、西欧諸国が新国境線を保障する、であった。(原注6) アルファ計画は、四月のアンソニー・イーデン卿の演説や八月二十六日の米国務長官ジョン・フォスター・ダレスの演説の土台になった。イスラエルは敢然と、英米提案を蹴った。

最終的に、十一月十一日のギルドホール*での演説で、イーデンはダレスばりの直截的表現で、一九四七年の国連決議案の境界線と一九四九年の休戦ラインとの折衷案を提案した。ロンドンとワシントンは、エジプトとヨルダンの双方が非アラブ領土を通過せずに往来できるようにするための「陸橋」を確保できるよう、ネゲヴでのイスラエルの譲歩に賛成する、と明言した。これは、イスラエルからすればネゲヴの独占的支配を失うことを意味した。十一月十五日、ベン＝グリオンはクネセトで、これを基本にしたイーデンの仲介提案を断固として拒絶した。彼は言った。

「隣国のためにイスラエルの領土を削るという彼の提案は、法的、道義的、論理的根拠がなく、問題にならない」

ギルドホールの演説によって、イスラエルのイギリスに対する失望は敵意に変わった。この演説以前は、

ウジ・ナルキス：イスラエル国防軍将軍（一九二五〜一九九七）。イスラエル独立宣言後の一九四八年、エルサレム旧市街をめぐりヨルダン軍と戦った。フランス陸軍士官学校で学び、レジオンドヌールを叙勲し、一九六五年にイスラエル国防大学初代学長に就任した。一九六七年の六日戦争では前線司令官を務め、ダヤン、ラビンと共にエルサレム旧市街を占領した。一九六八年に退官、ユダヤ機関の重鎮となった。

ギルドホール：ロンドンのシティにある公会堂。数百年の歴史を持つ中世的建築物で公共機関のオフィスとしても使われている。最寄りの地下鉄駅はバンク、セント・ポール、ムーア・ゲート。

イギリスは道を誤っている、という見方が支配的だった。この演説以後は、イギリスは意図的に敵対している、と見なされた。イギリスの武器供給拒否は、イスラエルに領土的譲歩の拒否を不可能にさせるために仕組まれたのではないかと疑う見方が広がった。ベン＝グリオンも含めた多くのイスラエル人が、イギリスは自国の軍事目的のためにネゲヴの全部または一部をヨルダンに移そうとしていると考えた。そして、この疑いはますます強くなり、イスラエルの指導者たちは闘争心を燃え上がらせ、イスラエルはどんな状況になろうともその領土を一寸たりとも譲りはしない、と内外に宣言したのであった。(原注7)

領土の譲歩をめぐって、政治家と外交官が西欧諸国からの圧力に抵抗しているその時、ダヤンは領土拡張を画策していた。ダヤンは、直接軍事行動の提案を次から次へとベン＝グリオンに出した。十一月十日、ギルドホールの演説の翌日、ダヤンはベン＝グリオンに「イスラエルを潰すための戦争を渇望するエジプトの体制を変えるか、またはその政策を変えさせるための早期的対決」を求める覚書を送った。ダヤンがしたためた具体的進言の中には、エジプトによる、あるいはエジプトが主導する戦闘行為に対する猛反撃、ガザ地区の即時占領、アカバ湾の封鎖を破るためのシャルム・エル＝シェイクの占領準備などがあった。

ダヤンは三日後、この覚書をベン＝グリオンに会って口頭で補足し、できるだけ早期の軍事行動を要請した。ベン＝グリオンは、すでにエイラート封鎖を破る軍事行動に関心を示しており、「大いなる試金石」と呼んでいた。ダヤンは彼と話した際、チラン海峡制圧の狙いを持つオメール作戦を提起した。(原注8) この作戦計画は、チラン海峡まで艦船を派遣し、エジプトが発砲すればシナイ半島の東海岸沿いに戦車、トラックなどの装甲部隊を派遣し、海峡を制圧、確保する、というものであった。計画には、海軍と空軍の落下傘部隊の動員も含まれていた。ハイム・バール＝レヴ大佐指揮下の特殊部隊を待機させ、十二月末には準備完了する見通しになっていた。作戦立案者は、この作戦がエジプトとの全面戦争のきっかけになりうることを承知しており、したがってイスラエル国防軍はそのような成り行きに備えておかねばならなかった。(原注9)

おそらく、戦争になる恐れと、イギリスによるイスラエルに対する干渉の危険性があったので、ベン＝グリオンはチラン海峡を制圧する意欲を早くから見せることは控えていた。彼はダヤンに、アメリカから武器を獲得できる見通しが立ったので、オメール作戦は一月末まで延期すべきだと言った。それに対してダヤンは、アメリカの武器が来てからよりむしろアメリカの武器抜きでも今すぐ戦いたい、と答えた。ダヤンは、ベン＝グリオンはまだ最終的には決断してはいないが、軍事的解決より政治的解決の方を望んでいるという印象をはっきり受けて、その場を辞した。(原注10)

ベン＝グリオンはやっとのことでチラン海峡制圧計画を内閣に答申した。しかし、彼の説明にもかかわらず内閣は時期が適切でないという結論を出した。それでも内閣は、イスラエルは「しかるべき時期に、しかるべき場所で」動くべきである、と付け加えた。

この決定がダヤンに伝えられ、彼は十二月五日にベン＝グリオンに送った書簡で、チラン海峡の制圧は一カ月以内に決行すべきだと強硬に主張した。ダヤンは、オメール作戦の無期延期は作戦中止に等しいと理解した。それはまた、予防戦争に基本的に反対する決定と変わらない。ベン＝グリオンの個人的見解はどちらかと言えば曖昧模糊としていた。彼は計画を内閣に提案したものの、それに全力を傾けなかった。閣僚の大多数が反対し、自身の党の穏健派まで反対票を投じたときも、彼は対決しなかった。彼に相応しいのは行動主義であり、穏健主義は彼らしくない。行動派陣営は戦争を始める絶好のチャンスが消えてしまった、と思った。(原注11)

キネレット作戦

この年一九五五年は、当時きわめて論議の的になりながらも、満足のいく説明がまったくなされなかった、ウルトラ行動派のエピソードで終わりを迎えた――キネレット作戦がそれである。十二月十一日の夜、アリエル・シャロン中佐を司令官とする落下傘部隊がキネレット湖北東部湖畔にあったシリア軍の砲台基地を急襲した。キネレット湖は外国ではティベリアス湖またはガリラヤ湖としてよく知られている。この作戦は、一九四八年の戦争以来のイスラエル国防軍の作戦の中でも、もっとも残虐かつ手際よく実行されたものであった。落下傘部隊はシリア兵五十人を殺し、三十人を捕虜にした。味方の損害は、死者六人、負傷十人だった。この戦闘でシリア軍陣地はすべて瓦礫と化した。

キネレット作戦は、挑発されていないのにイスラエルが仕掛けた侵略行為である。陸海空からの三叉攻撃は長期にわたる計画と演習の成果だった。襲撃を実行する前に、予行演習と時間合わせを行なった証拠も残っている。襲撃の背景になったのは、シリアがガリラヤ湖北東部湖畔でイスラエル漁船の操業を妨害したことであった。しかし、シリアはイスラエル漁船ではなく警備船めがけて発砲しただけで、しかも沿岸から二百五十メートルの水上まで接近したときのことであった。しかも、キネレット作戦に先立って何ら異常事態が発生したわけでもなかった。イスラエル側は、周到に計画準備した襲撃をかけるためのほんのわずかな口実ができるのを待っていたのだ。だが、シリア側がその手に乗ってこないと見るや、イスラエル側は事件を挑発した。十二月十日、警察の船を沿岸にわざと接近させ、シリア側が発砲するよう挑発した。シリア兵が数回発砲し、イスラエル警備艇の塗料が剥がれるかすり傷を与えた。死者もけが人も出なかった。これがイスラエル国防軍の作戦の口実であった。現場にいたほとんどの人間が、懲らしめるに値する挑発ではなかったことを認めている。この判断は、ただ一点においてなされるべきである。シリアからの挑発はなかった、である。(原注12)

「オリーブの葉」作戦がこの作戦の正式名だったが、この作戦の実行許可を与えたのはベン＝グリオンただ一人である。彼は、内閣にも答申しなかったし、通告もしていない。外務省の誰とも相談していない。シャレットはアメリカにいて、武器確保のための絶望的努力を重ねていた。一方ベン＝グリオンは、首相、国防相に加えて、外相職まで兼務していた。十一月二十七日、シャレットはベン＝グリオンに電話し、幸先よいスタートを切ったせっかくの交渉に差し障るので、一切の報復攻撃を控えるよう念を押した。(原注13)

アメリカ側から十二月十二日に最終回答を出すという確約が得られた。ベン＝グリオンはシャレットに電話し、米国務省から回答が出るまでワシントンに残るよう指示した。ところが、アメリカからの回答が出される予定の日の前日に、ベン＝グリオンはシリア陣地襲撃許可を下したのである。シャレットはこの決定に対して無念やるかたないコメントを残している。

「国防大臣のベン＝グリオンは、外務大臣のベン＝グリオンに相談し、総理大臣のベン＝グリオンからゴーサインをもらった」

キネレット作戦のニュースはイスラエルの国民大衆には青天の霹靂だった。新聞記事を読んだ閣僚たちは唖然とした。行動派も穏健派も一様に、作戦の狙いとタイミング、そして首相から何の相談もなかったことを非難した。なぜ内閣が設定した政策路線を逸脱したのかを問いただし、今後はすべての軍事作戦に内閣の承認を得ることを要求した。ある閣僚は、国防軍は勝手に方針を立てて、それを政府に押し付けている、と責めた。他の閣僚は、国防軍は作戦の意図を拡大解釈し、与えられた命令を逸脱した疑いがある、と指摘した。

　ベン＝グリオンは、こうした批判に対して国防軍を擁護した。だが彼自身、作戦の結果に少なからず戸惑っていた。ダヤンとシャロンから報告を受けたとき、彼は喜ぶどころか、作戦は「うまく行き過ぎだ」と逆に文句をつけた。（原注15）襲撃の規模と意図を正確に規定していなかったベン＝グリオンは、大いに責められるべきであった。ベン＝グリオンは、オメール作戦を延期したかわりに、残念賞としてダヤンにシリアをやっつける仕事を与えた、とも言われた。この確証はない。アリエル・シャロンに言わせれば、「ダヤンの襲撃計画は、ベン＝グリオンが指示した規模をはるかに超えてしまっていた（原注16）」。ダヤンには、こうした大規模な襲撃を指令する個人的動機があった。第一に、シリア軍はイスラエル国防軍に負けたことがなかったので、そのシリア軍に壊滅的な軍事的敗北を与えることで、強敵のイメージと自信を粉砕したかったのだ。さらに、十月に交わされていたシリアとエジプトとの相互防衛条約を試金石にかけようとした。これでもしナセルが動かなければ、アラブ世界全体が口先だけの相互防衛かと見るだろうし、もしナセルが立ち上がれば、この地域的事件が対エジプト全面対決に発展する。（原注17）

　襲撃命令を出したとき、ベン＝グリオンはアメリカがどのように反応するかがわかっていたに違いない。おそらくこれが、彼が外務省や内閣の誰にも相談しなかった理由だろう。襲撃許可を出すことで、アメリカから武器を獲得しようとしていたシャレットの努力だけでなく、アメリカに対する、またアメリカとともに進める政治的戦略の全体的方針を台無しにしたのである。ウジ・ナルキスは、これはベン＝グリオンの意図だったと考えた。

ここには、シャレットを痛めつけようとするベン＝グリオンとダヤンの共同作業があったと思う。シャレットにボディーブローをお見舞いするために、作戦の規模を拡大したのだ。ダヤンとシャレットとの間にコミュニケーションはなかった。ダヤンはシャレットを馬鹿にしていた。国防相と参謀総長の二人は間違いなく、シャレットを陥れ、失脚させようと企んでいたのだ。この作戦は、シャレットつぶし攻撃の第一弾だった。(原注18)

ティベリアス襲撃で一番爆発したのはモシェ・シャレット、なる冗談が国防軍内で飛び交った。当のシャレットは、襲撃の一報を聞いたとき、怒り狂った。彼の日記にはこうある。

「目の前が真っ暗になった。武器交渉は台無しだ(原注19)」

彼は、ベン＝グリオンに抗議の電報を打って容赦なく責めた。電文は、イスラエルの政府は一つなのか、政策は一つなのか、自らの努力を破壊することが政策なのか、自らの目標を阻むことが政策なのか、と問いかけて終わっている。(原注20) シャレットはアバ・エバンに、私が武器調達で個人的に成功を収めるのを防ごうとして、ベン＝グリオンはキネレット襲撃を許したのではないか、という疑念を打ち明けている。エバンは、その自叙伝でこの重大局面についてこう語っている。

シャレットに、ベン＝グリオンと一緒に仕事を続ける気力がどれだけ残っていたのかはわからないが、それもガリラヤ湖襲撃の夜にすべて消え去ってしまったのではないだろうか。ベン＝グリオンが、シャレットと自分の異なる二つの行動路線をどのように調節していたのか、私もまったくわからない。彼は武器の必要を満たすために、シャレットに大きな努力を要求していた。そうする一方で、有利な回答を得られなくし、強い反発を呼ぶような軍事作戦にゴーサインを出した。この判断は間違いだと思う。国連安保理での相変わらずの議論と弾劾を経験した後の一九五六年一月、ベン＝グリオンに出した長い手紙に私は包み隠さず書いた。彼から秘書を通じてすぐに返事が来た。それにはこうあった。

「キネレット作戦に関するあなたの考えはよくわかった。私も、あれが正しかったのかどうか疑問に思い始めたと正直に言おう。しかし、安保理で私たちの行動を擁護したあなたのすばらしい演説原稿を熟読して、私は安心することができた。あなたは、我々が全面的に正しかったことを教えてくれた」

私はこの手紙が、ベン＝グリオンから聞きたいと思っていた悔悟の言葉に近いものだった分それだけ、いささかひねくれた答えだなと感じた。私が本国政府と議論したかったのは、軍事的必要か外交手段による防衛か、ということではなかった。異なる二つの軍事的要請――報復の必要と防衛のための武器の長期的必要(原注21)――の対立が問題だったのだ。私には、短期的目的が長期的目的を必要以上に圧倒したように思えた。

任務が徒労に終わり、帰国したシャレットの怒りはまだおさまっていなかった。空港に出迎えたベン

＝グリオンの軍事秘書官、ネヘミヤ・アルゴヴ大佐に彼はついこう言ってしまった。「味方に刺されるとはな（原注22）」

彼はマパイの執行部を前にして、キネレット襲撃作戦を「卑劣な行為（原注23）」と呼んだ。シャレットは十二月二十七日のマパイの党政治委員会でワシントン訪問について報告した。ダヤンがアメリカ寄りの選択に反対し、対エジプト戦争を志向する論陣を張っていたことは十分承知していた。また、参謀本部会議で参謀総長が、現行政権は宣戦布告しないだろうが、それでも軍は国境紛争から戦争へとこぎつけることはできる、と発言したという報告も受けていた（原注24）。そこでシャレットは、委員会で戦争反対の立場を激しく主張した。

私は予防戦争に反対する。なぜなら、全面戦争になるかも知れないからだ。エジプトだけが相手の戦争ではなく、銃火が我が国を取り巻くだろう。私は予防戦争に反対する。なぜなら、独立戦争では起きなかった事が起きるからだ。具体的には、超大国が我々に干渉してくるだろう。私は予防戦争に反対する。なぜなら、国連が我々に不利な決定を下すだろうからだ。私は予防戦争に反対する。なぜなら、国土が疲弊し、入植地が破壊され、多くの血が流されるからだ（原注25）。

それからシャレットは、キネレット襲撃の破壊的効果に話を向けた。「悪魔でさえ、あれほどまでに最悪の時を選ばなかっただろう」。彼は、怒りで高まった大声を張り上げていた。ベン＝グリオンは、上座に座って下さいとの議長の招きを断って隅に座っていた。ベン＝グリオンの隣に座っていたギデオン・ラファエルの話では、悪魔という言葉を聞いたとき、「ベン＝グリオンの体は、銃で撃たれたようにがくっと揺れ、そっと後ろにもたれかかった。その言葉がどれだけショックだったのかを私は体感した。誰もが固唾を呑んで話を聞いていた。バランスを失った綱渡り芸人を見ているかのようだった……ベン＝グリオンとシャレットのはかない関係は、限界に達したのだ（原注26）」

イスラエルの国際的立場に与えたダメージは大きかった。イスラエルの政策決定者の精神状態を疑問視する声さえ聞かれた。キネレット作戦の規模と、イスラエルが主張するところのその原因との間の明々白々のアンバランスに、イスラエルはこれまでになく不利な立場に立たされた。この事件に関する国連安保理の討議では、それまでのどんな議論にも見られなかったほどイスラエルは孤立した。十一の理事国がイスラエルを非難し、シリアの穏健な対応と自制的態度を評価する内容の発言をした。一九五六年一月十九日、安保理は今回の事件に関するイスラエル弾劾決議を採択、それに先行するイスラエルの停戦協定違反を指摘し、これらの協定を順守するようイスラエルに要求、今後違反があった場合には制裁処分を科す、と警告した（原注27）。

キネレット襲撃のもっとも高くついた損失は、アメリカが対イスラエル武器供給を拒否したことであった。ベン＝グリオンは、襲撃がなかったとしてもダレスはイスラエルに武器をまわさなかっただろう、と言い張った。シャレットとエバンは、この言い分は愚劣だと思った。というのは、ダレスがまだ決断していなかったにしても、「ノー」と言わせるだけの完璧な口実を与えたのはイスラエルが犯した大きな過ちだったからだ。ベン＝グリオンは、ダレスは安全保障と武器の二つを餌にイスラエルをあざむいただけだ、と考えた。ベン＝グリオンは、もしこちらの要求を無視するのならイスラエルは一切の抑制を拒否し、したいようにさせてもらうと、軍事行動に訴えることによって伝えようとした。シャレットとエバンは、ダレスをそう簡単には逃がすまいと回答まで数日待つことにした。二人は、自分たちの忍耐強い入念な外交的基礎づくりが、ベン＝グリオンの衝動的な性格によって滅茶苦茶にされたと感じていた。その他の行動派の中には、外交軽視もはなはだしい者がいた。モシェ・ダヤンやヨセフ・テコアに至っては、エバンと彼の外交努力をせせら笑っていた。キネレット襲撃で、国防省と外務省との断絶があらためて如実に実証された。(原注28)

この期間におけるアメリカ政府の活動報告書が刊行され、シャレットとエバンの正当性が証明され、ベン＝グリオン、ダヤンほか攻撃擁護派の主張は決定的に否定された。ダレスは、イスラエルに武器を売る決断を下していたのだ。彼は、防衛的武器と、戦車や飛行機のような攻撃的武器とを区別しており、前者に関してはすぐに、そして後者は翌年から数回に分けて供給する提案を出していた。そして、イスラエルが攻撃を受けた場合は、当面は一九五〇年の三者間声明*に則してイスラエルに妥当な保障を与える、としていた。(原注29) ところが十二月十三日、エバンはイスラエルの武器供給の要請に対する結論が延期されたと知らされた。延期の主たる理由は、シリア国境で最近起きた事件であった。(原注30)

また公式記録にも、多くのイスラエル人が思っていたほどダレスがイスラエル人に敵意を抱いてはいなかったこと、そしてこれは絶対に間違いないのだが、イスラエルが潰されるような目には遭わせたくないと思っていたことが表われている。彼は、イスラエルの軍事力をアラブ敵国の軍事力と肩を並べさせたと

一九五〇年の三者間声明：アラブ・イスラエル休戦協定が規定した領土的現状を保障した米英仏の共同声明。両陣営の武力行使に反対し、休戦ラインの不可侵と地域における平和と安定を守ることを求めた。また両陣営の軍拡競争に重ねて反対を表明した。

ころで、それだけで安全保障にはならない、と考えていた。アラブとの和平のみがイスラエルを生き延びさせてくれる。彼の考えでは、和平を実現するためにイスラエルは、領土的譲歩とパレスチナ難民十万人の受け入れに備えなければならない。ダレスも、イスラエル人が言っていたほど武器問題に関して頑固ではなかった。彼は、イスラエルにはエジプトがソ連と確約を取ったのと同等で同質の武器が西側諸国から供給されるべきであるという考えだった。しかし彼は、中東の二極化は避けたいと心を砕いていた。彼は、アメリカだけがイスラエルの攻撃的武器の供給者になるのを望まなかったのだが、そうかと言ってアラブ世界をソ連に渡したくはなかった。この命題に対する彼の答は、フランスとカナダに武器、とくに戦闘機をイスラエルに売るよう薦めることであった。キネレット襲撃は、西側諸国の武器供給に関する政策がイスラエルに好都合な形に変わりつつある時に起きた。イスラエルを直接支援するというアメリカの展望を潰してしまったのだ。

エジプトとの戦争の問題については、内閣でも多数派がシャレット側についた。ベン＝グリオンは十二月半ば、参謀本部会議で政府の立場を説明するだけでなく、それを弁護する責任を引き受けた。まず初めに彼は、エジプトが着実に力を着けてきており、これに迅速に対応しないとエジプトに壊滅的打撃を与える機会を失ってしまう、という主張の背景にある論理は認めた。しかし、彼自身も含め、なぜ内閣がこぞって予防戦争に反対するのかについて詳しく説明した。その理由は、戦争に伴う物質的損害や破壊全般、英国がイスラエルの敵国側に立って介入してくるおそれ、イスラエルが国際平和に対する脅威と位置づけられることで東西両陣営が武器供給を拒否し、結果的にイスラエルが弱体化し、以後のアラブとの戦いで孤立すること、などであった。(原注31)

カレンダーは一九五五年から一九五六年へと変わり、予防戦争という考え方は政府内ではもはやまともには話題にされなくなった。議論は「戦争か平和か」ではなかった。それはこの時期、平和は一つの意見としては扱われていなかったからだ。議論は、戦争を始めようとする側と、イスラエルとエジプトの軍事力の均衡を再構築するために、あらゆる外交的手段を駆使しようとする側との間で交わされていた。先年十月に、エジプトとの戦争を実際に引き起こすための戦略づくりに着手していたベン＝グリオンは年末に向かって、第二弾の考えを持ち始めていた。ナセルの意図についての考えは変わらなかった。一九五六年一月中旬の安全保障情勢の評価を問われたベン＝グリオンは、ナセルはできると思えばイスラエル国を潰しにかかってくる、これは絶対に間違いない、と答弁した。(原注32) これは、少なくとも当面は戦争を自らしかける政策を放棄するべくベン＝グリオンが進めた、イスラエルの単独行動が孕む危険に対する認識であった。

シャレットの力を奪うために企てられたはずのキネレット襲撃は逆説的に、彼の政権内での影響力を少なくとも一時的に高める結果になった。シャレットは、イスラエル国防軍はその名に相応しく純粋に防衛のみに集中して貢献すべきであると考えていた。彼は、軍事力の重要性を理解し、イスラエル国防軍のための武器の追加増強のための努力を惜しまなかったが、この軍事力を攻撃のためではなく抑止力として使うことを求めた。(原注33)

キネレット襲撃の後、シャレットの主張が持つ力は内閣で幅広く評価されるようになり、シャレットは一月十六日、あらためて武器の供給を要請する書簡をダレス宛に送った。

「エジプトと同質の武器こそ、我々の唯一の安全装置——エジプトの侵略に対する唯一の効果的な抑止力になろうとしているのです」
この要請には、正式な裏書保証が添えられていた。
「私は、以下のように申し上げる許可を政府から得ております。もし、然るべき武器を与えられたなら、それは防衛目的のためにだけ使用されるものであり、戦争および地域の安定の破壊を回避することが、我が国の政策と行動の最重要事項であります」(原注34)
これは、モシェ・ダヤンが肩入れしていた政策とはほとんど正反対であった。政府は、もし武器供給を断られても責任ある行動をとり、問題を起こしたりする恐れはなかった。

アンダーソン・ミッション

米大統領、ドワイト・アイゼンハワーは、ベン＝グリオンとナセルとの相互理解の可能性を探るために、大きな一手を打った。親友で、前国防長官補佐官のロバート・アンダーソンを中東に派遣したのである。暗号名、ガンマ作戦と呼ばれたこのミッションは、和解の交渉と、もし可能ならば両指導者の直接会談の実現を目的に、一九五五年十一月に計画がスタートした。アンダーソンは、一九五五年十二月から一九五六年三月までの間に、アテネとワシントンを往復しながらカイロとエルサレム間の会談を三回、極秘で演出した。(原注35)
大統領が関与し、密使の地位も高いことから、イスラエルではこのガンマ作戦は非常に真剣に受け止められたが、成功の確率は高くは見られていなかった。ナセルがもっとも心配していたのは、アンダーソン

・ミッションの情報が絶対に漏洩しないことであった。彼はこの秘密を二人の同僚としか共有しなかった。彼らは、夜間に民間のアパートでアンダーソンと会合し、翌朝何事もなかったようにオフィスに戻っていた。しかし、ベン＝グリオンとナセルは、合意が可能だとは考えていなかったにもかかわらず、それぞれ自分なりの行程表を準備していた。二人ともアメリカの好意を期待していた。ベン＝グリオンは武器を手に入れるため、ナセルはアスワン・ハイ・ダム建設のための経済援助を得るためであった。しかも、会談が不成功に終わったとしても、お互い失敗を相手のせいにできるというのが好都合だった。

会談における両者の基本的立場に注目すべきものはなかった。ナセルは、エジプトとヨルダンの地勢上の連携を作るためにネゲヴの相当部分を要求した。彼はまた、パレスチナ難民が帰還するか、補償金をもらって再入植するかを自由選択させるよう、イスラエルに求めた。ベン＝グリオンとシャレットは、小規模の領土的調整と難民問題の解決に役立てるために話し合う用意はあったが、あくまで直接和平交渉の枠内に限定していた。

ベン＝グリオンは、ナセルとの一対一の直接会談に最大の重要性をおいた。彼は、イスラエルが昔から主張してきたとおり、イスラエルが存在する権利をアラブが認めないことが和解の道を塞ぐ障害になっている、と繰り返した。この十二年後に、彼は珍しくロバート・アンダーソンとの会談の行程表について書いた文を発表した。その中では、アンダーソンのことを実名ではなくただの「密使」と表現している。ベン＝グリオンはこの文章を最初は新聞に、その後『ナセルとの交渉』と題した小冊子で発表した。これを出版した動機は間違いなく、自分は最善を尽くしたがナセルのせいで会談は失敗した、と言いたいがためであった。だが、行程表にはっきり見てとれるのは、筋が通っているように見せかけながら、交渉が暗礁に乗り上げた責任を相手のナセルに押し付ける、ベン＝グリオンの昔からのやり方である。これは、独立前の時期に大ムフティのハジ・アミン・アル＝フセイニや他のアラブ人指導者相手に彼が多用した戦術である。彼は、ナセルを相手にまたこの手を使った。ナセルの真意をつかむには、一対一の会談を執拗に追求することだ。どれだけ高い地位の優れた人格者であっても、当事者同士の直接の対面に勝る仲介者にはなれない、と彼は言った。ベン＝グリオンはアンダーソンに言った。もし、彼がナセルと膝を突き合わせて話し合うことができたなら、和平は二日か三日で実現する。これは、いかにももっともな申し出に思われたが、ベン＝グリオン自身がわかりすぎるほどよくわかっていたように、ナセルが応じてくる可能性は万に一つもなかった。なぜならば、イスラエルを承認してはならない、というアラブ世界の厳格なタブー、敵と言葉を交わしてはならない、というアラブ世界の厳格なタブーがあったからだ。ベン＝グリオンはこうして、相手を引き合いに出して点を稼ごうとしたに過ぎない。

アンダーソンは、ベン＝グリオンの一対一首脳会談の希望に応えようと全力でナセルを説得したが、ナセルはこの考えを拒絶した。エジプトの国民もエジプト軍も、またアラブ諸国の国民もこのような会談を認めないだろう。ナセルはこれ以外に、二点付け加えた。一つは、イスラエルはエジプトだけの問題ではなく、アラブ全体の問題なのであり、エジプトは他のアラブ諸国と歩調を合わせる必要がある。二つ、エジプトに関するかぎり、イスラエルと和解できる唯一の出発点は一九四七年の国連分割決議である。これは当然、イスラエルからすれば話にならない。

アンダーソンは両国のギャップを橋渡しできず、仲介が失敗に終わったことを理解した。アンダーソンの報告書には、ナセルがアブドゥッラー王暗殺の件を四回も口にしたと書かれている。彼は、アメリカと話し合う意志はあった。そのアメリカは、イスラエルと話ができる。しかしながら、イスラエル人をエジプトに呼ぶような危ない橋は渡れなかった。アイゼンハワーは両者を責めた。「ナセルは正真正銘の障害物」で、その一方イスラエルは「和平を実現するために何一つ譲る気がない、正真正銘の石頭」だ、と。

ベン＝グリオンは、初めからアンダーソン・ミッションは失敗するに決まっていると思っていた。(原注36) ナセルが対イスラエル戦争を志向しているものと固く信じて疑わず、エジプトが得ている武器に匹敵するアメリカからの武器がよだれが出るほどほしかった。アンダーソンがイスラエルにやって来る前から、ベン＝グリオンはモサドの長官、イサル・ハルエルを密使としてワシントンに送り、ダレスの弟でCIA長官のアレン・ダレスと会わせている。ハルエルが伝えたメッセージは、イスラエルに武器を供給すれば戦争は回避できるが、拒否すれば戦争を探し求めるはめになる、というものだった。ハルエルはアレン・ダレスに、チェコとエジプトとの武器取引が判明した後、ベン＝グリオンにエジプト軍打倒の軍事行動を起こし、ナセルの転覆を図るよう進言したことがあったと打ち明けた。ベン＝グリオンは、この進言をはねつけたのだったが、それこそ彼の真正さと穏健性を証明するものです、とハルエルは言った。(原注37)

アンダーソン・ミッションの進行中、ベン＝グリオンはアメリカの仲介にはあまり興味を示さず、武器供給を要求し続けていた。二月十四日、彼はアイゼンハワーに書簡を送り、ナセルは中東における西欧の利益と、イスラエルの安全に対する脅威であると位置づけ、重ねてイスラエルへの武器供給拒否に抗議した。三月九日、ベン＝グリオンはアンダーソンとの最後の会談で警告を発した。和平の実現は不可能である。しかし、戦争を防ぐ道は一つある。その唯一の道とは、イスラエルに防衛のための武器を持たせることである。もしイスラエルがこれに対する好意的回答を得られなかったら、「その場合には、我々にできることはただ一つだけだ。自分たちの安全は、自分たち自身で守る」。この言葉の裏には、アメリカが武器の供給を断り続けるのならイスラエルは戦争に訴えるぞ、という脅しが隠されていた。

アンダーソン・ミッションは国連事務総長、ダグ・ハマーショルド*の中東地域ミッションと平行していた。しかし、アンダーソンの目的がイスラエルとエジプトとの和平合意を促進することにあったのに対し、ハマーショルドの目的は休戦を確定させるというはるかに限定されたものであり、またアンダーソンの任務は秘密にされていたが、ハマーショルドの任務は公的なものであった。ハマーショルドは、一九五六年の一月、四月、七月と三回にわたり中東を訪問し、いずれの場合もベン＝グリオンとナセルに会っている。彼の目的は、イスラエル—エジプト国境線の緊張緩和と、とくにエル＝アウジャ*の国境線を跨ぐ非武装地帯の問題解決にあった。両国とも、この地域に部隊を送り込んで、非武装地帯内に休戦協定に違反する要塞を建設していた。一九五五年末ごろから、イスラエルのスポークスマンはこの地域をニツァナと呼び、国連管轄下の非武装地帯ではなく、まるでイスラエル領のように扱っていた。十一月三日、ハマーショルドは論争解決のために三点計画案を提起した。両方とも計画案を受け入れたが、イスラエル側はエジプトが先に撤退することにこだわり、エジプト側はイスラエルが先に撤退することにこだわった結果、膠着状態が続いた。

ハマーショルドとの交渉はイスラエルで国内論争になった。これは、休戦体制と国連との関係に関するベン＝グリオンとシャレットの根強い意見の相違と密接に関わっていた。ベン＝グリオンは交渉に深く首を突っ込み、軍の意見、とくにモシェ・ダヤンの意見に大きく依存した。検討しなければならない具体的問題は、非武装地帯におけるイスラエルの存在を拡大するのか、それとも国連事務総長と協力して平和的解決を図るのか、であった。ダヤンとヨセフ・テコアは、エル＝アウジャ非武装地帯を、シリア国境線の非武装地帯の場合のように、イスラエル領土の一部にすることを主張した。彼らの狙いは、国連を無視し、イスラエルの一方的支配に対するエジプトの反応を誘発することにあった。ベン＝グリオンはこれよりは穏やかだったけれども、主権問題と、とくに戦時下における戦略的重要性からエル＝アウジャから撤退する意志は持っていなかった。

シャレットは反対に、休戦協定の厳格な順守を支持した。絶えずエジプトにケンカを売るような政策は、イスラエルと国連との対立まで引き起こすもので、彼はこれに反対した。非武装地帯の現状（ステータス・クオ）を受け入れ、イスラエルの存続に関わる利害を犠牲にしなくても、対話し妥協する余地は残されている、と彼は考えていた。彼の短期的目標は、緊張を和らげ、イスラエル－エジプト関係の漸次的改善を創出することであった。(原注38)

ダヤンは国連とは妥協したがらず、農民に変装した兵士を送り込みイスラエルによる非武装地帯の支配拡大を主張した。ベン＝グリオンは、非武装地帯に「民間人」の入植地を新たに二ヵ所建設する許可を内

ダグ・ハマーショルド：スウェーデンの外交官、第二代国連事務総長（一九〇五～一九六一）。一九五三年に国連事務総長に就任。一九五五年、中華人民共和国に赴き、朝鮮戦争で捕虜となったアメリカ人パイロット十五人の釈放交渉に成功した。一九五六年のスエズ戦争では、第一次国際連合緊急軍（UNEF）を組織した。一九六一年六月十七日夜、コンゴ動乱の停戦調停に赴く途上で、搭乗機が北ローデシア（現在のザンビア）のンドラで墜落して亡くなった。没後にノーベル平和賞を受賞した。

エル・アウジャ：ネゲヴ砂漠の西、シナイ半島の東部、ガザから六十キロの地点にある交易の中継地。現在はイスラエル南部のニッツァナ軍事基地がおかれている。一九四九年の休戦協定で非武装地帯に指定され、国連休戦監視機構の監視下にある。

閣に提案してもらいたい、とダヤンから進言された。もしそうなると、三点計画案の適用の都合上、ハマーショルドとの論争が激化するのを懸念したシャレットは、全体的状況が把握できるまで提案を控えるようベン＝グリオンに強く要請した。だがベン＝グリオンは、三月十八日の閣議で提案を強行した。また も少数の賛成しか得られず、この計画は流れた。(原注39)

四月初旬、事態は膨れ上がり、どちらも国境線の兵力を大きく増強し、両国関係が全体的に緊張を高めた。国連安保理は四月四日、この急速に悪化しつつある状況を直接現地に赴いて調査するよう事務総長に要請、即刻ハマーショルドが中東に飛んだ。

しかし、イスラエル国防軍は彼の到着前夜、エジプトの国境線沿いの入植地への砲撃に対する直接報復として、ガザ都市部に大空襲をかけた。エジプト人市民六十人が死亡、百人以上が負傷した。これがガザからのフェダイーンの波状攻撃を誘発、イスラエルの中心部で大量の犠牲者と被害を出した。(原注40) ハマーショルドはナセルとベン＝グリオンと会見したが、二人とも怒っており、好戦的な心理状態であった。ナセルは、イスラエル国内にフェダイーンを送り込み、市民を殺害するという唯一の効果的な武器で報復した。彼は、ベン＝グリオンが依って立つ唯一の主義が何なのかを知っていた。それは、「目には目を」であった。ナセルはベン＝グリオンのお株を奪ったのである。(原注41)

ベン＝グリオンは、ハマーショルドがエジプトの肩を持っていると思っており、二人の話し合いはとげとげしく、非生産的なものになった。五月六日の安保理での報告で、ハマーショルドはイスラエルの停戦協定違反をあからさまに批判している。シャレットは、イスラエルと国際機関の関係が着実に悪化していくのを傍観するしかなかった。

シャレットの失脚

モシェ・シャレットは、アンバランスな時代にあってもバランスを保ち、暴力の時代にあっても平和を求め、交渉を拒む社会にあっても交渉し、妥協を卑怯と同一視する政治風土にあっても妥協した人であった。彼とベン＝グリオンが性格的に合わないことはかねてからはっきりしていた。しかし、二人の間に頻発した政策的衝突の原点は、国際社会におけるイスラエルのあり方に対する考え方の違いにある。ベン＝グリオンは、ユダヤ革命の大いなる信奉者であった。彼の主義の中心軸は、独立独歩であった。彼は、歴史的故郷で甦ったユダヤ人国家は、それ自身の法律を制定し、独自の道徳的規範に導かれるものと固く信じていた。シャレットは、ユダヤ人の特殊さよりも、その一般性を強調していた。彼の主義の中心軸は、国際協力と対立の平和的解決にあった。彼は、イスラエルは国際法と広汎な国際的行動規範に順ずるべきだと固く信じており、またイスラエルを国際社会の恥ずかしくない責任ある一員にするのだという志を抱いていた。

一九五六年の春、フランスとのつながりをめぐる対立で、穏健派の旗頭と行動派の旗頭との緊張関係が高まった。基本的に、この時期に進展していたイスラエルとフランスとの同盟関係は、両国の外務省を迂回して、それぞれの国防省の間で成立していた。外務省の長として、またアングロ・サクソン志向派の中心的リーダーの立場にあったシャレットは、フランス志向派の中心的リーダーであるシモン・ペレス、モシェ・ダヤンとの負けいくさを余儀なくされた。フランスとの同盟には、エジプトと戦火を交えようとするイスラエルの意志が前提になっていた以上、同盟に関する論争は予防戦争に関する大テーマと交錯した。ベン＝グリオンはフランス志向に鞍替えするのに手間取ったが、いったん決断するや彼特有のスピードと決断力で、武器獲得に関する全指揮権を外務省から国防相に移管し、六月十日には対エジプト共同軍事作戦をも視野に入れた将来的協力関係について、フランスと秘密交渉する権限をダヤンに与えた。(原注42)

フランスと共謀して対エジプト戦争を準備する政策と、アメリカと協力して平和を維持しようとする政策とが真正面から対立し、ベン＝グリオンは首相の自分が辞職するか、外務大臣を辞職させるかの選択を迫られた。彼は、お前が辞めなければ自分が辞めると脅しつつシャレットに辞職を迫り、一九五六年一月半ば、シャレットは辞表を提出した。シャレットがたった一つ要求したのは、要職の首のすげ替えが必要になったほどの政策論上の対立についての党幹部による公開討論であったが、ベン＝グリオンはそれなら自分が辞める、と言って議論させなかった。内閣でも語られなかった。結果的に、シャレット下野の下地になった政策対立の中身は党内討論では議論されなかった。シャレットは内閣でこそ、ベン＝グリオンのいくつかの提案にしばしば異議を唱えはしたが、同盟国が見ている前では決してベン＝グリオンの対アラブ政策の基調に異議を唱えたりはしなかった。(原注43)両者の政策の不一致については、ベン＝グリオンはクネセトで、今や国内の治安情勢は悪化しており、この国が外務省と国防省の緊密な協力体制と外務省の新指導者を必要としていることを示唆するものだ、と差し障りなく匂わせた程度であった。(原注44)

シャレット放逐の裏に隠されていた本当の理由は、彼が対アラブ紛争におけるベン＝グリオンの好戦的政策に代わるものを提起したからである。すでに見たように、重要案件においては閣僚の大多数がシャレットの下に結集することが多かった。シャレット内閣で国防大臣を務めた半年間、ベン＝グリオンは二度の手痛い敗北を喫している。一つはガザ地区占領案、もう一つは休戦協定破棄の提案である。そして、シャレットに代わり首相になってからも、外務大臣のせいでさらに二度敗けている。一度目はチラン海峡制圧のためのオメール作戦、それからエル＝アウジャ非武装地帯における新入植地建設提案の否決である。これらの決議はすべて、ベン＝グリオンが追求を企んでいた好戦的路線を回避させたものであったが、政権内のマパイ党員多数派が支持した政策が、大多数が非マパイ党員からなる「シャレット主義」閣僚によって否決されたのはまったく我慢ならないものだと彼は思っていた。(原注45)

ベン＝グリオンは、対エジプト戦争は避けられないという結論に傾いており、シャレットが先制攻撃に反対するのもわかっていた。彼はまた、シャレットが内閣多数派を動かして開戦案に反対票を投じさせることもわかっていた。ベン＝グリオンの腹の中では開戦の決定はまだ具体化していなかったが、いずれは内閣に自分の意志を選択させるつもりでいたし、この選択に誰の政治生命がかかっていようがそんなことはどうでもよかった。

ベン＝グリオンは、シャレットを排除することにより、反対勢力の中枢と彼の方針に対する政権および党内部の反対派の中核部分を追放した。シャレットの後を引き継いだゴルダ・メイアは、首相の最高権力者としての権威と、外務大臣の主たる役目は国防体制のスポークスマンである、という彼の概念とを無条件に受け入れた、ベン＝グリオンの息がかかった外務大臣であった。ベン＝グリオンが後に打ち明けたところでは、国際問題に無知なところが外務大臣としての彼女の適性の一つで、だからこそ彼の尖兵は外交ルートを通さない奥の手でフランスからの武器獲得に動くことができたという。(原注46) シャレットが、自分は戦争へと進む流れを止めるブレーキの役割を果たす、と力説したのに対し、ゴルダ・メイアが予防戦争の必要を認めたことがすべてであった。シャレットが去ったことには、このように二重の意味があった。イスラエルとアラブとの関係に対する穏健派の最終的敗北とベン＝グリオン主義の最終的勝利、そして数ヵ月以内にイスラエルをエジプトとの全面戦争へと導く道程に立ちはだかる最大の内部的障害の克服であった。

フレンチ・コネクション

対エジプト戦争は、イスラエルのフランス志向の外交政策と密接に関連していた。一九五六年の最初の数ヵ月は、ベン＝グリオンも対エジプト予防戦争計画を一時的に放棄していた。ところが、四月にアメリカが最終的にイスラエルの武器供給要請を拒否し、それが転換点になった。この時以降、ベン＝グリオンはイスラエルの最新兵器の需要を満足させるため、フランスに目を移した。彼はフランスを、武器供給元として、またアメリカに代わる同盟国として選択したのではない。アメリカから武器を手に入れる望みが消滅したので、単純にフランスの方を向いただけであった。イスラエルの外交政策にフランス志向が出てきたのは、熟慮した結果の選択ではなく、対アメリカ外交政策が失敗した結果にすぎない（原注47）。そして、フランスとのこれまでにない親密な関係の流れから、予防戦争の概念が復活する。

フレンチ・コネクションあるいは地中海を結ぶ橋、とも言われたイスラエル―フランス裏ルートの仕掛人は、国防省長官のシモン・ペレスであった。ペレスはイデオローグではなく、テクノクラートであり、卓越したプラグマティストであった。彼の関心は、外交政策の方向性ではなく、イスラエルの武器を手に入れることにあった。彼は、現実的理由だけで行動した。彼は、イスラエルへの武器供給封鎖状況をいかに打破するかを考え、フランスが最高の機会を提供しているという結論に達した。(原注48)

イスラエルとフランスとの関係は、武器供給に始まり、政治的、軍事的協力へと発展し、そして対エジプト共同戦争で最高潮に達した。武器供給における最初の大きな転換点は、一九五五年十月に首相のエドガール・フォールがウラガン戦闘機二十四機、輸送機数機、相当数の中距離砲と大量の小型武器の供給をシャレットに確約したときであった。一九五六年二月初旬、フランスでギー・モレ*の急進党との連立社会主義政権が成立し、急進党代表の国防大臣モーリス・ブルジェス＝モヌリー*が国防大臣になった。当時エジプトは、フランスからの独立をめざすアルジェリア民族解放戦線（ＦＬＮ）*によるアルジェリア反植民地闘争の支援を強化していた。

エジプトを共通の敵とする二つの国は急接近した。フランス軍の優先事項は一にも二にもアルジェリアであった。イスラエルは、エジプトのアルジェリア反乱支援の情報をフランスに伝えたが、その中身は誇

ギー・モレ：フランスの社会主義政治家（一九〇五～一九七五）。元レジスタンスで一九四六年に社会党書記長、一九五六年首相に任命され、急進党との連立内閣が成立。マンデス・フランスとともにアルジェリア、チュニジア、モロッコ植民地からの撤退を主張した。

モリス・ブルジェス＝モヌリー：フランスの急進的社会主義政治家（一九一四～一九九三）。ギー・モレ内閣の国防大臣を経て、一九五七年のスエズ危機に首相に就任したが半年でガイヤール内閣に代わった。

アルジェリア民族解放戦線（ＦＬＮ）：一九五四年に結成されたフランスからの独立闘争組織。エジプトの強力な武器援助を得て一九六二年三月のエビアン協定で独立を達成した。独立後初のベンベラ大統領は一九六五年のクーデターでブーメディエン大統領に代わり、再び軍による暗殺クーデターでＦＬＮは一時期権力を失ったが、一九九九年に権力を奪還した。

張されていた。フランスは、ナセルを叩き出すだけでアルジェリアの反乱は潰せると踏んだ。この推論に確たる根拠はなかったが、イスラエルはかまわずフランスを焚きつけた。そして、アルジェリアの反乱が勢いを強めてくると、それが一九五〇年に英米と調印した三ヵ国間協定違反になるのもかまわず、フランスは武器供給の規制を緩和した。

最初、社会主義者の外務大臣、クリスチャン・ピノーは、アルジェリア革命から手を引かせようとナセルの前に人参をぶら下げる策をとり続けようとした。しかし、モレとブルジェス＝モヌリーが支持した鞭の政策が優勢になった。鞭とはイスラエルであり、鞭の政策とは、イスラエルの軍事力を使ってナセルを脅し、彼を中東に釘付けにすることであった。その長期的目標はナセルを弱体化させ、彼が指導者だった汎アラブ運動を弱体化させ、アルジェリア革命を抑圧するチャンスを広げることにあった。

この年の夏、イスラエルとフランスの密接な関係は国防レベルの諸段階において発展を見せた。フランス側の中心人物は、ブルジェス＝モヌリーとその補佐官のルイ・マンジャン、国防長官のアベル・トマス。イスラエル側では、ペレス、ダヤン、軍情報部長のイェホシャファト・ハルカビ少将、駐仏国防省代表ヨセフ・ナハミアスであった。双方の高官同士の個人的関係は友好的で気さくなものだった。両国の外交官はジョークのネタにされた。ペレスは反対派グループからのけ者にされているが、それは彼らが作っているのは外交政策ではなくて外国の政策だから、などと言われた。フランス軍の将軍たちは、ダヤンが第二次世界大戦のシリア戦線でヴィシー政権フランスと戦った英国軍に従軍していたときに失った目のことを平気でからかった。ダヤンは利口で、ひねくれ者で、狡猾だったが、こうした性格は、外務省高官を排除する役目や、武器のやり取りの上での手抜きや、政治的、法的規制を乗り越えたりするのに好都合だった。

彼はよく言っていた。

「私は名声などどうでもよい。とくに他人の名声などは」

まさにひねくれ者であるがゆえに、ダヤンはフランスがイスラエルに武器を供給するのは利他主義とか社会的連帯感などではなく、私利私欲に根ざしていることをつかんでいた。彼はベン＝グリオンに言った。

「アルジェリア問題を本気で手伝ってやれば、フランスは武器を都合してくれます。手伝うというのは、エジプト人を殺すことです。それだけです(原注50)」

六月の終わりごろ、両国の軍上層部の正式の、しかし秘密の会議がパリ郊外ヴェルマールの城で持たれた。イスラエル代表は、ペレス、ダヤン、ハルカビ、ナハミアスであった。ダヤンは周到に準備した基調報告で、ナセルが中東全体と北アフリカで引き起こしている危険について語った。ナセルが目標としているのは、この地域におけるヨーロッパの影響を排除し、エジプトをソ連軍事力の前線基地にすることだ、と彼は言った。イスラエルはアラブ世界全体と反目してはいない。イスラエルが対立しているのはナセルであり、彼を打倒することが目標である。ソ連の基地建設を阻止することは国際的かつイスラエルの利益でもある。イスラエルは、軍事的、政治的領域においてフランスとともに対ナセルの共同行動を起こす準備を整えている。ナセルが夢に描いているアラブ帝国は、まずもってイスラエルを征服することなくしては実現できない。イスラエルが存在する限り、ナセルはその野望を実現できないだろう。いくら小さな勝利でも、イスラエルに一つでも多く勝つこと、それがナセルを前進させる。ここにイスラエルが強くあらねばならない重要性がある。イスラエルに絶対的に必要なのは、戦車と飛行機、この二つである。ダヤンは、最終的にはナセルはイスラエルを攻めてくるに違いない、と指摘した。彼は、直接的であれ間接的であれ、フランスがナセルを打倒し、エジプトの攻撃に備えてイスラエルを強化する目的で、イスラエル人に協力する用意があるのかどうかを確かめようとした。

フランス代表は、ダヤンの分析と提案を承認したが、ただしナセルを打倒することは政治的事柄であって、フランス政府がこの行動方針で動くということを確約する権限は持たない、とした。ナセルの指導力をなくすための共同行動はできる限りこれを追求する。ダヤンにはこれで十分だった。肝心なのは、中東におけるヨーロッパの影響を破壊して親ソ路線に鞍替えする、というのは得策ではないということをナセルとその一党に思い知らせることだ、とダヤンは言った。情報協力、アラブ世界にエジプトからのプロパガンダ放送を送信していたサウト・アル＝アラビーア（ボイス・オブ・アラビア）の電波塔爆破、リビアにあるアルジェリア民族解放戦線の基地攻撃、などの共同作戦に関する合意が得られた。それに対し、イスラエルはミステール戦闘機七十二機、AMX戦車二百台、大量の弾薬と部品の供給の確約を得た。代金は締めて一億ドル（三百六十億円）、当時としては巨額であった（原注51）。

ベン＝グリオンはフランス側の要望を知って、心配になった。フランスはせいぜい北アフリカでの立場が危なくなる程度であるが、イスラエルは存在自体が危険にさらされそうな中身の取引ではないかと思った。彼は、ゴルダ・メイアとレヴィ・エシュコルに相談するため、二十四時間待ってもらった。翌六月二十七日、ベン＝グリオンはダヤンに言った。

「少し危ない冒険だが、他に何ができよう。我々の存在そのものが危ういのだから」

ベン＝グリオンは、ナセルが報復攻撃せざるを得なくなるような目標を攻撃することには反対であったが、それ以外はこの取引に賛成した。内閣には伝えなかった。

ヴェルマール会議は重大な分岐点であった。これは、エジプト有利に傾いた軍事力の変化という、エジプトーチェコ武器取引以来イスラエルの防衛計画を悩ませていた問題を、効果的に解決してくれるものであった。エジプトに対するイスラエルの軍事的優位性は今、フランスのおかげで保証された。イスラエルはもう先制攻撃をかけなくともよい。エジプトはもはや大きな脅威ではなくなった。イスラエルだけに限っていえば、問題はすでに解決したのであった。

対エジプト共同軍事作戦という考えは、自由将校団革命四周年記念日の七月二十六日に、ナセルがスエズ運河会社を国有化*してから生まれたものである。ナセルは、アメリカからのアスワン・ハイ・ダム建設資金提供の申し出を突如キャンセルした後に、その劇的な声明を発表した。ナセルの一撃は西側超大国に向けられたものであり、イスラエルに対してではなかった。スエズ運河会社の主要株主であったイギリスとフランスがもっとも打撃を受けた。アメリカとイギリスはイスラエルに対し、この紛争に首を突っ込まないよう釘をさした。とりわけイギリスは、ナセルとの抗争が中東紛争と一緒くたになるのを嫌がった。イスラエルと協力してスエズ運河問題に臨んでいると見られようものなら、イギリスの中東における地位にとって命取りになるかもしれなかった。イギリスとフランスは、運河を奪還するために共同軍事行動の検討を開始したが、イギリスはイスラエルを参加させないこと、あるいはこの計画を教えないことにまで

スエズ運河国有化：ナセルはアメリカのアスワン・ダム建設援助を破棄し、一九五六年七月、それに代わる財源確保のため、スエズ運河国有化を宣言。英仏は武力干渉を決定、イスラエルを誘い込み奪還を図った。十月、英仏支援によるイスラエル軍のシナイ半島侵入。運河地帯の進軍で英仏は国際世論から非難され、国連緊急会議で英仏イスラエル撤退要求が決議された。アメリカも英仏を非難、ソ連も加わり、十一月、英仏はエジプトを撤退。イーデン首相は辞任、ナセルはアラブ世界の指導者となる。

こだわりを見せた。[原注52] イーデン内閣はイスラエルに対して非友好的態度をとり続けた。イーデン内閣は、イスラエルに武器を供給してはどうかというフランスの提案を、アラブ諸国をナセルの許に結集させることになるという理由で拒否した。イギリスを困らせるような反エジプト的行動を慎むよう、イスラエル政府に要求しようとさえした。[原注53]

スエズ運河会社の国有化はイスラエルとは直接関係がなかったが、このニュースを聞いてベン＝グリオンが最初に思ったことは、これでナセルを追い落とすチャンスが生まれるかもしれない、だった。彼はCIAに情報屋を差し回して、ナセルを倒す共同行動を打診したが、当たり障りのない返答しか得られなかった。七月二十九日、新しい状況を利用しようと、ダヤンはベン＝グリオンに三つの行動路線を提案した。スエズ運河に向かうシナイ半島全域の占領、チラン海峡の制圧、そしてガザ地区の占領である。ベン＝グリオンはこれらの提案を、ソ連を警戒する西側陣営はこれを支持しないだろう、という理由で却下した。[原注54]

彼のこの日の日記の文章は陰鬱だ。

「西側はひどく怒っている……しかし彼らは何もしないのではないか。フランスは単独で動きはしない。イーデンは行動派ではない。ワシントンは反動を嫌がる」[原注55]

フランスに関しては、ベン＝グリオンは間違っていた。スエズ運河会社の国営化は完璧に合法的で、しかも株主には補償が与えられたにもかかわらず、フランスは報復しようと考えた。フランス軍がアルジェリア・シンドロームに陥っていたとするなら、フランスの政治家はミュンヘン・シンドロームを患っていたと言えよう。ミュンヘンは第一次大戦と第二次大戦の戦間期におけるヒットラーの宥和政策の象徴だった。ギー・モレ内閣の指導的閣僚やその側近の多くが、第二次世界大戦中にナチス・ドイツと戦ったレジスタンスの闘士だった。彼らはナセルを「ナイル川のヒットラー」と見ており、今回は譲歩の余地はないだろうと見ていた。

運河が国有化された後、ブルジェス゠モヌリーがペレスに、話があるからすぐ来てほしいと言ってきた。ヨセフ・ナハミアスを連れてペレスが執務室を訪ねると、驚いたことには将軍たちが数人、地図を広げて頭をつき合わせていた。そして、フランスの国防大臣が訊ねた。

「イスラエル国防軍はシナイ半島をどのくらいで横断して運河に着けますか?」

ペレスは、二週間あれば可能だろうと踏んだ。大臣は次の質問をした。

「イスラエルの具体的な役割をシナイ半島横断とする、三ヵ国軍事作戦に参入する用意は可能ですか?」

ペレスは、一定の状況下ならそれは可能です、と答えた。フランスの国防大臣はそこで来客に「三銃士作戦(オペラシオン・ミュスケテール)」という、スエズ運河まで進軍して実力で権利を奪い返す英仏共同計画の説明をした。その場を辞去したとき、ナハミアスはこんな重大問題を自分たちだけで交渉して大丈夫なのでしょうか、とペレスに言った。するとペレスは、この首を賭けてもこんなめったにないチャンスは逃したくない、と答えた。(原注56)

九月十八日、ペレスは武器買い付けを完了するためパリに飛んだ。同時に、フランスの首脳と、中東の共通した政策について腹を割った話し合いをする希望もあった。ペレスはパリでブルジェス゠モヌリーから、イギリスの態度は非常に優柔不断で、対ナセル戦争の共同作戦計画は放棄せざるをえなくなるだろう、したがって別の相手を探しているところだ、と聞かされた。さらにブルジェス゠モヌリーは、作戦の時間的尺度についても三つの案があり、フランスはエジプトに即刻攻撃をかけたいと考えているが、イギリスは外交活動のために二ヵ月欲しいと言い、アメリカは軍事力を使わずにナセル体制の切り崩しを図るためにもっと長い期間をかけたがっている、と言った。ペレスは、イスラエルの時間的尺度はフランスよりもイギリスのそれに近いと見た。

ペレスは、時間の問題よりも誰と組むかの方が重要だと答え、閣僚レベルでの個人的関係を確立すべきだとした。ブルジェス＝モヌリーは、七十歳の誕生日を祝う言葉を添えたベン＝グリオン宛の自筆の手紙をペレスに託した。手紙は、エジプトによる危機を両国が共有していること、そしてイスラエル、フランス両国の利益のための積極的協力への期待を丁寧に述べていた。ベン＝グリオンはブルジェス＝モヌリーに返礼を書き、「三つの時間的尺度の件ですが、私たちの意にもっとも適うのはまさにフランスの案です」と付け加えた。この最後の一節の意味であるが、所詮フランスの対エジプト軍事協力に関する打診への前向きの予備的回答であって、あまり拡大解釈はできない。(原注57)

フランスの国防大臣からの誕生祝いの言葉は、西側諸国はナセルと妥協するのではないかというベン＝グリオンの心配を、ある意味で取り払ったといえよう。スエズ運河会社紛争の平和的解決にアメリカが一所懸命になるので、この危惧が嵩じていたわけである。八月十日、ベン＝グリオンは日記に、イギリスにはナセルと戦う気がないようだし、ナセルは力ずくでしか抑えられないとなれば、戦局はナセルに有利に運びそうだ、と書いている。

「ナセルの威勢は上がり、今やイスラエルを倒す勢いだ。それも直接的軍事攻撃ではなく、まずは『平和攻勢』(原注58)をかけてきて、とくにネゲヴの我らが領土を削りとろうとする。こっちがそれを拒否したら、かかってくる」

この背景から、対ナセル軍事行動の緊急性がさらに増大すると思われた。

九月の終わり、フランス政府は対エジプト軍事行動の協議のためにイスラエル代表団をパリに招聘することにした。イギリスは、ヨルダンを攻撃しないという条件でイスラエルを参加させるというフランスの計画を承認した、と言われていた。ベン＝グリオンは日記で、フランスの提案を「多分、決定的だ」と評価し、またこれを閣議で報告している。閣議の討論で、危惧する声もいくつか聞かれた。例えば、ソ連はエジプトを助けるために義勇兵を送り込むかもしれないとか、イギリスはイスラエルを裏切るかもしれないとか、アラブ諸国が全員参戦するかもしれない、などであった。ベン＝グリオンはこれら動揺分子の議論に敢然と反撃した。彼はシャレットが去った今、またぞろ「シャレット主義」が多数派を形成するのを断固として阻止した。彼は西側超大国との同盟関係を強く望んでおり、そのチャンスが消えていくに任せるなど論外だと閣僚たちに説いた。閣僚は彼の勧告を受け入れ、首脳級代表団をフランスに派遣することに同意した。ダヤンはペレスに言った。

「これでようやく話が始まる」(原注59)

九月三十日、サンジェルマンで秘密会議が開かれた。この会議で、フランス―イスラエル関係は、高官レベルから首脳級レベルに引き上げられた。イスラエル代表団のトップは外務大臣ゴルダ・メイア、そしてアフドゥト・ハ＝アヴォダ選出閣僚の運輸大臣モシェ・カーメル、ペレス、ダヤン、ダヤンの官房長のモルデハイ・バール＝オン中佐という顔ぶれであった。代表団の趣意はフランスとの対エジプト協力の可能性を切り開くことにあった。明確な政治的言質を発することは一切許されない。フランス側も同様に曖昧模糊としており、クリスチャン・ピノーなどはブルジェス＝モヌリー以上に口数が少なかった。ピノーは、英仏による対エジプト軍事作戦の口実が作れるようなイスラエルの攻撃以外にはイスラエルとの共同行動に関心がなさそうであった。それでも、話し合いは二点において合意を見た。それ以降のフランスの対イスラエル軍事援助、そして両国間の協議関係の継続である。(原注60)

対エジプト軍事行動計画は悪循環を生み出した。ベン＝グリオンはフランスの参画なしにエジプトに対して何かを仕掛けるつもりはなかった。フランスはイギリスの参画なしにエジプトを攻撃する気はなかった。イギリスは、フランスとの共同軍事行動を確約してはいたが、イスラエル除外に固執していた。七月中旬、この悪循環を打破すべく主にフランスが奔走して様々な試みがなされた。

対エジプト連合作戦計画

エジプト攻撃の秘密協定を仲介したのはフランスで、関係国の仲を取り持つその熱心さ、知恵、策略には並はずれたものがあった。十月十三日、ソ連が拒否権を発動してスエズ運河利用国団体*をエジプトに押し付ける目論見《もくろみ》が失敗に終わった。その翌日、二人のフランス人が秘密裏にチェッカー*の別荘にイギリス首相を訪問、行き詰り状況を打破すべくある提案をした。二人のフランス人とは、臨時外務大臣のアルベール・ガズィエとフランス空軍参謀副長のモーリス・シャール将軍であった。この会談でシャール将軍は、早晩「シャール・シナリオ」と呼ばれることになる行動計画を持ちかけた。それは、イスラエルがエジプトのスエズ運河地帯を攻撃し、そこでイギリスとフランスが表面上は両者の仲裁に入るという形で運河防衛の口実にする、という計画であった。

アンソニー・イーデン卿はこのアイディアが気に入った。同席していた外務大臣のアンソニー・ナッティング卿によれば、「イーデンは、こみ上げる喜びをほとんど抑えることができなかった」。(原注61)イーデンにとって、これはターニング・ポイントだった。ここに至るまで、彼は七転八倒していた。外務大臣のセルウィン・ロイドはニューヨークの国連本部で、エジプトの同じく外務大臣のマフムード・ファウズィと紛争の平和的解決に当たっていた。イーデンは外交的解決の発想は好きではなかったが、それに代わる政策は見つからなかった。だが今、代案が出てきた。イーデンは外交から軍事へとただちに方針転換した。彼はニューヨークのロイドに電話し、何もかもやめてすぐ帰って来いと命令した。(原注62)

十月十六日にロイドがロンドンに着くや否や、イーデンはチェッカー別荘での会議で彼にブリーフィングし、続くパリでの打ち合わせに連れて行った。仏首相公邸のマティニョン宮で彼らはギー・モレとクリスチャン・ピノーに会い、シャール・シナリオの筋書きどおりイスラエルに連合国が介入する口実を用意させつつ、事を進めることで同意した。フランス側はイーデンから、エジプトとイスラエルが交戦状態に発展した時は、女王陛下の大英帝国政府がエジプトの側に立つことはないとの確約を取り付け、彼はその後文書でこれを正式に承認した。フランスは、シャール・シナリオに沿った役割を遂行するよう促すために、ただちにこの約定をイスラエルに伝えた。(原注63)これで一つ、共謀への道に立ちふさがっていた障害が取り除かれた。

スエズ運河利用国団体（Suez Canal Users' Association）：ダレスが発案し、十月十三日に英仏が安保理に提出した通航料徴収団体の提案。ソ連の拒否権によって否決された。

チェッカー：イングランド、バッキンガムシャーにある英国首相の別荘“Chequers”。

ベン＝グリオンは西欧の大国と対エジプト軍事協力ができる展望を得て大いに燃えたが、イギリス、とくにアンソニー・イーデン卿に対しては非常に疑い深かった。シャール将軍の発案だと知っていながら、この計画を彼はしつこく「イギリス案」と呼んだ。イスラエルが侵略者でイギリスとフランスが調停者を演じるという提案に、彼は強く憤慨していた。彼は多くの機会に、イスラエルは男妾のような扱いを受けるわけにはいかない、と繰り返していた。彼が心底から求めていたことは、対等の協力関係、そしてできることならイーデンとの一対一の対話を経ての、軍事計画の明確な協働であった。英仏首脳会談のニュースが耳に入ったとき、彼はヨセフ・ナハミアスにこう書き送った。

「イギリス代表団のパリ到着とともに、ただちにフランス側に連絡して三者間の会談が可能かどうか打診せよ。イスラエル代表団は、ただちに極秘で参加する用意がある。メンバーの地位はイギリス、フランスの代表団の地位と対等である」(原注64)

フランス側は、一対一の会談をするだけでもベン＝グリオンの態度は軟化するものと理解した。ギー・モレはそこでベン＝グリオンに、パリに招待したい、もし必要が生じればイギリス政府からも誰か呼びましょうと伝えた。ベン＝グリオンは、「イギリスの」提案は問題外だが、自分が行って役に立つのであればいつでも行く、と答えた。彼は、あの「不実な英国*」はやっぱりイスラエルを見捨てるのではないか、あるいは裏切ったりはしないだろうか、との疑念にさいなまれていた。イーデンの手紙には、イギリスはヨルダンと堅牢な協定を結んでいるので、交戦状態になればヨルダンに対する対応は別途これを考慮する、と特別に言及していた。(原注65)ベン＝グリオンは日記に書いている。

「イギリス案はナセルを我が国に押し付けながら、その隙にイラクによるヨルダン征服を目論んでいる

ように思える」(原注66)

彼とペレスだけが知る秘密の情報筋から、イギリスはイスラエルに対する陰謀をめぐらしており、英国―ヨルダン協定を名目にした対イスラエル軍事行動さえ考えているといった疑いを抱かせた。(原注67)

ベン＝グリオンのパリ行きを説得するに際して、ダヤンが決定的な役割を演じた。彼は、イギリスとフランスはエジプトを倒すためにイスラエルの助けなど必要としておらず、イスラエルのできることは介入の口実作りだけだと指摘した。このことだけで、イスラエルはスエズ作戦グループの一員になる切符を手に入れたといえる。しかし、フランスが差し向けた飛行機に乗り込んだときでさえ、ベン＝グリオンは（フランスが）イギリスと口裏を合わせているのではないかとの疑いを拭いきれなかった。機内でベン＝グリオンは、ビザンチン時代の歴史家プロコピオス*の記述を証拠として、古代ユダヤ王国はアカバ湾の湾口部にあるチラン島とサナフィール島に存在した、と主張するユダヤ人歴史学者の本を読んだ。その時代のチランの名はヘブライ語でヨトヴァタ（Yotvata）と言った。ギリシャ語もできるベン＝グリオンとしては、この事実をプロコピオスの原書で確かめたかったとはいえ、このかすかな根拠からベン＝グリオンがイスラエルにはチラン海峡を有する歴史的権利があるとの結論に至るのに、さほど時間はかからなかった。件の本はモシェ・ダヤンからのプレゼントであった。(原注68)

「不実な英国」：フランス語〝Perfide Albion〟の訳。フランス革命の初期、自由主義ヨーロッパ諸国の多くとともに革命を支持したイギリスが、ルイ十六世の処刑で反革命に鞍替えしたことから、イギリスの二枚舌的な外交政策を軽蔑した言葉。アルビオンはブリテン島南部海岸の白亜質の絶壁、英国の雅称。

プロコピオス：東ローマ帝国の歴史家（五〇〇～五六五）。パレスチナ出身。ユスティニアヌス一世時代に対ササン朝戦争、ヴァンダル王国征服戦争、東ゴート王国征服戦争の従軍記録を残した。

秘密会談のイスラエル代表には、ベン＝グリオンの国防省補佐官で主治医のヨセフ・ナハミアスの他に、シモン・ペレス、モシェ・ダヤン、モルデハイ・バール＝オンの面々がいた。バール＝オンは歴史学修士号を持っており、イスラエル代表団書記として随行し、会議を通じて大量の記録を採った。後に、参加者の何人かが会議について書き残し、ベン＝グリオンは大量に日記に書き留めている。(原注69)だがバール＝オンこそ、中身がもっとも豊かで信頼性がもっとも高い議事録を残している。(原注70)こうして秘密会議から、現代史における戦争の策謀の、もっとも有名なだけでなく、もっとも忠実な記録が生まれた。

秘密会議はパリ郊外セーヴルの民間の別荘で、十月二十二日から二十四日まで行なわれた。フランス側の閣僚級代表は、ギー・モレ、クリスチャン・ピノー、モーリス・ブルジェス＝モヌリー、イギリス側はセルウィン・ロイドだった。ロイドの到着前、フランスとイスラエルの首脳の互いの知己を深めるための一回目の会談が始まった。会議は、ベン＝グリオンが先鞭を切り、「イギリス案」に反対する軍事的、政治的、道義的見解を列挙した。彼が反対した主な理由は、イギリスとフランスが調停者の体裁をつくろい、一方でイスラエルが侵略者の烙印を押されることにあったのであるが、イスラエルの都市が、エジプト空軍の攻撃にさらされることもこの上なく恐れていた。彼はそのかわりに、「すばらしいですよ」と自画自賛しながら、中東再編成のための包括的計画を提案した。彼に言わせれば、ヨルダンは独立できるような国家ではなく、分割する方がよかった。イラクが東岸地区を手に入れ、そこにパレスチナ難民を受け入れてイスラエルと和平を結び、一方で西岸地区は半自治区としてイスラエルに併合される。レバノンは南部に集中する大量のイスラム教徒住民に悩まされていた。イスラエルがリタニ川まで進出することによって、レバノンがキリスト教国家になることを促進し、この問題を解決する。スエズ運河地域は国際地区にし、アカバ湾のチラン海峡はイスラエルが管理して自由航行を保証する。この計画を実現するために優先させるべき条件は、ナセルを倒し、親西欧派でしかもイスラエルと和平を結ぶ用意のある指導者に首をすげ替えることである。

ベン＝グリオンは、この計画はナセルを打倒し、その指導下のアラブ民族主義運動を破壊することで、西側超大国全部とイスラエルの利益に寄与するものだ、と訴えた。スエズ運河は国際水路になる。イギリスは、イラクとヨルダンにおける支配権を回復し、中東の石油利権を確保できる。フランスは、レバノンとイスラエルを通して中東に対する影響力を固め、アルジェリア問題はナセルを倒せば解決する。アメリカにもこの計画を支持させることができるだろう。なぜならこの計画は、安定的かつ親西欧派の国家を現出させ、ソ連の中東進出の抑止に貢献するからだ。ベン＝グリオンは、対エジプト軍事作戦を性急に進める前に、政治的な可能性をじっくりと追求すべきだ、と主張した。彼は最初、これは全員をうならせるすばらしい計画だと思ったが、しかしこれには十分な時間をかけてイギリスの支援を取り付けるべきであって、しっかりした確実性を持ったものでなければならず、あくまでも可能性の範囲を超えるものではなかった。

フランスの首脳は、ベン＝グリオンの提案に根気よく耳を傾けていたが、イギリスも参加した対エジプト軍事作戦に突入する緊急体勢の準備が整っているようには思えなかった。フランスはベン＝グリオンに、計画はすばらしいとは思わないが、共通の敵を叩くまたとない機会であり、遅延は致命的になる、と断言した。またイーデン本人は戦う決心を固めているが、世論や内閣の反対に遭っており、セルウィン・ロイドは外交的解決を優先させたがっているとも指摘した。ロイドは、イスラエルとの野合を好まず、多少はイーデンに命令されたこともあって会議に出席していたにすぎなかった。

彼の態度全体に、この会議と出席者の顔ぶれと行程表に対する嫌悪感がありありとしていた。また彼は、ベン＝グリオンの態度に、イスラエルはイギリスの大臣の言うことなど何も信じないぞ、とでも言いたげな、むしろ攻撃的な匂いを感じた。

会議の目的は軍事行動について議論することにあったが、ロイドは最近行なったエジプト外相マフムード・ファウズィとの会談を根拠に、運河に関する紛争は一週間以内に外交的決着を見るだろうと言った。三ヵ国連合作戦計画の可能性について、ロイドは、本国政府はイーデン首相が十月十六日にマティニョン宮で発表し、その後文書化し、署名した声明文の枠を超えて動くものではないと説明した。これは実際上、イスラエルが全面戦争を開始し、約七十二時間にわたって単独で戦線に留まり、その間イギリスはイスラエルが侵略者であることを意味する最後通牒を、イスラエルに突きつけるということを意味した。これはまさしく、ベン＝グリオンが演じたくなかった侵略者の役回りであった。ロイドの言葉で唯一元気が出たのは、イギリス政府はナセル体制を倒したい、と認めたことだけであった。エジプトとの妥協による唯一の不利益は、彼の指摘によれば、ナセルが権力の座に留まることであった。ロイドは、同盟国のいかなる軍事作戦も、「スエズ運河の征服とナセル打倒」が目的である、と定義した。

会議は本題に入り、ベン＝グリオンはイギリス、フランス、イスラエルの三国でエジプトを攻撃するという合意を求めた。彼はまた、イスラエルの陸上部隊が前進する前に英王室空軍がエジプト空軍を排除するよう要求した。さもないと、テルアビブのようなイスラエルの諸都市が全滅するからである。ロイドはベン＝グリオンの危惧を理解したが、イスラエルとの直接の協力は拒否した。彼は会議を通じて、エジプト攻撃のイスラエル—フランス—イギリス協定が不可能なことを証明しようと試みた。彼が受け入れたのは、もしイスラエルがエジプトを攻撃したなら、イギリスとフランスは運河防衛のために介入するという一点だけであった。ベン＝グリオンはこの提案を全面的に拒絶したので、会議は暗礁に乗り上げてしまった。

この深刻な危機に、ダヤンが会議を救うべく割って入った。ベン＝グリオンに対エジプト戦争を挑発せよと命令されてからこの日まで、ほぼ一年が経過していた。ダヤンにとって、同盟国があろうがなかろうが関係なかった。彼は、戦争がしたくてうずうずしていた。ベン＝グリオンとは違い、彼はイスラエルの都市がエジプト空軍に爆撃される危険性はあまりないと考えていた。ひとたび戦いの匂いを嗅ぎつけると、この男はもう矢も盾もたまらなくなる。彼が出した提案は案の定、狡猾なものであった。作戦は、スエズ運河から五十キロ離れたミトラ峠にイスラエル国防軍の落下傘部隊を降下させ、英仏が運河地帯から撤退せよとエジプトに最後通牒を突きつけ、そこで当然最後通牒は拒絶され、それを受けてエジプト空軍基地を爆撃する、という想定であった。計画は、イギリスの介入を正当化する「本物の戦争行為」であることと、同盟国の介入が実現しなかった場合のベン＝グリオンの逃げ道のどちらの必要性も満たしていた。ロイドは、すでに彼の個人的見解として、イスラエルによる攻撃と同盟国の介入との間の時間差を七十二時間から三十六時間に短縮できると述べていた。フランスはここで、開戦後二日間にイスラエル国内にミステール戦闘爆撃機二個大隊を進駐させ、イスラエルの港に戦艦を二隻待機させて、イスラエルの空と沿岸を守ることを申し出た。

十月二十四日の朝、会議三日目の最終日、ベン＝グリオンはイスラエル国防軍を参戦させる最終的決断を下した。彼は、この重大な決断に至らしめた主たる理由を日記に要約している。フランスとイギリスがエジプト空軍基地を爆撃するまでの一日か二日、イスラエル領空を首尾よく防衛することができたならば、作戦は決行できると、彼は考えた。ナセルを倒すという目標は会議参加者全員が共有し、ベン＝グリオンの心の中ではもっとも重要なものになっていた。

「そこそこの列強が二ヵ国、ナセルを倒そうとしている。こんな機会はまたとない。そして、力を着け、アラブ諸国全体に君臨するナセルに立ち向かう我々は孤独ではない……そして多分、中東全体の状況が私の望みどおりに変わるかもしれない」(原注71)

交渉と協議がほぼ完了した頃、ベン＝グリオンが、決定事項の要点をまとめた議定書を策定し、三者の調印で拘束力を持たせよう、と発案した。(原注72)正式文書を作成するという発想が、ベン＝グリオンから出されたという事実は強調するに価する。なぜならそれは、おそらく共謀行為におけるベン＝グリオンの果たした役割をできるだけ小さく見せる狙いをもって、会議に参加したイスラエルの直接の動機をうまく隠していたからである。議定書の草案はイスラエルとフランスの高官が書き、上長に代わりイギリス代表として会議最終日にやって来たイギリス外務省外務次官補、パトリック・ディーンとセルウィン・ロイドの私設秘書、ドナルド・ローガンの二人に見せた。ディーンとローガンは草案を手にして驚いた。なぜなら、事前に文書化の話を聞かされていなかったからである。しかし、ローガンはディーンに、これは合意内容の正確な記録になると言い、二人ともこれがなければ、いわば苦労して練り上げた筋書きが誤解されるかもしれないと考えた。(原注73)

草稿の執筆が進められている間、別荘内では別に二つの話し合いが始まっていた。ベン＝グリオンは、誰も同席させずフランスの首相と水面下で話し合った。ベン＝グリオンは翌日、日記にこう書いている。

「私は彼に、シナイ半島の南と西に石油が発見されたことと、そしてこの半島をエジプトから引き剥がす話をした。これはもともとエジプトのものではなく、イギリスがエジプトを自分のものと思い込んでいたトルコから盗んだものだからだ。私は、シナイからハイファまでパイプラインを敷き、そこで石油を精製する話をした。モレはこれに興味を持った」(原注74)

二人の会話の記録はこれ以外に残っていないが、イスラエルの首相が相変わらずの領土拡張主義者ぶりを見せていたのに対し、フランスの首相は最後の最後まで礼儀正しいホストぶりだったという印象を受ける。

この話し合いの終わりには、さらに陰謀的な会話が交わされてもいる。これは、フランスによるイスラエルの原子力開発技術援助に関するものであった。この会談パートIIの詳しい中身は、一九九五年にシモン・ペレスが自叙伝を出版して初めて明らかになった。会話の肝心な部分は以下のようである。

最後の調印を前に、私はベン＝グリオンに少し時間をもらい、モレとブルジェス＝モヌリーと水面下で交渉した。この時に、この二人の首脳とイスラエル南部ディモナの原子炉建設と天然ウラン供給について合意に達したのである。私は一連の詳細な提案を出し、それについて議論し、彼らは承認した。(原注75)

原子力開発はベン＝グリオンの念願のテーマであった。彼は、イスラエルを先進工業国に変えるテクノロジーは原子力にある、と考えていた。フランスと交渉したのは、民間利用目的の小型原子炉建設についてであった。この段階では、原子力技術の軍事利用の可能性は語られていない。だが実は、ベン＝グリオンの究極的目標は核兵器製造にあった。彼は、核兵器はイスラエルを限りなく強化し、生存を約束し、新たなホロコーストの危険を排除してくれるものと確信していた。

原子炉建設のためにフランスの援助を得る努力を担ったのがシモン・ペレスである。ピノーはイスラエルの要望に反対で、ブルジェス＝モヌリーは強く支持し、モレはどっちつかずだった。九月二十一日、セーヴル会議の一ヵ月前、ペレスはフランス側と小型原子炉の供給についての合意を得た。彼はセーヴル会議の機会を利用し、フランスと政治的レベルでつながろうとした。だから、セーヴルでペレスが原子力の話題を切り出したのは驚くべきことでも何でもない。一年後の一九五七年九月、ブルジェス＝モヌリーが首相だったとき、フランスは当初の約束よりも出力が二倍大きい原子炉をイスラエルに納入した。(原注76)

イスラエルは、フランス製原子炉を得るために英仏連合作戦計画に加わったのではない。原子力の微妙な問題が出されたのは会議の終盤間際になってからであり、戦争突入の基本的決定が下された後である。しかしながら、セーヴルでの水面下会談で決定した原子力案件は、三つの主たる理由において興味深い。一番目、これはフランスがほぼ何があろうとも戦争をすると決めていたことを示している。二番目に、対エジプト連合作戦計画でイスラエルに振り当てた役割のインセンティブとして、フランスが用意していた最大限のものを示している。三番目に、この時点においてイスラエルは、エジプトからの深刻な危機に瀕してなどいなかったにもかかわらず、別の理由でエジプトを攻撃するため、ヨーロッパの大国と野合したこと。以上をまとめると、セーヴルでの二度の水面下会談は、イスラエルはエジプトによる攻撃の危険性が差し迫っていたから戦争に突入した、とする定説を完全に切り崩すものである。

三国連合作戦計画は現在、三ヵ国代表の調印になるセーヴル議定書という公式記録に具体的な形で表現されている。ピノーはフランスのために、ベン＝グリオンはイスラエルのために、パトリック・ディーンはイギリスのために署名した。ディーンは、これは本国政府の批准を必要とする仮調印だと断って署名した。議定書は三ヵ国すべてに批准されなければならなかったが、ベン＝グリオンは歓喜ぶりをまるで隠そうとはしなかった。彼は議定書を何度も読み、大切に折りたたみ、チョッキの内ポケットにしっかりとしまった。

セーヴル議定書は、ベン＝グリオンが死ぬほどほしかったイギリスの裏切りの歯止めになったと同時に、三国間の野合を示す動かぬ証拠にもなった。写しは三通あった。イギリスが持っていた写しはイーデンの命令で廃棄され、フランスの写しは紛失、イスラエルの写しは、スデ・ボケルのベン＝グリオン記念館に四十年間厳重に保管された。一九九六年、議定書のフランスの写しの原本が初めて、BBCのスエズ動乱を描いたドキュメンタリー番組で紹介された（原注77）。

セーヴル議定書は七ヵ条からなっている。第一条は、イスラエルは翌日にスエズ運河地帯に到達する目標で十月二十九日夜に大攻勢をかける、と簡略に表記している。第二条は、英仏は交戦国に対して戦闘を停止し、運河から十マイル（十六キロ）離れたところまで撤退することを要求する、と規定している。エジプトだけが、英仏連合軍による運河要所の一時的占領を受け入れるよう要求されている。これは、エジプトが要求を受け入れないことを確実にするために挿入したものだ。第三条は、もしエジプトが十二時間以内に要求に応じなければ、英仏連合軍は十月三十一日未明にエジプト軍への攻撃を開始する、と述べている。この条文はフェアプレーの体面など捨てている。イスラエルに対する軍事行動にはまったく触れていない。

第四条は、自由航行権を確保するためにアカバ湾西岸とチラン、サナフィールの両島を占領したいイスラエル政府の意図が記されている。英仏の両政府はこの計画は支持しなかったが、どちらも反対の意思表示はしなかった。第五条でイスラエルは、対エジプト戦闘中はヨルダンを攻撃しないと約束し、イギリスはヨルダンがイスラエルを攻撃したとき、ヨルダンを援護しないと約束している。この但し書きの目的は、ヨルダン国境におけるイスラエルとイギリスの武力衝突の危険性を最小限に抑えるためである。第六条は、三ヵ国のすべての政府に、協定内容の秘密を厳守することを要請している。第七条は、議定書の規定は、三ヵ国の政府による批准と同時に効力を発揮する、としている(原注78)。

対エジプト戦争計画の準備でセーヴルに滞在した三日間、ベン゠グリオンの態度は完全に逆転した。彼は「イギリス案」に関心はないと断言し、ヨーロッパの大国との対等の立場にこだわって別荘にやって来た。そして、計画の修正案を承認して別荘を発った。モルデハイ・バール゠オンはこの逆転には三つの要因があったと見る。フランスからのプレッシャーとフランスとの口頭での同盟関係を強化したいベン゠グリオン自身の要望、ベン゠グリオンに心配と疑念を乗り越えさせたダヤンの精神力、そしてイギリスの外務大臣との直接の対話から生まれ、イギリスの首脳が調印した一札の文書、という事実である(原注79)。

アバ・エバンは述べている。

「セーヴルで三ヵ国の指導者は、異様なまでに常軌を逸した計画を立てた(原注80)」

しかしながら、ベン゠グリオンが別荘での会議初日にフランスに持ちかけた大計画ほど常識はずれなものはないだろう。モルデハイ・バール゠オンは、自国の首相があまりにも奇天烈な、彼らが実現するべき当面の目的からあまりにもかけ離れた計画を提案するのを聞いて、とてもきまりが悪かったと述懐している(原注81)。

同席していた他のイスラエル人も、彼の計画を一発大穴狙いの、老人の政治的妄想がこぼれ出た典型と見た。ベン＝グリオンは、自分の計画を「名案」だと言って批判の矛先をかわした。日記を読むと、彼がこの計画にいかんともしがたく真剣で、実行に移せる具体的チャンスがあると思っていたことがうかがえる(原注82)。

計画はかくして、イスラエルとヨーロッパの大国、そしてアラブ世界についてのベン＝グリオンの主観的とらえ方を強く表わしている。アラブ民族主義勢力に対決するために、帝国主義勢力との同盟を切望する彼の思いが示されている。アラブ人を犠牲にした、北も東も南も、あらゆる方向への領土拡張の欲望がさらけ出されている。そして、独立と支配権と隣接アラブ諸国の領土的統合を志向する尊大な考え方を顕示している。

シナイ作戦

ダヤンは、帰国と同時に国防軍の開戦準備を開始し、ベン＝グリオンは政府としての開戦準備に入った。彼はまず、マパイとアフドゥト・ハ＝アヴォダの閣僚に通達し、次いで国家宗教党と進歩党に伝えた。マパムの代表に伝えたのは一番後回しだった。マパムが反対するのは明らかで、そこから情報がリークするのを恐れたということもあったからだ。閣議は、作戦が開始される予定の前日、十月二十八日に招集された。ベン＝グリオンは、英米との合意について内閣に報告するつもりはなかったが、アフドゥト・ハ＝アヴォダが報告にこだわった。内閣は、賛成多数でエジプトとの開戦提案を承認した。マパイの二人の閣僚だけが反対票を投じた。彼らは、植民地宗主国勢力とつながることに反対した。それでも彼らは政権内に留まり、決議の連帯責任を負うことを決断した。ヘルート党首、メナヘム・ベギンは、ベン＝グリオンから話を聞いて戦争計画に熱烈な支持を添えた。

十月二十九日の午後、イスラエル国防軍がミトラ峠への落下傘部隊降下を皮切りにシナイ作戦に突入した。十月三十日、国防軍がスエズ運河に到達する前、打ち合わせどおり、イギリスとフランスが運河から十六キロの地点までの撤退を要求する最後通牒を、イスラエルとエジプトに通告した。イスラエルは通告を受け入れ、エジプトは期待どおり拒否した。十月三十一日、英仏軍は未明ではなく夕刻になってから、エジプト空軍基地の空爆を開始した。ベン＝グリオンはこの遅れにとてもやきもきし、腹を立て、もう攻撃を中止するとまで言った。連合軍の作戦に典型的な予定のズレや遅れはあったが、イスラエル国防軍はわずか数日のうちに完璧な軍事的勝利をおさめた。シナイ半島とガザ地区のエジプト軍は、六千人近い捕虜と大量の装備をイスラエル陣営に残したまま、あわててスエズ運河を渡り撤退していった。撤退命令を出すことで、ナセルは自軍の損害を最小限に抑えた。十一月二日、ガザが占領され、十一月五日にシナイ半島全体がイスラエルの手に落ちた（地図6参照）。イギリスとフランスにすれば、スエズの冒険はばたついた屈辱的退却で終わった。超大国からの強いプレッシャーがかかって、英仏は攻撃を中止せざるをえなかったのである。中でもジョン・フォスター・ダレスは国連で先頭に立ってイスラエル代表を責め立てた。アメリカの経済的圧力にイギリス政府は、フランスをそっちのけにしたまま尻尾を巻いて降参した。

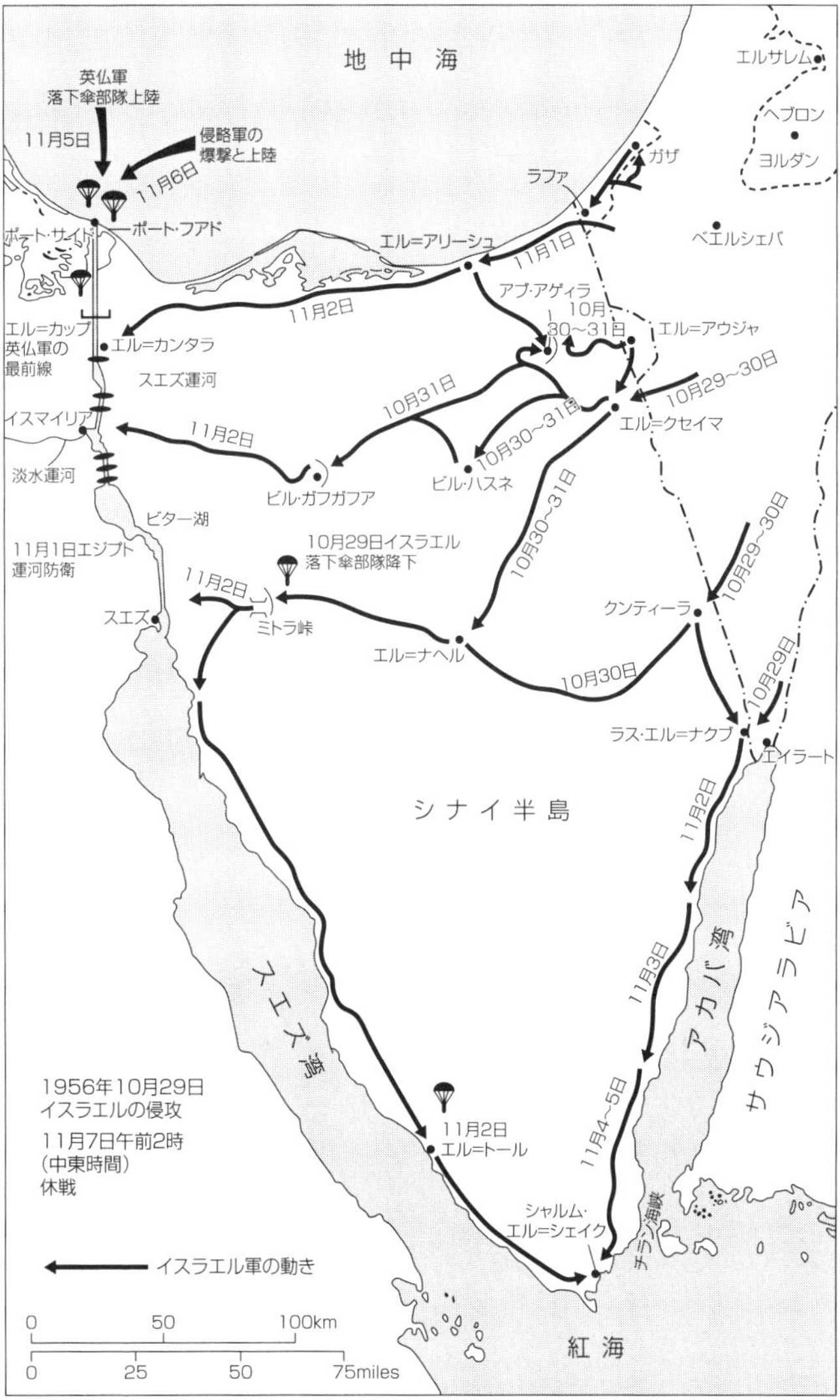

地中海
英仏軍
落下傘部隊上陸
11月5日
侵略軍の
爆撃と上陸
11月6日
ポート・サイド
ポート・フアド
エルサレム
ヘブロン
ヨルダン
ガザ
ラファ
ベエルシェバ
エル=アリーシュ
11月1日
アブ・アゲィラ
10月
30～31日
エル=アウジャ
11月2日
エル=カップ
英仏軍の
最前線
エル=カンタラ
スエズ運河
10月31日
10月29～30日
10月30～31日
エル=クセイマ
イスマイリア
11月2日
淡水運河
ビル・ガフガフア
ビル・ハスネ
10月30～31日
ビター湖
11月1日エジプト
運河防衛
10月29日イスラエル
落下傘部隊降下
11月2日
スエズ
ミトラ峠
エル=ナヘル
10月29～30日
クンティーラ
10月30日
10月29日
ラス・エル=ナクブ
エイラート
シナイ半島
11月2日
アカバ湾
サウジアラビア
11月3日
スエズ湾
1956年10月29日
イスラエルの侵攻
11月7日午前2時
(中東時間)
休戦
11月2日
エル=トール
11月4～5日
シャルム・
エル=シェイク
チラン海峡
イスラエル軍の動き
0
50
100km
0
25
50
75miles
紅海

図6　スエズ戦争

作戦期間中ずっと病床にあり動けなかったにもかかわらず、ベン＝グリオンは戦いが終わると歓喜に酔いしれた。シャルム・エル＝シェイクが陥落すると、彼は第七旅団に「ヨトヴァタ、またの名をチラン、ここは十四世紀前には独立ユダヤ国家の一部であった。今、ユダヤ第三王国の国土に復帰するのだ」と書いた電報を打った。十一月七日のクネセトでの戦勝演説で、彼はイスラエルにはシナイ半島全体とチラン海峡を併合する計画があるようなことを言った。彼はここでも、プロコピオスの古代ギリシャ年代記まで引用して、チラン島あるいはヨトヴァーへの歴史的権利を主張するのであった。演説で、彼は勝ち誇ったように、エジプトとの休戦協定はなくなった、イスラエルはシナイ半島を外国には渡さない、そしてイスラエルはいつでもエジプトと直接交渉する用意がある、と断言した。その演説の傲慢さは、海外、とくにユダヤ系アメリカ人社会で強い怒りと反感を呼んだ。

奢れる者は久しからず。ベン＝グリオンがイスラエルの軍事的勝利のスピードとスケールに酔いしれたのも束の間だった。作戦が終わるや否や、イスラエルは米ソ両超大国からシナイ半島とガザ地区からの即時的かつ無条件の撤退を求める、強烈なプレッシャーをかけられたのである。十一月五日、ソ連首相ニコライ・ブルガーニンが英仏、イスラエルの首相に書簡を送り、ロケット砲攻撃とエジプト軍支援の義勇軍を派遣するという恫喝をかけてきた。ベン＝グリオンへの手紙の文面はとりわけ容赦ない言葉使いであった。書簡は、イスラエル政府を「世界の運命を犯罪的、かつ無責任に弄んだ」と非難し、イスラエル国家の存続そのものを危うくさせるものであった。ベン＝グリオンはその日記に、アドルフ・ヒットラーから来た手紙のようだった、と書いている。(原注83) この手紙とともに、ソ連が軍事介入を準備しているとの噂がちらつく神経戦がくり広げられた。この時イスラエルに帰っていた駐モスクワ・イスラエル大使のヨセフ・アヴィダルはベン＝グリオンに、これはブルガーニンのはったりですよ、と請け負った。[原注84] しかしベン＝グリオンは、危機が一夜にして世界大戦にまでエスカレートし、イスラエルがその責任を追及されるといった危機感を抑えられなかった。[原注85] 彼はゴルダ・メイアとシモン・ペレスをパリに行かせて、フランスの判断を仰ぎ、もしもの時の手助けを頼もうとした。ゴルダ・メイアは、クリスチャン・ピノーがソ連の脅しを真に受けており、友好的ではあっても、何らイスラエルの助けにはならないことをすぐに見抜いた。彼女は、ベン＝グリオンがセーヴル会議で発言した、シナイ半島における対等の条件での石油共同生産の話を持ち出した。彼女自身の話では、ピノーは彼女をまるで気でも違ったかとでも言わんばかりに見て、言ったという。

「ソ連の戦闘機がシリア上空を飛んでいて、ロシア人が中東に介入しようとしているときに、あなた方はまだシナイの石油の話をしているのですか？[原注86]」

ベン＝グリオンは一時的ではあったが、アイゼンハワー大統領が英、仏、イスラエルの三国に騙されて腹を立てているにもかかわらず、アメリカに守ってもらう方策を練った。彼は、アイゼンハワーと個人的に会うことさえできれば自分の考えで説得できると思ったが、アバ・エバンは現状の雰囲気では会談を申し込むことさえ無理でしょう、と進言した。アイゼンハワー政権はイスラエルの無条件撤退に固執していた。エバンは個人的に、もしイスラエルが撤退しなければ、アメリカ政府からの正式援助とユダヤ系アメリカ人からの私的援助はすべて打ち切り、国連からのイスラエル追放にもアメリカは反対しないつもりだ、と言い渡されていた。これらの経済制裁の件は、アメリカがイスラエルに対する――そして英仏に対する――ソ連の報復攻撃からの防御盾をすでに解除した後に出てきた。ベン＝グリオンは、悔しさ百倍、渋々撤退に合意した。彼は国際的な情勢判断を大きく誤り、そのツケを払わされたのだ。[原注87]

十一月八日、内閣では緊張感の張りつめたやり取りに七時間も費やされた。ソ連が核の使用をちらつかせた結果、世界大戦勃発の恐怖が現実的になってきた。不安の度合いたるやイスラエルの歴史上前例がないほど高く、閣僚たちは麻痺状態に陥った。閣議決定は――ベン＝グリオンに決定を委ねる、であった。(原注88)彼はシナイからの撤退を決めた――原則として。彼は、エバンがある提案を出してきたとき、イスラエルの即時、無条件撤退を発表する寸前だった。エバンの提案とは、国連軍への引継ぎのために十分な調整を行なうことを条件にイスラエルは撤退する、というものであった。イスラエルがソ連の恫喝を前にしてすっかり孤立してしまい、ベン＝グリオンはパニック状態になった。国連事務総長がイスラエルにとっては悲惨な結末を読み上げた朝、国連からの圧力は最高潮に達した。結局、ベン＝グリオンはリスクがあるとは思いつつ、エバンの提案を受け入れた。皮肉にも、異教徒外国人の言うことなど関係ない、という立場の提唱者であったベン＝グリオン自身が、この場合においては異教徒外国人の発言にびくついていた有様であった。ここで国際情勢を正しく判断し、事態収拾のために尽力したのは、(原注89)モシェ・シャレットの信奉者だったエバンであった。

十一月九日の深夜十二時半、疲労困憊した首相はラジオ放送を通じて国民に撤退を発表した。あの勝利演説の歓喜は影も形もなかった。イスラエルの孤立状態を強調するため、彼はブルガーニンとアイゼンハワーからの手紙とそれに対する返事を読み上げた。彼はまた、その日に起きた出来事を列挙した。国連決議と閣議、そして各国軍隊と連携した国連軍との十分な調整の結果決定された占領地からのイスラエル軍の全面撤退の決定。イスラエル第三王国はわずか三日の命だった。

シナイ作戦の政治的打撃からの回復には四ヵ月を要し、アバ・エバンが見事にそれを指揮した。彼がベン＝グリオンから受けた指令は、目標を二つに絞ることだった。一つは、チラン海峡と紅海の自由航行を確保することと、ネゲヴをガザからのテロリストの越境攻撃にさらされないようにすることであった。エバンは回顧録で、「セーヴル会議の馬鹿げた議定書に書かれてあった、英仏コネクションのしがらみなどに阻害されることなく、こうした困難な、しかしやり甲斐《がい》のある目標を追求することができて、とても力が湧いた」と心情を吐露している。ベン＝グリオンは、本当はガザ地区をかかえていたくはなかった。なぜなら、そこには不満を持った三十五万人の厄介なアラブ人がいたからだ。彼は、イスラエルのガザ占領をシャルム・エル＝シェイク奪還のための交換用の切り札に使おうとしていた。結局、イスラエルはシャルム・エル＝シェイクからもガザ地区からも撤退を余儀なくされた。モシェ・ダヤンにとってこれは苦い薬であった。彼は、一九五七年三月の最終的撤退を前に、シナイ半島にあるエジプト軍の軍事施設をすべて破壊するよう命令した。一方エバンは、二月十一日のダレスの覚書を読んで、ベン＝グリオンの二つの目的はどちらも達成されたと思った。アメリカは、イスラエルの貨客船が障害なくチラン海峡を通航する権利を支持し、もしエジプトが封鎖を再開すればイスラエルはその「国連憲章第五十一条に保証されている自衛権」を行使することができると認め、そして撤兵によってふたたび交戦状態が招来されることがなくなるときまで、国連軍をシャルム・エル＝シェイクとガザに駐留させる、と確約した。(原注90)

シナイ作戦の収支決算を試みるなら、その具体的作戦目標と一般的政治目的とを区別してかからねばならない。シナイ作戦には、三つの作戦目標と、三つの政治目的があった。三つの作戦目標とは、エジプト軍に勝つこと、チラン海峡をイスラエル船舶に開放すること、フェダイーンのイスラエル南部への越境攻撃を終わらせること、であった。この三つの目標は一定程度まで達成できた。まず何より、イスラエル軍は明らかな軍事的勝利をおさめた。エジプト軍は敗れたが、時宜《じぎ》を得たシナイ退却の結果、壊滅はまぬがれた。しかも、エジプト軍の損害は少なく、急速に回復した。しかしながら、シナイ作戦でイスラエル国防軍の志気と威勢は高まり、中東最強の軍隊としての地位を確立した。二つ目の目標も達成された。チラン海峡を通過する国際水路はイスラエル船舶に開放された。アメリカが、海峡封鎖は戦争を誘発すると認知した。ナセルが一九六七年五月に再度海峡を封鎖してこの認知は空洞化したが、一九五六年の段階では予測できなかったことである。作戦で、イスラエル船舶のスエズ運河通航禁止が解除できるという期待があったが、これは実現されなかった。三つ目の目標はさらに十分に達成された。ガザのフェダイーン基地は解体され、フェダイーンの越境攻撃はなくなった。しかも、エジプト軍はシナイの基地には戻らなかった。シナイ半島は事実上非武装地帯になった。イスラエルはエジプト国境線地帯における相対的安全と安定の十一年間を享受することになったのである。

シナイ作戦が秘めていた三つの政治目的とは、ナセル転覆、イスラエル国境の拡大、中東の新しい政治秩序の確立、であった。このうちのどれ一つ実現できなかった。三国連合攻撃は、ナセルの失脚をもたらすことに失敗したどころか、中東と第三世界における彼の名声と影響力を大きく高めてしまった。ナセルは、軍事的敗北に乗じてこの上ない政治的勝利をかっさらったのだ。イスラエルは逆に、台頭するアラブ民族主義勢力に対抗する植民地宗主国勢力を結集させるために多大な政治的代償を払った。この野合は、シオニスト運動の反動的で領土拡張主義的性格の決定的証拠を提供したようであった。イスラエルのイメージは、深刻なダメージを受けた。アラブ世界の真中にある西側帝国主義の橋頭堡だと、いつまでも言われ続けることになったのも、このときイスラエル自身がとった行動によるものなのだ。

二番目に、シナイ作戦はイスラエルの国境拡大を可能にしてくれるものと期待され、こうした領土的野心はセーヴル議定書にも一部記されていた。最も優先されていたのがシャルム・エル＝シェイクとその関連領土であったが、シナイ半島全部を手に入れようという願望もあり、ベン＝グリオンはその勝利演説でもそのようなことを言っている。この野心もすべて実現できなかった。イスラエルは、奪い取った領土をことごとく吐き出さされ、領土的には元に戻っただけであった。たった一つ変わったことは、エル＝アウジャの非武装地帯に関してだけであった。イスラエルはその特別扱いを認めるのをやめ、それ以降はあたかもイスラエル領土のように扱った。総体的に言って、シナイ作戦の計画立案者はこれを一九四八年戦争――十分な国境を勝ち取る戦い――の最後の戦いとして計画した。しかし、現実的結果はこの意図と正反対になった。シナイ作戦は、戦争の結末に生じた領土的現状（ステータス・クオ）を確認し固定化したという意味において、一九四八年戦争の最後の戦いとなったのである。

三番目の目的は、中東に新しい政治秩序を樹立することであった。これが、ベン＝グリオンの「すばらしい」計画、あるいは構想なのだった。この構想には、領土と政治の二つの要素があった。そのどちらも実現にはほど遠かった。領土的要素は、イスラエルを南はスエズ運河とシャルム・エル＝シェイク、東はヨルダン川、北はリタニ川まで拡大することを要求していた。構想の政治的要素は領土的要素と密接に関連していた。どんな考えが出てきたかといえば、レバノンのキリスト教徒は独自にイスラエルと和平協定を結び、イラクにはイスラエルとの和平を条件にヨルダン東岸地区を引き継がせる。そして、戦争に敗れ、屈辱を舐め、占領されたエジプトはイスラエルの言いなりになって和平を結ぶ、というものだった。すべて絵に描いた餅であった。

シナイ作戦立案者たちが犯したあらゆる政治的誤算と失敗にもかかわらず、次のような解釈がイスラエル人の圧倒的多数の心情に堅くこびりついている。一九五六年の戦争は一般的に、あれは単なる防衛的戦争で、頑張った戦争で、目的をほとんど実現した戦争、と受けとられている。この解釈は、イスラエル国防省の当事者だけでなく、多くの良心的歴史学者、ジャーナリスト、評論家の間でも共通している。しかしこの解釈は、いかに大切に守ろうとも、こんにち明らかになった歴史的証拠に照らした精査に耐えうるものではない。これは、国家的目的に供するためにはいかに歴史操作が可能であるかを示す衝撃的な一例である。一九五六年戦争に関するイスラエルの公式解釈は、一九四八年の戦争と同様、戦勝者の宣伝とほとんど変わるところがない。

シナイ作戦は、イスラエルとアラブ世界との関係の大きな分岐点になった。一九五三年から一九五六年にかけて、国内では穏健派と行動派、外交提唱派と軍事力提唱派、交渉主義派と報復主義派との間に分裂した激しい対立があった。一九五六年六月、ベン＝グリオンは対エジプト戦争突入の選択肢を選ぶためにシャレットを辞職させた。一九五六年十月、彼はこの選択肢を実行した。シャレットが政治的復権を遂げる見通しは、もはや取り返しがつかないほど粉々に潰されてしまった。シャレットはベン＝グリオンの強硬路線に代わる政策を推奨していた。この選択の政治の出番はなかった。選択の政治はイスラエル国防省が潰した。シナイ作戦は、シャレットに代表される穏健派政治を無理やり墓場送りにした。ベン＝グリオンは、ナセル打倒は果たせなかったが、シャレット追放には成功した。

第5章　周辺国との同盟　一九五七年～一九六三年

スエズ戦争で中東に永続的な領土変化は生まれなかったが、この戦争はイスラエルとアラブ世界、東側と西側、そしてアラブ世界内の保守派と急進派勢力同士の力関係に大きな影響をおよぼした。イスラエルはエジプトとの武力闘争で明らかに勝利し、国民的自信を高め、イスラエル国防軍の戦争抑止力を増強し、イスラエルを中東における一大軍事大国として確認させる成果を得た。その一方で、東西の力関係が変化し、アラブ支持に働いた。スエズ戦争は西側陣営の結束を崩し、中東におけるイギリスとフランスの影響力の崩壊をひき起こし、この地域へのソ連の進出の道を準備することになった。

アラブ世界内での力関係の変化はすぐにそれとわかるものではなかったが、決して小さいものではなかった。アラブ世界の冷戦も東西冷戦体制と並ぶように、保守派勢力と急進派勢力との間で進展していた。スエズ動乱は、とくにイラク、ヨルダンの保守派勢力と親ヨーロッパ勢力に対する、エジプトをリーダーとした急進派勢力の決定的勝利であった。ガマル・アブデル・ナセルは、帝国主義―シオニズムの反アラブ国家策謀として現われたスエズ動乱後の世界に、アラブ世界の不動の指導者として登場した。戦争の結果、ナセルのイスラエルに対する姿勢は硬化した。スエズ動乱によって、彼はイスラエルに対してこの上ない恐れと警戒心を抱くようになった。スエズ以後、彼はイスラエルとヨーロッパ諸大国を単一の敵として同一視し、アラブ人はイスラエルとその背後にある西欧大国の両方を相手にして戦わねばならない、と繰り返した。

スエズ動乱のもう一つの結果は、ナセルがパレスチナ問題に深く関わり始めたことである。一九四五年にアラブ連盟が結成されて以来、その行程表にはアラブの結束とパレスチナ問題という二つのテーマがあった。スエズ動乱が、ナセルにこの二つのテーマを一つに融合させたというべきか、少なくともそれに近づけた。彼がめざしたのは、結束力ある、行動的で、戦闘的な汎アラブ運動を築くことであり、そこで彼はパレスチナ解放をこの運動の主目的として初めて提起した。それまで彼は、パレスチナ難民問題の解決を見出す必要を語っていただけであったが、一九五六年以降になるとパレスチナ解放を語り始め、一九六四年にはパレスチナ解放機構（ＰＬＯ）結成のため先頭に立った。彼はパレスチナ問題を汎アラブ主義的次元にまで引き上げ、イスラエルとその同盟国に対する戦いにその持てる全力を投入せよ、とアラブ世界に向かって呼びかけた。イスラエル封じ込めが汎アラブ主義の目標になった。(原注1)

再評価と再編成

一般的通念では、シナイ作戦はイスラエルに十一年間の平和をもたらしたということになっている。ナセルが、軍事的力関係をアラブに有利に変えようと画策しながら、イスラエルとの国境を平静に保ったというのは、限られた意味で事実である。しかし、スエズ動乱がさらに敵意を増幅し、アラブ世界とイスラエルとの対立を深めたかぎりにおいて、一般通念は誤りだ。

イスラエル側の不動のリーダーで、また防衛と外交のトップに立つ意思決定者が、ダヴィド・ベン＝グリオンであった。(原注2)その権勢と政治権力は、一九五六年の対エジプト戦争に勝利したことで大いに増大した。彼は時に、自分の意志を貫くためにはその政党や内閣やクネセトで、いやなら私はいつでも辞めるぞ、という脅しまでかけて自分の提案のほとんどすべてを多数に押しつけてきた。彼は、アメリカとの防衛協定や核開発のようなデリケートな問題は、まったく内閣には任せなかった。彼の権力はあまりにも強大で、

彼に組みしていた人たちは、彼は通したくない提案だけ内閣に提出する、と冗談を言った。（原注3）

ベン＝グリオンは、ゴルダ・メイアを腹心の外務大臣と認め、彼女こそ内閣で唯一の「男」だ、とまで絶賛した。有名な話だが、ゴルダは中東紛争についてこれと言った独自の考えは持ち合わせていなかった。彼女はベン＝グリオンの子飼いであり、主要な政策問題ではすべて彼の指示に従っていた。しかし、ゴルダと国防省長官のシモン・ペレスの間には緊張が絶えなかった。ペレスがイスラエルの外交政策におけるヨーロッパ志向の主要な政策立案者であり主唱者だったのに対し、ゴルダはアメリカ志向派に肩入れしていた。だが、緊張関係の真因は、外務大臣に相談も報告もせずに武器調達を独断専行するペレスの外交運営にあった。ベン＝グリオンは正当な手続きや管轄権よりも、時として結果の方を重要視したのでゴルダをなだめることが多かった。

シナイ半島撤退は論議にはなったが、イスラエル国防軍に及ぼすベン＝グリオンの威光はびくともしなかった。モシェ・ダヤンの勝手なやり方もこれまでどおりで、重大政策に対する影響力を見せていたが、一九五八年一月、参謀総長の地位をハイム・ラスコフ少将にとって代わられた。ラスコフはイギリス軍で第二次世界大戦を戦った実直な将校で、政治には首を突っ込まなかった。彼は、中東紛争の軍事的側面にしか関心を抱かず、完全に軍事のプロとしてのみ働き、首相の信任と信頼を勝ち取った。こうして、一九五七年から一九六三年の期間、ベン＝グリオンは外交と防衛の両政策の決定をほぼ独占的にほしいままにした。

ベン＝グリオンがスエズ動乱から引き出した主たる教訓は、イスラエルが隣国の犠牲の上で領土を拡張することは現実的に期待できない、ということであった。彼は、現代世界では軍事的勝利が必ずしも領土獲得の権利を与えるとは限らないことを苦い教訓として学び、一九四九年の停戦協定で正式に認められた領土的現状（ステータス・クオ）を受け入れるようになった。領土的拡張に代わるものとして、彼は抑止力戦略を採用した。この戦略の目的は、アラブ諸国が武力で領土的現状を変えようとするのを思いとどまらせることで、イスラエル国防軍をアラブの軍隊より優れた質を維持するために最新鋭の武器で装備することがその手段であった。

ベン＝グリオンがとったスエズ以後の主要戦略の一つは抑止戦略であったが、もう一つはイスラエルの安全の国外からの保障を追求することであった。彼はスエズ動乱後、とくに増大するソ連の脅威に直面して、イスラエルの国際的孤立を痛感した。一九五六年十一月五日のブルガーニンの手紙には、クレムリンのイスラエルに対する姿勢の転換が如実に見てとれた。英仏の出兵はソ連の脅威というよりもアメリカの圧力で回避されはしたが、ソ連はアラブ世界の大部分からの信任を得た。ベン＝グリオンは、ソ連がイスラエルに対してもっとも敵対的な急進派アラブ国家を支援し、武装化させることで中東地域への影響力を拡大するのを恐れた。この危険性に対してイスラエルが単独でできることは限られていた。イスラエルは世界の大国と対峙しており、そこで世界の大国を味方につける必要があった。

ダヴィド・ベン＝グリオンは、冷戦のもう一方の主役、アメリカに鞍替えした。彼は、アメリカからの武器の獲得、政治的支援、安全保障を期待した。彼は、冷戦下における国際共産主義の脅威を取り上げ、とくにジョン・フォスター・ダレスに訴えかける狙いを持った言い方で、援助の要請を意思表示した。彼の援助要請にはつねに、対ソ連、対アラブ同盟国という共通の立場に立った進言を伴っていた。しかしアメリカは、冷静に距離を保った。アメリカの方針は、軍事的優位性が変わらないように維持することで、イスラエルがすでに隣国よりも軍事的には優れていると判断される以上、その主要な武器供給国になることを良しとしなかった。アメリカの冷淡さの一因は、政治的配慮にもあった。アメリカは、ソ連封じ込めの世界政策のためにアラブ諸国の支持を必要としており、イスラエルと同盟を結ぶよりも、自力に頼る方が実現性は高いと考えた。石油も、もう一つの要素であった。アメリカは、アラブの石油を手に入れ易くするためにイスラエルを遠ざけたのであった。

一九五七年一月五日、アイゼンハワーが発表した中東教書、アイゼンハワー・ドクトリンがイスラエルに対し、アメリカとの関係改善の扉を開いた。この教書は、イスラエルを含む中東諸国に「国際共産主義に支配された」国家からの顕在的攻撃に対する軍事援助と軍事協力を約束するものであった。中東諸国は、アイゼンハワー・ドクトリンに協力するよう要請された。イスラエル国内では意見が分かれた。政権与党のマパイ主流派は賛成、マパイ左派と連立与党のマパムとアフドゥト・ハ＝アヴォダは、協力しても取り立てて具体的なメリットは期待できないとして、冷戦体制の一方に組みすることをはっきりと拒んだ。ベン＝グリオンは、アメリカの正式の安全保障としてこれは大いに物足りないけれども、要請を受ける立場であった。最終的に意見がまとまり、政府はアイゼンハワー・ドクトリンに対する慎重で曖昧な支持声明を出した。

一九五七年夏、ソ連のシリア介入が本格化し、イスラエルがアイゼンハワー・ドクトリンの真価を試す機会がやってきた。シリアの政治家はソ連との間で武器取引がまとまると、親ソへと急旋回した。それと同時に、数人のイスラエル市民が殺される事件が起きた結果、シリア―イスラエル国境線での緊張が高まった。ベン＝グリオンは、シリアが「人民共和国」となり、東側陣営に加わり、かくしてイスラエルがソ連と対峙する現実的可能性が生まれると考えた。彼は、アラブがイスラエルを攻撃することはないだろうとするダヤンの判断に異議をとなえた。彼の見方では、ソ連はシリアを通したイスラエル攻撃を準備していた。彼は、北部前線でのイスラエル軍の展開についてソ連が言及しているのは、攻撃のための口実作りか、あるいは挑発の動きである、と見た。(原注4)

ベン＝グリオンは、予防戦争は考えなかったが、アメリカがシリアでクーデターを仕掛けているという情報が入ってくると、その仲間に加わりたくなった。八月、モサド長官のイサル・ハルエルがＣＩＡ長官のアレン・ダレスに書簡を送り、ソ連によるこれ以上の中東進出を防ぐための共同行動を提案した。これに対するアメリカからの返事は、ジョン・フォスター・ダレスからのベン＝グリオン宛の手紙の形をとって返ってきた。ダレスは共同行動の提案を無視し、その代わりにイスラエルが対シリア単独軍事行動をとらない保障を求めてきた。ベン＝グリオンはすぐに返事を書き、もし国際共産主義が中東の真ん中に基地を置いたときの、自由主義圏全体とりわけイスラエルの危機を強調し、あらためて共同行動を訴え、ダレスにイスラエルは責任を持って慎重に行動するから安心してほしい、と確約した。八月の終わり、ハルエルは外遊していたアレン・ダレスからの返答を受け取った。答えは、煮えきらないもので基本的にノーであった。アメリカはイスラエルの考え方を聞き、その情報を聞くつもりはあったが、アラブ世界関連のイスラエルとの現実的協力は避けたがっていた。(原注5)ベン＝グリオンはこれでようやく悟った。それからというもの、事前にアメリカの承諾を得ることなく、アラブ諸国に対する危険な冒険に乗り出さないよう努めた。

しかしながら、西側陣営による明確な安全保障がないことから、ベン＝グリオンの不安は解消されず、一九五七年の秋、イスラエルを北大西洋条約機構（ＮＡＴＯ）に加盟させる外交活動を始めた。活動の目標は、もとよりまったく問題外の正式加盟ではなく、防衛計画の緊密な提携と協力にあった。ダヤンはこの考えに反対であったが、それはNATOとの協力を望まないからではなく、頭を下げる形をとりたくなかったからである。彼の立場は却下された。何としてでもNATO傘下に入りたいベン＝グリオンは、ゴルダ・メイアを派遣してダレスに会わせ、パリとボンとハーグにも特使を派遣した。フランスは友好的だった。しかし、一九五七年十二月、アメリカの強い圧力を受けて、NATO理事会はイスラエルの提携要請を棄却した。

ベン＝グリオンはこの屈辱的拒絶の後も、イスラエルがソ連の攻撃、あるいはソ連が背後に存在する攻撃を受けた場合に助けてくれる、というアメリカの言質をとるために説得を続けた。彼は、あるアメリカ人の訪問者にその理由を説明している。

「我々が孤立すれば、アラブ人は我々を潰せると思うだろうし、ソ連はそれを利用するだろう。大国が背後に控え、我々の存在が厳然とした事実であることがアラブ人にわかれば――ロシアも我々を攻めて来なくなるだろう。なぜなら我々を攻めてもアラブ人はもう喜ばないからだ（原注6）」

アメリカの態度が変わらないかぎり、イスラエルとしては同盟国と武器調達先を西ヨーロッパに探し求めるしかなかった。イスラエルとフランスとの蜜月はスエズ遠征の後も続いていた。フランスは依然として、イスラエルにとって主要な武器供給国であり、両国の間には文化的、政治的、軍事的、情報的領域において密接な協力関係があった。一般のイスラエル人は、フランスにこそ真の忠誠を誓った友がいると感じていた。ベン＝グリオンはしかし、フランス人だけに頼る考え方に疑問を持っていた。彼は、フランスの政策は、政権交代の結果によっても、北アフリカ情勢の展開によっても変わりうることがわかっていた。

イギリスはイスラエルに戦車、輸送用装甲車、あるいは潜水艦まで売ることに同意していたが、支払いは即金だと言っていた。イスラエル人の心の中には未だにホロコーストの恐怖が生々しく残っていたが、ベン＝グリオンはもっとも確実な武器調達先、またイスラエルの多大な防衛費をまかなう経済援助国として、ドイツに目を向け始めた。

　ドイツ連邦共和国は、すでに一九五二年にイスラエルと賠償協定を交わしていた。一九五七年の秋、シモン・ペレスはドイツを極秘訪問し、これまでの経済援助に軍事援助を加えてくれるようドイツ政府を説得した。ペレスはドイツとの友好関係を「いざという時の友だち」に喩えた。これは、フランスからの武器供給が途絶えてしまう可能性を暗に表現したものだ。ベン＝グリオンの方は、「もう一つのドイツ」という言い方で、ナチス・ドイツ敗北後のドイツを表現した。彼とペレスは、新生ドイツによる支援はイスラエルの長期的安全にとって決定的だという確信を持っていた。そこで二人は、政権内でもクネセトでも、大衆的に猛反対されたにもかかわらず、この「いざという時の友だち」との関係を培ったのであった。

　一九五八年二月、エジプトとシリアが合併してアラブ連合共和国が成立すると、イスラエルはふたたび結束を固めた。この連合を率いたのは、シリア国内の共産主義への流れを嫌ったシリア人指導者グループであった。しかし、中東の親西欧国家はこの連合を自国の安全に対する脅威と見た。イラクとヨルダンは、ナセル支持派の潮流の拡大に対抗するには自力で防衛するに越したことはないと、緩やかなハシミテ連合を結成した。イスラエルでは、エジプト―シリア連合に少し異なる見方をし、自分たちの国を包囲し、そこにアラブの圧力を増すという動きととらえていた。ベン＝グリオンは連合をくるみ割り器のような、イスラエルを上下から挟むようなものと考えた。実際には、合併によってアラブとイスラエルの軍事的力関係に変化は生じなかった。軍情報部長のイェホシャファト・ハルカビはこの展開に過剰に反応した。彼は、これをイスラエルの安全に対する深刻な脅威とみなし、ベン＝グリオンはその判断に煽られた。(原注7) ハルカビは、いつも最悪のシナリオから出発して話を進めたが、これは職業的使命感だけではなく、その性格のなせる業《わざ》でもあった。彼もベン＝グリオンと同じように背が小さく、イスラエルが生き残れるかの心配ばかりしていた。彼はある時、ベン＝グリオンに言った。

「私たちの共通点は、どちらもイスラエル国家が真に存在しているとはまだ信じていないことですな」

ベン＝グリオンの答えは、ただ「うーん」だったが、ハルカビはこれをどう解釈していいかわからなかった。(原注8)

周辺国との同盟

スエズ動乱後の十年間における、アラブ世界に対するイスラエルの政策展開で最も重要で興味深く、しかも看過されているのが、周辺国との同盟である。(原注9) 基本的考え方は、イラン、トルコ、エチオピアなどと同盟を形成して敵対的アラブ国家の野合を凌駕しようとするものだ。イランとトルコはイスラム教国だがアラブ民族ではなく、エチオピアはアフリカのキリスト教国である。これらの国々に共通していたことは、ソ連への恐怖と、ナセルのアラブ急進主義への恐怖であった。周辺国との同盟は「敵の敵は味方」という判断基準に沿っていた。同盟の目的は二つあって、ソ連の中東進出を阻止することと、アジア、アフリカにおけるナセルの影響を抑えることであった。

周辺国と同盟を結ぶ発想は、領土拡張の可能性が消え、アメリカの安全保障が不確定なことがはっきりしてから、ベン＝グリオンと腹心たちが編み出したものだ。同盟の目的は、領土的現状（ステータス・クオ）を変えることではなく、急進派勢力による破壊活動からの防衛であった。イスラエルの抑止力を強化し、その孤立化を緩和し、国際社会の一員としての影響力と勢力を身につけるためである。だが、周辺国との同盟は、従来の外交言語での定義における同盟ではなかった。現実的に、イスラエルはどの関連諸国とも通常の外交関係にはなかった。この同盟は非公式なもので、その大部分が秘密の、水面下のつながりで成り立っていた。外務大臣とイスラエル国防軍がそのサポート役ではあったが、同盟関係の発展の最高責任者はモサドだった。

周辺国との同盟の促進にもっとも活躍したのは、ルーヴェン・シロアーとイサル・ハルエルの二人である。シロアーは、中心になってこれを立案し、原動力の役割を担った。彼は、一九四八年から一九五二年までモサド長官、一九五三年から一九五七年まで駐ワシントン・イスラエル大使館公使を務めた。彼は一九五七年九月に、ゴルダ・メイアの政治顧問と、外務省上級官僚とイスラエル国防軍とモサドの代表で構成される政治計画委員会の委員長に任命された。彼は生涯を通して、表舞台で脚光を浴びるのを避け、裏舞台で活躍した。独立前の時期にシオニスト勢力を強化するために彼がとった独特の手法は、強力な同志や協力者を育て、ユダヤ人情報機関を組織化し、特殊作戦を計画することであった。彼は一九三〇年代、最初はイギリスと、後にアメリカと組んで情報活動と戦略協力の方法の調査研究を開始した。彼の長期的目標は、イスラエルを世界のユダヤ人の協力をえて、地域的、国際的政治における一大情報戦力に育て上げ、西側先進国に対してイスラエルが戦略的資産だと思い知らせることだった。彼の真価は、その作戦指揮ではなく、周りを敵に囲まれた小国というイスラエルの特殊な条件に適合した戦略を編み出す政治的企画力で発揮された。ワシントンから戻ったシロアーは、その創意溢れる政治センスで迷わず突き進んだ。彼は、国際政治におけるイスラエルの戦略の基本コンセプトの確立に貢献した。彼の考え方には二つの柱があり、それは周辺国との同盟と、アメリカとの同盟である。(原注10)

シロアーにとって、周辺国との同盟は政治戦略だけにとどまらず、ナセルの「三つの環」理論に対するイデオロギー的回答でもあった。ナセル主義は、エジプトをナセルの理論「三つの環」——アラブとイスラム教とアフリカ——の中心に位置づけていた。これは、エジプトを指導的勢力とし、汎アラブ主義を支配的思想として位置づける中東統一思想であった。周辺国の同盟はこの思想に二つの次元から挑戦するものであった。政治的次元では、イスラエルにつながる外環国家群の形成の追求であり、思想的次元では汎アラブ主義や汎イスラム主義に組み込まれない、地域の多元的考え方を提起することであった。

周辺国の同盟のもう一人の推進者は、一九五二年にシロアーの後継としてモサド長官になったイサル・ハルエルだ。シロアーはいかにも才気煥発だったが、ハルエルは気難し屋で現実主義的な情報畑の長官で、理論よりも作戦指揮に本領を発揮した。一九一二年にロシアに生まれ、一九三一年にパレスチナに移住したが、頑強な反ソ主義者でイスラエル国内でも左派政党に敵視され、冷戦時代においては頼もしいアメリカ支持者だった。ハルエルもシロアーと同じく、イスラエルは国際社会ではソ連に対抗し、中東地域ではアラブ急進派に対抗してアメリカの同盟国たるべきだと考えていた。

ハルエルは、中東とアフリカに周辺諸国の連合地帯を形成することにもつながるナセルの影響力の拡大を阻止する、裏舞台での協力をアメリカに申し出たが拒否された。それが、中東とアフリカの周辺諸国連合帯の創設に彼が乗り出すことになったきっかけである。彼はナセルのことを、ヒットラー式にスパイや殺し屋集団や破壊活動や煽動などの手段で個人崇拝の拡大を目論む、危険な独裁者と見なしていた。彼の目的は、ナセル主義的ソビエトの洪水をせき止めるダムを建設することだった。そして、ナセルの中心的な手段が——共産主義のそれと同じように——破壊活動とスパイの活用である以上、国内治安の領域で効果的な対策を講じることが重要になる。そこでハルエルは、国内国外の陰謀によるクーデターが突然起きても、これら周辺諸国が持ちこたえられるだけの有効な情報と治安活動、軍事力を整える助けになるため相当に尽力した。

軍事的領域においては、外環諸国との接触はイスラエル国防軍による助言、装備、訓練をつぎ込んで展開された。イスラエルはまた、とくに農業、水資源の管理、医療の分野で技術援助を提供することによって、これらの国々との関係を固めた。これらの同盟国を通してイスラエルは、正式にはイスラエルと戦争状態にあったアラブ諸国における政治的安定を促進しようとさえした。アラブ国家の何人かの指導者は、モサドからの通告のお陰でナセルの刺客による暗殺をのがれた。こうした情報は、西欧の友好国あるいは周辺国にいるイスラエルの連絡員を経由して、暗殺ターゲットに伝えられた。ハルエルは「我々のこの神聖なる活動が、ナセルとソビエトの親玉たちがアラブ人の中東からブラック・アフリカ（サハラ砂漠以南のアフリカ＝訳者）まで凱旋行進するのを阻止したのだ」と固く信じていた。(原注11)

イスラエルは、スエズ動乱のかなり前からイラン、トルコ、エチオピアとの二国間国交の育成を開始していた。しかし、一九五八年二月にアラブ連合共和国が結成され、その五ヵ月後にイラク王国が転覆し、これらのアラブ諸国がアラブ急進派の脅威にさらされると、これまでのかりそめの二国間関係を越えた、ある種の集団の形成を試みるために本腰を入れるようになってきた。

イランは周辺国同盟の中では白眉の存在であった。ソ連と国境を接しており、冷戦下における最前線国家になっていた。イランとアラブ世界との伝統的な敵対関係も手伝って、イスラエルとの協力関係は生まれやすかった。一九五〇年三月、イランはイスラエルを事実上承認し、テヘランに非公式の官僚レベル代表部を設置することを認めた。イランもまた、イスラエルに石油を供給した。この低レベル経済関係が、スエズ動乱後に親密な政治的、戦略的協力関係に変わった。新設の情報・保安機構、サヴァク（SAVAK）*の長官、タイムール・バフティアル将軍が主導して一九五七年にモサドと提携関係を樹立した。この関係は両国の軍事、情報任務をカバーするまでに広がった。イスラエル代表のテヘラン詣でが始まり、シャーや首相や高級官僚に謁見した。イスラエルは、アラブ諸国におけるエジプトの動きやイランに影響を与える共産主義者の活動を定期的に報告した。両国間の経済関係は、イスラエル人専門家による多くの開発計画を伴った援助で大きく拡大した。シャーはイスラエルのワシントンでの影響力を過大評価し、自分のイメージ改善をイスラエルに相談し、また（モサデク）政権との確執で弁護も依頼した。一九五九年春、シャーとベン＝グリオンの間だけの合意により、両国は軍事、情報部門での協力関係を結んだ。この関係は、一九七九年に王制が倒れるまで続いた。

トルコとの関係も同様の経過を辿った。トルコは、イランと同様に冷戦下では親西欧国家の最前線にあり、アラブ人とその軍事力を概して低く評価していた。トルコは一九四九年三月にイスラエルを事実上承認し、アンカラにイスラエル公使館が置かれ、初代公使にエリアス・サッソンが赴任した。一九五七年十二月、この間に駐イタリア大使になっていたサッソンは、トルコ首相のアドナン・メンデレス、外務大臣ファティン・ゾルルと会談し、ソ連とエジプトからの脅威に対抗する協力関係を強化する協定を交わした。イラクの共和制革命の後、メンデレスはイスラエル首相との秘密会談に応じた。一九五九年八月二十八日、ベン＝グリオンがアンカラに飛び、翌日メンデレスに会った。両首脳は、経済的、政治的、軍事的協力と通常的情報交換で合意した。ベン＝グリオンはまた、アメリカの経済援助を得るためのトルコの努力を支援することを約束し、メンデレスの方はアメリカから武器を調達し、NATOに加盟するためのイスラエルの努力を支援することに同意した。

イランとトルコはアメリカと密接な同盟関係にあり、ソ連の南下を阻止する「北の壁*」の一角を形成していた。両国はまた、ナセルの北進の動きを警戒していた。このことが、イスラエルに三国間関係を基軸にしたイランとトルコとの関係樹立を推進させた。一九七九年にテヘランで起きた反シャー反乱の際に捕虜になったイスラエル諜報部員に関するCIA報告によると、モサドは一九五八年の終わり頃、トルコ国家安全局とイランのサヴァクとの三者間組織を立ち上げている。暗号名をトライデントというこの組織の目的は日常ベースで情報交換し、共同作戦を立ち上げ、イスラエル人が他の二国のメンバーを訓練し、諜報活動問題に関する技術的助言を施すことにあった。(原注12)

周辺諸国同盟のイスラエルの三番目の同盟国はエチオピアである。エチオピアは、紅海に面したアフリ

サヴァク：イランの特務情報機関SAVAKのこと。一九五七年にエジプト、アラブ諸国、ソ連の情報活動に対抗して英仏の協力で設立された。巨大な政治弾圧機構で国内の反体制派を過酷に取り締まった。

北の壁：東西冷戦期、西側陣営が中東のトルコ、イラン、イラク、パキスタンの四ヵ国をソ連の南下と地中海、インド洋進出を防ぐ壁として位置付け、ノーザン・ティアー（北の壁）と呼ぶ軍事同盟を結んだ。

カ東海岸にある、孤立したキリスト教国である。エチオピアとエジプトの間では、ナイル川の水利権争いと、両国間の緩衝役をつとめていたスーダンの地位をめぐる対立があった。エチオピアは、ナセルの汎アフリカ主義的野望*を恐れていた。一九五五年、ハイレ・セラシエ皇帝はイスラエルに軍事と開発援助の打診をしてきたが、この時はまだ正式な外交関係を樹立する用意がイスラエルになかった。しかし、一九五七年に緊密な実務的関係の基礎が敷かれた。イスラエル人専門家が派遣されて皇帝軍の訓練にあたり、諜報機関を再編成した。イスラエルは皇帝の国内支配強化とスーダンの拡張主義的進攻を防ぐのを助けた。秘密外交の味をしめたベン＝グリオンは皇帝を訪問しようとしたが、その計画は断念せざるをえなかった。そこで彼は、ハイレ・セラシエの皇位即位記念日に個人的に手紙を送った。この手紙で、ベン＝グリオンはカイロで強大化する軍事派閥が隣国の独立に及ぼす危険と、そしてこれに怯えるアジア、アフリカ諸国への援助を続けようとするイスラエルに対する圧力が増大していることを連綿と綴った。彼は、イスラエルが代表を送り、ナイル川はエジプトだけのものではなく、スーダンやエチオピアのものでもあるということを、各国の政府や世論に説明すると約束した。そして、スーダンの独立を確かなものにするために闘っているウンマ党*の指導者たちの統一を図る、ハイレ・セラシエの努力に感謝の意を表わした(原注13)。

イスラエルは、モシェ・シャレットの首相時代にウンマ党と独自のつながりがあり、その後この国を周辺国同盟の枠内に組み入れる試みもされていた。ウンマ党は親英で、そのライバルの国家統一党（National Unionists）は左派的、親エジプト的傾向があった。また、イスラム教徒の間でアラブ化された北部住民と南部の未開地域住民の二つに分かれており、南部では中央政府の支配の押しつけに抵抗する反乱が周期的に発生していた。イスラエルに助けを求めてきた反乱もあり、イスラエルは資金や武器を提供したり、南スーダンにスパイを送り込んだりして、時にはこれも反乱を支援していたエチオピアと協力して要請に応えた。

一九五〇年代の終わりには、イスラエルは植民地支配からの独立途上にあったブラック・アフリカ諸国との友好関係を開拓し始めた。イスラエルが開発を助けたブラック・アフリカの国々としては、セネガル、マリ、ギニア、リベリア、コートジボワール、ガーナ、トーゴ、ナイジェリア、中央アフリカ共和国、チャド、コンゴ、ザイールが挙げられる。アフリカ攻勢はゴルダ・メイアが指揮し、外務省に国際協力担当の特別部が設けられた。紅海がイスラエル船舶に開放されたことも、こうした関係や通常的経済関係の確立を助けた。イスラエルがまだ若い小国で植民地主義の汚れがないことも、第三世界の国々に受け入れられ易くした。イスラエルは経済計画、土木建築、教育、医療、社会福祉施設の建設、軍隊の開発に大規模な技術援助を展開した。

当初、ゴルダ・メイアはイスラエルのアフリカ開発プロジェクトへの経済援助をアメリカに頼むのを渋った。イスラエルは、自費負担するか、ユダヤ系アメリカ人富裕層の援助を仰いだ。またイスラエルは

汎アフリカ主義：十九世紀末にアメリカおよびカリブ海地域の黒人たちが始め、一九〇〇年にトリニダード・トバゴの弁護士ヘンリー・ウィリアムズが第一回汎アフリカ会議をロンドンで開催した。一九四五年の第五回会議にはガーナのエンクルマやケニアのケニヤッタが参加し、植民地独立運動の支柱となった。一九六三年アフリカ統一機構（OAU）、二〇〇二年アフリカ連合（AU）へと発展した。

ウンマ党：スーダンの世俗主義イスラム中道派政党。一九四五年結成、サデク・アル＝マフディのもと、スーダン独立運動を主導した。ウンマとは国のこと。スーダン独立後、数度のクーデターを経て、ウンマ党は多数の党派に分裂した。しかし政権の要職はアル＝マフディの親族で占められている。

スウェーデン政府を説得して、スウェーデンが資金を負担し、イスラエルが専門家と訓練施設を提供するアフリカでの共同プロジェクトを立ち上げようとした。しかし、事業の規模が非常に大きく、ゴルダ・メイアはアメリカに助けを求めざるをえなくなった。アフリカ諸国政府およびその情報活動と密接な関係を持つことによって、イスラエルは自国とアメリカの利益にも役立つことができる、と彼女は説いた。アメリカは彼女のこの主張の長所に着目し、プロジェクトごとにかかる費用を肩代わりすることを引き受けた。一九六〇年代の半ばには、イスラエルはアフリカ大陸に相当の影響力を持つようになり、とくに国連における その国際的な地位を大きく向上させた。また、イスラエルがユダヤ人以外の人々の希望の光として貢献している、という思いに国内は大いに盛り上がった。これは、イスラエルが近隣諸国と目下抗争中であるということから目をそらさせ、敵はいるがイスラエルは孤立していないと言わんばかりであった。(原注14)

アメリカは、アフリカにおけるイスラエルの存在を好都合と受け取ってはいたが、それによって周辺諸国との同盟を支持するところまでは説得されなかった。一九五八年末、イサル・ハルエルはアレン・ダレスを通して、イスラエルの周辺諸国間における活動への、アイゼンハワー政権からの精神的かつ政治的支援を追求した。彼は、アフリカ地域における西欧の地位を強化するためには、こうした活動が他のどんな計画よりも役に立つ、と主張した。アレン・ダレスからやっと返ってきた答えは、慇懃ではあったが否定的なものであった。ベン＝グリオンとハルエルは、この重要な戦略計画を継続するには手持ちの限られた資源に頼るしかないと確認し合った。(原注15)

最終的には、周辺諸国との同盟戦略は目的を完遂できなかった。これは、イスラエルの影響力を拡大し拡張した独創的で先駆的な挑戦であった。しかし、イスラエルに対するアラブ人の姿勢を変えさせるまでには至らなかったし、イスラエルと折り合いをつけようとしない姿勢を再考させることもできなかった。また、机上の論理から政治的現実へと十分に転化されることもなかった。しかし、その努力が無駄だったということではない。政治の世界では、どんな結果が生まれるかは予測できない。外郭諸国との二国間関係を発展させることは、イスラエルにとってこれ以上ない意義があった。イスラエルを核に、外郭諸国を束ねるという企てが大それたことだと証明されたのだ。もう一つの問題は、アメリカの支援を当てにして派手にPRしすぎたことである。アメリカはイラン、トルコと良好な関係にあり、イスラエルの世話になる必要はなかった。それでも、精神的レベルでは周辺諸国との同盟関係で一つの変化が生まれた。イスラエル人の士気を高め、何らかの変革に寄与できそうな気持ちにさせたのだ。あるイスラエル人高官が漏らした言葉がある。

「(周辺国との同盟は) 我が国は強い、という気持ちを抱かせてくれた。この感情はシナイ作戦に始まった。あれは、中東最強の軍事力を持つ国としてイスラエルを位置づけた。今、イランからエチオピアまで我が国の仲間になった。我が国はもう、塹壕に取り残されて四方八方から銃火を浴びて命乞いをしている哀れな乞食ではない(原注16)」

五八年危機

一九五八年、中東ではレバノン、イラク、ヨルダンが一連の危機に襲われ、大きく揺れ動いた。その要因になったのは、西側諸国と結んだ保守勢力対ナセル派およびソ連派の急進派勢力という、アラブ世界の力関係を揺るがしたスエズ動乱の政治的後遺症であった。レバノンでは五月、カミール・シャムーン大統領のキリスト教支配の強固な親西欧体制と、アラブ連合入りを志向するイスラム教徒優勢の社会主義国民戦線との間での内戦が勃発した。

七月十四日、バグダッドでアブドゥルカリーム・カーシム准将率いるイラクの自由将校グループが、迅速かつ残虐な軍事クーデターで権力を握った。若きイラク王、ファイサル二世*、執政のアブドゥル・イッラー、首相のヌリ・サイードが殺され、イラクは人民共和国になるとも言われた。対イギリス協力者がバグダッドから追放されると、イラクが主要産油国の一つでバグダッド条約の要であったことから、中東の戦略地図が塗り替えられた。イラクのクーデターで、西欧の中東および石油資源の支配体制全体が破綻しかかった。ハシミテ王家系の別の一族が支配していたヨルダンも深刻な危機に陥り、レバノンにもアラブ民族主義の流れがどっと押し寄せた。この危機を誰よりも痛感したのはこれら三つの国々の元首たちであった。シャムーン大統領は、アイゼンハワー政権下のアメリカに軍事援助を求め、ヨルダンのフセイン王はイギリスに助けを求めた。

アイゼンハワー政権は、ぐらつくシャムーン大統領体制を支えるため、兵力の誇示で応じることを決定、イラクのクーデター後四十八時間以内にレバノンに海兵隊を送った。ハロルド・マクミラン首相のイギリス政府も、アメリカとの緊密な協力を条件に全軍を送ることを決定した。イギリスはただちにキプロスからアンマンへ千五百人の兵士を空輸し、イスラエルに領空の通過許可を要請した。

この危機に際してのイスラエルの対応は、逡巡し、慎重で、どちらかと言えば混乱していたと言えよう。詳しく言えば、バグダッドのクーデターは国内問題であって、地域の現状(ステータス・クオ)に影響するものではない以上、イスラエルは不干渉主義の政策を堅持することにしたのであった。これによって、イスラエルは基本的に受動的な、外国勢力に助言するだけの役割に落ちぶれた。イスラエルが期待したのは、西欧大国によるイラクの反乱への武力介入であったが、それが現実的選択でないことがすぐにはっきりした。イスラエルは、アメリカのレバノン支援の決定をアメリカが約束を守った証拠だとして好意的に受けとった。しかしイギリスの要求については、マパイの左派連合が反対して内閣の意見は分かれた。マパイの閣僚は中立志向で、反ソのイギリス側につくことを望まなかった。アフドゥト・ハ＝アヴォダの閣僚は、アンマンの王室はイギリスの助けがあってもなくても、もうおしまいで、ヨルダン西岸地区を獲得するチャンスを逃したくないと考えた。

イスラエル国防軍の専門家も、今後のヨルダンを見すえていた。軍情報部は、イラクのクーデターは用意周到に実行され、アラブ連合の協力で成功したという見方で、アンマンがイスラエルの戦略的弱点に近いことから、同様のクーデターが起きることを警戒した。アンマンでナセル主義者のクーデターが起きた場合に、西岸地区の全部または一部を奪い取るための可能な計画が様々に画策された。七月十四日夜、参謀総長のハイム・ラスコフがヘブロン、エルサレム周辺地区、ナブルス方面に向かう高地一帯の奪取を提案した。ベン＝グリオンはうんと言わなかった。彼は日記に書いている。

ファイサル二世：最後のイラク国王ファイサル・ビン・ガージー（一九三五〜一九五八）。第二代イラク国王ガージーの息子。三歳でイラク国王に即位。一九四一年のクーデターをイギリスが制圧し、ファイサルは英国に留学。帰国後、一九五三年に親政を開始。シリアとエジプトのアラブ連合共和国に対抗してヨルダンとのアラブ同盟を形成したが、一九五八年にイラク自由将校団カーシム准将の反乱軍に射殺された。

「今回は、アラブ人は退散しないだろう」(原注17)

人口問題は重要だった。なぜならば、西岸地区に百万人近いアラブ人がいるのに比べ、イスラエルの人口は百七十五万人に過ぎなかったからだ。しかし、問題はそれだけではなかった。もう一つ考えておかねばならなかったことは、イスラエルが西岸地区に領土を拡張したなら、西欧大国と国際社会から猛烈な反発を喰うことであった。また、外交関係省庁と同様、ベン＝グリオンもアンマンのハシミテ王国の存命はイスラエルの安全に不可欠だと考えていた。ナセルが仕掛けてくる攻勢に対して、ヨルダンの現状維持がイスラエルの生き延びる道である、ということは全員がわかっていた。ゴルダ・メイアが、セルウィン・ロイドに、「フセイン王の無事と成功のために私たちは全員、一日に三回お祈りしています」と言ったようにである。(原注18)フセインが倒された場合に、イスラエルが行動の自由を確保するのと、彼がまだ王座にあるうちに、彼の王国の一部を力ずくで奪い取るというのはまったく話が違った。

内閣の意見が分かれてしまい、イギリスの要求に答える前に、ベン＝グリオンはアメリカに相談を持ちかけた。アメリカは、アンマンに飛行機で派兵するというイギリス案を支持した。また、力と決意を見せつけるために輸送機をレバノン、ヨルダン、イラク上空を通過させるつもりであったので、イスラエル領空を通過する許可を求めてきた。だが、イスラエルがイギリスに承諾の回答を出す前に、英王室空軍機がイスラエル上空をアンマンに向かって飛行し始めた。(原注19)総計四千人の落下傘部隊と軍備、燃料がアンマンに輸送された。アンマンの王宮やその他の施設の安全を確保したイギリス軍は四ヵ月間駐留し、危険が去ったとされるまで撤退しなかった。フセイン王はイギリスの援助とそれを手助けしたイスラエルに感謝した。ヨルダンは不穏な国内情勢だった。数年後に王がこのことを回顧している。

我々は、突然孤立した。石油タンカーはイラクで捕縛されてしまい、通れなくなった。シリア国境は封鎖された。ナセルはシリアとエジプトに立ちはだかり、サウジは領空を使わせず食糧補給を妨害した。（中略）我々はすべてを断たれ、石油が途絶えた。道は一つだけしかなくなった。ヨルダンに入るにはイスラエル上空を通るしかない。イスラエルとの直接交渉はかなわなかった。代わりにイギリスとアメリカがやってくれた。こんなにありがたいことはなかった。

イスラエルは、ヨルダンを助けるために領空通過を除いては何も頼まれたわけではなかった。それでもベン＝グリオンは西欧大国を手助けしたことで何らかのお返しを貰えるのではないかと、真面目に期待した。彼は側近を集めて言った。

「今こそ全力を挙げてアメリカから武器を手に入れ、中東に関する政治的、軍事的議論に参加するよう要請し、反ナセルの中東諸国を緊密に束ねるよう働きかけねばならない（原注21）」

危機の進行とともに、四つの明確な目標が生まれた。イスラエルへ武器を供給するようアメリカとイギリスを説得する、アメリカの安全保障を公式に獲得する、西欧の中東防衛の計画にイスラエルも参加する、周辺国との同盟に対するアメリカの支援を確保する、である。

七月十八日、ベン＝グリオンはイギリス大使を呼んで話した。主たる目的は、イスラエルとフランスとの間にすでに存在する関係に沿った形で、大英帝国とイスラエルとの協力関係を提案することであった。ベン＝グリオンは言った。ナセルはイスラエルだけではなく、サウジアラビア、イラン、トルコ、スーダンにも脅威を与えている、と。そして、共通の利害、共通の価値を持った対等な国家間で手を結ぼうと提案し、この提案を国のトップクラスで検討してもらいたいと要請した。(原注22)この二日後、マクミラン首相が、友好的ではあるが曖昧な書簡をベン＝グリオンに送ってきた。彼は、現在の状況が両国関係の発展における有益な時期の端緒になることを望む、と述べていた。この危機の結果として、イギリスはイスラエルへの武器供給の規制は緩和したが、長期的な政治的関係を持つことには積極的ではなかった。

ベン＝グリオンは、ワシントンが態度を変更することに最大の期待を寄せた。そこで彼は、七月二十四日付けのアイゼンハワーへの手紙に、持てるすべての説得力を集中させた。この手紙の主目的は、周辺国との同盟のためにアメリカの支援を取り付けることにあった。彼はまず、イラク革命後の中東情勢の見通しを暗く描き、アラブ民族主義をソ連の拡張主義の最前線に位置づけることから始めた。彼は、ナセル大佐の書いたものを読めば、誰もがイラクで起きたことに納得が行くし、何が問題なのかがわかるはずだ、と書いた。ベン＝グリオンは、もしナセルがソ連の助けでアラブ世界を支配する目標を実現できたなら、それは西側にとって深刻な結果を招くことになる、と警告した。それから、イラン、トルコ、スーダン、エチオピアの中東外郭国との関係強化のためにイスラエルが努力するのは、「ナセル－ソ連の奔流を食い止める強固なダムを建設するのが目的」だからである、とした。

ベン＝グリオンは、中東の外郭地域における自由と相互扶助を高める可能性に拘泥していた。彼は、イスラエルは資源に限界はあるけれど、様々な分野でこれらの国々を援助することができるし、しかもイスラエルが大国ではないという事実によって、他国から胡散臭《うさんくさ》く見られることもない、とした。ここで言いたかったことは、ナセル封じ込めを画策するためには、新植民地主義者の疑いを抱かれずにすむイスラエルが、アメリカよりも都合の良い立場にある、ということであった。ベン＝グリオンは、遠い未来図ではなくて、すでに第一段階が実現過程に入った設計図の話であることをはっきりさせたのだ。彼はまた、外郭諸国が西側の力の源になる、と強調した。それには二つの事が欠かせない、と彼は考えた。アメリカの政治的、財政的、精神的支援、そしてこれら四ヵ国（イラン、トルコ、スーダン、エチオピア）に向かって、イスラエルはアメリカに支えられて頑張っていると明示することである。ベン＝グリオンは、アイゼンハワーの助けがあれば、この世界の要所の独立を守ることができるという堅い信念を述べ、このことについて早い機会に話し合いたい、と要請してこの手紙を締めくくった。(原注23)

アイゼンハワーはすぐにベン＝グリオンに返事をよこした。彼の手紙は、ハロルド・マクミランの手紙と同様、友好的だが曖昧模糊としていた。それは、イスラエルは「アメリカがイスラエルの国土保全と独立に関心を抱いていると信じても問題ありませんよ」と述べ、いかにもほっとするような内容で、詳しいことはダレスが書いてよこすでしょう、と請け負っていた。(原注24) 八月一日、ダレスから手紙が来た。しかし、彼の手紙は典型的に曖昧な、話をはぐらかすような内容で、実質に乏しく何の確約もしていなかった。彼は、アメリカはイスラエルと同様、この地域に触手を伸ばす拡張主義者と戦う決意でいる中東の国々の安全強化に関心があることを確認し、トルコ、イラン、パキスタンとの関係を強化したアメリカの最近の行動に言及していた。イスラエルの安全について彼が言ったことは、この問題の軍事的関連性について偏見なく検討する用意がある、のひと言だけだった。(原注25) ソ連に攻撃された場合、アメリカがイスラエルを助けに来る、という確約は全然なかった。

一九五八年の危機では、これとわかる役割は何も果たさなかったソ連の影が、突如八月一日、ソ連からの通告という形でイスラエル閣僚の目の前に大きく立ちはだかった。通告は、米軍機と英軍機が戦闘行為のためにイスラエルと連携してその上空を通過したことに抗議し、それはイスラエルの国益にとって危険な結果を招く、と言及していた。通告は、内閣に対し領空通過権の取り消しを強く要求していた。ベン＝グリオンは、この圧力に耐えられるだけの強固な基盤はイスラエルにはないと考え、アメリカとイギリスに領空通過を停止するよう通知し、愚かにもソ連の通告がこの決定の唯一の理由だと伝えた。ダレスは即刻アバ・エバンを呼び出し、イスラエルが自分たちに相談もせずにソ連の要求に屈したことに、自分も大統領もショックを受けたと厳しく言い渡した。エバンが、イスラエルは公式に安全を保障されていない不安定な立場にあると弁明しても、ダレスは中東教書（アイゼンハワー・ドクトリン）には、イスラエルが共産主義勢力の攻撃を受ければアメリカが支援に乗り出すと明記してあるではないか、と責めた。そしてこれからは、何でもいうとおりにしたくなるほどソ連に脅かされたら、必ず私に知らせるようにと釘を刺した。(原注26)

ベン＝グリオンはすぐに決定をくつがえし、ヨルダンへの空輸を八月十日まで許可し、ソ連の通告と最初の決定とのつながりを否定した。彼はエバンの助言を聞き入れ、ソ連の通告に対する回答を遅らせる一方、イスラエルはモスクワからの圧力と威嚇の前に誰よりも断固とした姿勢で立ち向かう、とアメリカに約束した。だが実はアメリカは、イスラエルへの公式の安全保障と地域防衛のための西側の構想への参加を拒んでおきながら、イスラエルを敵側超大国の報復の危険にさらした。こうしたアメリカの偽善者ぶりを目の当たりにして、ベン＝グリオンはこの上なく忸怩たる思いでいた。憤りはお互い様であった。ダレスは、とくに危機の進行中にイスラエルが彼にかけた絶えざるプレッシャーに我慢ならなかった。彼はその公的発言においては本心を言わないように気をつけていたが、英米間の私的な会話では、イスラエルのことを「とんだ重荷を背負わされたものだ」と愚痴っていた。(原注27)

中東危機は徐々に収まりを見せた。レバノンではカミール・シャムーンの超親米政権がフワド・シェハブ将軍の中道派独裁政権にとって代わられた。ヨルダンでは、周囲の期待にまったく反して、フセイン王が生き残り、即位したときよりも堅固になった王座に君臨してその年を終えた。ベン＝グリオンは危機の勃発に際して設定した四つの目標のうち、たった一つしか達成できなかった。それは、イギリスがイスラエルへの武器供給制限の政策を見直したことだ。アメリカは、依然としてイスラエルへの主要武器供給元になることを望まなかったが、防衛的軍備とは逆の「攻撃的兵器」の供給を開始した。他の三つの目標は達成できなかった。アメリカとイギリスは、イスラエルに公式の安全保障を与えることを拒否した。両国はまた、ベン＝グリオンの緊密な政治的、軍事的協力関係のための提案を丁重に退けた。純粋に言質だけに絞っても、最終的にアメリカからは周辺国との同盟へのいかなる約束も引き出すことはできなかった。この結果は、一九五八年の中東危機を、急進派アラブ民族主義勢力に対抗する西欧大国との戦略的協力関係への礎石として利用しようとしたベン＝グリオンの当初の期待に照らし合わせると、かなり落胆させるものであった。

ベン＝グリオンと爆弾

一九五八年危機の後の数年、アラブ諸国内、そしてアラブ諸国間では政治的に厳しい不安定な状況が続いた。しかし、イスラエルと隣国との国境線では、シリアとの国境線を除いて、総体的に緊張緩和状態が支配的だった。イスラエルの日常的安全だけではなく、基本的安全の面でも際立った向上が見られた。これは、アラブの攻撃に対するイスラエル国防軍の効果的な反撃力に対する大衆的な信頼感の高揚に反映した。ベン＝グリオンもこの信頼ムードの助長を後押しはしたが、彼自身まで同じ気分でいたわけではなかった。彼は、アラブの数的、空間的、資金源的優位性があまりにもよくわかっていただけに、いつかはイスラエルはやられてしまうのではないか、という恐怖にさいなまれていた。シナイ作戦の勝利もイスラエルの未来への不安を和らげてくれることはなかった。彼の最大の恐怖は、全方向からの攻撃であった。一九五〇年代後半、彼は側近に洩らしている。

「私は夜眠れなかった。全然眠れなかった。あることが怖くて。全アラブの軍隊が総攻撃をかけてくるのだ」(原注28)

この悩みを解消する名案がベン＝グリオンの心の底に長く潜んでいた。イスラエルの核開発である。核兵器が、イスラエル国家を亡きものにしようとするアラブの企てに対する究極の抑止力をもたらす。ベン＝グリオンは核兵器の虜になった、と言っても大げさでも何でもない。彼は、最終的には核兵器こそがアラブの数的優位に対抗できるものであり、イスラエルの生存のための唯一の確実な保障になる、と考えた。

一九五五年にスデ・ボケルから戻ってから以降、イスラエルの原子力開発がベン＝グリオンの主目的の一つになった。これについては、イスラエル国防軍の情報部副部長で、後に指導的な原子力科学者になったユヴァル・ネーマン*の証言がある。一九五六年七月、ネーマンはフランス治安情報局との連絡責任者に任命された。仕事は軍事的領域に限定されていたが、ベン＝グリオンから説明を受けた際、長期的目標として核開発能力の獲得をめざすよう強く求められた。(原注29) セーヴル会議では、シモン・ペレスがイスラエルに原子炉を提供するというフランスの首脳級確約を取り付けることに成功した。フランス側との交渉は、民間利用目的の小型原子炉のためであった。この段階ではまだ、当該の原子力技術の軍事利用の可能性に関しては何も議論されなかったが、これこそベン＝グリオンの究極の目的――核兵器製造――であった。一年後の一九五七年十月、モーリス・ブルジェス＝モヌリーが首相を務めていたフランスは、以前に約束していたものの二倍の出力を持った原子炉をイスラエルに提供する秘密協定に調印した。提供物には、核兵器製造に必要とされるプルトニウム分離装置が含まれていた。そこで、イスラエル原子力エネルギー委員会の委員長を除いた全委員が辞職した。彼らは、イスラエルの核計画は防衛目的ではなく経済目的に向けられるべきだと考えていたからである。

一九五五年、アイゼンハワー大統領が原子力平和利用計画のもとに、イスラエルへの援助を申し出た。援助の内容は、イスラエルに出力一メガワットの「プール型」研究用小型原子炉の建設を援助するというものであった。イスラエルは、この原子炉を研究目的にのみ使用することに同意し、イスラエル人科学者グループがアメリカで運転操作の訓練を受けた。ベン＝グリオンは、アメリカとフランスの二股をかけることにした。その結果、一九五八年にテルアビブの南二十四キロのナハルソレクに出力一メガワットの原

ユヴァル・ネーマン：イスラエルの物理学者、軍人、政治家（一九二五～二〇〇六）。テクニオン工科大学卒。マレー・ゲルマンと同時期にクウォーク模型の概念を発表。一九七五年にテルアビブ大学学長に就任、七〇年代末に右派政党テヒヤを設立した。ベギン内閣の科学大臣、エネルギー大臣などを務めた。九〇年代に入りテヒヤが入閣できなくなるとともに政界を引退した。

子炉を一基、ベエルシェバと死海の間にあるディモナに天然ウランを使用する出力二十四メガワットの原子炉を一基、合計二つの原子炉の建設作業が開始された。

ディモナ原子炉は最高機密のヴェールに包まれて建設された。極秘にした理由は、これが専門家を養成し、最終的には核兵器製造能力のあるインフラをイスラエルに作り出すための計画であったからだ。ベン＝グリオンは、核の選択肢の追求にひたすら専心し、秘密主義を徹底させた。核開発計画は膨大な費用がかかり、その資金の捻出は至難の業であり、きわめて困難な仕事であった。彼は、計画を保護するため、とくにその初期段階においては秘密主義を採った。なぜなら、公開が時期尚早にすぎれば間違いなくアメリカからの抑圧を誘発し、アラブには独自の核保有に邁進させることになるからであった。ベン＝グリオンは徹底的なまでに露出を避け、ときに非民主主義的、非合法的手段さえ弄した。彼はこの案件を、政府の全活動に集合的に責任を負ったクネセトやクネセト防衛外交問題委員会、あるいは内閣などには提起しなかった。(原注30)

核問題の議論はこれら公式行政機関の埒外で、古参政治家、軍首脳、将校の間でのみ黙々と進められた。テーマは、イスラエルの防衛を通常兵器に依存すべきか核兵器に依存すべきか、ではなかった。イスラエルが通常兵器による自主防衛を継続する方向にあることは誰の目にも明らかであった。議論はむしろ、防衛の優先順位と、限られた資源の分配と、核開発計画の速度をめぐってであった。イスラエルは核兵器製造能力の開発に多額の投資をするべきだ、という意見が一方にあった。その目的は、中東地域に核兵器が持ち込まれた場合を想定し、イスラエルが核抑止力を確保することにあった。他方、アラブ諸国が核開発技術の領域でイスラエルを圧倒する可能性は非常にわずかで、巨額の防衛費はイスラエル国防軍の増強に充填すべきであるという意見があった。(原注31) イスラエルのベテラン兵士の多数派がこの考え方であった。アフドゥト・ハ=アヴォダ党首で、元軍司令官のイーガル・アロンもこの意見であった。アロンは、アラブの軍事力を非常に低く評価しており、領土拡張の夢を抱き続け、伝統的な戦争抑止力のもっとも積極的な擁護者として登場した。

それでも、ディモナ原子炉計画に関する決定についてはベン=グリオンは党内の一握りのベテラン同志にしか相談しなかった。一九五九年十一月の総選挙で、マパイの党員名簿に入っていたアバ・エバン、モシェ・ダヤン、シモン・ペレスの全員がクネセト議員に当選した。エバンは無任所大臣として新政権に入閣し、ダヤンは農業大臣、ペレスは国防省長官から国防副大臣に昇格した。外務大臣に留任したゴルダ・メイアは、若手の抜擢に不快感を示し、彼らに行く手を阻まれるのを恐れた。レヴィ・エシュコルは財務大臣に、ピンハス・サピールが商務工業大臣に留任した。

ディモナ原子炉計画についてのマパイ選出閣僚の意見は割れた。何としてでもこの計画は進展させるべきだと考える一派がいた。そこには、ベン=グリオンとペレスがおり、そして若干懐疑的ではあったがダヤンがいた。もう一つのグループは、真っ向から反対しなかったが、ディモナのような規模の原子力施設が本当に必要なのかどうかに疑問を呈し、その天文学的な費用がイスラエルの経済にダメージを与える、と警告していた。このグループにはエシュコルとサピールがいた。三番目は、ディモナ原子炉をアメリカとの取引のために使おう、と考えるグループであった。そのねらいは、アラブ敵国に対するこれまでの軍事的優位性を維持するに足りる十分な量の最新兵器をイスラエルに提供することにアメリカが同意しないのであれば、イスラエルは核抑止力をめざす方向に行かざるをえない、とアメリカに示すことにあった。このグループには、ゴルダ・メイアと、外務省高官の間に広く賛同者を得ていたアバ・エバンがいた。エバンは原子炉のことを「干上がった陸に打ち上げられた巨大なワニ」と形容していた。(原注32) ベン＝グリオンとペレスは、国内の反対派と慎重派の存在を尻目にディモナ原子炉および核の選択に伴って当然必要になる長距離弾道ミサイル製造の開発計画を進めた。

イスラエルの核兵器への野望の最初の試みは、アイゼンハワー政権からケネディ政権へと移り変ろうしていた一九六〇年の十二月に訪れた。イスラエルでは軍の厳重な報道管制が敷かれていたが、西側の新聞は、イスラエルがおよそ五年以内に核兵器の製造が開始できる原子炉を建設中であるという噂をばら撒いていた。アメリカのU2偵察機がディモナに、公式には繊維工場とされていた警戒厳重の巨大施設を発見していた。これに関する報道は各国政府関係者に驚愕と疑惑を呼び、アラブ諸国の糾弾を誘発した。アメリカ政府は、イスラエルの核兵器製造計画を確かめようとした。

ベン＝グリオンは十二月二十一日、慎重に言葉を選んだクネセトでの演説でこれに答えた。彼はそこで初めて、イスラエルが出力二十四メガワットの研究用原子炉の建設に着手していることを認めてイスラエル国民を驚かせたが、この原子炉は「平和利用専門の設計」になっていると強調し、完成まで四、五年はかかる見通しだ、とした。彼は、イスラエルが核爆弾を製造しているという報道を「歪曲もしくは、無根拠」だと退けた。声明は、ある意味において事実に即してはいた。確かにイスラエルは、原子炉が建設された時点では核兵器を製造してはいなかった。しかし、肝心なのはベン＝グリオンが将来について何も約束しなかったことである。彼は、イスラエルは核兵器を製造するつもりはありません、とは言わなかった。また、イスラエルの原子炉をＩＡＥＡ（国際原子力機関）の安全基準査察に委ねもしなかった。彼の声明は、情報をできるだけ最小限にとどめ、すべての選択肢を残しておこうとするものであった。
アメリカはさらに情報を探り、イスラエルの長期目標の解明を試みる動きに出た。ジョン・F・ケネディは就任早々、核拡散防止の世界政策を掲げ、核兵器を製造しない、そしてディモナ原子炉を国連査察に開示するという確約をイスラエルから引き出すための強硬路線を打ち出した。ケネディとベン＝グリオンは一九六一年五月三十日、ニューヨークのホテル、ウォルドーフ・アストリアで私的に会談した。国内では、レヴィ・エシュコル、イサル・ハルエル（モサド長官＝訳者）その他のディモナ原子炉反対派が増えており、ベン＝グリオンは不安をつのらせていたが、アメリカの青年大統領との会談は、はるか予想外に好調だった。二人は、手短な挨拶を交わすや、すぐさまイスラエルの原子炉の話に入った。イスラエルは、有名なユダヤ系アメリカ人物理学者を二人をディモナに招聘していたが、彼らの報告書は非常に役に立ったとケネディは評価した。彼は、原子炉建設の意図が平和利用目的に限定されていることに満足しているようであり、「女性はただ貞節なだけではなく、見かけもそうでなければならない」と言われるように、イスラエルは平和的であるだけではなく、他の国からもそのように見られるよう心すべきだ、とだけ示唆した。(原注33)
会談では他の問題も話し合われた。ベン＝グリオンはイスラエルの安全問題について概説し、その独自の特質を強調した。ナセルが正式に表明した目標は、イスラエルの破壊である、と彼は言った。今や問題は、国の独立と領土権だけではなく、イスラエル国民の生命そのものである。ナセルがイスラエルを潰すつもりなら、ヒットラーがドイツで六百万人のユダヤ人にしたのと同じことをイスラエル人にしてくるだろう。ベン＝グリオンは、ケネディにホーク地対空ミサイルの供給をとくに要請した。領土は小さく狭く、飛行場の数はアラブ連合の二十六に比べてたった三つしかないイスラエルの安全にとって空こそ決定的だ、と彼は説いた。それに対しケネディは、アメリカは三ヵ国声明に拠ってイスラエルの安全を確保し、したがってイスラエルが攻撃を受けるような状況に陥らないことの保証に関心がある、と応じた。武器については、アメリカの政策は変わらない。アメリカはこの地域における主要武器供給国にはならない。イスラエルにミサイルを供給すれば、相手もミサイルを装備することになり、ミサイル装備のエスカレーションを呼ぶ危険性がある。もしイスラエルが危険な状況におかれているのであれば、それは話が違う。ケネディはホーク・ミサイルの要求には応じなかったが、不断に検証することを怠らずイスラエルと敵国との軍事的均衡を保つ、と約束した。

ベン＝グリオンは次に、中東の現段階の国境線を保障する米ソの共同声明を提案した。現在の国境線がアラブ諸国に受け入れがたいものである以上、ソ連がそのような共同声明に同意するはずがない。これがケネディの答えであった。今度はケネディが、パレスチナ難民について問いただした。彼は難民の窮状に心を痛めており、イスラエルのひと言で中東紛争の解決への道が開かれることを期待していた。ケネディは、間もなく国連パレスチナ調停委員会（ＰＣＣ）が関係各国に働きかけて、本国送還、アラブ諸国での定住化、非アラブ諸国への移住などを盛り込んだ解決策を打ち出すだろうと述べた。ベン＝グリオンは、アラブ諸国は難民のことなど気にかけていないので委員会は失敗する、と強く言った。

「彼らは難民のことを戦争の道具にしか見ていません。難民をイスラエルに戻させたら、大変なことになります。我々は周りを取り囲まれ、壊滅させられてしまうでしょう。彼らの思うツボです」

ケネディは、アラブ諸国が現実性のあることには一切同意しないだろうとは認めたが、調停の失敗はイスラエルが原因だったように思われる形にはしたくなかった。会談は、大統領が「調停者に神の恵みを」

と言えば、首相の方は、平和が実現すれば難民問題は簡単に片づくでしょうと答え、双方納得の覚書を交わして締めくくられた(原注34)。概して会談は、首相の側からすれば成功だった。原子炉は、少なくとも当分の間は守ることができた。

　ケネディは一九六二年の夏、ホーク地対空ミサイルをイスラエルに売らないという決定をくつがえした。彼はこうすることで、イスラエルに核開発の意欲を亡《な》くさせようとしたのであり、アメリカがイスラエル防衛の任に当たっていることをこれまでになく明確にアラブに知らせようとしたのであった。ケネディと補佐官たちは、イスラエルがもっと弾力的に難民問題に対処するために、ホーク・ミサイルの提供を利用するつもりだった。彼らは、パレスチナ難民がアラブ―イスラエル関係の核心要素だと考え、この問題を解決する必要性をきわめて重視していた。元国務省官僚のジョゼフ・ジョンソン博士がこの問題の担当をまかされ、一九六一年八月に国連パレスチナ調停委員会の特別代表に任命された。ジョンソンはパレスチナ訪問の後、帰還か補償かの選択権が与えられれば、はたしてどのくらいの人が帰還を望むかを見きわめるパレスチナ難民代表人選出という案を出した。イスラエルはこの提案を嫌い、なかなか納得しなかった。

　ケネディのユダヤ人問題担当特別補佐官、マイヤー（マイク）・フェルドマンがベン＝グリオン、ゴルダ・メイアと、一九六二年八月十九日に秘密会談を持った。まずフェルドマンが、ケネディがホーク・ミサイルをイスラエルに売ってもよいとの決定を下した、と話を切り出したが、これはまだ先の話だと断りを入れた。また、ナセルがこの決定を知ることになり、軍拡競争にブレーキがかかることが期待される、とも述べた。ベン＝グリオンは、もしナセルが軍備の制限を受け入れるなら喜んでミサイル全面撤廃も受け入れよう、と答えた。フェルドマンはそこで、ジョンソン案を持ち出したが、きわめて疑問視された。しかしベン＝グリオンは、ジョンソン案を潰したことは棚上げにして、現実性はないのはわかっていたがナセルの事前の確約を求めた。彼もゴルダ・メイアも、ジョンソン案受諾を条件にしていたアメリカの経済、軍事援助をおそらく台無しにしてしまうかもしれないと考え、この話を非常に重大なものと考えていた。二人は、難民問題を解決するために和平を求めてはいたが、アラブ諸国がイスラエルを破壊する目的で難民の再入植を要求しているものと思い込んでいた。ベン＝グリオンの心配は杞憂だった。最終的に、シリアはジョンソン案を正式に拒否し、他の関係アラブ諸国は曖昧な答えを返してきた。イスラエルは難を逃れた。(原注35)

イスラエルのかたくなさにもかかわらず、ケネディはアメリカの中東政策をイスラエル有利に旋回させたままであった。ケネディは、一九六二年十二月二十七日、フロリダ州パームビーチの私邸にゴルダ・メイアの訪問を受けた。ゴルダは、ケネディにユダヤの歴史を延々と講釈し、新たなるホロコーストの危険を語った。彼はじっと耳を傾け、そして自分の考えを述べた。彼は、アメリカとイスラエルは米英関係に匹敵する特別な関係にあるが、アメリカは中東において新たに親西欧的な国際関係を形成しなければならない、と言った。そうした中で、アメリカはイスラエルとの友好関係とイスラエルの安全保障に関与していることを、アラブ諸国に対して提示することができる。ケネディは、アラブから侵略された場合、アメリカは地中海にある第六艦隊を派遣してイスラエルの援護に向かうだろうと言った。イスラエルの安全はアメリカだけではなく、イスラエル自身のアラブに対する行動次第であることを理解すべきである、と述べた。つまりケネディは、アメリカとイスラエルの協力関係と、書かれざる同盟関係について話していたのだ。一九六三年九月、ケネディはこのアメリカの新政策をイスラエルの新首相、レヴィ・エシュコルへ

の手紙で再確認している。(原注36)

ベン=グリオン時代の終焉

歳をとるにつれ、ベン=グリオンは気難しく、頑固で、ワンマンになり、決定の下し方も自己中心的でエキセントリックなものになった。活動的な若手補佐官にますます頼るようになり、クネセトも政府も外務省も素どおりして、単独外交に走った。その行動のせいで、同僚の党幹部たちとも対立し、とくに以前まで彼に忠実だったゴルダ・メイアに対してまでひどく居丈高になり、疑い深く、すぐに腹を立てた。彼は、君には全幅の信頼をおいている、と言っては何度も彼女をなだめようとしたが、如才なさは本来苦手で、話がこじれるのが毎度のことだった。一九六〇年になって、世間では遠まわしに「災難」(原注37)と呼ばれてきたあのぶざまなエジプト作戦の罪を、一九五四年にベンヤミン・ギブリ大佐が偽造文書を使ってピンハス・ラヴォンになすりつけていたという証拠が出てきた。そこでラヴォンは、身の潔白を証明してくれるよう首相に願い出た。しかしベン=グリオンは、自分は判事ではないのでそれはできないと答えた。このラヴォン問題が延々と長引き、マパイは真二つに割れ、ベン=グリオンの知的能力は限界にまですり減った。ラヴォン事件の背後にあったのは、マパイの分派間で「親父」の後釜を狙う熾烈な争いである。一方は、モシェ・ダヤン、シモン・ペレス、そして時々ベン=グリオンの気まぐれな援助を受けていた住宅大臣のギオラ・ヨセフタルなどの「若手」であった。もう一方は、ゴルダ・メイア、レヴィ・エシュコル、モサド長官で実力派のイサル・ハルエルと共同戦線を張っていたピンハス・サピールであった。複雑怪奇な国内政治は、外交と防衛の政策論争にもつれ込んでいった。

論争の主軸になったのは、エジプトがミサイル開発のためにドイツ人科学者を雇ったことであった。一九六二年七月、エジプトが地対地ミサイルを発射したことに世界は驚かされた。これは、ベイルートの南のどんな標的も狙うことができると言われていた。同時に、エジプトの放射能系非通常兵器の開発にもドイツ人技術者が手を貸していると報道された。イサル・ハルエルは、エジプトの武器計画がイスラエルの安全にとって致命的な危険性を持つと考えた。そこで彼は、例えばドイツ人科学者に手紙爆弾を送りつけて彼らを困らせ、脅迫する作戦を立てた。またドイツ政府を共犯者と見なし、活発な反ドイツ外交キャンペーンを張った。(原注38) ハルエルは、野党ヘルートだけではなく、ゴルダ・メイアやその一派からも支持された。ベン＝グリオンは逆に、報道は誇張されすぎていると見なし、イスラエルがドイツ連邦共和国から受けてきた大規模の経済、軍事援助を危険にさらしたくないと考えた。

シモン・ペレスはハルエルの情勢分析と政策提案に強く反論した。またベン＝グリオンは、エジプトの武器計画の危険性を低く評価する軍情報部長のメイア・アミット少将の報告を受けた。ベン＝グリオンは、それまでの十五年間仲よくやってきたハルエルと対立することになった。一九六三年三月二十五日、エジプトで働くドイツ人科学者についての首相との意見の相違だけを理由に、ハルエルはモサド長官を辞任した。彼の後任は、メイア・アミットであった。身軽になったハルエルは、これまでの親分の政策は対ドイツ宥和策と考え、これに反対するよう国民と議会の意見を結集しようとした。(原注39)

公の場では相変わらず挑戦的姿勢の表現を続けていたが、ベン＝グリオンのナセルに対する姿勢にもまた変化の兆しが見えていた。イスラエルの抑止力を確立することを最優先にすえつつも、彼はアラブ側の変化の徴候に目を凝らしていたのだ。彼の姿勢を一貫して導いてきた信念は、イスラエルは太刀打ちできないほど強い、とアラブが思い知るまでは和平はままならぬ、ということであった。今彼は、この段階に到達したか否かを確かめようとしていた。鍵はナセルが握っていた。間違いなく彼が、アラブ世界のもっとも重要な指導者だった。もし彼が、イスラエルとの和解に同意したなら、他のアラブの指導者たちもそれにならうだろう。しかし、ベン＝グリオンはナセルが現在、イスラエルとの和解という運命的テーマに思い至っているとは断言できなかった。(原注40) 彼はそこで、ビルマのウー・ヌ*やユーゴスラビアのチトー大統領をはじめとした各国指導者に、ナセルとの秘密会談を設定してほしいと要請した。

一九六三年の始め、またとない機会がやってきた。ロンドンの日刊紙『サンデー・タイムズ』編集委員のデニス・ハミルトンがカイロでナセルにインタビューした。その中でナセルは、オフレコだったが、「もし自分（ナセル）とベン＝グリオンが二人きりで同じ部屋に三時間閉じ込められたら、問題はすべて解決するだろう」とはっきり言った。(原注41) ハミルトンがこのやり取りをエドムンド・ロスチャイルド男爵に報告し、彼がそのことをベン＝グリオンに伝えた。ベン＝グリオンはハミルトンをイスラエルに招待し、三月二十八日に彼に会った。ベン＝グリオンは、ナセルだけがイスラエルと和解に到達できるアラブの指導者だと言い、カイロに行き、カイロでもどこでもナセルの好きな場所で極秘に会いたいと伝えるよう頼んだ。ハ

ウー・ヌ：ビルマの政治家（一九〇七～一九九五）。一九四三年、バー・モウ政権の外務大臣。戦後、反ファシスト人民自由連盟（ＡＰＦＥＬ）議長。一九四六年のビルマ独立で英・ビルマ協定に調印した。一九四七年、アウン・サンＡＰＦＥＬ総裁（スー・チー女史の父）が暗殺され、総裁を継承、翌年四十一歳で初代首相に就任した。以後、三回にわたってビルマ連邦首相を歴任。一九五五年にイスラエルを訪問した。

ミルトンは申し出を伝えたが、ナセルはベン＝グリオンは信用できないと言って、申し出を断った。彼は、一九四八年の戦争での個人的な体験とイスラエルのガザ攻撃とシナイ作戦をも含めて、それまでの十五年間に起きた多くの出来事を証拠に挙げて、ベン＝グリオンは信用できない、とした(原注42)。

ナセルとの対話の望みが消え去って、ベン＝グリオンはまたもアラブが束になってイスラエルを攻撃してくる激しい恐怖に襲われた。一九六三年四月十七日、カイロにおいてエジプト、シリア、イラクの間で三国連邦国家協定が仮調印された。協定は、はっきりと「パレスチナ問題とその解放の民族的責務」を打ち出していた。イスラエルの国連常駐代表、マイケル・コメイは、安保理議長に「パレスチナの解放」という表現の意味するところは、イスラエルの打倒を目的とする以外の何ものでもない、と訴える手紙を送った。コメイは、この文言を破廉恥きわまる国連憲章違反であり、世界の平和と安全に対する真正面からの脅威として告発した(原注43)。

アラブ連邦に対するベン＝グリオンの個人的反応は、ほとんど根拠のない極度の強迫観念の一種と言えよう。彼は三国連邦を、イスラエルを四方から取り囲み、攻撃を加え、最終的に潰してしまおうとする計画と見ていた。彼がもっとも恐れたのは、フセイン王が倒されてヨルダンがナセルの影響下におかれ、そこでイスラエル包囲網が完成されてしまうことであった。政治的現状が不都合な形で変化した場合、イスラエルは西岸地区を占領できる権利を有するべきである、とするベン＝グリオンの考え方はどう転んでも西欧大国の共感を呼ぶことはなかった。彼は、側近にさえその恐怖を理解してもらえなかったにもかかわらず、その大仰な訴えをインドも含め、ソ連、イギリス、フランスなど主だった大国の首脳に送りつけた。手紙はそれぞれ多少異なる文面とはいえ、どれも最後は、来たるべき国連総会においては国連憲章の精神に則って、中東のすべての国の独立と領土保全を遵守し尊重するため、アラブ諸国に圧力をかけていただきたいと要請して締めくくられていた。フランス第五共和国大統領、シャルル・ド・ゴールへの手紙ではさらに、緊急会談を要請し、フランスによるイスラエルの安全保障まで求めていた。

もっとも重要で、ベン＝グリオンの精神状態をもっともあらわにしていた手紙は、四月二十六日にケネディ大統領に送られたものだ。自分は終生、このユダヤ人国家に一蓮托生すると決めていたベン＝グリオンは、首相としての最後の数ヵ月、暗澹とした気持ちに陥っており、手紙もある種の政治的遺言として書かれている。それが少なくとも、彼が英文で手紙を書くのを手伝ったギデオン・ラファエルが受けた印象である。ヘブライ語の手紙は、ベン＝グリオンの暗い気持ちを反映していた。そこでは、彼はナセルとその邪心を盛大に語っている。彼は、第二次世界大戦でユダヤ人に起きた事から、もしアラブ人がイスラエルとの戦時体制政策を継続するのなら、また同じ事が起きる可能性は排除できない、と書いている。そして、ゴルダ・メイアとその部下たちがショックを受けたという文章がその後に続く。

「今日、明日の話ではないが、私の寿命が尽きた後もイスラエルの国が存続できるかどうか、私にはわからない」

ゴルダはラファエルに、この暗い不吉な予言をベン＝グリオンにやめさせるよう頼んだが、彼は自分が重要だと考えている事柄は、例によって頑として譲らなかった。

ベン＝グリオンはケネディへの手紙で、ヒットラーが自分の目的の一つは世界中のユダヤ人を絶滅させることだと言った演説を、文明社会が真に受けなかったことを思い起こさせている。ベン＝グリオンは、もしナセルがイスラエルの軍隊に勝ったら、同じような災厄がイスラエルに降りかかると固く信じて疑わなかった。この災いを除《よ》けるために、ベン＝グリオンは、米ソが「この地域における領土の保全と、他国との平和共存を認めようとしない中東のいかなる国に対しても、両国は経済的、政治的、軍事的援助を与えない」という共同声明を出す、という驚くべき提案をした。そして彼は、中東の平和と安全を保障する二つの方法を提案した。ヨルダンでいかなる政変が起きても、イスラエルに危険がおよばないように西岸地区を完全非武装化すること。アメリカとイスラエルで二国間安全協定を締結し、前者の同盟国はこの協定に参加を招請されること。最後に彼は、大統領と非公式に話し合うためワシントンに飛ぶ意志まで見せた。(原注44)

ケネディは三国連邦国家協定をベン＝グリオンのようには解釈せず、ベン＝グリオンの提案を、秘密会談も含めてすべて却下した。アメリカの立場は、三国連邦は砂上の楼閣で、ヨルダン情勢は安定しており、イスラエルはどのアラブ国家の攻撃にも勝てる状態にあり、このことはアラブ首脳もよくわかっている、というものであった。アメリカはまた、エジプトの弾道ミサイル計画はイスラエルにとって何ら脅威にはならないと考えており、エジプトが非通常兵器を開発中であるという報告を退けた。

アメリカにとってより深刻な懸念は、イスラエルの核計画であった。あるＣＩＡの報告は、イスラエルが核開発能力を身につけると、アラブ世界におけるアメリカと西欧の立場を大きく損なうと警告していた。それは中東を二極化させ、不安定にし、イスラエルの近隣国に対する政策をどちらかと言えば硬化させるもので、イスラエルに国境でのいやがらせ攻撃にいくらでも強硬に反撃できると思わせ、その結果、アラブがアメリカに対立するようになり、イスラエルの新たな脅威に対抗して、モスクワに援助を求めるように仕向けてしまう。(原注45)

五月、ケネディ大統領はベン＝グリオンにディモナ原子炉の通常国際査察に同意するよう強く圧力をかけた。これは、原子炉が運転可能な状態になりかけていたのと、ベン＝グリオン自身が安全保障を催促していたからでもある。(原注46)

ベン＝グリオンは、この件についてケネディから一連の書簡を受け取っていたが、ディモナを査察官に開放するのを渋った。当時、核兵器保有国はアメリカ、イギリス、フランス、ソ連だけで、核拡散が国際的な安全に対する大きな脅威と見なされていた。ケネディはそこで、この問題においてはイスラエルに強硬に圧力をかけた。最初、彼はウィーンに本部がある国際原子力機関（ＩＡＥＡ）がイスラエルの核開発活動を監察すべきだとしていた。イスラエルは、非友好国が当該機関に代表を送っていることを理由にこの提案を拒否した。ケネディはそこで、イスラエルの核開発活動はアメリカが査察することを提案し、これについて専門家による多くの議論が交わされたが、満足のいく結果が得られなかった。この議論に参加したイスラエルの高官が語っている。

「議論なら我々の方が専門だ。我々は、相手がへとへとになるまで徹底的に考えを変えさせるやり方を心得ている。我々は核兵器を保有していない、作り方は知っているが、爆弾を作るつもりはない、と主張し続けた。ノウ・ハウだけは持っていないと、明日にでもアラブが核兵器の開発を始めるかもしれないではないか。そこで我々は、イスラエルが中東に核兵器を持ち込む最初の国にはならない、とする手を思いついたのだ」(原注47)

六月十六日、ベン＝グリオンは政権からの辞職を表明した。この表明は、国内的にも対外的にもまったくの驚きであった。その決断は突然で身勝手なものに映ったが、実はラヴォン問題や、継続中のドイツ人科学者の扱いをめぐる論争や、原子力をめぐるケネディ政権との意見の相違などに振り回されて、彼は精根尽き果てていたのだ。ディモナ原子炉は彼がもっとも熱を入れたプロジェクトであったが、それが内外からの一体となった圧力で危機にさらされた。ゴルダ・メイアとイサル・ハルエルは、このプロジェクトをアメリカと全面的に対立する段階にまで進めたくはなかったし、ピンハス・サピールはやや誇大妄想的なものを感じていたし、レヴィ・エシュコルは国家予算ではこの先プロジェクトの資金をそう長くは支えられないと警告していた。アメリカは、ディモナ査察とイスラエルに原爆製造の意図がないという確証を要求し続けていた。しかし、ベン＝グリオンの辞職を最終的にせき立てたのは、エジプトのドイツ人科学者問題だった。ゴルダ・メイアは、日曜日の朝の定例会議に先立ってこの件を相談するため、土曜の夜にベン＝グリオンを訪ねた。彼女が、ドイツ人科学者に対して何らかの行動を起こしましょうと言うと、彼は拒否した。大変な言い争いになり、彼女は今にも辞める勢いだった。だが先手を打ったのはベン＝グリオンの方で、翌朝、呆然とする閣僚を前に彼自身の辞任の決意を表明した。

ベン＝グリオンは七十六歳で、とても疲れていた。もう死火山であった。苦悶する、幻滅の人でもあった。彼はユダヤ人国家の創設者であり、その防衛政策の立役者であったが、アラブとの和平は実現できなかった。客観的に言うならば、一九六三年のイスラエルは一九四八年当時よりはるかに安全であったにもかかわらず、その長い政治家生活の黄昏に臨んで、国家存続の長い将来に対する誇張された不条理な疑念にとらわれてしまったのだ。その気力の衰えは彼自身が気づいていたことで、おそらくそれが辞任の決意を促したのであろう。「若い者」の前途は多難であった。政権は、レヴィ・エシュコル率いるマパイ保守派の掌中に落ちた。

第６章　哀れな小男のサムソン　一九六三年〜一九六九年

誰もが、党首そして首相としてベン＝グリオンの後継者候補は、真っ先にレヴィ・エシュコルだと思っていた。ベン＝グリオンもそう思っていた。引退してスデ・ボケルに移った最初の年の一九五三年も、ベン＝グリオンはエシュコルを後継者にしたかったが、党が選出したのはモシェ・シャレットだった。一九六三年、マパイは党の総意として、最有力の首相候補者はエシュコルであるとした。その主たる評価は経済的手腕にあった。彼は農業開発大臣、財務大臣を歴任していた。また彼は、防衛面でも新人とは言えなかった。一九四八年にはハガナーの「財務大臣」でありながら、事実上は国防省でベン＝グリオンを補佐していた。防衛問題においては、エシュコルはベン＝グリオンの弟子であったが、アラブ世界に対する見地はむしろベン＝グリオンよりシャレットに近かった。ベン＝グリオンの例にならい、エシュコルは首相就任に際して国防大臣の地位も引き受けた。国防大臣としての彼の業績は、ある面ではそれまでの輝かしい前任者たちを超えている。エシュコルは、装甲部隊と空軍を優先させることによって、着実にイスラエル国防軍の抑止力を強化した。イスラエル国防軍が一九六七年の戦争に際し、ぬかりがなかったのは彼に負うところが大きい。

レヴィ・エシュコルは変更の効かない選択を嫌った。彼は、コンセンサスと妥協の男だった。彼の妥協主義は、レストランでウェーターにコーヒーにするか紅茶にするかをたずねられたときのエピソードに表われている。「半々で」が答えだった。エシュコルはまたユーモアのセンスとウィットを効かせたヘブライ語の話術でも有名だった。一九六五年、空軍司令官のエゼル・ヴァイツマンが、大量のスカイホークやA―6イントルーダー四十五機などの武器買い付けリストを手にワシントンを訪問することになった。ヴァイツマンはあることを相談しに国防長官に会いに行った。アメリカ人に飛行機を売ってもらうためには、イスラエルに一定程度の弱点があることを見せる必要があった。その一方で、彼は空軍パイロットの能力には大きな自信があり、どこかの弱小空軍扱いされたくなかった。エシュコルは、すかさずこの有名なアドバイスを与えた。

「哀れな小男のサムソン」*の振りをしたまえ。(原注1)

人物と政策

レヴィ・エシュコルは一八九五年に、レヴィ・シュコルニクとしてウクライナで生まれた。一九一四年、十九歳で政党ハポエル・ハツァイル（青年労働者）の派遣部隊の一員としてパレスチナに移住した。この穏健派運動に加わったことが、彼のアラブ人観の形成に役立った。彼は、リベラルで、人情派で、思いやりのある人柄だが、それはユダヤとアラブの共存の可能性を信じる気持ちを抱いているからである。彼はパレスチナで、平凡な農業労働者、夜警、ポンプ場の技士、労働組合の指導者などとして働いた。イスラエル最初の集団入植地＝キブツの一つ、デガニア・ベットの創立メンバーでもあり、メコロト水資源会社の創立者でもある。彼はイデオローグではなく、「アラブ問題」に関するシオニストの主張にはこれといった貢献はしていない。気取ったところのない大地の子で、穏やかで天性陽気な性格で、国づくりの仕事

サムソン：聖書に登場する古代イスラエルの裁判官。怪力の持ち主でイスラエル人を抑圧していたペリシテ人と闘い、イスラエルを治めた。妻のデリラに裏切られ、ペリシテ人に目をえぐられたが、神に救われペリシテ人に復讐する。ペリシテとはパレスチナのことだが、現在のパレスチナではない。

に携わるのを何よりの喜びにしていた。彼の対アラブ人観は、共存共栄であった。モシェ・シャレットと同じく、彼はアラブ人を敵ではなく、人間として見ていた。シャレットと同じく、イスラエルは未来永劫、剣に拠って生きるべきなどとは考えなかった。そしてシャレットと同じく、イスラエルと隣国との平和共存という長期的目標をめざすための、対話と辛抱強い外交を重視した。エシュコル本人は、その政治路線がシャレットに似ているとは明確に認識していなかったが、彼の宰相就任はベン＝グリオン以後のイスラエルの外交政策に、シャレット的傾向を徐々に復権させる前触れとも期待された。

新政府の閣僚の大部分に変更はなかった。ゴルダ・メイアは外相に留任、ピンハス・サピールは財務大臣、ザルマン・アランがアバ・エバンに代わり教育文化相に就任し、エバンは無任所兼副首相になった。ベン＝グリオンの辞任によって、モシェ・ダヤンを国防大臣に就かせようとして失敗した「若手」と、マパイ守旧派との間の緊張が高まった。ダヤンは農業大臣、シモン・ペレスは国防副大臣にとどまったが、その後二人ともマパイと袂を分かった昔の親分ベン＝グリオンの新党に加わるため辞職した。

一九六三年六月二十四日、エシュコルはクネセトで新内閣の承認を受け、政策の継続を強調した。シオニスト運動にはその初期から、中東のすべての人々の真の関心と大望は、すべからく平和と協働に凝縮しているという信念が浸透している、と彼は言った。これは、政府の信念でもあった。しかし、平和は、中東の国々が独立と領土の保全のためにお互いに尊重し合うことによってしか成立しない。強いイスラエルとは、中東における戦争を防ぎ、ひいては地域の平和を実現するための「保証」なのである。イスラエルと隣国との直接交渉だけが平和への道を授けてくれる。平和をめざしつつも、その政権の最優先課題は、最新の軍備を整え、友好国との関係を育てることによって国家の安全を強化することである。かくして、公式レベルでのエシュコル政権の対アラブ政策には、取り立てて目立った特徴はなかった。

トップの変化は、政府の仕事のやり方によくわかる形で表われた。エシュコルの仕事のスタイルは、気楽でうちとけたものだった。彼は、聞き上手で、チームプレーが得意だった。彼は、内閣の全責任を引き受け、対立する意見をまとめ、コンセンサスを引き出す議長の役目を果たした。同僚にアドバイスを求めるだけでなく、権限と責任も分かち合った。内閣国防委員会の定例会議はより頻繁に開かれ、より豊富な情報が結集し、政策決定により積極的に参加した。そしてまたエシュコルは、必要な場合には、彼がとくに高く評価する閣僚たちに相談することも多々あった。その閣僚とは、ゴルダ・メイア、アバ・エバン、ハイム＝モシェ・シャピラ（国家宗教党党首）、イスラエル・ガリリー、イーガル・アロン（アフドゥト・ハ＝アヴォダ党首）である。

もう一人の影響力を持った助言者は、一九六四年一月一日に国防軍参謀総長に就任したイツハク・ラビンだった。ラビンはアフドゥト・ハ＝アヴォダに近く、とくに彼の上官だったイーガル・アロンに近かったが、党員になったことはなかった。ラビンは国防軍ではもっとも経験豊富な前線司令官で、職業軍人の資質と、深い政治判断力を兼備した優秀な参謀将校であった。彼とエシュコルは仕事上、親密で非常に気の合う関係だった。エシュコルは、彼にかなり自由を与え、全面的にバックアップしたが、防衛上の全重要事項の報告を求めた。新首相はしばしば同僚たちを質問攻めにした。彼らはこれに辟易させられたかもしれなかったが、エシュコルには二つの狙いがあった。一つは、後になって取り消しが効かなくなる前に、より多くの情報を引き出すための質問であった。時には新しい情報が入ってきて彼の気が変わることもあったからだ。二つ目は、質問する相手も決定に参加させるためであった。(原注2)

イスラエルの防衛政策の目的に関しての首相と参謀総長の意見は完全に一致していた。ラビンの指揮のもとに作成されたイスラエル国防軍の第一次五ヵ年計画は、「イスラエル国の国家的目標は、停戦協定が定めた国境線内において十分に実現できる」という幅広い総意を反映していた。そこにはっきり示されていたのは、イスラエルはすでに獲得した領土以上を要求しない、ということであった。もう一つの含みは、イスラエルはいかなるアラブ国家にも自分から戦争をしかけない、であった。計画は、イスラエルが戦争を押し付けられた場合には、直ちに敵国内に侵入し、軍事基地などの戦争インフラを破壊することを国防軍に求めた。

首脳級の決定が求められた案件の一つに、イスラエルの核開発計画があった。七月四日、首相就任宣誓式の一週間後、エシュコルはケネディ大統領からディモナ原子炉に関する書簡を受け取った。(原注3) 閣僚の何人かは、アメリカの要求をきっぱり断るよう迫ったが、エシュコルは前任者の例にならうことに決めた。彼は、ディモナ原子炉は平和利用の目的に限っているとケネディに納得させ、アメリカ人専門家の訪問を基本的には同意したが、通常の、または立ち入った査察方式には難色を示した。ケネディは、エシュコルがテルアビブのアメリカ大使を通じて送った保証と口頭の説明に満足したようであった。その範囲と性格がいかにも曖昧なままの訪問を受け入れることで、エシュコルはイスラエルが禁を破ってまで核兵器の製造に踏み切ろうとはしていないことを、ケネディに保証したのである。エシュコルは、彼に対する批判にあるように核の選択肢を放棄したのでも、核開発計画を凍結したのでもない。(原注4) 彼がしたことは、ベン＝グリオンが彼の前に行なったように、核戦略の導入を控えたことである。エシュコルはその代わり、イスラエルの防衛へのアメリカのより明快な政治的関与、両国の専門家同士の戦略協議、アメリカの通常兵器へのアクセスを確実化した。これは相手に譲ったよりも多くを得るという、エシュコル一流の妥協術であった。

ケネディ暗殺を受けてリンドン・ジョンソンが大統領になり、イスラエルとアメリカとの関係は向上し続けた。議員時代も、副大統領としても、ジョンソンは一貫して親イスラエル路線をとり続け、大統領職を引き継いでからも強力なイスラエル支持を表明し続けていた。一九六四年六月の上旬、エシュコルはアメリカ合衆国を公式訪問した。これは、ベン＝グリオンが味わえなかった名誉である。心理学用語では、公式訪問とは大きな前進を意味する。会談で話題になったのはイスラエルの武器需要と海水淡水化の二つで、ジョンソンはどちらにもかなりの援助を約束した。(原注5) 訪問の終わりに、武力の使用と侵略に反対する共同声明が発表された。声明はまたすべての国の領土保全の必要に言及していた。これは、一九四九年の休戦協定の中身の変更計画をアメリカがついに放棄したことを示すものであった。エシュコルは、偉大なる指導者として錦を飾って故国に戻った。

エシュコルは、公式訪問に関するマパイ書記局への報告で、ジョンソンがイスラエルの安全と繁栄に心から関心を持っているという印象を受けた、と語っている。アメリカ訪問は、イスラエルの軍事抑止力に大きく貢献したが、それに劣らずその政治抑止力を高めた、とエシュコルは言った。公式訪問はかくして、イスラエルが孤立していないということをアラブに見せつけた。(原注6) この訪問は、あのベン＝グリオンがずっと追い求めていた目標、すなわち国の領土保全をアメリカが保障してくれるという目標に近づく大きな一歩をイスラエルにもたらした。

帰国したエシュコルは、後にアラインメントという名の新党になったマパイとアフドゥト・ハ＝アヴォダとの合併によって権力基盤を固めた。合併はベン＝グリオンが去った後のマパイ党内における若手急進派対守旧派の権力闘争を如才なく避ける動きと言えた。アフドゥト・ハ＝アヴォダには、独立戦争で北部戦線司令部を指揮したイスラエル・ガリリー、イーガル・アロン、モシェ・カーメルなど、防衛問題においては相当に経験豊かな若手グループが控えていた。このリーダーたちが、国境紛争対策においてエシュコルの抑制的、穏健主義的立場をとっていなかったのは事実だ。しかし核戦略論においては、彼らは断固としてエシュコル派であり、参謀総長派であった。彼らが基本的前提にしていたのは、イスラエル国防軍は想定内の通常的手段によるいかなるアラブの攻撃にも対処できる能力を維持しなければならない、ということであった。したがって彼らは、核計画を加速するよりも従来型兵器による戦闘を戦う軍事力の強化を優先させるエシュコルの決定に賛成していた。(原注7)

アフドゥト・ハ＝アヴォダとの合併は、ベン＝グリオンが「ラヴォン事件」を再現させて後継首相を困らせる機会を与えた。このベン＝グリオンの行動を説明する一つとして、彼が後継者の成功に嫉妬し、一九五五年にシャレットを更迭させたようにエシュコルを更迭させようとしたことが挙げられる。何が動機かはともかく、ベン＝グリオンは非常に毒のある言葉で永年の同志を、統治能力に問題あり、と非難した。ベン＝グリオンはエシュコルを安全問題で失敗を犯したと責めたが、それが何のことを指しているのかは判然としなかった。彼の若手取り巻きたちは、それはエシュコルがアメリカのディモナ査察要求に譲歩したせいで核のオプションが困難になったという意味だ、と私見を述べている。これはどう見ても、的を射た批判ではない。最終的に袂を分かつことになる前、ベン＝グリオンは党大会でエシュコルを追放するための露骨な動きに出た。一九六五年六月、その企みが頓挫するや、ベン＝グリオンは彼自身の分派政党ラフィ（Reshimat Poalei Israel ＝イスラエル労働者リスト）を立ち上げた。モシェ・ダヤンとシモン・ペレスが渋々ながら内閣と与党を離れ、親分の後について下野した。

ラフィは、核爆弾への執着心から親核党と呼ばれて批判された。ラフィには、党としての一貫性を持った、あるいは一致した社会的、経済的哲学が欠けていた。ラフィの幹部は、権力志向と、隣国との紛争における攻撃的政策を優先させる方向で結束していた。この党は、一九五〇年代初期にベン＝グリオン－ダヤンのコンビが執った、軍事報復主義の強硬路線に戻りたがっているように見えた。エシュコルのアラブに対する穏健主義政策は、危険な宥和政策として公然と非難された。彼の和平への呼びかけは、イスラエル国防軍の抑止力を弱めるものだと言われた。この時期、チュニジア大統領のハビブ・ブルギバ*は、同胞アラブ諸国に向けてイスラエル打倒志向を破棄し、一九四七年国連境界線とパレスチナ難民帰還を条件にイスラエルとの和平を呼びかけて（エリコ演説のこと＝訳者）、大きな動きを創り出した。エシュコルは、提案された計画の細部まで受け入れるわけにはいかないが、中東紛争は平和的手段によって解決されるべきだとする、チュニジア大統領から出された現実的な談話を歓迎した。しかし、この慎重な歓迎の態度でさえラフィ幹部は我慢ならなかった。彼らは、これこそがエシュコル政権が抱く和平幻想の証拠だ、とした。その政権批判は、総選挙に向かう準備過程の中でさらにヒステリックになり、敵意に満ちていった。

ハビブ・ブルギバ：チュニジア共和国初代大統領。親西欧主義をとり一九六五年三月、その歴史的「エリコ演説」で一九四七年国連決議のパレスチナ－イスラエル和平案支持を表明した。一九八二年にはチュニスにPLO本部を開設させたが八五年にイスラエルの爆撃を受けた。一九八七年、アル＝アビディーン・ベン＝アリ首相のクーデターで終身大統領の座を追われた。チュニジアの父的存在。

一九六五年十一月二日に施行された選挙は、エシュコルの完勝に終わった。マパイとアフドゥト・ハ＝アヴォダの連合政党、アラインメントはクネセトで四十五議席を獲得、ラフィはわずか十議席であった。マパムは八議席を取った。選挙直前、ヘルートはリベラルと合併してガハルとなったが、この新党は二十六議席を取っただけであった。合併の代価として、ヘルートはエレツ・イスラエル（イスラエルの地）全体に対する権利の主張を取り下げた。リベラル党員の何人かは独立リベラル党公認として立候補し、五議席を得た。選挙の二ヵ月後、エシュコルはクネセト百二十議席中七十五議席の絶対多数で連立政権を樹立した。連立政権は、アラインメント、マパム、国家宗教党、独立リベラル党、その他少数派政党二党で構成された。野党には、ガハル、ラフィ、アグダット・イスラエルがいた。

ゴルダ・メイアは外務大臣を辞職し、これで彼女の政治家生命も終わりではないかと誰もが思ったが、一年後彼女はアラインメント書記長として招請された。彼女に代わって外相になったのはアバ・エバンだった。アラブ世界に関するかぎり、両者の違いははっきりしていた。彼女は党内タカ派に属し、彼はハト派の代表格であった。エバンは、その回想記で当時について次のように述べている。

一九六〇年代イスラエルの安全の規範は、独立せる抑止力という思想に根ざしていた。私はこの規範に賛成だった。アラブ世界に向けた我々の戦略は、根比べの段階に入っていかざるをえないと私は考えていた。まず彼らに、我々の凋落や、我々の消滅を引き起こすことをあきらめさせねばならなかった。そのような段階になれば、おそらく彼らも「取引」することの有利さに目を向けるのではないか。私はそれまでの経験と知識から、誰よりも強く平和を求めたからといって必ずしもそれが得られるわけではないことがわかっていた。それと同時に、たとえ我々が敵の攻撃や脅威に備えて壁を建設したとしても、根比べが功を奏して隣人たちが和解を求めてきた場合に備え、壁に扉を付けておく必要があった。すぐにとりかかるべき仕事は、アラブ諸国の、少なくともある程度の指導者層を、妥協を選択する現実主義的方向に向かわせるに十分な抑止的制御能力を維持することであった。(原注8)

アラブとの関係をどう考えるかにおいては、エシュコルは前外務大臣よりも、新任外務大臣の立場に近かった。エシュコルとエバンの経歴には、ほとんど共通点がないと言えたが、両者の間にはイスラエルは自分でやっていけるという、うちに秘めた自信、アラブとの和解に向けたあらゆる可能性の道を切り開こうとする願い、そして将来に対する楽観的展望などの点で共通するものがあった。二人の仕事上の関係は円滑で気のおけないもので、エシュコルは根本原理としての常識を備え、エバンにはプロの外交官の磨きがかかっており、多分に長所を引き出し合った。エシュコルはイスラエルの実情を世界に紹介するエバンの手腕を賞賛したが、イスラエルが日々遭遇する安全問題の現実にはエバンは疎かった。エシュコルはエバンの弁舌には一目置いていたが、問題処理能力についてはそれほどでもなかった。彼はエバンのことを、その得意の毒舌で「かしこばか」とまで揶揄した。エバンは、エシュコルの心の広さ、対立要素を調整する手腕、政府の外交政策への国内的支持を得る技術に敬服していた。

最後のこの、技術の大切さは過小評価してはならない。なぜなら、政党政治、党派対立、国内的政争などは、つねに国の対外的関係の動向に関わるものだからだ。例えばラフィは、エシュコルの対アラブ穏健政策を、彼を叩く棒に利用した。これに加えて、イスラエル国防省内での個人的な政治的対立関係が原因で、エジプトからの和平打診の働きかけが返答もなく放置された事例があった。

この事件の主人公は、メイア・アミットとイサル・ハルエルの二人である。アミットは、一九六三年三月にイサル・ハルエルの辞任に伴いダヴィド・ベン＝グリオンによってモサド長官に任命された。アミットはラフィに近く、とくに国防軍時代に彼の司令官だったダヤンに近かった。ハルエルは一九六五年九月に、大きくはゴルダ・メイアとイーガル・アロンがかけた圧力のお陰でエシュコルの情報問題顧問に任命された。ラフィはマスコミで反ハルエル・キャンペーンを張り、ハルエルはベン＝グリオンとの政治闘争を手助けさせるためにエシュコルが駆り出した人間だ、と叩いた。ハルエルとアミットの関係は極度に緊迫化し、情報部関係者の間で大変な騒ぎになった。

一九六五年の終わり頃、アミットはエジプト副大統領でエジプト軍副司令官のアブデル・ハキム・アメルとの秘密会談のためにカイロに招待された。アメルはナセルと非常に親しい友人関係にあり、この招待状がナセルの関知しないところで出されたとは考えられなかった。アミット自身は、これはナセルと接触するチャンスであり、受けるべきだと考えた。(原注9) エジプトは当時厳しい経済状況にあった。アメルは、アメリカの経済援助を受けるためにイスラエルに一役買ってもらいたかった。エジプトはその見返りとして、反イスラエル宣伝活動を抑え、イスラエルに対する経済封鎖の範囲を縮め、イスラエル旗を掲げないならイスラエル産品のスエズ運河通航を許可する、と確約することもできた。

レヴィ・エシュコルはエジプト訪問に賛成し、このことをアメリカにも伝えた。彼はまた、アミットに経済問題担当の国防副大臣、ツヴィ・ディンスタインを同行させようとした。ハルエルは、この招待は罠だと警告し、エジプト訪問に反対した。エジプトとアメリカの関係を改善させるために企図された、と言われるような作戦に乗ったところでイスラエルには何も得るところがない、と言うハルエルに数人の閣僚が説き伏せられた。この問題が議論される度に、次々と新しい反対意見が出た。結局、アミットとディンスタインはエジプトには行かなかった。(原注10) エシュコルは良い仕事をしたとは言えない。彼はエジプト政界ナンバーツーの人物に会える招待状へのイスラエルの回答、いやむしろ無回答を、官僚的政治家にまかせたのだ。会談で何が生まれていたか、もちろんそんなことはわかるわけがない。ただはっきり言えるのは、エジプトが首脳級会談の招待状を出したのにイスラエルが突き返した、ということである。

エシュコルは、国内政治の雑事から隔離されたフセイン王との極秘ホットラインを作ったが、これはけっこう上手くいった。ヨルダン王と接触する目的は、日常の安全状況を情報交換し、現実的協力を促進し、和解の可能性を探ることにあった。イスラエル側で鍵を握る人物は、内閣官房長官で信頼厚い政治顧問のヤーコヴ・ヘルツォーク博士であった。ヘルツォークは、一九六三年九月二十四日にロンドンの王のユダヤ人主治医、エマニュエル・ハーバートの病院でフセイン王に面会した。これは王とイスラエル高官との実に久しぶりの面会であった。この会談を段取ったのは王自身であり、後に彼はこの理由を次のように説明している。

この障害を乗り越え、すぐにどうなるかわからないけれども、まず対話を開始すべきであった。だがこれは、直接に当事者同士でやるべきものであり、第三者に段取りさせるものではなかった。そして私には、偶然ではあったが私の健康を診てくれていた、それはすばらしい友だちがいた。そして……コンタクトがとれそうだと言ってくれたのが、彼だった。私は「いいね」と言った。それはこうして始まった。(原注11) 和解問題に対する相手側の考え方を探り、把握するのだ。それはどのような表情をしているのか?

ヘルツォーク博士は王に、イスラエルは国境紛争の回避に対する王の関心を全面的に理解し、共有している、と伝えた。彼はさらにこう念を押した。

「イスラエルはヨルダン王国の領土と主権を自らの問題ととらえています。そして、ヨルダンが危機に陥ればイスラエルの介入を引き起こすことをナセルは計算している、と考えて差し支えありません」

王は、イスラエルとの長期的関係に視野を広げていた。

「最終的和解に達するまでには相当な時間がかかるだろう。ゆえに、最終合意を目指す協力の道筋を適切な方法で、慎重に切り開いていくのが我々の歴史的責務だ」

彼はまた、イスラエルが以前、彼の体制転覆の陰謀を通報してくれた恩義に謝意を表明した。(原注12)

一九六五年にパリで持たれたフセイン王との次の会談には、ヤーコヴ・ヘルツォークに伴われてゴルダ・メイアが臨んだ。アラブ世界とイスラエルとの関係はこの時、アラブ連盟がヨルダン川源流の分水を決定したことを受けて、低調気味であった。それでも、フセイン王は元気だった。

いい会談だった。まさに、張りつめた氷を砕いて、お互いを知り合うことができた会談だった。我々は、平和な時代を迎えたこの地域に、子供たち、そして孫たちが生きる夢を語り合った。彼女は、どちらも武器を置き、エルサレムに両者間の和平のシンボルとなるモニュメントを建て、みんな何とつまらぬ争いをしていたことか、何と辛い責務を負わされていたことかを、若者たちが理解する日がいつか来るでしょう、と言った。基本的には話はそこまで止まりだった。実際には大したことにはならなかった。いつも、できるだけ連絡を取り合いましょう、という話で終わっただけであった。(原注13)

これらの早期の会談が、両国の間に情報協力への道を大きく広げた。イスラエル側からは、破壊活動や王暗殺の陰謀などの情報がヨルダン側に伝えられた。どちらも、エリック・ジョンストンが割り当てた水配分を受け入れることに合意した。ヨルダンは、イスラエルのネゲヴからの分水に同意することで、汎アラブ的立場を改め、イスラエルはヨルダンの各種の水管理計画を承認した。イスラエルは、アメリカに軍事援助を求めるフセイン王を支援することには同意したが、これはアメリカ製戦車を西岸地区に配置しないという明確な了解に基づいていた。このように、エシュコル政権の最初の三年間、ヨルダン領内からのパレスチナ人の武力攻撃が不規則的に行なわれ、それに対してのイスラエルの報復攻撃が若干はあったものの、イスラエルとヨルダンの間は事実上、平和的状況になっていった。(原注14)

シリア・シンドローム

エジプト前線はヨルダン前線にも増して平穏だった。エジプトがイエメンでの戦争に関わったことが、イスラエルとの国境紛争を避ける理由になった。またナセルが、アラブ諸国が束になってかかってもイスラエルの軍事力には勝てないと判断したことも、もう一つの理由であった。この判断に従って、絶えずナセルは同盟国に向けて、十分な軍事的能力が確立できるまではイスラエルとの軍事的対立を控えるよう求めていた。パレスチナ義勇兵も、ガザ地区から反イスラエルの攻撃活動に出るのを止められており、イスラエルに対エジプト軍事行動の口実を与えないようにしていた。

一九六〇年代に問題を抱えていたのは、シリア前線だけであった。イスラエルとシリアの間には主として三つの緊張要因があった。非武装地帯、水、パレスチナ武装組織の活動、である。非武装地帯内での衝突は一九四九年以降、イスラエルが武力で支配権を主張し、シリアが武力で抵抗するという形で断続的に続いていた。このような紛争に、さらに水をめぐっての紛争が付け加わった。イスラエルは一九五三年に、非武装地帯中央部のヨルダン川からネゲヴ砂漠に向けて分水する計画を断念させられていた。一九五九年、イスラエルはそのかわりにキネレット湖からネゲヴ砂漠まで送水する国立給水センターの建設にとりかかり、このプロジェクトは一九六四年に完成した。アラブ諸国側はシリアを先頭に、ヨルダン川源流から分水することによって、イスラエルの水計画を妨害することを取り決め、その結果、一連の武力衝突に発展したが、これはイスラエルの優勢に終わった。水戦争に負けたシリアは、その腹いせにシリア領内のパレスチナ武装組織への支援を始めた。三つの紛争要因の中で、後者の二つの重要性が大きい。これが、最終的に全面戦争へと爆発する緊張関係を増幅した。

ヨルダン川は三本の川の合流からなる。シリアを上流とするバニアス川、レバノンから流れてくるハズバニ川、そしてイスラエル北部を源流とするダン川、である。ヨルダン川の水の約半分がバニアス川とハズバニ川の水で、残りの半分がダン川の水だ。エシュコルは元メコロト水資源会社の社長で、水問題にどっぷり浸かっていた。彼は多くの話し合いを経験し、水資源の支配なくしてシオニズムの夢は実現できないという立場に立っていた。彼は、水がなければ農業はなく、農業がイスラエルの地におけるユダヤ人の存在基盤である、と語っていた。

イスラエル国防軍の将軍たちは当然、水紛争の経済的側面よりも軍事的側面に関心があり、シリアには恨み骨髄であった。エシュコルの補佐官だったイスラエル・リオール准将は、やられたらやり返す終わりなき攻防は最終的に一大総力戦へと突入していくのではないか、と予想していた。

北では水資源をめぐってかなり大規模な戦闘になっていた。この戦線を指揮していたのはイツハク・ラビン参謀総長と北部戦線司令部将校のダド・エラザールだった。この件に関しては、私は内心すっきりしないものがあった。ラビンがずっと、私に言わせれば「シリア・シンドローム」なるものに取り憑かれているように思えたのだ。私の意見は、北部戦線司令部の最前線で任務にあるほとんど全員が……シリア・シンドロームに冒されていた。シリアの敵軍と対峙するこの前線で任務についていると、シリア軍とシリア人に対する異常なまでの憎悪が沸々と湧いてくる。イスラエル人のヨルダン軍やエジプト軍に対する態度とシリア軍に対する態度の違いは、もう比較にならないというか……彼らを憎むことに快感を覚えていたのだ。北部の源流をめぐるラビンとダドの戦闘作戦は非常に攻撃的だった。非武装地帯での水源や支配権をめぐる事件、事変などはほとんど日常的になった。(原注15)

一九六四年一月、アラブ連盟首脳会議がカイロで開催された。議題の中心は、イスラエルの南部灌漑のための北部からの分水の脅威と、それによるシリアとヨルダンの水供給量の低下の問題であった。この脅威に対して首脳会議は、きわめて深刻な対応を見せた。決議案の序文にはこうある。

イスラエル国家は基本的脅威であり、アラブ諸国はその機先を制することで全員一致した。そして、イスラエルの存在がアラブ国家に脅威を与える危険なものである以上、ヨルダン川の分水はアラブの存在に対する脅威を増大させるものである。したがってアラブ諸国は、政治的、経済的、社会的観点からこの対策に必要な計画を準備しなければならない。よって、もし必要な結果が得られなければ、アラブ諸国は集団的軍備の完了を待って、イスラエルを最終的に抹殺するための最後の現実的手段に訴えるであろう。(原注16)

これは、アラブ諸国家が集団として、その最終目的がイスラエル国家の破壊にあると公式文書において宣言した最初である。(原注17)序文に続いて、非常に重要な決定が具体的に述べられている。ヨルダン川源流のシリアとレバノンへの分水、パレスチナ解放機構(PLO)の設立、統合アラブ軍司令部の設立、である。このうちPLOは数ヵ月後に設立され、アフマド・アッシュケイリーが初代議長に任命された。PLOはアラブ連盟の支援のもと、政治組織として設立され、エジプトがその活動方針において支配的な役割を果たした。しかし、PLOはパレスチナ解放軍(PLA)という独自の軍隊を擁し、アラブ各国に部隊を派遣し、各国軍隊の指揮下に置いた。一九五八年から活動していたファタハの他にも、一定数の半独立パレスチナ武装組織が徐々に登場し始めた。（原注18）

イスラエルの指導者は、アラブ陣営内に分裂と対立があることを知ってはいたが、アラブ首脳会議の決議を非常に真剣に受け止めた。ヨルダンとレバノンはエジプト軍の将軍がトップに立つことになっていた統合アラブ軍司令部を、彼ら自身の独立を脅かすものと理解した。ゴルダ・メイアは党大会で、首脳会議の決議に不本意な国が多少あったとしても、イスラエルとしては統合アラブ軍司令部を机上の空論と侮ってはならない、と述べた。（原注19）イツハク・ラビンは、首脳会議はアラブ―イスラエル紛争の歴史の転換点を印すものと考えた。彼に言わせれば、六日戦争の原点はカイロ首脳会議にまで遡ることができた。（原注20）

第二回アラブ首脳会議は、一九六四年九月五日から十一日までエジプトのアレキサンドリアで開かれた。この首脳会議では、ヨルダン川源流の分水のために立てられた詳細な計画案と、このプロジェクトを防衛するための共同軍事計画が決議された。会議は、シオニスト帝国主義からのパレスチナの解放を呼びかけ、共通の敵に対してアラブのすべての能力とエネルギーを結集させる必要を強調する宣言文を採択した。会議は、ＰＬＯの設立をパレスチナ国家への支援とパレスチナ解放のためのアラブの連帯した戦いの尖兵として歓迎した。

イスラエルはここでも、アラブ首脳会議の決議をきわめて深刻に受けとめた。イスラエルの国連常駐代表のマイケル・コメイは国連安保理への外交文書で、この宣言文について注意を喚起している。彼はこのように書いている。

「この宣言文は明らかに、国連に加盟している十三ヵ国が、他の加盟国を破壊する目的で一致しており、その目的がその集団的行動の指針となる核心的政策であり、その国家的能力のすべてをその実現に結集させる決意であることを示すものである」

アレキサンドリア決議は、国連憲章、および国際関係を定めるすべての公認の原理に露骨に対決するものと受け止められた。(原注21)エシュコルは、十月十二日のクネセトでの演説で、首脳会議の決議はイスラエルとの最終的対決に向けて、アラブがその重心を空疎な国家的スローガンから周到な準備に転換したことを示している、と説明した。彼は強調した。イスラエルはその生死を賭けた利益を守り、ジョンストン計画で割り当てられた量の水をキネレット湖から取水する計画を推進する決意である。(原注22)

内閣はアラブの分水計画を妨げる決意で一致していたが、適切な手段が何かについては様々に意見が分かれた。モシェ・ダヤンは、分水を防ぐにはイスラエルとしてはとにかく戦争しかない、と考えていた。彼は論文まで発表して、もしアラブが突き進んだら、戦争は避けられない、と論じた。イスラエル・ガリリー一派は、イスラエルは非武装地帯で何か事件を起こし、バニアス川周辺のシリア領土の一部を奪い、（シリアが）分水工事を再開する恐れがあるかぎり占領を続けることを提案した。この提案は挑発的すぎるとエシュコルは考え、参謀総長の提案に賛成した。ラビンの提案とは、シリアが国境付近に集め始めていた重機類を破壊することにより、分水を阻止しようというものであった。(原注23)

十一月十三日、エシュコルは即断を迫られることになった。イスラエル国防軍の警備隊が国境線を越えたとしてシリア側から発砲があり、テル・ダン*周辺で大事件になった。ラビンはエシュコルに連絡し、シリア軍攻撃のためにイスラエル空軍（ＩＡＦ）の出動許可を求めた。空軍は一九五一年以来、戦争挑発の恐れから国境紛争には使われてこなかったし、エシュコルはその危険性がわかっていた。空軍の導入は、戦局の大きな拡大を引き起こす。彼は基本的には報復攻撃には反対ではなかったが、武力はうまく使い分けねばならず、避けられるものであれば事態が悪化しないうちに避ける、という慎重な考え方であった。しかしこの場合、あまりにも危険な事態になっていたので、エシュコルはシリアの砲撃に対して空軍の出動を許可した。この行動は、シリアにとって、あるいは分水計画に関わる者なら誰にとっても、イスラエルが採用する新しくて厳しい方針を示すものとなった。(原注24)

翌年、ラビンと部下は新しい形態の戦争を戦う技術を習得した。トラクターやブルドーザーや、パワーショベルや浚渫機などが相手の戦争である。当初、イスラエルは国境線越しに土木機器類を砲撃するのに戦車を使っていたが、戦車は射程距離が短く、よく標的を外していた。そこで彼らは戦車砲の精度を改良し、七、八百メートルだった射程距離を五キロメートルに延ばした。一九六五年の春から夏にかけて、イスラエルの砲弾を浴びて国境線からどんどん逃げていくシリアのトラクターの姿が見られたものだ。イスラエルの目的は、シリアに対して、分水計画を放棄するか、戦争のリスクを背負うかの選択を迫ることだった。(原注25)シリアは結局、バニアス川の分水工事をあきらめ、レバノンはあまり気乗りがしなかったハズバニ川分水の準備作業を放棄した。

第三回アラブ首脳会議は、一九六五年九月にモロッコのカサブランカで開催され、アラブ連盟事務局長が、分水工事はイスラエルの攻撃により中止せざるをえなかった、と報告した。シリア代表は、シオニストの敵に対する戦いを続けると誓ったが、ナセルはアラブ諸国が陸軍と空軍の防衛力を向上させずに分水

テル・ダン：旧約聖書に登場するヨルダン川上流の町ダンの現在名。北イスラエル王国時代の遺跡がある観光名所。

工事を再開することに警告を発する独自の見解を示した。ナセルは、もしシリアが単独行動をとれば、エジプトの支援は期待できないだろうと仄めかした。現実として、ナセルはイスラエルが水戦争に勝利を収めたことを認めたのである。

イスラエルが受けて立たなければならなかった次なる挑戦は、ＰＬＯとは別に単独行動をとっていたファタハのゲリラ攻撃であった。最初のゲリラ襲撃は、一九六五年一月一日で、ヨルダン川西岸アイン・ボーンの国立給水センターの送水管の爆破が狙いだった。ファタハの戦略は一般的に、国境付近に火の手を上げることにより、アラブ国家をイスラエルとの戦争に引きずり込むというやり方であった。ファタハは対イスラエル作戦の拠点として、イスラエルと対立しているすべての国を利用しようとしたが、唯一シリアだけがファタハ戦士を支援し、助成した国であった。エジプト政府は、ファタハがガザ地区やシナイ半島から対イスラエル作戦に出ることを固く禁じた。ヨルダンのファタハ封じはさらに厳しかったが、小部隊が国境を越えてイスラエルに侵入するのを完全に防ぐのは不可能だった。

一九六六年十一月十三日、イスラエルは突如、従来の小規模でほとんど格好だけの報復攻撃パターンを棄てて、ヨルダン西岸地区ヘブロンの南にあるアッ＝サム村に壊滅的な攻撃を加えた。白日の下、戦車を擁する大部隊の攻撃によって、ヨルダン兵数十人が死に、住宅四十一軒が破壊された。イスラエルはそれまでシリアばかり槍玉に挙げてきたことから、ヨルダンに対するこの攻撃は国内外を問わずまったくの驚きでしかなかった。イスラエル国防軍のスポークスマンの弁明は、国境線のイスラエル側に地雷を埋めた破壊活動分子がヘブロン地区の者だったというものであったが、攻撃の規模と残虐性に関しては納得の行く釈明はなかった。

ヨルダン国内は、襲撃の影響で大きく動揺した。これは、フセイン王の軍事的脆弱性をさらすもので、広汎な社会不安と王の体制に対する抗議行動を引き起こした。フセイン自身はイスラエルに裏切られたという思いでいっぱいだった。なぜならば、このような行為はそれまでイスラエルが表わしてきたヨルダンの安全と安定の確約に相反したからであった。襲撃は王の誕生日に起こり、彼は親友の一人を失った。

あれはまさに、その行為ゆえにヨルダン国内に破滅的な影響を与えた。もし、あれがヨルダンの仕業であったなら、ヨルダンはいかなる形、いかなるやり方でも容赦されたり、支持されたりすることなどないだろう。あの時の私は、小さな灌漑水路か送水管が爆破されたのかと思ったが――単なる想像で、何もはっきりしたことはわからなかったが――なぜ、あのような反応になるのか？ 間尺に合わないではないか？ イスラエルはなぜ、問題を他のやり方で、共同で解決しようとせずに、攻撃することを選んだのか、という思いであった。ショックだった。そして、うれしくもない誕生日のプレゼントだった。(原注26)

イツハク・ラビンもまたアッ＝サム村襲撃の結果にショックを受けた。彼は繰り返し、シリアは体制が問題だが、ヨルダンはイスラエルの敵であるパレスチナ人を支援する民間人がいるから問題なのだ、と主張していた。彼が内閣に提案した計画は、アラブ兵を傷つけるのが目的ではなく、民間人にパレスチナ人の破壊活動に協力しないように警告するためのものであった。襲撃の被害は、彼が内閣に提出した見通しをはるかに超えており、エシュコルが腹を立てたのもうなずける、と後に認めている。「こちらには、ヨルダンと対決し、フセインを侮辱するような政治的理由も軍事的理由もなかった」(原注27)。

ラビンは内閣とクネセトとマスコミで、アッ＝サム事件で果たした役割に対して相当な批判を浴びたが、エシュコルは一切助け舟を出さなかった。首相夫人のミリアム・エシュコルは夫が国防軍の幹部にいかに憤りを抱いていたかを憶えている。クネセトの図書館に勤めていたミリアムは、エシュコルの三人目の妻だった。二人は一九六四年、彼が六十四歳、彼女が三十四歳の時に結婚した。温厚な性格のエシュコルとは見事に対照的に、彼女は喧嘩早く挑戦的な性格で、首相補佐官連中をびくびくさせていた。軍の強面将軍たちでさえ、彼女が近くにいると震え上がっていたという。彼女は将軍たちに、夫の対アラブ穏健政策を尊重するよう期待し、日記もつけていた。アッ＝サム襲撃をめぐる論争の最中、夫が彼女に言った。「こう書いておきなさい。前任者とは違い、私は政府に遣わされた軍の代表じゃないと」(原注28)

アッ＝サム襲撃は大失敗で、国防軍幹部にもそれはわかっていた。それからは、軍はふたたびシリアに的を絞った。シリアは急進化しつつあった。一九六六年二月、首都ダマスカスは極左バース党に権力を掌握され、激しい反シオニズムの思想闘争に突入した。パレスチナ解放の人民闘争を呼びかけ、イスラエルを狙ったパレスチナ・ゲリラの攻撃を支援した。この新しい形の闘争形態が、イスラエルの安全が脅かすことはなかったが、イスラエルとシリアとのお互いの敵意をさらにつのらせた。ダマスカスの政変と方針転換で、イスラエルの上級将校を大いに冒していたシリア・シンドロームが悪化した。彼らは報復を決意した。一九六七年初頭、彼らはシリアとの衝突を挑発する狙いで非武装地帯の農地開拓を再開した。全体としては、シリア側による低レベルの攻撃に強力に報復を加え、シリア国家体制にその戦闘行動を思いとどまらせるように軍事競争を拡大させる方針であった。

武力闘争の急激な拡大を際立たせたのは、シリア空軍のソ連製ミグ戦闘機が六機、イスラエル空軍に撃墜された一九六七年四月七日の空中戦である。シリアが最初、キネレット湖東岸のハオン・キブツ近くの非武装地帯で耕地を掘り起こしていたトラクターに発砲し、イスラエルが反撃した。シリア側は、この地域の他のイスラエル人入植地への砲撃を始めた。そこでイスラエルの戦車が出動したが、シリアが発砲していたすべての地点まで到達できなかった。そこで参謀総長は、首相にイスラエル空軍の出動を要請し、その許可を得た。シリアの砲撃を抑えるためにイスラエル空軍機が出動するや、シリアのミグ戦闘機に妨害され、空中戦となった。それまで禁じられていたダマスカス上空への飛行が解除された。イスラエル空軍機がシリアの首都まで到達したのはこれが最初であった。シリア空軍のミグ戦闘機が二機、ダマスカス郊外上空で撃墜され、シリア国民の眼前で恥ずかしめを受けた。イスラエル機は無傷で基地に生還した。シリア機六機が撃墜され、そこから六日戦争が秒読み段階に突入した。

シリアの攻撃が戦争の主原因であった、とするのが六日戦争に関する従来の見解であるが、おそらくイスラエルによるシリア戦線のエスカレート戦略が、一九六七年に中東を戦争に引きずり込んだもっとも重要な単一要因である。ゴラン高原は、その下に広がる入植地をシリアの砲撃から守るために、六日戦争で占領したのである、というのがイスラエル人の固く信ずるところだ。しかし、銃撃戦の多くはイスラエルによって故意に挑発されたものであった。この再検討史観は一九九七年に意外な筋から出てきた。モシエ・ダヤンである。ダヤンは一九八一年に亡くなっているので、墓場から甦ってきたとでも言おうか。一九七六年、ラミ・タルという若い新聞記者との一連の私的会話で、ダヤンは自身の政治家生活で犯した失敗について語っている。二十一年後、高名なる軍事指揮官の娘、ヤエル・ダヤンの了解を得て、タルはこの対談記録を日刊『イェディオト・アハロノト』紙日曜版に掲載した。ダヤンは、彼の最大のミスは、一九六七年に国防大臣としてゴラン高原攻撃反対という本来の立場に固執しなかったことだ、と告白した。タルは、シリア軍はゴラン高原の頂上に待っていたでしょうと、異議を唱えた。ダヤンが遮って言った。

それは違う。要するに私は、あそこで始まった衝突の八割方のことは知っている。それ以上と言いたいところだが、まあ八割としておこう。あれは、こんな具合だった。我々は、非武装地帯の手のつけようのないところに耕運用トラクターを持ち込んだのだが、シリアが撃ってくるのは始めからわかっていた。もし撃ってこないようなら、シリア側がしびれを切らして撃ってくるまでトラクターを前進させる。そこで大砲を使い、それから空軍を使う、とこういう寸法だ。私はそうした。ラスコヴとチャラ（ツヴィ・ツール＝ラビンの前の参謀総長）もそうした。イツハクもそうした。だが、このゲームを一番楽しんでいたのはダド（ダヴィド・エラザール＝北部戦線司令部参謀総長・一九六四〜一九六九＝訳者）だった。

振り返るに、ダヤンは一九四九年から一九六七年までの非武装地帯でのイスラエルの行動を左右していた戦略概念の明確な形を示せなかった。彼が言っていたのはつまり、彼と同僚の将校たちが一九四九年のシリアとの休戦ラインを最終的なものとしては受け入れず、それを戦争にまでは至らない、「領土の一部をもぎ取り、敵があきらめて明け渡すまで返さない」というやり方で変えようとしたということである。これはダヤンの言うとおり、彼らにすれば呑気な話だが、当時の彼らには主権国間外交が何たるかの経験がまだあまりなかったのである。(原注29)

イスラエルの行動について、ダヤンが一九七九年に語ったことは、どちらかと言えば大雑把で単純にすぎる。一九七三年十月のアラブ攻勢を予測できず、国防大臣を辞任した屈辱感が影響していたかもしれない。この失敗で彼は政治的に野に下り、紛争のイスラエル流公式見解について問いかけることになった。極端に走るタイプの彼は、今度はシリア人のことを許し、紛争の責任をほとんどイスラエル側のせいにした。それでも、一九七九年のダヤンのコメントは、この時期の歴史研究において重要な意味がある。このコメントは、イスラエルの軍首脳部の何人かがシリア・シンドロームに冒されていて、それが攻撃的で挑発的な行動や地域的小競り合いへとつながり、最終的にアラブ―イスラエル全面戦争へと蓄積していったことを裏付けている。

戦争への道

すべての中東戦争の中で、一九六七年六月の戦争だけは双方とも望まなかった戦争であった。この戦争は、イスラエル側も敵側も抑えることができなかった地滑り的危機から発生した。イスラエルで活動するパレスチナ武装勢力への支援を止めなければ容赦はしない、とシリア政府を恫喝し続けることによって、迂闊にもイスラエルはこの雪崩現象を引き起こした。一九六七年五月十二日、ある新聞とのインタビューでイツハク・ラビンは、ダマスカスを占領してシリア政府を転覆する、と凄んでみせた。この発言は大問題になった。これは、アラブからの攻撃に対する自衛の場合を除き、イスラエルはアラブ諸国の内政には干渉しないという公式的立場に反したからだ。参謀総長は閣議で数人から槍玉に挙げられ、首相には譴責された。しかし五月十三日、エシュコルは破壊活動を助けている国家にお目こぼしは許されず、イスラエルは「シリアに四月七日（一九六七年四月七日にイスラエル空軍機がシリア空軍のミグ戦闘機六機を撃墜したこと＝訳者）よりも厳しい教訓を与えなければならないだろう」と語った。その他の著名人も激しい言葉使いでコメントしたため、アラブ世界の多くが、シリアの国家体制を武力で転覆しようとするイスラエルの意思の表われと解釈した。アバ・エバンは、彼の自叙伝にこう記している。

「あの時、みんなにもう少し冷静さが備わっていたなら、人間の叡智が傷つけられることはなかっただろう」[原注30]

イスラエルの指導者は、ソ連がシリアのバース党政権の延命に置いていた重要性を把握していなかった。この政権への懸念から、ソ連指導部は危機に介入せざるをえなくなり、彼らも状況をコントロールできなくなった。ソ連はナセルに、イスラエルが北部戦線に軍隊を集結させてシリア攻撃を計画している、と報告書を送った。報告書は事実ではなく、ナセルにもそれはわかっていたが、彼は板挟みになった。エジプト軍はイェメンでの泥沼化した戦争にどっぷりはまっていたし、対立しているアラブ諸国が束になってかかっても、軍事的にはイスラエルに歯が立たないことがわかっていたからだ。それでも、政治的にはこれ以上無為無策でいることは許されなかった。アラブ世界での指導力が問われていたのだ。アッ＝サム襲撃以降、ヨルダンからは卑怯者呼ばわりされ、シナイ半島に駐留する国連緊急軍の庇護のもとにイスラエルから逃げている、とそしりを受けていた。シリアはエジプトと防衛協定を結んでいたので、イスラエルの攻撃があれば、エジプトはシリアの援護に向かわねばならなかった。明らかにナセルは、同盟国としての自国の信頼性を維持し、ダマスカスでじりじりしている連中を落ち着かせるためにも、何らかの行動に出る必要があったのだ。政治評論家の間では、ナセルはイスラエルとの戦争を望みもしなかったし、その計画もなかった、というのが共通する見方である。彼は、水際作戦に出たのであったが、その挙げ句に自分が崖っぷちに立たされてしまった。

ナセルは、対イスラエル戦争への意図的前ぶれというよりも、アラブ世論に訴えるために三段階で臨んだ。第一段階は、シナイ半島への大量の軍隊の派遣であった。第二段階は、国連緊急軍のシナイ半島からの撤退要求であった。もっとも決定的な第三段階は、五月二十二日にとった、チラン海峡のイスラエル船籍船舶の通航禁止措置であった。イスラエルにとって、これが開戦理由を成立させた。これは、シナイ戦争の主要な戦果を帳消しにするものだった。イスラエル経済は海峡の封鎖には耐えられたが、イスラエル国防軍の抑止力イメージを守るためにはこれを許すわけにはいかなかった。ナセルは、このステップに踏み出すことの心理的効果をよく心得ていたのだ。彼は、イスラエルの防衛哲学が総じて、一方的命令を服従させるのではなく、敵に自分の意志を押しつけることが基本だということを理解していた。イスラエル船舶に対するチラン海峡封鎖で、彼は大博打を打ったのであったが——賭けは負けた。

イスラエルも崖っぷちで迷った。不安感と、対立意見の嵐の中で身動きがとれなくなった政府は、結論を出すのに二週間もかかった。イスラエル国民大衆にとって、この二週間は精神的に非常に苦しい期間で、後に「待機の時間」として歴史に記録されている。国全体が集団ノイローゼに罹った。ホロコーストの記憶が強力な強迫観念で孤立感を増長し、恐怖感を強めた。客観的に言って、イスラエルは敵より断然強いにもかかわらず、多くのイスラエル人が国家存亡の危機に瀕していると感じていた。彼らにとって、問題はチラン海峡ではなく、生きるか死ぬかであった。このパニック状況が、政治家の間だけでなく国民の上に広がっていくのを許したのは、大いに指導力の欠如のせいである。エシュコルとラビンは、国防軍の戦争準備に抜かりはなかったが、戦争突入の危機が切迫する緊急事態にある国の大衆を束ねる器量がないことを露呈した。危機が最高潮に達したとき、彼らはまごつき、ためらい、ラビンは急性神経衰弱に罹ってしまった。

危機によるストレスと、外交問題での相対的経験不足と、国内の政治的プレッシャーのせいで、エシュコルの動きは鈍った。一九六五年に分裂して新党ラフィを結成した昔の同志は、彼をこれでもかとばかりに露骨に批判するようになり、エシュコルの権威を崩壊させるために今や仮借ないキャンペーンを展開していた。野党としてくすぶっていたダヴィド・ベン＝グリオン、シモン・ペレス、モシェ・ダヤンらは、危機に乗じて政治的主導権を奪い取ろうと、エシュコルの欠点を執拗にあげつらった。三人の中でも、ダヤンのやり方が一番意地悪で、狡猾で、権力志向がありありとしていた。彼の最大の野心は、エシュコルに代わって国防大臣になることだった。エシュコルは首相の座をベン＝グリオンに明け渡すことだけは拒否したが、最終的には国防大臣の職をダヤンに渡すことを余儀なくされた。

国内的政治危機は、六月一日の挙国一致内閣の成立で回避された。これには、野党が二つ加わった。ガハルとラフィである。ダヤンが国防大臣として入閣し、ガハルの幹部のメナヘム・ベギンとヨセフ・サピールが無任所大臣として入閣した。ダヤンは、アラインメント総書記ゴルダ・メイアの強い反対にもかかわらず入閣した。彼女は、国防大臣のポストをイーガル・アロンに渡すよう提案し、アラインメント党員も多数が彼女を支持した。しかし、国家宗教党が、ダヤンを国防大臣にしなければ挙国一致内閣から脱退すると脅しをかけた。ダヤン指名は、レヴィ・エシュコルにすれば強烈パンチだったが、政権に対する大衆と軍からの信頼回復のためには効果的だった。

ラフィの反エシュコル・キャンペーンの成果の一つは、ラビンの自信を崩し、罪悪感で精神的に潰してしまったことだ。ラビンはエシュコルの主任軍事顧問で、危機の間、重い責任を負わされ、閣議、内閣防衛委員会、クネセト防衛外交委員会につねに出席したことで、さらにその責任は大きくなっていた。エジプト軍のシナイ進軍で、ラビンは予防措置として一部予備役の出動を提案した。ダヤンは防衛外交委員会の席上、ラビンをアッ＝サム襲撃やダマスカス空中戦などの熟慮に欠ける行動で危機を導いたと批判した。ラビンはチラン海峡の封鎖を受けて、イスラエルは国防軍の抑止力を守るためにただちに軍事力で対応するべきだと考えたが、この時はエシュコルがすべての外交的解決の道が尽きてしまうまでは軍事行動は先延ばしにすると決めた。

ラビンはベン＝グリオンに相談する必要を感じたのであったが、当の親父は彼を励ましてくれるどころか、逆に叱りとばした。ベン＝グリオンは言った。

「ナセルが戦争をしたがっていたとは私には思えん。困ったことになった」

彼は、予備役の動員は間違いだったと責めた。ラビンは、準備態勢を確実にするために動員を勧めた、と答えた。

「もしそうなら、あんなに大勢の予備兵を出動させる許可を出した者も間違っとる」

そして、こう言った。

「君はこの国を重大な事態に陥れたのだ。我々は戦争すべきではない。我々は孤立してしまった。これは君の責任だ(原注31)」

この言葉はラビンにとって鉄鎚を下されたような衝撃だった。おかげで彼は、この五月二十三日の夜、ノイローゼになってしまった。翌日、彼は家に閉じこもって医者を呼んだ。彼は強い不安に襲われ、丸一日何もできなくなったのだが、それからは普通に仕事に復帰した。

対エジプト軍事行動を即刻承認せよとする、軍部の内閣への圧力は次第に高まっていた。それを承認する前に、エシュコルと閣僚の大半は、ダレス国務長官が十年前にエバンに与えた言質に対する、現在のアメリカの立場を確かめたいと考えた。五月二十三日、チラン海峡再開のための国際行動を確実にするため、内閣はエバンをパリからロンドン、そしてワシントンへと派遣することにした。三日後、エバンは手ぶらで帰国した。彼が会ったもっとも重要な人物は、リンドン・ジョンソン大統領だった。ジョンソンはエバンに、エジプトがイスラエルを攻撃する計画を立てている兆候はない、というのが彼の軍事顧問たちの一致した意見であり、もしエジプトが攻撃してきたら、「やっつけてしまえばいい」と言った。

ジョンソンは、他の国の海軍と協力してチラン海峡をイスラエル船舶に開放すると約束し、イスラエルから攻撃を仕掛けないよう警告した。彼は何度もこう繰り返した。

「イスラエルが自分から勝手に行動しないかぎり、決して孤立することはない(原注32)」

期待に反する各国訪問の成果についてのエバンの閣議報告で、軍事行動提案の議論が再燃した。エシュコルをも含めた内閣多数派の賛成で、五月二十八日、軍事行動については二週間から三週間にわたって様子を見ることに決まった。

そしてこの夜、エシュコルは閣議決定について説明するため参謀たちと会った。会議は大荒れになった。脆弱で混乱し、まごつくシビリアン・コントロールを将軍たちは罵倒した。将軍たちにとって、核心的問題はチラン海峡の通航権ではなく、エジプト軍がシナイ半島に展開しているという事実であった。彼らはどこかの連合艦隊がイスラエルのために火中の栗を拾ってくれるなどとは信じていなかった。どこの海軍にもエジプトによる封鎖を打破する権利などないし、それはイスラエル国防軍自身がやるべきことであり、それが国防軍の抑止力を回復する唯一の道だ、という意見もあった。発言者は誰もが、鍵を握るのは時間だ、待っていればそれだけ犠牲者が増える、つまり勝利が高くつく、と全員口を揃えた。エシュコルは、抑止力を得るただ一つの方法は、今すぐ攻撃することだという議論に異議を唱え、予防戦争論に反対する理由を詳しく展開した。

「我々は永遠に剣によって生きるのか?」

こう問いかけるその声は怒りに高まっていた。会議の雰囲気はもう限界に達し、議論の続きは日を改めることになり、エシュコルは憤然と席を立った。「将軍たちの夜」に飛び交った言葉はあまりにもむき出しで、粗暴で、まるで反乱さながらであった。補佐官の話では、エシュコルはここで耳にしたすべての言葉を、彼と彼の政権に対する不信任投票と受け取った。(原注33)

軍部は間違いなく、アバ・エバンも、そしてアメリカの態度についての彼の報告も信用できなかった。そこで軍部は、モサド長官のメイア・アミットを密使としてアメリカに派遣する提案を出した。彼の任務は、アメリカが情勢をどのように読んでいるか、動く用意があるのか、そして、もしイスラエルが軍事的主導権を握ったならばどう動くか、を確実に把握することにあった。リンドン・ジョンソンはエバンに、アメリカはチラン海峡を開放するために国際艦隊を組織する計画だから、イスラエルには待つようにと言っていた。ところがアミットが着いた時には、アメリカの方針はイスラエルのエジプト攻撃を黙認する方向に転換していた。

アミットは、主張のポイントを海峡封鎖の法的問題から、シナイ半島に展開していたエジプト軍に関する戦略的問題へと転換した。彼は、ロバート・マクナマラ国防長官に、イスラエルは戦争突入を検討中であると伝えた。彼は三項目を要求した。国連におけるアメリカの外交的支援、ソ連が介入してきた場合のアメリカの援護、そしてもしその必要が生じた場合、アメリカによるイスラエルへの武器補給、であった。マクナマラは、アメリカは海峡の開放に関しては道義的責任があるとは認めたが、この問題についてはイスラエルが自力で対処してほしい、アメリカはベトナムから手が離せないし、CIAの判断ではイスラエルは外国の援助がなくてもエジプト軍を倒すことができる、と応じた。彼は事実上、対エジプト軍事行動にゴーサインを出したわけである。(原注34)

アミットは、六月三日土曜日の夜、首相私邸に集まった少数の顧問の会議でその任務の成果を報告した。アミットは、ナセル粉砕のためのイスラエルの単独攻撃をアメリカは歓迎するだろうと述べた。しかも驚くべきことに、アミットはイスラエルに開戦理由が生まれるかどうかを確かめるため、チラン海峡に船を出して一週間様子を見よう、と提案した。国防大臣になって二日目のダヤンは、即刻の行動を主張し、一日でも二日でも待つことに反対した。労働相のイーガル・アロンはダヤンに賛成した。(原注35)この二人はもっとも熱心な軍事行動派だった。翌六月四日日曜日、内閣が全員集合し、開戦の決定を下した。

六日戦争

六日戦争は、イスラエルの歴史上、もっとも劇的な軍事的勝利に終わった。それは、一九六七年六月五日、敵空軍基地への奇襲空爆に始まり、六月十日、イスラエルがシナイ半島全部、西岸地区、ゴラン高原を占領して終わった。エジプト空軍は、六月五日の朝、数時間のうちに壊滅したが、エジプトの同盟国には彼らを戦闘に参加させるため嘘の情報が伝えられた。正午にはシリア、ヨルダン、イラクの空軍がイスラエル国内の標的を攻撃し始めた。二時間弱でシリアとヨルダンの空軍も壊滅し、ヨルダン国境近くにあったH―3のイラク空軍基地も全滅した。開戦初日で、締めて敵機四百機を破壊し、ここで基本的にアラブ軍の命運は尽きた。その軍事的勝利のスピードの速さと規模の大きさに、イスラエルは自衛のためではなく、領土拡大のためにこの戦争を始めたのではないかと疑う向きも少なくなかったほどだ。とりわけアラブ側には、イスラエルはその積年の領土的野望を満足させるために六日戦争を意図的に挑発した、と受け取る傾向が強かった。このとらえ方には根拠がない。六日戦争は防衛戦争であった。この戦争は、イスラエルの安全を守るために始められたのであって、領土を拡大するためではなかった。主要な敵はエジプトであった。主たる目的は、チラン海峡を開放し、シナイのエジプト軍を破壊し、イスラエル国防軍の抑止力を回復することであった。イスラエル政府が国防軍に攻撃命令を発したときには、この戦争の政治的、領土的目的は定まっていなかった。戦争目的は、戦闘の過程で、混乱し矛盾した形で浮かび上がってきただけである。

モシェ・ダヤンは政府に対して極度に批判的であったが、それはまさしく政府に戦争遂行のための政治プランがなかったからである。勝利した数日後、ダヤンはクネセトの防衛外交委員会の席上、戦争遂行に関して容赦なき攻撃を開始した。彼は、これはイスラエルが行なったもっとも無計画な戦争である、と述べた。シナイ戦争では、作戦行動は事前に決まっていた。六日戦争では、エルサレム、西岸地区、シリア戦線などでの作戦行動は事前に決まってはいなかった。どこまでやるべきかを軍隊に示すガイドラインを持った、明確な政治的計画は存在しなかった。軍隊が作った作戦計画はあったが、政治的計画はなかった。いくつかの場合、政府は単に結果を後追いしていただけであり、たまたま起きた事象を利用した場合もあった。首相は軍隊に七十二時間の戦闘命令を下しただけで、チラン海峡などについては、彼が承認した最初の計画には含まれていなかった。彼は言った。

「ばかげている」(原注36)

ダヤンが敢えて言うのを控えたのは、戦争の間、ほとんどの命令を彼が出し、それもいちいち内閣や首相に相談しなかった、ということであった。エシュコルの補佐官、イスラエル・リオールは、いくら考えてもダヤンの意図が読めなかった。リオールは、ダヤンの決定することは、歴史学者だけではなく精神科的にも分析に値するのではないかと思った。

「そのコロコロ変わることといったら普通じゃないが、モシェ・ダヤンにはあれが当たり前なのかもしれない」(原注37)

エシュコルの戦争概念は防衛であり、限定戦争であった。イスラエルの安全に対するエジプトの脅威を、武力で取り除くためのすべての外交方策は、最終的に尽きてしまっていた。参謀本部の作戦司令部は二つの戦争計画を立てた。一つはアツモン計画といい、ガザ地区とエル＝アリーシュの南側を占領する作戦であった。二つ目はカルドム作戦という名で、シナイ半島東部からジュベル・リブニまでを占領する作戦だった。どちらの計画も、エジプトがチラン海峡の開放に合意するまで占領を続ける目論見だった。北部および東部戦線の軍隊配置は、防衛目的に限っていた。五月二十四日、ラビンが病気になった日、間もなく参謀副総長に任命されることになっていたハイム・バール＝レヴ少将が、エシュコルにこの二つの計画を答申した。エシュコルはバール＝レヴの助言に従い、二番目の計画を承認した。(原注38)国防大臣になっていたダヤンは、第二計画を二カ所変更した。一つは、占領地域を拡大し、シャルム・エル＝シェイクを付け加えた。もう一つは、戦争の第一目的を敵戦力の破壊に設定したことである。ダヤンはこのように、内閣に相談も報告もすることなく、根本的概念を限定戦争から全面戦争へと変えてしまった。(原注39)

ダヤンがカルドム作戦を変えてしまうと、ラビンはイスラエル軍はスエズ運河まで進み、そこにとどまるのが軍事的観点から理論的に正しい、と提案した。ダヤンは運河まで一気に前進するのは政治的愚挙だと考え、運河から少し離れた地点にとどまるよう命じた。スエズ運河は国際的水路であり、エジプトの物ではない、とダヤンは言った。そしてソ連を巻き込むことも恐れた。六月七日朝、国防軍警備隊が運河に到達したと報告を受けたダヤンは、即時撤退を命じた。しかしながらこの夜、ダヤンは自分自身の命令を撤回した。なぜなら、国連安保理が停戦勧告を出すと聞いたからである。彼は、イスラエルの交換条件を有利にしておこうと考えたのである。イスラエル国防軍司令官は運河に向かって猛烈な勢いで前進し、そこに居座った。

北部、東部戦線に関わる決定は、これに負けず劣らず出たとこ勝負であった。戦争が勃発する前は、国防軍の非常事態対応策では、シリアとヨルダンとの国境の小さな変更しか求めていなかった。シリアとの国境沿いにある非武装地帯の占領と、エルサレムとイスラエルの飛び領であるスコープス山との連結、である。エシュコルと党の同志は、ハシミテ王家に好意的な感情を持っており、ヨルダンと和解できる期待を棄てていなかった。アバ・エバンは書いている。

「イスラエルの存在に対して、アラブ民族主義者が示す態度に顕著だった激しい非人間的な憎悪は、ヨルダンからはまったく感じられなかった。戦時下でさえ、イスラエルとヨルダンの間には、いずれは仲よくなれるのだという、口には出さない了解事項が見え隠れしていた(原注40)」

一九六七年五月から六月、エシュコル政権は兵力をエジプト戦線の戦いに絞るべく全力を挙げた。エシュコルと党の同志は、シリア戦線での戦闘の可能性も計算に入れた。しかし、ヨルダンとの衝突と、西岸地区にいる圧倒的な数のパレスチナ人を扱う面倒だけは避けたかった(原注41)。

東部戦線の戦闘はヨルダンが口火を切ったのであり、イスラエルではなかった。フセイン王は、アラブ民族主義の奔流に呑み込まれてしまった。五月三十日、彼はカイロに飛びナセルと防衛協定を交わした。六月五日、ヨルダンはエルサレムのイスラエル地区に砲撃を開始した。これは、ヨルダンの名誉を守る打ち上げ花火か、あるいは宣戦布告か、どちらにも解釈できた。エシュコルは、疑わしきは罰せず、とフセイン王の行為を見のがすことにした。六月五日、彼はUNTSO（国連休戦監視機構）のノルウェー人参謀総長、オッド・ブル将軍を通して次のようなメッセージをフセインに送った。

「我々はヨルダンに敵対するいかなる行動も起こさない。しかしながら、ヨルダンが攻撃を仕掛けてくるのなら、我々は全力でこれに反撃するであろうし、王はその結果に対して全面的に責任を負わなければならないであろう」

フセイン王はブル将軍に、もう手遅れだ、サイは投げられた、と告げた。フセインはすでに、エジプト軍の将軍に統帥権を委ねてしまっていた。これは一生の不覚であった。エジプト軍の指令下、ヨルダン軍は砲撃を激化させ、UNTSO本部が置かれていた政府庁舎を占拠し、西岸地区に戦車を入れ始めた。

エシュコルの警告を聞いていれば、フセイン王はエルサレム旧市街と西岸地区を失わずに済んだであろう。ヨルダンの砲撃が始まるまでは、内閣あるいは参謀本部の誰も、旧市街の占領を提案していなかった。いかにも派手にナセルと一蓮托生し、エシュコルの勧めを傲慢にはねつけたフセインは、自分の手でイスラエル人の民族意識に火をつけてしまったのである。

六月五日の夜、クネセトの防空壕内で閣議が招集された。アロンとベギンは、ヨルダンの砲撃は、エルサレム旧市街を解放する歴史的な絶好のチャンスだ、と主張した。エシュコルは、ダヤンとラビンの意見が聞けるまで結論を延ばした。六月六日、ダヤンは国防軍の落下傘部隊に旧市街を包囲するよう命令したが、進入は禁じた。彼は聖蹟を傷つけるのを恐れ、市街地での戦闘を避けたかった。彼はまた、戦争が終われば国際社会の圧力で旧市街からの撤退を余儀なくされるだろうとも考えたし、戦闘で尊い命を無駄に失いたくはなかった。国連が停戦勧告する、という報告が入り、彼の気が変わった。彼は閣議を通さずに、国防軍に旧市街への進軍を命じた。六月七日午前十時、旧市街はイスラエルの手に落ちた。三時間後、モシェ・ダヤン、イツハク・ラビン、中央司令部参謀長ウジ・ナルキスがライオン門*から市街に入った。ダヤンは、嘆きの壁の前に立って宣言した。

「イスラエル国防軍は今日、この朝、エルサレムを解放した。我々は分割されたイスラエルの首都、エルサレムを再統合した。我々は我々にとって至高の聖地に還ってきた。我々は、ここから二度と離れないために還ってきたのだ」

イスラエル国防軍の主任ラビのシュロモ・ゴレン将軍はダヤンよりも先を行きたがり、岩のドーム*として有名な（イスラム教の）オマール・モスクを爆破したがった。このモスクが、予言者ムハンマドが昇天したと伝えられる聖なる岩の場所にあったからだ。オマール・モスクはユダヤ人が神殿の丘*と呼ぶ場所に建っているが、それは紀元七〇年にローマ人に破壊された第二神殿がここにあったからである。神殿の西側の城壁だけが残り、これが嘆きの壁となった。ウジ・ナルキスは一九七七年に亡くなっているが、その亡くなる少し前に、一九六七年六月七日に嘆きの壁で角笛を鳴らす儀式があった後、神殿の丘でゴレン将軍と交わした立ち話の中身をあかしている。現場は高揚感が支配していた。落下傘兵たちが辺りを徘徊している。ナルキスは、しばし独りぼっちで物思いに耽っていた。すると、そこへゴレンがやって来て、言った。

「ウジ、そろそろオマール・モスクに爆薬百キロ仕掛けよう。それで一巻の終わり、きれいさっぱり片付く」

「ラビ、それはやめた方がいい」

「ウジ、これであんたは歴史に名を残すことになる」

「私はもうエルサレムの歴史の一ページに名を残した」

すると、ゴレンは何も言わずにその場から立ち去った。（原注42）

西岸地区についても順序を踏んで決定された。これも、政治的基本計画に従ってではなく、軍事的展開に左右された。ヨルダンの砲撃に対するイスラエルの反撃も、フセイン王がヨルダンの面子が立ったなら攻撃をやめるものと期待して、差し控えられた。旧市街を占領した後、ダヤンは自分の隊に東エルサレムの丘陵地帯で待機するよう命じた。ある装甲部隊の司令官が、自分の判断でさらに東に進み、エリコ*が見えますと報告してきた時、ダヤンは怒って隊に引き返すよう命じた。その数時間後に、フセイン王が彼の軍隊にヨルダン川を渡って撤退するよう命令した、という知らせが軍情報部から入ってきて初めて、ダヤンは西岸地区全部の占領命令を出した。その夜、ダヤンはこうした意外な展開について検討するために、上級将校たちと会った。

「アラブ人百万人をどのように扱えばいいかね?」

西岸地区住民についてイツハク・ラビンが問うた。参謀将校が修正した。

ライオン門：オスマン・トルコのスルタン、スレイマン一世が十六世紀に立てた城壁。全部で十一の門があり、そのうち七つが開いている。スレイマン一世は、旧市街の市壁を再建しなければライオンに食べられてしまうという夢を見て、門に二頭のライオンを刻むよう命じた。この彫刻は現存する。

岩のドーム：東エルサレムにあるイスラム教の第三の聖地。かつてのエルサレム神殿内にあり、ムハンマドが夜の旅（イスラー）に旅立った場所とされる「聖なる岩」を取り囲むように建設されている。

神殿の丘：BC十世紀ソロモン王はエルサレム神殿（第一神殿）を建てたが、BC五八七年、バビロニアに破壊された。BC五一五年に第二神殿が再建されたが、AD七〇年にローマに再び破壊された。この時の城壁の一部が嘆きの壁である。ヨルダン支配下（一九四八年～一九六七年）の東エルサレム旧市街はイスラエル人の立ち入りは禁止されていた。現在はイスラエル領だが、管理はイスラム教指導者が行なっている。

エリコ：死海北西部にある町で西岸地区に含まれる。海抜マイナス二百五十メートルの低地にある世界でもっとも標高の低い町。古代オリエント時代からある古い町で『聖書』にあるジェリコの戦いはエリコのこと。第一次中東戦争以降ヨルダン占領下だったが、第三次中東戦争後はイスラエル主権下となった。

「百二十五万人です」

この問いに答えられる者は、誰もいなかった。（原注43）

ナルキスは、戦争の危機が迫っていた前段階、政府はずっと彼の管轄地域での軍事行動に難色を示していた、と強く主張した。彼によれば、マパイ指導部はヨルダンとの領土的現状（ステータス・クオ）は守れる、と太鼓判を押していた。軍情報部は、ヨルダンの参戦はない、と決め込んでいた。情報部にとって、フセイン—ナセル協定は青天の霹靂のような衝撃だった。この協定の後も、ラビンはナルキスに装甲部隊予備役をまかせようとはしなかった。ナルキスの管轄で戦闘はないと決め込んでいたからだった。ヨルダンが銃撃を始めてからも、ナルキスが出した提案——例えばラトルン占領——は却下された。政府代表部が占領されて初めて、イスラエルの軍事機構は回転し始めた。エルサレムの安全が本当に脅かされ、ようやくナルキスは部隊をスコープス山に送ることを許された。ナルキスの結論はこうだ。

「まず、イスラエル政府に西岸地区を占領する気はなかった。それどころか、それに反対の立場だった。二番目に、イスラエル国防軍側からは何ら挑発行動はなかった。三番目に、エルサレムの安全が本当に危ないことが見えてきたとき、手綱は放たれた。信じられないかもしれないが、これが六月五日に実際に起きたことだ。そして、最後には誰も計画していなかった結果になったのだ（原注44）」

ラビンは、最終的結果は戦争の政治的目標ではなく、軍事的蓋然性に規定されたことを認めた。

「戦争はそれ自体の内的論理の結果として展開し、この展開がジュディアとサマリアのヨルダン軍の兵力を呑み込んでしまい、否応なしにイスラエルの地の自然国境——ヨルダン川の占領へと導いていったのだ（原注45）」

シリアに関するかぎり、モシェ・ダヤンはこれまでになく気まぐれで腹が読めなかった。ここでも、政府は明確な戦争目的を定めていなかった。国防軍はシリア戦線でも、対エジプト戦争が始まったときのヨルダン戦線と同じように守備的体勢に配置された。シリアにすれば、この戦争から抜け出したかった。確かにシリア空軍は出撃したし、六月五日には砲兵隊が前線沿いにあったイスラエルの入植地を砲撃したが、これらは限定攻撃で、シリア空軍がイスラエルの壊滅的な反撃に遭ってからは、砲撃を停止した。イスラエルは、第二、第三戦線を展開する必要はなかった。北部戦線司令官のダヴィド・エラザールは、シリアとの総力戦を主張して全力で圧力をかけたが、ダヤンは決してそうさせなかった。

六月五日から六日にかけての夜、ダヤンとラビンはシリア戦線のこれからの軍事行動の可能性を話し合った。ダヤンは、国防軍は国連境界線を越えてはならないが、非武装地帯はすべて奪え、と命じた。この指令は、六月六日の内閣防衛委員会決定で承認された。翌日、エシュコルはアロン、ラビン、エラザールと話し合いを持った。エシュコルは、バニアス川源流とゴラン高原にあるシリア軍要塞のテル・アザズィアットの奪取を目標とする、はるかに大きな作戦を提案した。出席者全員がこの提案を支持した。ラビンとエラザールはテル・アザズィアットより先に行くことを望んだが、アロンは許可なく行ってはならないと固執した。この裏には、ダヤンからの強い反対があった。

北部の入植者がやってきて、ゴラン高原を占領してほしいと願い出た。入植者団体が突如動き出し、エシュコルは彼らの話を親身になって聞いた。エシュコルは入植者代表を三人、六月八日夜に開かれた内閣防衛委員会に呼んで直接発言させた。この時点では、エジプト軍とヨルダン軍は崩壊してしまっていたので、イスラエルはシリア戦線に集中できた。入植者代表は、自分たちを情け容赦ないシリアの銃火にさらさないでくれと懇願した。彼らの願いに、委員会全体が強く胸を打たれた。ダヤンを除いては。

ダヤンは、ソ連がシリアの肩を持って介入して来る危険を冒すべきではない、と確信していた。同時に彼は、イスラエル軍に過度の負担がかかるのを恐れてもいた。彼は言った。

「我々はエジプト軍を破り、チラン海峡を開放するために戦争を始めた。その過程で、我々は西岸地区を占領した。私は、ここでまたシリアと戦えるとは思わない。もしこれが、入植者を安心させるためにシリアに攻め込んで国境線を変える、という考えなら私は反対する」

ダヤンは、領土を失うなどシリアが決して受け入れるわけがないし、果てしない戦いになるのが関の山だと指摘した。彼は、国境線を動かすのではなく、十ヵ所の入植地を国境線から十五キロメートルの距離に移そうと提案した。アロンとエシュコルは、この提案に激怒した。北部のギノサール・キブツの一員だったアロンは、ガリラヤ地方のほとんど全体でも十五キロメートルに及ばないし、領土の一部を渡すなどできない、と言った。エシュコルは農民出身として、入植地を立ち退かせてどこかに移動させる考えなど問題外だと言った。委員会は、シリア戦線でどう動くかについての決定は二、三日先に延ばし、参謀総長にその作戦計画を立てるよう求めた。(原注46) ダヤンを除いては、この政治的にも軍事的にも強く支持された提案に、一人で抗しきれる者は一人もいなかった。

ダヤンの次なる一手に、周囲はびっくり仰天させられた。六月九日の早朝、シリアが停戦を求めた数時間後、ダヤンは参謀総長を飛び越してエラザール将軍に直接連絡して、シリアとの開戦を命令した。作戦命令を出すのは参謀総長であったが、この時ラビンは、「シリアが、その悪意に満ちた攻撃的で傲慢な態度に対する当然の報いを受けようとしているのを、とやかく言うつもりはなかった」(原注47)。エシュコルはというと、この情報に同じく黙っていることはできなかった。彼は、ダヤンが手柄を全部独り占めにしようとしているのではないかと勘ぐり、その命令の撤回も考えた。「何と不愉快な男だ」。彼は、補佐官の目の前でこう呟いた。

かくも急激にダヤンの気を変えさせたのは、ガマル・アブデル・ナセルがシリア大統領のヌール・アッディーン・アル＝アタシに送ったメッセージであった。それは六月八日から九日の夜、イスラエル情報部が盗聴していた。メッセージにはこうあった。

イスラエルは、シリア軍を殲滅するために全兵力を集中しようとしており、我々の共通の利益のために、戦闘中止に合意し、シリアの偉大なる軍隊を守るために直ちにウ・タント（国連事務総長）に連絡するよう忠告する。我々はこの戦争に負けた。

神のご加護あれ。あなたの兄弟、ガマル・アブデル・ナセル。

ダヤンは、このメッセージが状況を一変させ、ゴラン高原を強襲し、前日に提案されていた以上の領土まで奪取する指令を出すことになった、と言い切っている。彼の指令は「できることは何でもやれ」だった。ダヤンは、ナセルの電文の余白に走り書きしている。

エシュコルへ、

一つ、私の意見では、この電文は最大限の軍事的前線を奪えという意味だ。

二つ、昨日は、エジプトとシリア（政治的指導者国）がこのような形で崩壊し、戦いの継続を放棄するとは考えていなかった。しかし、このような状況になった以上、徹底的に利用すべきである。
すばらしき日であるように。
モシェ・ダヤン(原注48)

気が変わったダヤンは、対シリア戦争を持ち前の迫力で追求した。しかし彼は、敵の強さと闘志を大いに過小評価した。彼はエラザールに、シリアの部隊は瓦解しており、兵士はイスラエル国防軍が攻める前から逃亡し始めている、と言った。実際には、シリア部隊は全力を振り絞って頑強に戦ったが、六月十日の夜、イスラエルが一貫して黙殺し続けた停戦が実現されると、ゴラン高原はイスラエルの手に落ちた。

シリアとの戦争に勝利した栄光をほとんど独占したにもかかわらず、ダヤン自身は後に、対シリア開戦の決定は間違いだったとしている。一九七六年に受けたジャーナリストのラミ・タルの取材で、六月戦争の四日目にシリアとの開戦に同意したことで国防大臣としての任務に失敗した、とダヤンは告白している。彼は、シリアと戦争すべき差し迫った理由は実際には存在しなかった、と言った。ゴラン高原を奪えと政府に迫ったキブツの住民は、安全のためというよりも農地がほしくてそうしたのである。これらの民間人たちがシリア兵に非常に辛い目にあわされたことは、ダヤンも認めた。

「しかし、エシュコルにゴラン高原の奪取を迫った陳情団の頭の中にはそんなことはなかった、と確信を持って言える。彼らは、ゴラン高原の土地がほしかったのだ」

この確信に根拠はない。内閣防衛委員会の議事録では、キブツ代表が悪夢のような安全状況についてだけ話し、土地の話は一切していない。イスラエルがシリアと戦争することになったのは、キブツの住民がシリアの土地をせがんだからだ、という主張にイスラエル国内では抗議の嵐が渦巻いた。イスラエルはシリアに安全を脅かされてはいなかった、というダヤンの生前の主張にはさらに大きな怒りがぶつけられた。というのも、一九六七年のゴラン高原占領は、入植地への高原の上からの砲撃を阻止するためであった、というのはイスラエル人にとっては一つの信仰のようなものになっていたからだ。ラミ・タルがこれについて何か言おうとすると、ダヤンがさえぎって言った。

「いいかね、『シリア人は悪い奴らだ。やっつけろ。やるなら今だ』と言っても別にかまわない。だが、これは政策とは言えない。敵が悪い奴だから攻撃するのではない。脅かしてくるからだ。あの戦争の四日目、我々はシリア人に脅かされてはいなかった(原注49)」

ダヤンの対シリア戦争についてのいろいろな言い訳話は、驚くほど矛盾だらけで、心理学者でもなければ、彼の行動は解読できない。しかしながら、その辻褄の合わない話の中から、ある事実がはっきりと見えてくる。エシュコル政権には、戦争遂行のための政治的計画がなかった。彼の政権は内部分裂しており、果てしなき選択論争を続け、思いつきで動き、出たとこ勝負で乗り切っていった。最初の戦線では戦争を望み、二番目の戦線では戦争から引き下がり、三番目の戦線では自分から戦争を仕掛けてしまった。一つ欠けていたのは、領土拡張の基本計画であった。エシュコル政権の領土獲得目標は事前にではなく、戦局の展開に応じて規定された。食欲は食べているうちに湧いてくる。戦争中のエシュコル政権の政策決定は、錯綜し、混乱し、こんがらがっていた。政治学で言うところの「合理的行為者モデル」とは似ても似つかぬものであった。

六日戦争では、勝者も敗者も損失を被った。イスラエル側は兵士九百八十三人が戦死し、四千五百十七人が負傷した。イスラエルは飛行機四十機、戦車三百九十四台を失った。しかしながら、これらの戦車の少なくとも半数はこの後修理されて現場に復帰している。しかもイスラエルは、ソ連製戦車を約百五十台略奪し、戦利品目録に載せている。エジプト、ヨルダン、シリアは兵士四千二百九十六人を失い、六千百二十一人を負傷させた。合わせて、航空機四百四十四機、戦車九百六十五台を失った。（原注50）

イスラエルはまた、外交的にも大きく損失した。ソ連との関係の崩壊である。国連安保理は六月六日に最初の停戦を呼びかけ、六月九日にヨルダン、エジプト、シリアが停戦に応じたが、イスラエルは攻撃を続けた。六月八日、ソ連政府は即時停戦に応じないかぎりイスラエルとの関係を見直すことになる、と警告する声明を発表した。六月十日、モスクワはイスラエルとの外交を断絶、イスラエルが即時攻撃を停止しなければ軍事介入に踏み切る、と恫喝した。ソ連側の報道は反イスラエル・キャンペーンを開始し、その「野蛮な行為」を糾弾した。モシェ・ダヤンは、モシェ・アドルフォヴィッチ（ヒットラーの息子の意）というあだ名をつけられ、シオニストはギャング団で、ウォール街の手先で、平和愛好者に敵対する犯罪組織である、などと様々に非難した。（原注51）イスラエルは、ゴラン高原を奪うために戦争を長引かせ、それによってソ連との外交関係が壊れ、しかも戦後にはイスラエルの敵、アラブ諸国へのモスクワからの外交、軍事援助を推進させてしまった。

戦後外交

六日戦争の勝利は、イスラエルの歴史に新しい時代――不確実性の時代――の始まりを印した。戦勝は、シオニズムの領土的目的に関わる古い問題を再燃させた。この問題とは、一九四九年の休戦協定によって提起されたもので、休戦ラインはシナイ戦争終結後に再確認された。一九六七年、シオニスト運動は一九四九年の国境線内でその主目的を実現できることが明らかになった。圧倒的多数のイスラエル国民が、防衛戦争であり、選択の余地のない戦争と理解した戦争を経て、イスラエルはシナイ半島、ゴラン高原、西岸地区を支配下に治めた（地図7参照）。問題とは、これらの占領地をどうするかであり、この問いに簡単に答えることはできなかった。

開戦前夜に急遽成立した挙国一致内閣は、この問題に答える態勢にはなかった。内閣は、イデオロギー的立場を大きく異にした七政党から選ばれた二十一人の閣僚で構成されていた。占領地の扱いをめぐって、内部分裂している政党もあった。ガハルはヘルートと一般シオニスト党の合併で生まれた党であった。ヘルート党員は、西岸地区はイスラエルの地の一部である、と主張する修正主義シオニストの思想的立場に共鳴していたが、一般シオニスト党は違った。アラインメントはマパイとアフドゥト・ハ＝アヴォダが合併して生まれた党だった。マパイ幹部の大部分はプラグマティスト政治家で、戦争前の領土的現状を受け入れていたが、アフドゥト・ハ＝アヴォダ幹部は領土拡張主義者であった。このように、分裂状況は政党間だけではなく政党内にもあった。

意見の違いはあったが、東エルサレムはヨルダンに返さない、という全体的合意は存在した。六月十八日、政府は東エルサレムと周辺地区の併合を決定した。六月二十七日、イスラエルの司法、行政支配権が、旧市街を含む拡大エルサレム圏――グレート・エルサレム――全体に広げられた。東エルサレムの併合は、その古代の祖国の主権に対するイスラエルの初めての、そして最も劇的な主張であった。古代エルサレムの呼称の一つシオンは、パレスチナにユダヤ人の王国を復活させるという、シオニストの夢の中心にあった。東エルサレムの併合に賛成投票したクネセト議員は、イスラエルが全エルサレムの精神的帰属を主張することに何の疑問も持たなかった。和平については、それは力を持つことによってのみ——アラブ人に、イスラエルを倒すことは決してできないのだと見せつけることによってのみ——実現することができる、と彼らは信じていた。修正主義シオニストの元祖、ゼエヴ・ジャボチンスキーは四十年前に、アラブ人排除に反対して鉄の壁の創設を説いた。その文脈においては、エルサレムの併合はアラブ人にユダヤ人の不屈の決意とユダヤ国家の力を見せつけたという限りでは、平和的行為と見なされた(原注52)。しかし別の意味では、東エルサレム併合はそれまでの三十年間のシオニストの運動方針の突然の逆転にも見えた。一九三七年から一九六七年まで、シオニスト運動はエルサレムの分割に従い、一九四七年には国連の国際化計画を受け入れさえした。しかし一九六七年以降、エルサレム全体がイスラエル国家の永久的首都であると主張する方針に対して、超党派で広汎な支持が生まれた。

銃声が止むと同時に、新たな占領地の将来に関する協議が始まった。六月十三日、エシュコルの自宅で、アバ・エバン、モシェ・ダヤン、イーガル・アロン、イスラエル・アロン、イスラエル・ガリリーが出席して非公式の会議が開かれた。肝心な問題は、隣国との和平合意に向けてイスラエル側の条件をどうするか、であった。多数の賛成が得られたのは、国境を前提にしたエジプト、シリアとの和平、そして西岸地区の人口過多地域からの撤退、であった。新しい占領地の将来に関する最初の公式協議は、この翌日に内閣防衛委員会で行なわれた。六月十六日から十九日まで、内閣全体が防衛委員会の提案を議論し、イスラエルの外交政策史上もっとも重大な決定が採択された。

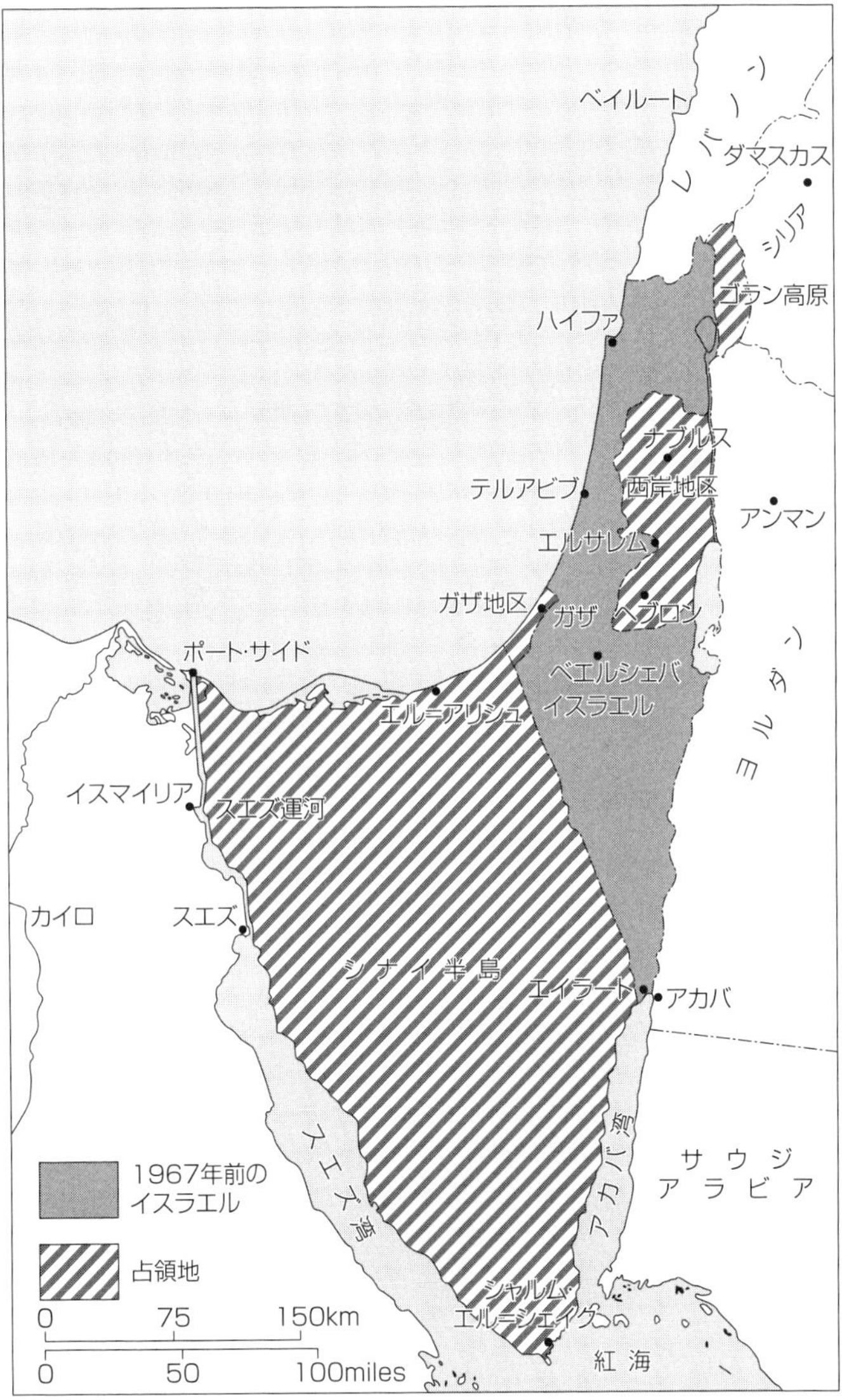

図7　1967年のイスラエルと占領地

六月十九日の決定は、「イスラエルは、国境とイスラエルの安全の必要性に準じたエジプトとの和平合意の結論を提案する」に始まる。国境は、ガザ地区をイスラエルの領土に入れていた。イスラエルの和平条件は、(1)チラン海峡とアカバ湾の自由航行の保証、(2)スエズ運河の自由航行の保証、(3)チラン海峡とアカバ湾上空の自由飛行の保証、(4)シナイ半島の非武装化、であった。決定はまた、国境線とイスラエルの安全の必要性に準じたシリアとの和平合意の結論を提案していた。シリアとの和平条件は、(1)ゴラン高原の非武装化、そして、(2)ヨルダン川を水源とする水のイスラエルへの流入に対する不干渉の完璧な保証、であった。内閣は最終的に、ヨルダンに対して取られる立場に関しては決定を延期することに同意した。（原注53）内閣決定は絶対多数で可決された。

六月十九日の閣議決定は、予定されていた国連での討議でアメリカの支援を仰ぐためにニューヨークにいたアバ・エバンに伝えられた。この決定は、彼が出発する前に会議で発言した主旨と非常に近いものであった。エバンはその自叙伝に書いている。

「エシュコルが私に、アメリカ政府にアラブ諸国政府への橋渡しを依頼するための幅広い権限を与えてくれたことに、私は驚いた」

エバンは、六月二十一日に国務長官のディーン・ラスクと会い、最終的な和平に向けたイスラエルの提案の概略を説明した。エバンが語るところによれば、ラスクと彼の周辺はエバンの話をなかなか信じることができなかった。

「戦争に勝ったばかりのイスラエルが、純然たる恒久的和平の条件と引き換えに戦利品のほとんどを放棄すると言っている。これは、一九六七年の前にも、それ以後も、イスラエル政府が見せたことのなかった最も劇的な決断だった。アメリカがこれに強い衝撃を受けたのは明らかだった。

エバンはさらに続ける。

「数日後ワシントンから、エジプトとシリアがイスラエルの提案を完全に拒否した、という返答が返ってきた。イスラエルは無条件で撤退すべきである、というのが彼らの言い分だった」(原注54)。アメリカ側の会談の記録は、ラスクがイスラエルの出した条件を無慈悲なものではないと見ていたことを裏付けているが、これらの条件をエジプトとシリアに伝えるようエバンが求めた、とはひと言も書かれていない(原注55)。エジプトあるいはシリアにも、一九六七年六月下旬に米国防省を通じてイスラエルの条件付き撤退提案を受けたことを裏付ける資料はない(原注56)。エバンは、エジプトおよびシリアの政府との実質的交渉のためよりも、アメリカの好印象を狙って六月十九日の閣議決定を利用しようとした感がある。

六月十九日の閣議決定は、イスラエルでは極秘にされていた。参謀総長でさえ知らされていなかった。ラビンは、退役した後に駐米大使としてワシントンに赴任したときに、アメリカ人の知人から聞いて初めて和平提案の話を知ったほどである。だが、提案を決めた閣僚たちはすぐに思い直している。国境線まで撤退する、と提案するのは性急すぎるし、気前がよすぎるというものだ、エジプトとシリアの戦闘行為にはもっと高い代償を請求すべきである、という結論に瞬く間になった。閣僚たちは、私的にも公的にも、とくにゴラン高原の土地の保持の必要性を口にし始めた。エラザール将軍率いる軍幹部連中は、ゴラン高原の相当部分を守るために安全問題を論拠にした。軍の見解は、政治家にも影響した。政治家連中は、早くも七月中旬にはゴラン高原のユダヤ人入植地建設計画を承認するようになった。こうして、彼らは自分が作った政策を逆転させ、占領地併合へとにじり寄る進路をとった。六月十九日の決定は、十月の正式の

破棄を待たずして死文化した。(原注57)

シナイ半島とゴラン高原からの完全撤退の合意は早くも崩れ去ったが、西岸地区に関しては合意など存在しなかった。西岸地区については、二つの選択肢があった。フセイン王と合意にこぎつけるか、西岸地区の住民にイスラエルの全面支配下で行政的自治を与える、かである。前者はヨルダン・オプション、後者はパレスチナ・オプションと呼ばれた。従来の観点では、イスラエルの戦後政策は、西岸地区の領土の大部分をフセイン王に返還することでパレスチナ問題を解決する、というヨルダン・オプションが基本とされている。この観点だと、イスラエルの指導者は戦後情勢への対処に際し、ヨルダン・オプションにとらわれすぎるあまり、他の政治的選択肢に考えが及ばなかったことになる。

ルーヴェン・ペダツール*は、この従来的な観点に対して説得力のある問題提起をしている。ペダツールは、政権与党、内閣、内閣防衛委員会の政策論争の関係議事録の閲覧を許された。そこで得た結論は、パレスチナ・オプションはイスラエルの政策決定者が最初に選択したもので、ヨルダン・オプションはパレスチナ・オプションを実現する試みが失敗して初めて採用された、ということである。(原注58)

エシュコルは、フセイン王とハシミテ王家には変わらぬ好意を抱いてはいたが、間違いなくパレスチナ・オプションを追求したかったに違いない。彼は、パレスチナ問題の特別顧問として、エリアス・サッソンの息子のモシェ・サッソンを任命した。モシェ・サッソンは、西岸地区やガザ地区のパレスチナ人指導者と何度も会い、そのうち何人かをエシュコルに引き合わせてもいる。これらの話し合いは生産的ではなかった。エシュコルの頭の中には、二つの事がもっとも大きな位置を占めていた。安全と人口問題、である。彼は、イスラエルはヨルダン川方面の大部分の地域を軍事支配下に治めなければならない、と考えていた。その一方、ユダヤ人国家が大量のパレスチナ人を抱え込むことには消極的であった。ゴルダ・メイアが、百万人のアラブ人をどうするのかと訊いてきたとき、彼は冗談混じりにこう答えた。「持参金はうれしいが、花嫁はほしくない」。問題は、イスラエルを二つの民族からなる国家に変えることなく、いかにして西岸地区を保持するか、にあった。彼の解決策とは、ヨルダン川が国境だと言いつつ、この地区の住民に特別の地位を与えることだった。彼の頭にあったのは、「安全と土地がイスラエルの掌中にある以上、それは半自治地区である。最終的に、彼らが国連代表権を要求してもかまわない。自分は自治地区から出発させたが、もしそれが無理だとなれば、独立することになるだろう(原注59)」。

他のベテラン政治家も、エシュコルのパレスチナ・オプション志向に共鳴し、中にはパレスチナ国家を前提に話をする者まで出てきた。六月十九日の決定に至った内閣での議論は、西岸地区の将来を視野に入れて、千差万別の意見が続出した。メナヘム・ベギンが、一方の考えを代表していた。彼は、イスラエル国家の国境線は歴史上のイスラエル国の国境に対応すべきだと主張し、西岸地区のイスラエル国家への併合を求めた。対極的考えだったのがアバ・エバンで、西岸地区をフセインの王国に返還する意向であった。イーガル・アロンは、ジュディア地方の併合と、西岸地区北半分のサマリア地方に半自治権を与える、という提案をした。彼は、西岸地区をフセインに返すことには反対し、一九四八年から一九四九年にかけて繰り広げられた、ハーシム家との蜜月の過ちを繰り返すな、と警告した。モシェ・ダヤンはアロンと同様、西岸地区の将来に関してフセイン王と合意する根拠など見出さなかった。だが彼は、イスラエルがエルサ

＊ルーヴェン・ペダツール：政治学者でテルアビブ大学上級講師。ガリリー戦略・国家安全研究所所長。元イスラエル空軍予備隊パイロットで日刊『ハアレツ』紙防衛問題アナリスト。防衛問題の著書多数。

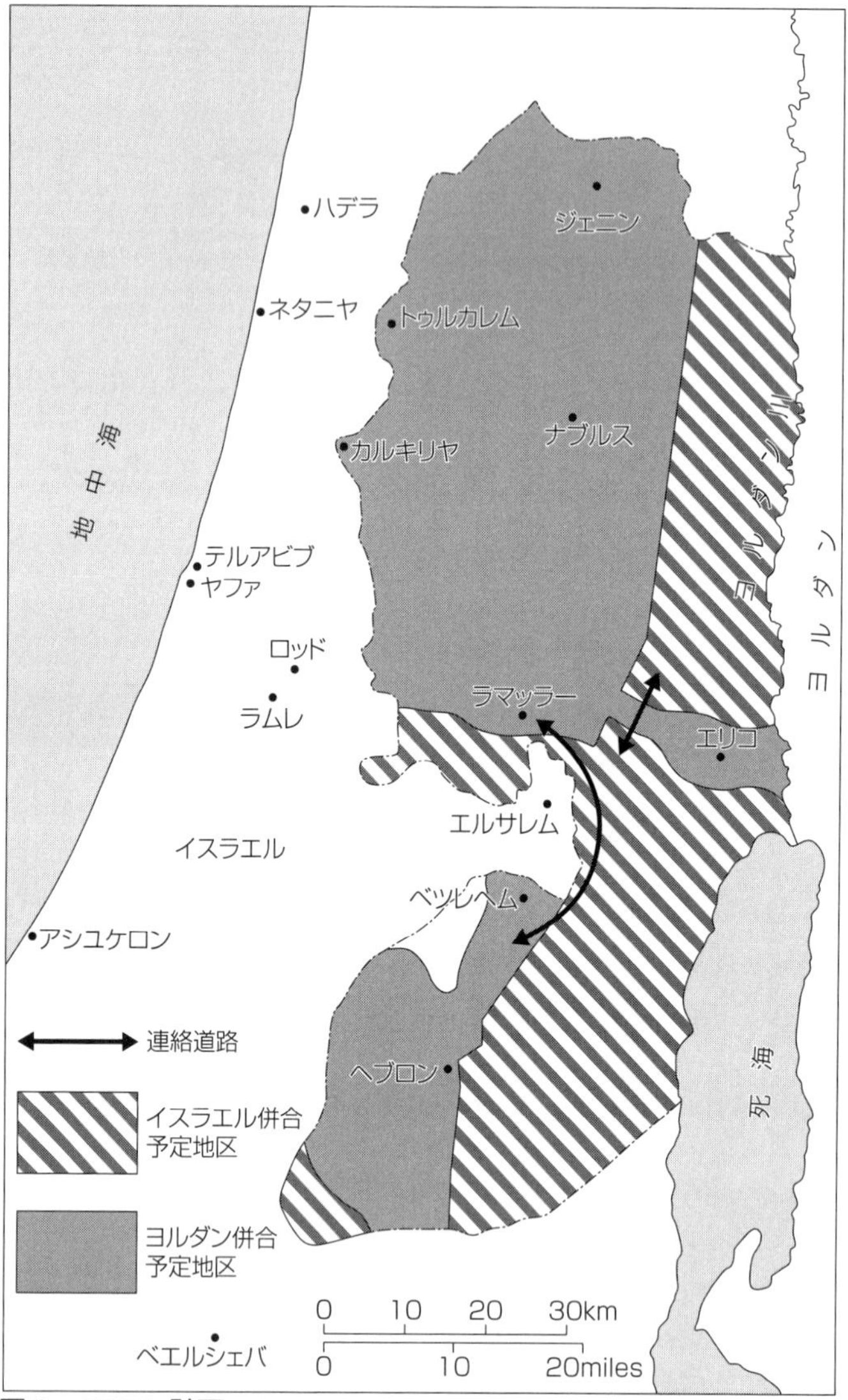
ハデラ
ジェニン
ネタニヤ
トゥルカレム
ナブルス
カルキリヤ
地中海
ヨルダン川
ヨルダン
テルアビブ
ヤファ
ロッド
ラムレ
ラマッラー
エリコ
エルサレム
イスラエル
ベツレヘム
アシユケロン
連絡道路
ヘブロン
死海
イスラエル併合予定地区
ヨルダン併合予定地区
0 10 20 30km
0 10 20miles
ベエルシェバ

図8　アロン計画

レムで行なったように、西岸地区に関する政治的合意を、超大国に干渉される危険なしに、一方的に無理強いできるとは思っていなかった。そこで彼は、実利的なやり方で西岸地区の住民との関係を地位規定せずに向上させることを提案した。(原注60)

首相ともっとも考え方が近かった人物は、おそらく参謀総長であったろう。ラビンは一方で、ヨルダン川が東部では最高の防御ラインで、したがって西岸地区をヨルダンの支配下に戻すのは誤りだと考えた。また逆に、百万人のアラブ人を抱え込むのはイスラエル国家にとってとんでもない災難だとも考えた。そこで彼は、西岸地区に特別な地位を賦与した。(原注61)

アロンとダヤンはパレスチナ・オプションの支持では意見が一致したが、西岸地区におけるイスラエルの安全の必要性においては意見が分かれた。アロンは、ヨルダン渓谷を支配下におくことがイスラエルの安全には決定的である、と考えていた。ダヤンは、西岸地区北部の町ジェニンから南部のヘブロンまでの山脈つたいを抑える方がはるかに重要である、と考えていた。アロンの方が素早く考えを文章化した。七月二十六日、彼は彼自身の名前で呼ばれることになる計画案を内閣に提案した。それは、以下の地域をイスラエルに包摂するよう求めていた。ヨルダン川沿いの十キロメートルから十五キロメートルの幅の帯状地帯、死海沿岸のほとんどのジュディアン砂漠、ラトルン飛び地を含む拡大エルサレム圏周辺地域の広い

ジュディア地方：古代イスラエル王国の地方で現在の西岸地区の北部。ユダヤ人の先祖アブラハムの孫ヤコブ（イスラエル）に十二人の息子が生まれ、その一人ユダに与えられた土地がユダヤと呼ばれた。ユダヤは王国となったが、北イスラエル（首都サマリヤ）と南ユダ王国（首都エルサレム）に分裂した。紀元七十年エルサレムはローマに滅ぼされ、ユダヤ人は中東に離散（ディアスポラ）した。現在ではジュディア・サマリア地方と呼ばれる。

範囲であった（地図8参照）。イスラエル領内に住むアラブ人の数をできるだけ少なくする狙いのこの計画は、そこに恒久的に入植地と軍事基地を建設することを想定していた。結論として、計画は西岸地区の残留部分を、経済的にはイスラエルとつながった自治地域に変える方向で、地元指導者と公開協議を行なうことを求めた。内閣はアロン計画について話し合ったが、採用も不採用もしなかった。(原注62)

モシェ・ダヤンが、アロン計画に代わる案を内閣に提出した。ダヤンは、西岸地区の真中を突っ切る尾根沿いに、名付けて「四つの拳」なる軍事基地を設置することを提案した。一つ一つの「拳」は、グリーンライン（六日戦争前の国境線）内のイスラエル領にある、便利のよい道路に通じている民間入植地に囲まれた大軍事基地で構成される、とされていた。それぞれの拳は、大きなアラブ人の町、ジェニン、ナブルス、ラマッラー、ヘブロンの近くに設置される。ダヤンの計画のもっとも顕著な特徴は、アラブ人人口が密な地域の中心に積極的にユダヤ人を入植させることであった。閣僚たちの間では、これが計画の一番の欠点だとされた。八月二十日、内閣はダヤン計画の軍事的構成要素を採択し、尾根沿いに五つの軍事基地を作ることを決定した。民間入植地計画は採用されなかった。(原注63)入植地に関する議論は続けられ、そこではアロン計画が政府の基本方針になった。

八月二十八日から九月二日まで、スーダンの首都ハルツームでアラブ首脳会議が開催された。これは、六月戦争敗戦後初のアラブ指導者会議だった。イスラエルの指導者は、アラブの指導者が軍事的敗北からどのような結論を引き出すのかを虎視眈々と見つめていた。会議は、有名な「ハルツームの三つのノー」すなわち「イスラエルとは、承認しない、交渉しない、講和しない」の三原則を採択して閉会した。一見したところ、この宣言からは妥協の兆しは一切うかがえなかったし、それがイスラエルの解釈でもあった。

実際は、会議は軍事的ではなく政治的手段によってイスラエル軍の撤退の実現をめざすことを主張したアラブ穏健派の優勢で終わっていた。アラブのスポークスマンはハルツーム宣言について、「協定しない」は非公式を意味し、和平の破棄を意味するのではなく、「交渉しない」は直接交渉のことであり、第三者を介した交渉を拒否するのではなく、「承認しない」は法的にであって、国家としての存在は認めるものである、と説明した。ナセル大統領とフセイン王が首脳会議の空気を演出し、さらにイスラエルとの和解に向けて、これまでになく前進する用意があることを明確にした。(原注64) ハルツームで、ナセルとフセインは真の相互理解に達し、対強硬派共同戦線を形成した。フセイン王は後に、舞台裏で進行していた議論の経緯をちらりと紹介している。

ハルツームで私は、三つのノーに対してきわめて強硬に反対した。しかし、その場の空気はナセル支持派で固まっていき……何でもかんでも彼の言う通りで、私は何も言う気をなくしてしまい、ナセルに味方し、起きた事実に対して彼らの責任を追及する以外になくなった。アラブ世界の多くの同胞たちとぶつかったのはこの時が初めてだった。

しかし彼とは、解決を見出さねばならない、それも平和的解決を見出さねば、という話になった。彼は言った。「私は責任を感じている。我々は西岸地区とガザ地区を失った。まず、これが問題なのだ。私はスエズ運河からの撤退を主張するつもりはない。西岸地区とガザ地区の問題が解決し、パレスチナ問題が解決する時が来るまで、ずっと閉鎖しておけばよい。だから、みんなで話し合おう。問題の包括的解決と包括的和平を話し合おう。ただし、一国だけの単独講和は許されない」。そこで私は、どんな事があろうとも単独講和に調印するつもりはない、なぜなら我々は全員で問題を解決しなければならないからだ、と言った。(原注65)

かくして、ハルツーム首脳会議はナセルのイスラエルに対する姿勢の真の転換点になった。ナセルは、ハルツームでフセイン王に、イスラエルとの講和の可能性を探るよう助言したというよりも、本当のところは強く勧めたのだ。この事実はもちろんのこと、当時のイスラエルで知られるわけがなかった。イスラエルに関するかぎり、ハルツーム宣言は和平に通じるあらゆる扉、あらゆる窓を閉ざすものだった。十月十七日、内閣は六月十九日の決定の正式撤回にも等しい決定を下した。新しい決定は、十月三十日の首相声明を受けてクネセトで採択されることになったもので、「政府は、アラブ諸国が、イスラエルとの和平を、承認せず、交渉せず、和平協定を交わさないとする立場を固持している事実に対し遺憾の意を表明する。アラブ諸国のこの態度を受けて、イスラエルは停戦協定が定めた状況を維持し、その安全と発展の必要を考慮することで、その立場を強化する」と述べていた。クネセトがこの決定を採択した同じ日、内閣はもう一つの決定を下したが、それは極秘とされ、アメリカ政府には知らされなかった。この決定は、国境線を基本にしたエジプトとシリアとの和平を追求する原則を破棄するものであった。この決定はイスラエルが安全と入植地のために必要とする地域を特定していなかった。それは単に、エジプトとシリアはイスラエルに安全な国境線を与えることに合意しなければならない、と述べているだけであった。(原注66)六日戦争後のアラブ－イスラエル紛争に関するもっとも重大な国際的宣言は、国連安保理決議第二四二号*であった。決議の前文には、武力による領土の獲得は容認できないことと、公平で永続的平和の必要性が強調されていた。第一条は、公平かつ永続的平和は二つの原則を含まなければならない、としている。(i)「直近の紛争での占領地からの、イスラエル軍の撤退」と、(ii)地域内のすべての国家が、「脅威や暴力行為に晒されることのない安全で公認された境界線内で生活する」権利を尊重すること。決議案は、航海の自由の保証と、難民問題の公平な解決の必要性の肯定へと進む。決議案は、占領地問題においてアラブを擁護し、和平の問題においてイスラエルを擁護した。これは基本的に、イスラエルがアラブ諸国に占領地を返還するのと引き換えに和平を得る、という取引を提案していた。

決議案は、イギリスの意図的曖昧性の名作だった。この曖昧さゆえに、シリアを除くアメリカ、ソ連、ヨルダン、エジプトの支持が得られた。これが採択されるまでには時間がかかったが、イスラエルはその長い道のりを成功裡に乗り切った。イスラエルは、和平なき撤退を求めるアラブとソ連の一連の提案を潰した。また、直近の戦争で占領した「占領地」からの、または「すべての占領地」からの撤退の要求を回避できたことも成功といえる。最終的表現は「占領地からの撤退」という表現になり、これがイスラエルに戦術的余地を与えた。六月十九日の内閣決定は、アメリカにイスラエルの援護を要請するには大いに役

国連安保理決議第二四二号：「安全保障理事会は、中東の重大な状況に関して継続的関心を持つことを表明し、戦争による領土の獲得は承認しがたく、またこの地域のいかなる国家も安全に存続できる公正な永続的平和に取り組む必要性を強調し、国連憲章の原則を実現するためには、以下の諸原則が適用されなければならない」とし、(i)イスラエル軍が直近の戦闘で占領した諸地域からの撤退。(ii)この地域のあらゆる国家の主権、領土の保全と政治的独立性、安全で武力による威嚇や武力行使を受けることなく安全にかつ承認された国境内で平和に生活する権利の尊重と承認。(iii)この地域における国際水路の航行の自由の保障。(iv)難民問題の公正な解決。(v)非武装地帯の設定を含む諸手段による、この地域の全国家の領土の不可侵性と政治的独立の保障、の五項目の履行を命じた。一九六七年十一月二十二日に決議された。

立ったが、アメリカは国連決議案を、イスラエルがシナイ半島とゴラン高原の国境線まで撤退する、という意味に解釈した。

イスラエルの国連安保理決議第二四二号の解釈もアラブ人の解釈とは違った。エジプトとヨルダンは和平には応じたが、イスラエルの完全撤退を第一段階とすることに固執した。イスラエルは、いずれの占領地から撤退するにせよ、その前に安全であると確認された境界線を組み込んだ契約的和平協定につながるような直接交渉がなければならない、という声明を出した。現実にイスラエルは、一九七〇年八月まで公的には安保理決議第二四二号を受諾しなかった。しかし、一九六八年二月十二日にアバ・エバンは国連調停官のグンナール・ヤーリング*に、決議を受け入れる旨を伝えた。

駐モスクワ・スウェーデン大使だったヤーリングは、安保理決議第二四二号を基本にしたアラブ－イスラエル合意の促進を国連事務総長から要請された。決議第二四二号を破棄したシリアは、ヤーリングの特使任務への協力を拒否した。他のアラブ諸国は、ヤーリングの特使任務に高い期待を寄せたが、イスラエルはまったく期待しなかった。エルサレムにやって来たヤーリングは、凡庸で無能な人物に見えた。しかし本当の問題は、イスラエルが国連の公明性、あるいはその調停能力を信用していなかったことであった。イスラエルの戦術は、ヤーリングに提案や文書をどんどん出して、アラブの反応を引き出させることであった。その狙いは、彼の任務を継続させ、国連の場に問題が返され、イスラエルが怠慢を非難されないことである。エバンの周辺は、独断で譲歩などするようなことがなければ好きにさせておけと、彼が文章をあれこれいじくってヤーリングとやり取りするのを笑って見ていた。エバンは他の誰よりも、ヤーリングの任務の限界と可能性がよくわかっていた。エバンは書いている。

「単なる駆け引きでも、ないよりましだということがわからない同僚もいた。何にもならないような外交活動でも、全然何もしないよりはましだ。活動それ自体がアラブ穏健派に、軍事的選択肢を回避した、というアリバイを与えるのだ（原注67）」

より目的のある外交のために、エバンは国連の枠を越えた。

エバンは、一九六七年十二月にロンドンでフセイン王に会った。エバンにはヤーコヴ・ヘルツォーク博士が随伴していた。七月二日と十一月に二度、ヘルツォークに会っている王が会談を求めたのであった。エバンは、和平提案をする権限は内閣から一切与えられていなかった。彼は、イスラエルがエルサレムとヨルダン川沿いのいくつかの占領地を保持し、ハシミテ王朝には西岸地区の多くの人口稠密地域を返還する、といった和平協定にヨルダンがどのような反応を見せるかを探る仕事を任されていた（原注68）。フセインは、この考えを却下はしなかったが、おそらくはガザ地区における領土の喪失に対する、ヨルダンへの何らかの埋め合わせを求めたのであろう。会談はきわめて予備的な意見の交換にとどまった。

フセインとの会談は、イスラエルの政策立案者のパレスチナ・オプションへの関心が希薄になる前触れだった。パレスチナ人と話し合っても先は見えなかった。西岸地区の旧来の指導者たちは、イスラエルの限定的自治の提案におとなしく耳を傾けていたが、彼らの求めていたものは真の独立であり、その提案はなかった。彼らはまた、イスラエルに協力し、アラブ世界に背を向けていると思われるのを恐れてもいた。

グンナール・ヤーリング：スウェーデンの外交官でトルコ学者（一九〇七〜二〇〇二）。インド、パキスタン公使、国連大使、駐米大使、駐ソ大使を務めた。一九六七年に国連中東和平特使の任務に就いた。彼の和平交渉は実を結ばず、一九七三年のヨム・キプール戦争になった。

新世代のパレスチナ民族主義者たちのリーダーはPLOであった。彼らは、民族解放闘争に参加し、イスラエルの占領に対する抵抗運動を組織するようになった。国外的にも、パレスチナ・オプションへの強い支持はなかった。国連決議第二四二号はパレスチナ人について、難民問題の解決の点においてのみ間接的に言及していただけである。ヤーリングは、国連加盟国とだけで、パレスチナ人とは交渉していない。アメリカは、パレスチナ人の民族的願望には関心を示さず、イスラエルに対してはフセイン王と交渉するよう勧めた。パレスチナ・オプションは、内閣で一度も正式に採用も放棄もされなかったが、一九六八年に入ってからは、確実に精彩を失っていった。

外交政策に影響を与えた国内的変化と言えば、一九六八年一月にアラインメントとラフィの統合によるイスラエル労働党（ミフレゲット・ポワレイ・エレツ・イスラエルまたはマパイ）が誕生したことである。ゴルダ・メイアは新党の書記長職を引き受けた。ダヴィド・ベン＝グリオンは、ラフィが母党に復帰することに反対した。一九六八年の統合は、外交政策の次元における現状維持主義に貢献した。新労働党は、様々に異なる立場の集合体であった。マパイ保守派は、実利主義で領土問題には妥協的であった。アフドゥト・ハ＝アヴォダ指導部は思想的で、「イスラエルの地」全土を死守する立場だった。ラフィの指導部は、行動派の防衛政策と西岸地区の拡大政策を支持する立場をとった。この統合は、新党の方針が二分する危険性を孕んでおり、マパイ系指導部が数の力で実利外交的な決定を下さないようにさせた。(原注69)

一九六八年四月、新党は西岸地区の将来についての協議会を持った。会議に先立って、イーガル・アロンはその計画を再検討した。彼は、西岸地区の自治権に関して、地元の指導者と合意に達する望みは、ほぼあきらめた。彼が提起した代替案は、ヨルダン・ハシミテ王国に、イスラエルが必要としない部分を譲ることであった。アロンは、一九六七年七月の地図は変更しなかったが、西岸地区をパレスチナと分け合うのではなく、その代わりにフセイン王と分け合うことを提案した。改訂版アロン計画は採用されなかったが、エバンはこの提案を、一九六八年五月末にロンドンで予定されていたフセイン王との全体協議で話し合う全権を託された。帰国したエバンは、フセイン王はイスラエルの考え方の全体的説明にはもはや満足しなかったが、答える価値のある特別な提案がされるのを期待している、と報告した。この時初めて、アロン計画をイスラエルの公式方針としてフセインに提案することが決定された。

次の会談は、九月二十七日にロンドンで行なわれた。フセイン王は腹心の相談相手、ザイード・アッ＝リファーイ（サミールの息子）を従え、エバンにはイーガル・アロンとヤーコヴ・ヘルツォークが随伴していた。エバンは、今日は歴史的な日ですと言って、会談を始めた。彼は、我々は恒久的和平の可能性を話し合うよう指示されてきたが、王が提案の主旨を否定されるとすれば、ヨルダンを除いた形でパレスチナとの和平の道を見つけ出さねばならなくなるでしょう、と言った。アロンは、フセイン王との会談は人生で最高に幸せな機会です、と表現した。彼は、ソ連―アラブ協力関係はヨルダンの国家体制にとって危険であり、イスラエルとの和解こそ、外国の干渉と国内の不安定からヨルダンを保障するのです、と言った。王は、彼の恒久的和平の追求は、この会談のずっと以前からやってきたことで、自分は残りの人生をこの実現に捧げたいと切に願っている、と答えた。彼は、ハルツームでの発言は言うべきではなかったと語ったが、会議の終わりには、直接関連国は政治的解決に向けて努力する責務を担った、とも付け加えた。

エバンは、ヨルダンとの和解に向けたイスラエルのアプローチの根拠になっていた六原則の要点を述べた。次いでアロンが、彼の計画の地図を見せた。（原注70）エバンによれば、「ヨルダン側の最初の反応は、興味を抱いたそれであった。しかし、労働大臣のイーガル・アロンが考えた地図の背後に潜む政策の真意を見てとるや、ヨルダン側の態度は硬化した。西岸地区の三分の一を我々に譲った責任を一人で被るよりも、イスラエルが西岸地区全部を手に入れたことで、国際的批判に晒される方をフセイン王が選ぶのは明らかだった」(原注71)。フセイン王がすぐにその場で計画を拒絶したにもかかわらず、イスラエルの閣僚は二週間以内に次の会談を提案して、王に再考するチャンスを与えた。王は二週間も必要としなかった。翌日には、ザイード・アッ＝リファーイが、会談をアレンジするようヘルツォークに連絡してきた。そこでリファーイはヘルツォークに、エバンの出した六原則に対する、ご主人様の回答六原則のリストを書いた書面を渡した。五番目の条項に、安全な境界線について書いてあった。それは、アロン計画に対する王の明白な答えであった。

「この地図は、そもそもヨルダンの主権を侵害したものであるから、全面的に受け入れることができない。相互補完のベースに立って、領土交換する以外にはない」

書面はまさしく、イスラエルとヨルダンの立場にいかに大きな隔たりがあるかを知らしめてくれた。王がイスラエルの和解の条件をはねつけたにもかかわらず、彼との秘密会談は打ち切られなかった。それは、一九九四年十月のイスラエルとヨルダンの間の和平協定締結まで続けられ、それからはもう秘密にする必要がなくなった。

王が、イスラエル指導者との会談についての談話の採録を許可したのは、和平協定に調印した後のことである。繰り返し是非を問われたアロン計画については、王は断固譲らなかった。

これは全面的に退けられた。そして、交渉や議論等々が継続したその後の時期、エルサレムを除いた領土の九十パーセント以上か、あるいは九十八パーセントまで返還したい、との申し出を実際に受けたが、受け入れるわけにはいかなかった。私の立場としては、一インチでも譲れない責任があった。これは、エルサレム旧市街を含む西岸地区全体を救った一九四八年の事件の背景に背くものだった。しかも、私の祖父（アブドゥッラー王＝訳者）は最終的に、和平のために命を落としたのだ。もし私の責任だったら、人々がそのあるべき未来を決定するべく、私個人にではなく、国際的庇護下におくために、すべてを突き返すべきであったのだ。我々はそれで完璧に満足だった。だが私は、解決できなかった。そしてこれは、一九九〇年までの長い年月にわたって何度も何度も繰り返された。（原注72）

一九六九年二月二十六日、レヴィ・エシュコルがエルサレムで亡くなった。享年七十四歳、癌だった。六日戦争でイスラエルが得た領土を、アラブ世界との政治決着として固定化する、という彼の願いは成就されなかった。彼自身は、戦争に勝った時点で、寛大さを十分に示さなかったと批判された。この批判は、エジプトとシリアに関しては的を射ているとは言えない。初めは彼も、国境線を基本にして両国と和平を交わす用意があったが、明快な和平提案を提起できなかった。ヨルダンとの問題はもっと複雑だった。両国の間にある地域に、沢山のパレスチナ人が住んでいたからである。エシュコルは、ヨルダン・オプションに執着したあまり、パレスチナ人と和解する選択肢を見つけることができなかった、というのが一般的な批判である。この批判もまた、すべて当たっているとは言えない。エシュコルは最初、パレスチナ・オプションに傾き、戦争が終わると西岸地区とガザ地区の地元リーダーたちと真剣に話し合った。パレスチナ・オプションの可能性はない、という結論に至って初めて、彼はヨルダン・オプションを探り始めた。彼はすぐに、ヨルダン・オプションもありえないことに気がついた。パレスチナ人は、イスラエルの完全撤退とパレスチナの完全な政治的独立を要求し、エシュコルはたとえそうしたくても、これを実現することはできなかった。本当の失敗は、西岸地区を占領し、そこに居座ったことである。エシュコル自身がゴルダ・メイアに指摘したように、花嫁抜きに持参金をせしめることなどできなかったのだ。

テオドール・ヘルツル博士

ハイム・ヴァイツマン大統領

ゼエヴ・ジャボチンスキー

ダヴィド・ベン＝グリオン首相

独立宣言を読み上げるダヴィッド・ベン＝グリオン（1948 年 5 月 14 日）。

イスラエルが国連加盟国になりイスラエル旗が掲揚された（1949 年 5 月 11 日）。
モシェ・シャレット（右）とアバ・エバン（左）。

モシェ・シャレット首相とダヴィド・ベン＝グリオン。スデ・ボケルのベン＝グリオン宅にて。

ゴルダ・メイアとピンハス・ラヴォン。

シナイ作戦の記者会見をする参謀総長のモシェ・ダヤン。

六日戦争（1967 年 6 月）。イスラエル機のミサイルが命中して破壊されたエジプト軍基地のエジプト空軍ミグ 21 戦闘機３機。

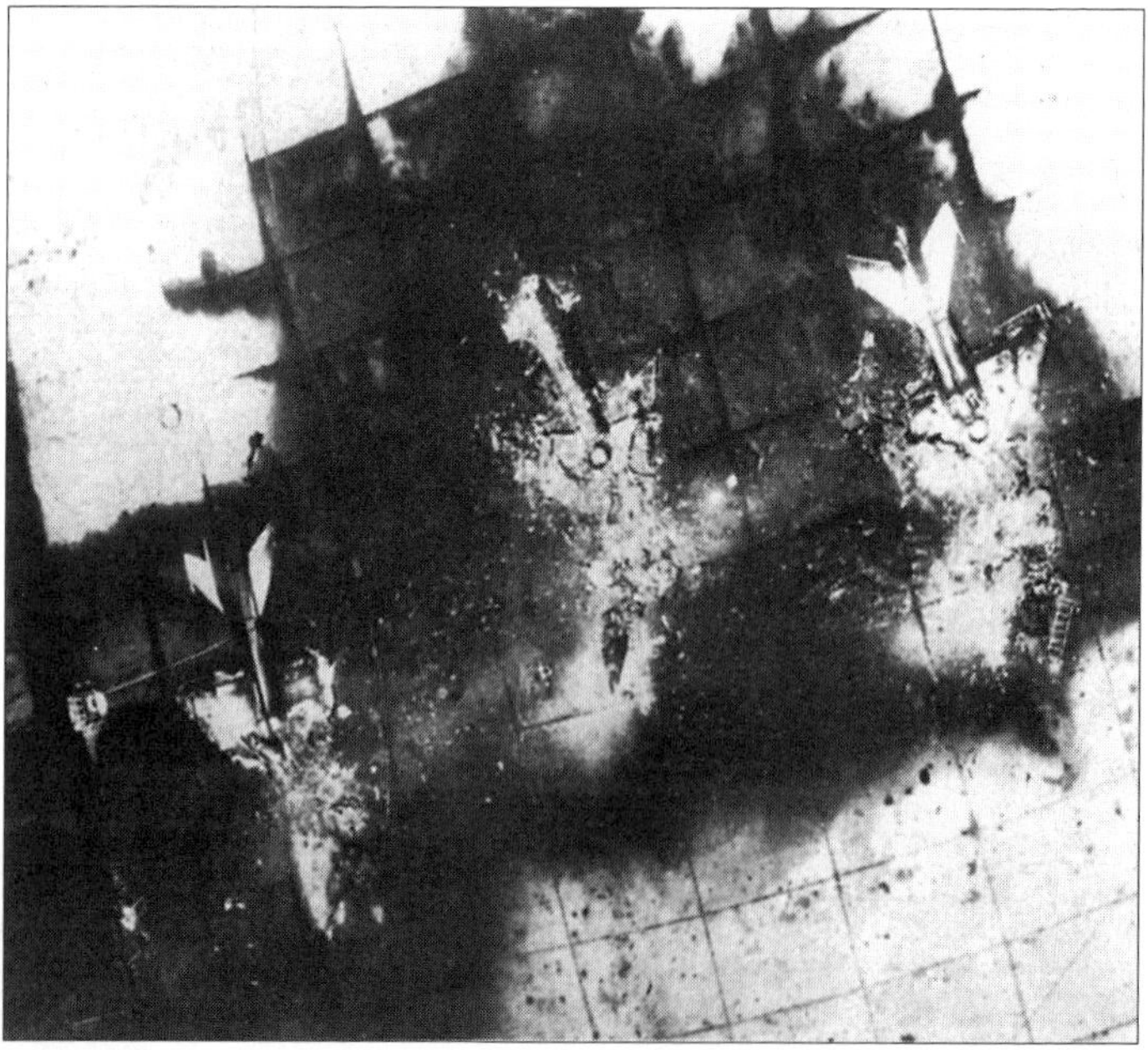

六日戦争。トラックで運ばれるエジプト兵捕虜（右）とイスラエル軍装甲部隊。

首相のレヴィ・エシュコル（左）とリンドン・ジョンソン大統領。
一九六八年一月七日、テキサスの牧場にて。

首相のゴルダ・メイアとヘンリー・キッシンジャー博士。左はイツハク・ラビン、右はラビン夫人のレア（1973年2月27日）。

十月戦争（1973年）。エジプト軍の捕虜になって支え合いながら歩くイスラエル兵。

ジュネーヴのパレ・デ・ナシオン（国際連合ジュネーヴ事務局）で開催された中東和平会議（1973 年 12 月 21 日）。

発言するゴルダ・メイア。

首相のメナヘム・ベギンがベン＝グリオン空港でアンワル・アッ＝サーダートを出迎える（1977 年 11 月 19 日）。

キャンプ・デービッドのアスペン・ロッジでくつろぐ、カーター大統領（中央）、アッ＝サーダート大統領（左）、ベギン首相（1978 年 9 月 6 日）。

ホワイトハウスでキャンプ・デービッド合意に署名するカーター大統領（中央）、アッ＝サーダート大統領（左）、ベギン首相（1978 年 9 月 17 日）。

ホワイトハウスでのイスラエル―エジプト和平協定調印後、アッ＝サーダート大統領（左）と握手するメナヘム・ベギン首相（1979 年 3 月 26 日）。

レバノン戦争（1982 年 6 月 21 日）。ベイルートに通じる海岸線のイスラエル装甲部隊。

レバノン戦争（一九八二年六月）。ベイルート市内を行くイスラエル装甲部隊輸送車。

イツハク・シャミル（左）とシモン・ペレス。

インティファーダでタイヤを燃やすラマッラーのパレスチナ人デモ隊（1988 年 10 月 3 日）。

ブラハ入植地を訪問したイツハク・シャミル首相に国防軍のインティファーダ処理に抗議するユダヤ人入植者たち（1989 年 1 月 12 日）。

湾岸戦争でイラクのスカッドミサイルに破壊されたラマット・ガンの住宅（1991年1月30日）。

中東和平マドリッド会議の開会式で演説するジョージ・ブッシュ大統領。その右はイツハク・シャミル首相（1991年10月30日）。

ホワイトハウスで暫定自治政府原則宣言に調印式でＰＬＯ議長ヤセル・アラファトと握手するイツハク・ラビン首相（1993 年 9 月 13 日）。

カイロ首脳会議でのＰＬＯ議長ヤセル・アラファト、ホスニ・ムバラク大統領、イツハク・ラビン首相（1993 年 11 月 6 日）。

ヨルダンのフセイン王がイツハク・ラビン首相に手を差し出し、それを見守るクリントン大統領。ホワイトハウス、ローズガーデンでのワシントン宣言調印式の前（1994 年 7 月 25 日）。

イスラエル―ヨルダン和平協定調印後に握手を交わすイツハク・ラビン首相とフセイン王を見守るクリントン大統領（1994 年 10 月 26 日）。

1994 年度ノーベル平和賞受賞者（1994 年 12 月 10 日、オスロ）。右からイツハク・ラビン首相、シモン・ペレス外務大臣、ＰＬＯ議長ヤセル・アラファト。

ハマスの自爆テロで爆破された 26 番バスの残骸（1995 年 8 月 21 日）。

ラビン首相とＰＬＯ議長アラファトが、ホワイトハウスで、ムバラク大統領、クリントン大統領、フセイン王の立ち会いでオスロⅡ地図に署名する（1995 年 9 月 28 日）。

怒りの葡萄作戦の最中にナハリヤ市を訪問し市民と握手するシモン・ペレス首相（1996 年 4 月 15 日）。

クネセトで演説するベンヤミン・ネタニヤフ首相（1996 年 6 月 18 日）。
エフード・バラク首相。

第7章　現状維持主義　一九六九年～一九七四年

レヴィ・エシュコルの跡を継いでマパイ党首、そして首相に選出された一九六九年三月、ゴルダ・メイアは七十一歳になっていた。その前年の七月、ゴルダ・メイアはマパイ書記長を辞任しており、これが彼女の政治生活の終わりを告げるものと思われていた。彼女は病弱で重い血液性疾患に罹っており、恒常的医療ケアが必要だった。一九六八年秋、スイスで療養中の彼女をマパイ書記長後継者のピンハス・サピールが訪ねて来た。サピールはエシュコルが重病で、彼の亡くなった跡を引き受けてもらえないかと頼んだ。ゴルダ・メイアは、閣僚の構成を変えない、という条件で暫定首相就任を引き受けた。サピールは、アバ・エバンにこう洩らしている。ゴルダ・メイアも重病で、暫定の首相だが、党内事情としては党首の座を狙うモシェ・ダヤンとイーガル・アロンの権力闘争を抑えるために彼女が必要なのだ、と。(原注1)エバンは、ケンブリッジ大学卒の教養人で、ゴルダ・メイアの賛美者ではなかった。エバンは彼女のことをよく皮肉ったが、その中にこういうのがある。彼女は単語を五百語知っているのに、二百語しか使わない。

非妥協ゴルダ

引退からカムバックしたゴルダは、以後五年間、鉄棒《かなぼう》を振りかざして党と国家を治めた。彼女は、並外れて意志強固な、断固とした、傲岸不遜で情け容赦なき性格の持ち主だった。繊細さとか曖昧さといった性質とは無縁の、複雑な問題を単純に割り切る並外れた才能があった。物事にはっきりと白黒をつけ、中途半端な灰色の解釈は切り捨てた。党にあっても国政においても、自分が正しいという自信には限りないものがあった。そして、つねに正しいというこの断固たる信念ゆえに、彼女を説き伏せるのは並大抵ではなかった。

ことアラブ世界に関してほど、ゴルダの独善的特質が顕著に表われることはなかった。彼女のアラブに対する姿勢は、理性や思想よりも感情や直感に根ざしていた。彼女の伝記には、次のように指摘されている。

ゴルダはアラブ人を恐れており、この恐怖はポグロムやホロコーストの記憶と結びついていた。彼女はまた、アラブ人の中に見た復讐心にも恐怖を感じていただろう。自分たちは不当な扱いをされたとアラブ人は感じているかもしれない、ということが彼女にはどうしても腑に落ちなかった。アラブ人の要求のいくつかは正しいかもしれない、といった可能性も彼女は全面的に否定した。彼女は、アラブ人が侮辱されたと感じているとは認めようとしなかった。パレスチナのアラブ人の、祖国なき民という思いを彼女は認めなかった。シオニストが直面していた一番の問題＝アラブ問題に冷静に対処するのは、彼女にとって非常に困難なことであった。彼女の態度は単純明快、彼らか、我らか、であった。（原注2）

ゴルダ・メイアは、イスラエルの安全に抵触することには何に対しても非妥協的であった。彼女は、一九六七年六月の戦争の後、国境線の修正がイスラエルの安全には不可欠であると考え、この考えは領土拡大主義の証拠だ、とする批判を猛烈に排撃した。彼女は、回想録にこう書いている。

そして当然、私は「非妥協ゴルダ」のニックネームを頂戴した。しかし、エシュコルも、私も、また圧倒的多数のイスラエル人も、上品でリベラルで反軍国主義の、ひ弱なユダヤ人国家になりたいとは思っていなかったし、理性的で聡明だといくら褒めてもらったところで、「妥協」で命が危なくなるなどまっぴら、という本音を隠しておくこともできなかった。（中略）イスラエルのデモクラシーは非常に健全で、当時も今も「タカ派」とほとんど同数の「ハト派」が存在するが、たとえイメージアップのためでも、私たちはずっと「クレーピジョン」（クレー射撃の的とハト派とを掛けている＝訳者）のままでいいと言うイスラエル人にはまだお目にかかったことがない。（原注3）

ゴルダ・メイアとレヴィ・エシュコルの気性は著しく異なっていた。彼女は戦闘的で、エシュコルは妥協の人だった。彼女は独善的で独裁的、エシュコルは開放的で、往々にして優柔不断だった。ゴルダは非妥協的で、彼は弾力的だった。しかし、西岸地区の将来についての考え方においては、二人にそこまでの大きな開きはなかった。どちらもイスラエルのユダヤ的、民主主義的性格を守りたいと考え、したがってどちらも西岸地区の併合には反対していた。大量のパレスチナ人をイスラエルの国境から排除できるような領土的合意を、ヨルダンとの間に交わすのがパレスチナ問題のもっとも確実な解決策であった。二人の違いは、おしなべてその説明の仕方にあった。エシュコルは、アラブとの合意を得るためにイスラエルがどんな譲歩をする用意があるかを強調したが、彼女はイスラエルの安全保障関連の条件に重点を置いた。（原注4）

首相になったとき、ゴルダ・メイアは一九六七年以後のイスラエルの政策路線の基盤をなす二原則を採用した。戦争前の国境線には戻らない、そしてアラブ諸国との直接交渉と和平条約なくして撤退しない、である。一九六九年五月五日、クネセトにおける首相就任演説で、彼女は政策の継続を強調しただけでなく、独特の歯に衣着せぬ言い方で、イスラエルは契約的和平条約以上でなければ隣国との和平提案には応じない、と断言した。和平抜きの停戦ラインからの撤退を求めるアラブ側の要求は受け入れなかった。アラブ側が和平を拒否した以上、イスラエルは停戦ラインを強化、堅持する。それまでの二年間に提案された、非武装化、交戦状態の停止、国際保障といった和平協定代替案もやはり受け入れなかった。和平協定は、外国勢力によってではなく、中東の政府間同士で直接交渉されるべきだとした。

「和平協定は、最終的で安全な、相互に承認された境界線の合意を含むものでなければならない。和平協定は、交戦状態、封鎖、ボイコット、自由航行の妨害、そして和平協定調印国領内にある基地や訓練施設からの破壊活動の準備や実行に関与する組織や集団の存在や活動があったときには、その効力を失う」

この時も、これ以後の多くの機会でも、新首相が明確な説明を拒否したのは、安全な境界線とは何か、であった。

対アラブ政策に関しては、国民的コンセンサスというものはなかった。六日戦争直後の世論の両極化は、二つのイデオロギー運動すなわち、大イスラエル運動*と平和運動が出現してきたことの明らかな表われであった。どちらもインテリゲンチャ主体の運動で、政党の枠を越えたシオニズム思想の伝統的潮流を代表しており、どちらも与党マパイが自負する実利主義に対して、行動の規範としての思想的重要性を強調していた。大イスラエル運動は、戦争で獲得した領土のすべてをイスラエルに併合することを主張した。平和運動は、ほとんどの占領地を返還し、アラブとの調停につなげようとする融和政策を唱っていた。政府の方向性が見えなかったことから、それぞれの運動が政策代替案の採択へのプレッシャーを強めた。そし

て、激しい論戦となり、マパイの党内は中間派が崩れ、はっきり二分されていった。(原注5)

マパイにおいて、ゴルダ・メイアは常に行動派に属していた。彼女は、ダヴィド・ベン＝グリオンの弟子で、その執念深いアラブへの敵意と、アラブは力で抑えるべきであるという観念を受け継いでいた。一九六七年以降、「行動派」と「穏健派」という呼び名が「タカ派」と「ハト派」に言い換えられ出した頃、彼女も党内タカ派グループの一員になっていった。エシュコルは、マパイのタカ派に包囲された伝統的穏健派だった。ゴルダ・メイアは、タカ派にしか耳を貸さないタカ派だった。彼女は、考え方としてはマパイの同志よりも、アフドゥト・ハ＝アヴォダやラフィといった労働運動の小党派に近かった。とくにイスラエル・ガリリーと近く、ガリリーはゴルダ・メイアの主任政治顧問兼スピーチライターでもあった。モシェ・ダヤンとは決して仲がよかったわけではないが、エシュコル時代とは比較にならないほど、外交政策の決定に大きな役割を果たす種類の仕事を任せた。ガリリーは労働党系の統一運動におけるもっとも断固としたタカ派の一人だった。アラブ人にイスラエルとの和平を説得できるなどとは思っていなかったダヤンは、領土拡張派の先頭に立っていた。マパイ多数派はハト派のままであったが、総体的空気は、この三人組が醸し出していた。

政権内でも、数の割にはタカ派が幅を利かせていた。マパイ系閣僚の大部分はハト派だった。アバ・エバン、ザルマン・アラン、ピンハス・サピール、ゼエヴ・シャレフ、ヤーコヴ・シムション・シャピラ、エリアフ（エリアス）・サッソンであった。しかし彼らは、マパム、国家宗教党、独立リベラル党のハト派系閣僚との連合は組まなかった。彼らはどちらかと言えば、ゴルダ・メイア、イスラエル・ガリリー、イーガル・アロン、モシェ・カーメル、モシェ・ダヤン、ヨセフ・アルモギ、メナヘム・ベギン（後のリクード党首で首相＝訳者）、ヨセフ・サピールらが形成していたタカ派連合になびいた。最後の二人はガハルを代表していた。ガリリーとダヤンにとっては、この右翼政党のガハルを加えて挙国一致内閣を維持するのはとくに好都合だった。ガハルとの協力関係で、外交政策、安全、占領地に関連した問題などの大切な問題では彼らは多数派になれたからだ。このおかげで、中東紛争を沈静化しようとする政治的動きを、国を分裂させるという理由で阻むことができた。（原注6）

内閣では、ゴルダ・メイアは領土的現状（ステータス・クオ）を維持する政策と政治的リスクの回避に全力を傾けた。事実、彼女はアラブ側がイスラエル側の条件で和平に応じるまで、新しい停戦ラインから動かないという現状維持主義的政策のお手本になった。彼女は、閣議でも中立的な議長などではなく、彼女に反対する閣僚がたとえ多数派であっても、有無を言わせぬ強力なリーダーシップを発揮することができた。彼女は首相として、防衛政策の最終責任を負っていた。この責任は、内閣防衛委員会議長は首相が務めるものとする、という憲法の規定によって表現されていた。しかし、彼女の首相時代はこの委員会は定期的には開かれなかった。その代わり、委員会は「ゴルダのキッチン」と呼ばれるようになった非公式の集まりに取って代わられた。それが、彼女の自宅で行なわれたからである。

ゴルダのキッチンのレギュラー・メンバーは、イスラエル・ガリリー、イーガル・アロン、モシェ・ダヤン、アバ・エバン、ピンハス・サピールであった。その他の閣僚も、予定されている議題に直接関与し

大イスラエル運動：六日戦争で占領した領土は和平と交換してはならず、逆にヨルダン王国、シリアのハマーからナイルの北、ユーフラテス川から地中海までの「エレッツ・イスラエル」を併合すべきだとする運動。リクード主体で宗教政党グッシュ・エムニムが加わった。

ている場合、時々は出席を求められた。キッチン内閣は、日曜日の朝の閣議に先立って、毎週土曜日の夜に招集された。その主な役割は、与党内の統一見解を計り、内閣で討議し決定するべく、具体的な形の提案に仕上げることであった。キッチン内閣は時に、直接決定を下したこともあり、それを記した記録もあった。しかし、ほとんどの重要事項は全体の閣議に提起され、討議し、承認された。時々、ゴルダ・メイアは、重要案件を全体閣議にかけず、手続きが憲法に違反していると批判されることがあった。それでも、首相在任期間中、キッチン内閣は外交、防衛政策の決定に重要な役割を発揮し続けた。

ゴルダ・メイア政権下で強い影響力を持つようになったのが、イスラエル国防軍参謀本部である。国防軍が、六日戦争でかくも見事な活躍を見せたときからその傾向はあった。参謀総長がいつも閣議に出席し、報告し、口を出すようになった。外務省を無視して、軍情報部が国家的情報の収集処理作業を独占するようになった。政策分析と長期的計画を担当する部門が内閣になかったので、軍の判断に口を出すのが難しくなり、その意見はつねに既成事実化した。

ゴルダ・メイアは周囲の文民政治家には威丈高だったが、逆に軍部の人間には格下でも妙に卑屈なところがあった。彼女はつねに、自らを防衛音痴だと考えていた。外務大臣時代、彼女は主要任務をイスラエル国防軍の武器調達係だと位置づけていた。(原注7) 首相になってからは、イスラエル国防軍参謀からの助言は無批判に採り入れる素振りを見せた。アバ・エバンはこれを、首相としては最大の弱点と見た。彼に言わせれば、イスラエルには軍部の意見に待ったがかけられる首相が必要だった。ベン＝グリオンもシャレットもエシュコルもみんな、軍部の意見を退けることができた。

「しかし、メイア女史は安全問題に関しては、おおむねこんな風に言っていた。『私は軍の考えを黙って聞くだけです』。これでは首相とは言えない（原注8）」

強まる軍上級将校の影響力は、アラブ諸国との関係を戦略的視野で考察し、重要な政策作りにおいて政治的、外交的配慮を軍事的配慮に従属させる慢性的傾向を助長させた。イスラエルが戒厳令下にある以上、安全問題の全領域――多くが対外関係に絡む――の政策に対して最大の責任を持つことが軍部に課せられた命題であった。六日戦争の後、アラブの領土を占領した結果、イスラエルの交渉上の立場は大きく有利になったが、時間の経過とともにこの交渉力の使用に対する国内的な締めつけも強化された。国家的目標とは何か、の統一見解が欠けていたことで、政府の政治的主導権が萎縮した。相変わらず、メイアとその周辺は、中東紛争の平和的解決を志向する国際的動向はイスラエルの安全にとって有害である、と考えていた。アラブ諸国が、その国土からイスラエルを追い出そうとして武力に訴えると、イスラエルはより激しく応酬した。メイアの指揮下、紛争に際してのイスラエルの政策は、主に軍事行動主義と外交的現状維持主義で成り立っていた。「タカ派」は彼女のニックネームであるだけではなかった。それは、彼女の首相時代の五年間に起きたアラブ世界との紛争におけるイスラエルの政策の特質でもあった。

消耗戦争

外交的手段を使って、イスラエルを占領地から撤退させることに失敗したガマル・アブデル・ナセルは、新スローガンを打ち出した。

「武力で奪われたものは、武力によってしか奪い返せない」

六日戦争が終わってから一九六九年の春まで、断続的にエジプトとイスラエルの軍事衝突が発生した。そして、消耗戦争*の発端となったのが、ナセルの国連停戦命令拒否を伴った、一九六九年三月のエジプト軍による大攻勢であった。正式な意思表示がなされたのは、六月二十三日になってからである。ナセルの当面の目標は、スエズ運河の事実上の国境化を防ぐことであったが、最終目標はイスラエルを戦争前の国境線にまで撤退させることであった。この目的のために採用した軍事戦略は、運河沿いのイスラエル軍前線に対する重爆撃、散発的空襲、奇襲部隊のヒット・エンド・ラン襲撃で構成されていた。狙いは、エジプトに有利な人海戦術で、イスラエルが比較的苦手な地上戦に持ち込み、兵力の損傷に神経過敏な性格的特徴を突くことで、軍事的、経済的、心理的に疲弊させ、イスラエル軍をシナイ半島から追い出してエジプトの前途を切り開く、というものであった。

イスラエルは、エジプトの挑戦を受けて立つのか否かの決断を迫られた。軍の伝統的鉄則は、戦いは敵領土に持ち込め、であった。そして、スエズ運河西岸を占領する提案が出されたが、却下された。その理由は、一つはイスラエル国防軍には作戦に必要な水陸両用車両がなかったからでもあるが、本当の理由は政治的なものであった。イスラエルは、運河を渡って攻めてくるエジプト軍に東岸地域を占領されるのを防ぐため、守備的な戦略を立てた。国防軍では、シナイ半島の防衛のために二つの選択肢が検討されていた。運河沿いに軍隊を張り付ける戦略と、運河内に機動部隊を配置して運河地帯を抑える戦略である。参謀総長のハイム・バール＝レヴは最初の選択肢に傾いた。その結果、運河沿いに彼の名を冠した防御ラインを作ることになった。これは、政治的配慮に影響されて、後者のフレキシブルな防衛戦略から静的防衛戦略に傾いたということである。ゴルダ・メイアの基本的目標は、政治的、領土的現状（ステータス・クオ)を維持し、エジプトが和平協定に応じるまでは領土を渡さない、というものであった。静的防衛戦略は、この政治目的に合った効果的な方法ではあったが、イスラエル国防軍に幾多の新しい課題を提起した。

一九六九年七月中旬、四ヵ月におよぶ激しいが、しかし決着のつかない激戦の末に、イスラエル空軍が運河地帯で「空飛ぶ砲兵隊」として起用された。目的は、制空権を抑えてエジプト地上軍を攻撃し、その新しい戦争計画をあきらめさせることにあった。バール=レヴは、この新戦略を、エスカレーションを止める目的を持ったエスカレーションの試み、と説明したが、結果は戦闘がさらに拡大しただけであった。

消耗戦争の影に覆われて、十月二十八日に総選挙が行なわれた。マパイは前年にマパムと合併して、アラインメントを結成していた。ダヤンはハト派のマパムとの合併に反対し、選挙綱領を自分に任せてくれなければ離党する、とまで恫喝した。はたしてその選挙綱領は、国連決議案第二四二号についても撤退についても一切触れていなかった。それだけでなく、ダヤンの要求のほとんどはアラインメントの全員を結束させる「不文律」に具現化されていた。このダヤンの見解は、党にとって「安全な境界線」とは何を意味するかを指摘していた。ヨルダン川はイスラエルの東の安全な境界線で、ゴラン高原とガザ地区はイスラエルの支配下におかれ、イスラエルはチラン海峡までの細長い地帯をすべて保有する、と述べていた。ダヤンは、アラインメントの選挙綱領に「シャルム・エル=シェイクなき和平なら、和平なきシャルム・エル=シェイクの方がましだ」と自作の注釈を付けていた。

アラインメントは選挙で苦戦した。一九六五年には単独で六十三議席を獲得したのに比べて、獲得議席

消耗戦争:双方が戦闘の決定的主導権を握れないまま、防衛強固な攻略目標に長期的に戦力を投入し、多大な損害を出しながら戦闘を続ける交戦状態。

数は五十六だった。ガハルが二十六議席、国家宗教党が十二議席、独立リベラル党が四議席であった。全体としては、右派が伸びたが、選挙民はまだアラインメントとその指導部に信頼を置いていた。選挙の後、ゴルダ・メイアはエシュコルから引き継いだ時点での構成と似通った挙国一致内閣を組閣した。

新政権が最初に直面した課題は、アメリカの和平計画であった。リチャード・ニクソン大統領の共和党政権が誕生し、ヘンリー・キッシンジャーが国家安全保障問題担当補佐官に、ウィリアム・ロジャースが国務長官に就任した。米国務省は、中東紛争に対する「公平」なアプローチと、国連決議第二四二号が提示する原則に依拠した政治決着を促進しようとするアメリカの積極参加を、長く提唱していた。一九六九年十二月九日、ロジャースの中東和平計画案が発表された。計画の基本になっていたのは、国連決議第二四二号であった。計画は、イスラエルの隣国との境界線までの撤退と、相互安全に関するマイナー・チェンジと、パレスチナ難民問題の解決を見据えたものであった。

ロジャース案は、イスラエルの首脳にとって大きな驚きだった。彼らは、これはイスラエルに和平合意を押しつけるために米ソが結託している証拠と受け取った。十二月十五日、ゴルダ・メイアはクネセトで新政権の承認を受けたが、この機会を利用して、これ以後多発するロジャース計画攻撃の口火を切った。そして十二月十八日、アメリカの国連大使チャールズ・ヨストが、ロジャース計画を基本としたイスラエルーヨルダン合意のための指針を提起すると、両国の緊張関係はさらに高まった。ヨストは、西岸地区の大部分からのイスラエルの撤退と、ヨルダンによる東エルサレムの統治、パレスチナ難民問題の解決を提唱した。ゴルダはこの計画を、「イスラエルの災難」と呼び、ワシントン在住のイスラエル支持者による抗議行動を呼びかけ、協議のためイツハク・ラビンを急遽召還した。ラビンは、イスラエル国防軍を退官した後、大使としてワシントンに駐在していたが、外交活動を別の形での戦争の継続と考えているようだった。内閣は、ラビンの報告を受けた後、十二月二十二日の閣議でアメリカの提案の拒絶を正式に決定した。内閣は以下の声明を出した。

「この提案が実行されたならば、イスラエルの安全と平和は深刻な危機に陥るであろう。イスラエルはいかなる強権外交の犠牲にもならないし、いかなる強制的解決の押しつけも拒否する」(原注9)

アメリカの和平提案を拒絶したイスラエルは、消耗戦争の戦場に戻って行った。十二月最後の週、内閣は重大決定を下した。エジプト内陸部への戦略爆撃開始である(原注10)。これは国防軍参謀本部の発案で、閣議で国防大臣が推薦した。元来の発想は、総選挙でガハルから入閣したエゼル・ヴァイツマン少将によるものだった。彼は、兵士から外交官に転身したイツハク・ラビンの厚い信頼を得ていた。ラビンは閣議で、エジプト本土深部の爆撃はこの地域におけるアメリカの利益に供するので、ニクソン政権は歓迎するだろうと報告した。アバ・エバンは、大使のアメリカに関する情勢分析に反論した。彼は、アメリカはおそらく中東紛争の拡大を望んでいない、それはアラブ側へのソ連の肩入れの危険性が増大するからである、と論じた。ラビンが一枚加わったことで、内閣は対エジプト大攻勢の決断に一歩近づいた。

内閣の総意を決定するに際して生じたもう一つの問題は、エジプト本土爆撃で出てきそうなソ連の反応、であった。ここでもエバンは、少数派代表になってしまった。彼は、爆撃すればソ連の中東地域への軍事介入が一段階進むだろう、と判断した。多数派の意見は、ソ連は抗議するかもしれないが、物理的介入はしないだろう、であった。この問題に関する内閣の議論は、いい加減なもので、通り一遍で、表面的だった。その結果、ソ連の介入の可能性だけでなく、爆撃がイスラエルとエジプトの軍事的力関係に与えたインパクトについても読み違えることになった。

一九七〇年一月七日、イスラエル国防軍は新政策の実行に手をつける権限を与えられた。この政策の軍事的目標は、第一に運河前方地区におけるエジプトの軍事的プレッシャーを軽減すること、第二にエジプトの全面戦争計画を放棄させること、第三に消耗戦争を終息させ、エジプトに停戦合意を遵守させることであった。つまり、イスラエル国防軍の抑止力を高めつつ戦争を終結させる考えだった。この目標は、交渉や仲介者を通しての、あるいは条件付きの停戦などでは達成できない。この段階的行動をとらせる力が、イスラエル国防軍にはあるのだ、とエジプト軍にはっきり見せつけねばならない、とされた。

軍事的目標に加えて、イスラエルの政策決定者は、一連の心理的、政治的目標を達成することを望んだ。はっきりとは明言されなかったし、絶対多数の賛成を集めたわけではなかったが、敵国本土への爆撃を敢行する決断において、これには重要な役割があった。秘められた目的とは、エジプト人の士気を砕き、ナセルとエジプト人大衆との信頼関係を揺るがせ、ナセル体制の崩壊を呼び、親西欧体制を招来させること、であった。これは、シナイ戦争の名残と言える。外部からの軍事的圧力で体制を転覆させるなどと口走るのは、たいていは精神錯乱の症状で、この場合も例外ではなかった。論理的にも歴史的にも、またエジプト政治について少しでも知っている人ならばわかることだが、その結末は、本土爆撃はエジプト人の抵抗精神を弱らせるどころか逆に高揚させ、ナセル打倒どころの話ではなくなり、国民的団結を強め、エジプト人大衆を彼のもとに大結集させたのであった。

最初のエジプト本土爆撃は、一九七〇年一月七日に敢行された。最後の爆撃は、四月十三日であった。この四ヵ月間、イスラエル軍のアメリカ製超音速戦闘機ファントムは、ナイル・デルタ地帯とカイロ郊外の攻撃目標を何度も爆撃した。イスラエル軍は合計三千三百回出撃し、約八千トンの砲弾をエジプト本土に撃ち込んだ。そこには、首尾一貫した方針すらなかった。ゴルダ・メイアは、エジプト空襲がナセル打倒を狙って行なわれたことを否定したが、たとえエジプトの体制を変えることができたとしても涙することはない、と言った。彼女は、空襲はあたかもいたずらっ子にお仕置きするようなもので、ナセルが国民を騙すのをやめさせるための教宣活動の一環として行なったかのように振舞った。

この軍事行動の展開方法に、政治的柔軟性らしきものはまるでなかった。イスラエルの指導者はただ、ナセルから公式に無期限停戦を遵守する合意を首尾よく引き出すまで、軍事的圧力をエスカレートすることしか考えていなかった。エバンは、アメリカの目的は戦闘中止にあると確信していた。二月七日、「平和攻勢」の一環として期間限定停戦を復活させる政治的イニシアチブを内閣に提案した。彼が言いたかったのは、イスラエルの方針を提起するだけではなく、戦闘の段階的縮小に向けた第一歩として、スエズ運河での一時的停戦の用意があることをしっかり表現するべきである、ということだった。彼は、消耗戦争を終結させる可能性を探ることで何も損はしないのであり、この提案を支持する者もいる、と主張した。ゴルダ・メイアは、この提案に対して烈火の如く怒った。一時的停戦をナセル本人が申し出たことを、エバンはもう忘れたのか？　これがナセルの望みなら、どうしてイスラエルの望みたりえるのか？　エバンは、国家的政策に矛盾する、イスラエルにとって危険な罠を提案しているのではないのか？

平和攻勢提案に多数の賛成は得られないと見たエバンは、票決でこの提案に泥を塗られたくなかった。メイアはしかし、提案を票決にかけることに固執した。数名の閣僚が、平和攻勢提案の票決による却下はやめましょうと嘆願したが、彼女は譲らず、すでに白旗を掲げていたにもかかわらず、提案は反対多数で否決された。エバン自身は、投票に加わらなかった。彼は書いている。

「このエピソードは、国際政治における戦争の役割を過大評価している内閣で、外務大臣を務める難しさをよく表わしている。一九六七年の我が軍の勝利はイスラエルの無敵神話を助長したが、六日戦争が終結するや否やその考えは通用しなくなった。この時のゴルダはいただけなかった。このエピソードは、彼女の思考と感情の全体的構造が、個人的な確執を軸にしていることを浮き彫りにしている(原注11)」

本土爆撃はエジプトの軍事力に深刻な打撃を与えたが、これでナセルを屈服させるまでには至らなかった。一月二十二日、ナセルはモスクワに飛び、ソ連指導部と秘密会談を持ち、緊急援助を要請した。ソ連指導部はエジプトに、高射砲、地対空ミサイル一式、レーダー装置、ミグ戦闘機、そして新装備を操作する技術兵の小規模軍隊も与えてその要請に応えた。ソ連が、このような短時間に、このような高性能の軍備を非コミュニスト国家に導入したことはそれまで一度もなかったことである。パイロット二百名を含む、一万五千人がエジプトに送り込まれた。ソ連軍は、運河地帯を除いて、エジプト国土防衛を効果的に引き継いだ。

その結果、それまでイスラエルが有していた空中戦の絶対的優位性とエジプト本土の目標攻撃の自由度は、大きく低下した。イスラエルは、空からの攻撃の規模を縮小せざるをえなくなり、四月半ばには本土爆撃も停止することになった。この間のイスラエル兵と航空機の損傷数は、危機的なまでに増大した。参謀本部では、地上軍をエジプト軍の砲撃の射程距離外に移すため、運河地帯からの撤退を前向きに検討する案も出た。そうすると、アラブ側に交渉または和平協定抜きの完全撤退を新たに要求させることになるのを恐れ、ゴルダ・メイアはこの考えに反対したと言われている。スエズ運河沿いに展開するイスラエル軍の存在は、イスラエルの安全のためと考えられていたが、今やイスラエルは政治的理由からスエズ運河に執着していた。このような状況になると、領土の保有がイスラエルに戦略的な奥行きを与え、この奥行きの深さがそのままイスラエルの安全強化へとつながるのだ、という主張にほころびが出てきた。

ゴルダ・メイアは国内的には、エジプト側が消耗戦争の外交的解決に関心を抱いているという兆しが出始めているにもかかわらず、相変わらず頑固だ、と批判されていた。四月二十八日、ある高校生グループが首相に手紙を送った。イスラエル国防軍に徴兵される予定だった高校生たちは、この戦争が「ein breira つまり選択の余地のない戦争に属するとは、彼女の政権の政策から見てどうしても思えません」、と書いた。この手紙が書かれた背景にあったのは、ナセルが世界ユダヤ人会議（WJC）議長のナフーム・ゴールドマン博士をカイロに招待したことであった。イスラエル政府が許可を出さず、この訪問は実現しなかった。多くのイスラエル人が、この対応は自国政府に敵国との平和的対話に参加する意志がないことを示すものだ、と考えた。手紙には、こうあった。

「ここに署名する僕たちは、イスラエル国防軍に徴兵される予定の高校生です。ナフーム・ゴールドマン博士の招待を拒絶して、政府が和平の可能性を破棄したことで、僕たちは、ein breira のスローガンの下で兵役の義務を果たせるのかどうかわからなくなりました」

この短い手紙をきっかけに、戦争状態の継続は一体誰の責任なのかという国民的議論が延々と巻き起こった。

エジプト本土爆撃が停止されてからも、消耗戦争はスエズ運河をはさんで激しく続いた。エジプト本土深奥部への爆撃を誘発した仮説のほとんどすべてが誤りだったことが明らかになった。ナセル体制は、イスラエル空軍による攻撃を受けても倒れなかったし、ソ連は口を出すだけでなく、物理的に介入したし、アメリカは本土爆撃に、大使ラビンが予言したような関心はまったく示さなかった。イスラエルは、ソ連とアメリカの反応のどちらも、その判断を大きく誤った。今となっては、一方の超大国に対抗できる抑止力の唯一の源泉として、その親分超大国に頼るしかなくなってしまった。戦略的支援と武器供給の対米依存は急上昇し、それとともにアメリカの政治的圧力の影響を強く受けるようになった。こうして、エジプトに対する軍事的優位性を追求するあまり、イスラエルは中東の地から超大国をできるだけ遠ざけておくという、戦後の重大な目的を台無しにしてしまった。

これまでになく巨大な、ソ連軍の影が覆いかぶさってきた。四月十八日、イスラエル空軍パイロットが、運河地帯で作戦任務飛行中のソ連軍機と遭遇した。六月三十日、運河近くで空中戦となり、イスラエル空軍機がソ連軍パイロットの操縦するミグ戦闘機を五機撃墜した。この勝利でイスラエルの士気は揚がったが、軍事専門家にはソ連とエジプトが地対空ミサイル装備をスエズ運河の西岸に向けて盛大に移動し、これでイスラエルの空の優位性が制限されることがわかっていた。

エスカレーションの可能性が出てきたことで、ロジャース国務長官は、六月十九日にロジャースB案と呼ばれることになった二つ目の提案を出すことになった。この提案は三つに分かれていた。一つ、エジプト戦線における三ヵ月停戦。二つ、イスラエル、エジプト、ヨルダンによる国連決議二四二号と、とくに「占領地からの撤退」要求受諾の声明、三つ、停戦合意が発効すると同時に、ヤーリング博士の立ち会いのもとでエジプトとヨルダンと協議することをイスラエルが確約すること、であった。また提案には、停戦中の「活動の停止」という重要な条項が含まれていた。エジプトもイスラエルも、各自のミサイルを運河に近づけてはならない、である。ゴルダ・メイアが見せた本能的反応は、アメリカ案の拒絶、であった。

ロジャースB案は最終的境界線について何も言及していなかったが、これはロジャースA案を呑ませるための罠にすぎないのではないか、と彼女は疑った。イスラエル国防軍内には、一時的停戦は消耗戦争の再開を止める十分な保証にはならないとの懸念があった。しかし、ニクソン大統領はイスラエルに、ロジャースB案を真っ先に拒絶しないよう忠告し、エジプトもヨルダンも提案を受け入れた。七月二十四日、ニクソンはメイアに書簡を送り、最終的境界線はヤーリング国連大使の立ち会いのもとでの当事国間の交渉で合意すべきである、と明記した。すなわち、アメリカ合衆国はイスラエルに対し、そのユダヤ的性格を根本的に変え、あるいはその安全を脅かすような難民問題解決案を受け入れよ、との圧力はかけない。そして、イスラエルが納得できるような和平合意に至るまでは、一人のイスラエル兵も停戦ラインから退去させられることはない、であった。書簡は最初のロジャース案の事実上の放棄を意味していた。これは、一部ではバルフォア宣言の再来と呼ばれた(原注12)。

ニクソンの経済軍事援助の保証と約束を引き換えに、ゴルダ・メイアとそのキッチン内閣は否応なしにロジャースB案という煮え湯を飲まされた。しかし彼らは、停戦とヤーリングの任務にだけ合意するのであって、ロジャースA案には合意しないことをはっきりさせた。七月三十一日、内閣は十七対六でロジャースB案受諾を可決した。ガハルは、国連決議二四二号の受諾を意味するロジャース案を受け入れたことを理由に、挙国一致内閣から去っていった。ガハル代表の全閣僚が脱退の決定を支持したわけではなかったが、メナヘム・ベギンは頑として譲らなかった。八月七日、エジプト戦線の停戦が行使され、ここに消耗戦争は終わりを告げた。

停戦合意が発効になった日、エジプトはソ連の助力でミサイルをスエズ運河の端に移し、現状維持協定に違反した。イスラエルは、ヤーリング立ち会いのもとで開始するはずだった対話への参加中止を決定した。戦争は終わっていたが、政治的閉塞状況は続いていた。それまでの三度の戦争とは違い、消耗戦争はどちらが勝ったのか、どちらが負けたのかわからないままに終わった戦争だった。一年五ヵ月に及んだ戦争は、事実上、引き分けであった。この結果の評価について、イスラエルの政治、軍事指導者の意見は分かれた。国防大臣、参謀総長、将軍連を含む何人かは、エジプトはこの戦争で領土的には何も獲得できなかったことを指摘した。他方、別の理由から、エジプトが戦争の真の勝利者だったと考える者もいた。アバ・エバンは、二つの国の戦争前と戦争後の立場を公平に見比べてみると、心理的、国際的優位性はエジプトに有利に傾いたと結論した。(原注13) エゼル・ヴァイツマンは、軍事統制力の方に関心を抱いた。彼の意見では、鍵となった事実は戦争が終わったとき、運河の端にエジプトのミサイル装備が設置されたことで、それまでイスラエル空軍が持っていた圧倒的優位性が失われた、ということであった。この結果、エジプトはその後の三年間、悠々と一九七三年の大戦争を準備することができたのだ、とヴァイツマンは論じた。(原注14)

わずかな例外を除いて、イスラエルの指導者は消耗戦争から間違った教訓を引き出した。彼らは、この戦争で犠牲が多く効力がないことをみせつけられたにもかかわらず、防衛的軍事主義とその必然的帰結である静的防衛体系に執着し続けた。(原注15) 一九七四年に国防軍の参謀総長になったモルデハイ・グールは後に、十月戦争（第四次中東戦争またはヨム・キプール戦争）前夜にイスラエルを偽りの安全感覚に引きずり込んだのは、六日戦争に楽勝したせいではなく、消耗戦争の結果を読み違えたからだ、と主張するようになった。グールは月刊ＩＤＦ（イスラエル国防軍の情報誌 monthly IDF ＝訳者）に書いている。

「消耗戦争の勝利は非常に重要だったことに疑問はないが、そこから出た結論はたった一つ――じっと座ったまま何もしないのか？である。我々が強くて、平和がほしかったら、アラブ人は我々の前に跪いて言うことを聞かねばならないのか？……政策を形成するほとんど唯一の要素としての力への依存——これは大きな政治的、戦略的誤りであった[原注16]」

これは実際、「非妥協ゴルダ」率いる政権の大失敗であった。この政権はアラブとの交渉では非常に硬直した対応をみせた。その一九六九年からの政策は、アラブに対し二つの選択肢の中から一つだけを選ばせることであった。イスラエルの占領地からの完全撤退なき契約的和平、あるいはいかなる譲歩もない領土的現状（ステータス・クオ）の継続、のどちらかであった。多額の経済的損失と大量の犠牲者を出して行なわれた消耗戦争は、イスラエル史上もっとも長い戦争であった。それが終結を迎えたとき、領土的現状を防衛するためにメイアは消耗外交に助けを求め、その最終的結果はもう一つのアラブ−イスラエル全面戦争であった。

消耗戦争はまた、イスラエルの核政策にも影響した。一九六〇年代初期に始まった核兵器論争は十年間続いた。イーガル・アロンとイスラエル・ガリリーが、従来型戦略賛成派の中心だった。核選択派の主軸は、モシェ・ダヤンとシモン・ペレスであった。ダヤンの権勢は、彼が一九六七年に国防大臣になると強化された。一九六八年に核拡散防止条約*（NPT）が調印された。加盟百四十ヵ国は核兵器を保有しないことを約束するかわりに、原子力平和利用への道を全面的に与えられた。イスラエルは核拡散防止条約への調印を拒否したので、米政府はイスラエルが核兵器を製造する意志の有無を知りたがった。それに対する答えとしてイスラエルが言えたことは、中東に核を「持ち込む」のは自分たちが最初ではないだろう、であった。説明を求められたラビン大使は、そのような兵器を「実験」する、あるいはその存在を公式に明らかにするのは、イスラエルが初めてではないだろう、と説明した。(原注17) この常套句にアメリカは納得した。アメリカはイスラエルにＮＰＴへの調印を強要するのをやめ、アメリカの査察官のディモナ訪問は一九六九年が最後となった。

潜在的核保有から核兵器製造へと移行する決定の主たる責任者は、モシェ・ダヤンであった。彼は、一つにはイスラエルがアラブに対する通常兵器での優位性をいつまでも維持できないかもしれないという恐れから、そしてもう一つには外国勢力への依存度を下げるために、この順序を踏むことにしたのであった。一九六七年にフランスが課した武器禁輸措置が、イスラエルの兵器供給依存度を見せつけた。消耗戦争はイスラエルに多大な経済負担を課し、武器供給の対米依存をより強めた。それは、イスラエルの敵陣営へのソ連の関与の拡大につながった。そこでダヤンは新たに、不吉な常套句をあみ出した。地下室の爆弾、である。これは、爆弾は製造しているが、まだ試してはいないし、公式には存在するとは宣言していない、という意味である。他の閣僚の合意が得られなかったことから、この妥協的な表現になったと考えられるが、イスラエルがおおっぴらに核戦略を採用していることにはならないが、アラブ諸国やその他の国々に、イスラエルの地下倉庫には核兵器があると教える利点がこれにはあった。(原注18)

ヤーリング博士への回答

一九七〇年九月、ヤーリング博士の任務再開の危機から注意をそらす二つの出来事があった。ヨルダン内戦とガマル・アブデル・ナセルの死である。ヨルダンでは、パレスチナ・ゲリラ組織がフセイン王の治世に対抗する国家内国家を作っていた。王は軍隊に、これらのゲリラ組織を武装解除させ無力化するよう命じた。続いて起きた内戦で、数千人のパレスチナ人が死に、またさらに大勢のパレスチナ人が国外に逃れた。危機のさなか、パレスチナ人のヨルダン王国打倒を手助けするかのように、シリア軍がヨルダンに侵攻してきた。フセイン王は、ワシントンに緊急の支援を要請した。国家安全保障問題担当補佐官のキッシンジャー博士は、フセイン王はヨルダン北部のシリア軍戦車隊への攻撃をイスラエル空軍に要望している、とゴルダ・メイアに伝えた。キッシンジャーは、もしエジプトが南部で戦闘を再開したなら、アメリカはイスラエルに必要なあらゆる軍事援助をさしのべる、と約束した。イスラエルは空軍を緊急体制におき、地上軍をヨルダン国境に動員し、シリアとの対戦に備えた。しかし、ヨルダン軍自身がシリア侵略軍との戦闘に入ったため、軍事介入は必要ではなくなった。危機は、パレスチナ人の敗北とシリア軍の退却に終わり、フセイン王はアンマンの玉座から追われることはなかった。危機を通して、イスラエルはその動きをワシントンときわめて緊密に調整していた。支援の要請に応えたことで、イスラエルは米大統領とヨルダン王国の両方に感謝され、貸しを作ったのであった。

もう一つの事件は、九月二十八日にナセルが死んだことだ。心臓麻痺による五十二歳の死であった。彼は、フセイン王とパレスチナ人との仲介で心身ともに疲れきっていた。ナセルの後継者は、副大統領のア

核拡散防止条約：通称NPT。核軍縮を目的に、米、露、英、仏、中の五ヵ国以外の核兵器保有を禁止する条約。一九六八年に六十二ヵ国が調印、一九七〇年に発効。核兵器の譲渡、非核兵器国の核兵器製造、取得を禁止、国際原子力機関（IAEA）の保障措置受入れを義務付け、平和利用は条約締結国の権利として認める、等を規定。インドとパキスタンは、不平等条約を理由に非加盟。保有を疑われるイスラエルも未加盟で、保有については沈黙。北朝鮮は一九九三年に脱退を表明した。現在、加盟国百九十。

ンワル・アッ＝サーダートであった。アッ＝サーダートは、一九五二年に革命を演出した自由将校団の一員であった。彼は小物政治家と見られており、そう長くは権力の座にないだろうと思われていた。晩年のナセルは、中東紛争は軍事的手段では解決できないだろうという結論に達していたようだった。アッ＝サーダートにはアッ＝サーダートの考えがあり、彼が中東紛争に対してどのような方針に出るのか予想するのは難しかった。

十二月の終わり、ニクソン政権との長引いた交渉を経て、イスラエルはヤーリング博士の立ち会いのもとで和平会談を進めることに同意した。ヤーリングには、メッセンジャーボーイに甘んじるのではなく、調停者として過去に果たしたよりも積極的な役割を担うよう、アメリカ政府が背中を押した。だがヤーリングは、それまでにイスラエルとエジプトと接触した経験から、今や確固としたものになった各々の立場を、どちら側もそう簡単には譲らなくなっていることを思い知らされた。そこでヤーリングは、合意に向かって前進するには何が必要かを列挙することで外交的膠着状態を打開しようと試みた。一九七一年二月八日、彼はエジプトとイスラエルの両者に、双方の論争を解決するための彼自身の提案を要約した質問状を手渡した。エジプトには、イスラエルとの和平合意に着手するよう要請し、イスラエルには元のエジプトーパレスチナ国境線まで撤退するよう要請した。

エジプトは二月十五日、ヤーリングの質問状に回答を寄せた。それにはこうあった。

「エジプトは、国連決議第二四二号に規定されたすべての責務を含む、イスラエルとの和平合意に取り組む用意がある」

エジプトはいくつかの追加要求を出した。シナイ半島からだけではなく、ガザ地区からもイスラエルが撤退する確約、国連決議に合わせた難民問題の解決の確約、平和維持のための国連軍の設立、である。この回答は画期的なものだった。エジプト政府がおおやけに、イスラエルとの和平協定に調印する用意がある、と表明したのはこれが初めてであった。エジプトの回答を、ヤーリングもロジャースも、積極的で広範囲に及ぶ進展である、と歓迎した。

イスラエル政府は、和平を交わすというエジプトの公約に好印象を抱いたが、その立場を守るための条件と但し書きには手を焼いた。エジプトが出してきた和平の領土的条件は、実際には驚くに値しなかった。それは、エシュコル政権が一九六七年六月十九日に、和平を条件にエジプトとシリアとの国連分割境界線からの撤退を選ぶ、と決定したのと似ていた。しかし、エシュコル政権はこの決定を破棄し、それから間もなくイスラエルはさらに態度を硬化させたのであった。

二月二十六日にヤーリングに伝えられたイスラエルの回答は、閣議で非常に込み入った議論が交わされた結果であった。イスラエルは、エジプトの和平協定に調印する意志に対して満足感を表明し、和平合意に関係するすべての問題を直接に協議したいという希望をあらためて伝えた。問題は、ヤーリングから求められた完全な占領地からの撤退の確約をめぐって生じた。当初、内閣はエバンの「イスラエル軍は、エジプトとの停戦ラインから、和平協定が設定する確実で相互に承認し、合意する境界線まで撤退する」という、揚げ足を取られにくい文面を採用しかけた。しかし、イスラエル・ガリリーがモシェ・ダヤンに手伝ってもらい、境界線問題に疑問を残さないよう内閣を説得するのに成功した。内閣は従来の境界線の復活をはっきりと拒否する選択をし、このせいで回答は威圧的で否定的な調子を帯びてしまった。エバンが書いた撤退条項には、短くてきわめて意味深長な「イスラエルは、一九六七年六月五日以前の境界線までは撤退しない」(原注19)という一節が付け加えられた。

ゴルダ・メイア政権を批判する人たちは、この文章はヤーリングの特使任務の失敗と、エジプトとの和平の機会が失われる結果をもたらしたと主張した。もしエバンの助言を聞いてこの文節を省いておけば、ヨム・キプール戦争の悲劇が起きることなく和平が到来したであろう、という評論もされている。エバン自身は、その文面がイスラエルの領土修正の権利を守り通したがゆえに採用されなかったことをいつまでも残念がった。しかし彼は、もしアッ＝サーダートがあの時点で合意する用意があったのなら、彼が和解の努力を放棄する理由になったのは、ヤーリングに対するイスラエルの回答の文面に他ならない、という話にはとても納得がいかなかった。(原注20)エバンの言葉から、メイア内閣の閣僚の中ではもっとも穏健派の彼でさえ、アッ＝サーダートの発言の意味を完璧に読み取れなかったことがうかがえる。

駐ワシントン大使のイツハク・ラビンは、イスラエルのヤーリング案に対する扱い方には、エバンより批判的だった。大使と大臣は、どちらかといえばこじれた関係にあって、それは大使の方が外務大臣を通り越して直接首相に報告する場合が多かったからだが、この時は少し違った。大使と大臣は、前向きの回答を求めるという点で一致していたのである。ラビンは、エジプトがヤーリング案に回答した翌日に、協議のために帰国した。ラビンは、この回答を大きな布石と考えた。

「中東紛争史において初めて、あるアラブ国家が——実にアラブ最大の国家であり、アラブ世界の指導的国家が——イスラエルとの和平協定に入る用意があることを表明する正式文書を発表したのである」

彼は内閣に、同様の回答を寄せるよう進言した。国境線と難民問題に関するイスラエルの立場の詳細な説明を伴った、和平協定への準備の表明である。だが内閣の答えは、彼にとっても、アメリカ側の同僚にとっても、がっかりさせられる以外の何ものでもなかった。出てきたのは「曖昧さばかりがまさった、まとまりのない冗長な文章だった。何よりも最悪だったのは、そこに肝心なことが書かれていなかったことである。それは、和平と引き換えにイスラエルが何を要求するか、である(原注21)」。

ヤーリングは、彼の質問に対するイスラエルの回答に満足しなかった。彼は、イスラエルと和平を結ぶというエジプトの確約と、エジプトの領土から撤退するというイスラエルの確約を得ようとしていた。エジプトからの確約は得たが、イスラエルからの確約はなかった。ゴルダ・メイア政権がエジプトとの和平の現実的チャンスを逃したかどうかは別にして、これでヤーリングの特命任務の運命は尽きた。和平の失敗の責任を国連調停官のせいにしたイスラエル高官もいた。ギデオン・ラファエルは書いている。「ヤーリングの特命任務は、進展を計るのではなく、膠着状態を悪化させた(原注22)」

同じことは、イスラエルの回答にも言える。ヤーリングの任務は正式には終了しなかったが、より劇的な動きにとって代わられた。

暫定合意

ヤーリングの特命任務が失速したのと、新しいエジプト大統領、アンワル・アッ＝サーダートが指導力を発揮し出したのが重なった。ヤーリングが目指したのは、エジプトとイスラエルとの全面的和平協定であった。アッ＝サーダートがめざしたのはまず、暫定的合意であった。一九七一年二月四日、エジプト人民議会での演説で、アッ＝サーダートは国連決議案第二四二号の施行の第一歩として、スエズ運河の再開とイスラエル軍の運河東岸からの部分的撤退を提案した。その提案は、国連による調停からアメリカによる調停に、そして包括的合意から暫定的合意に重点をおく方針に転換する考えであることを示唆するものであった。二月八日の質問状では、ヤーリングはアッ＝サーダートの提案について触れていない。一時は、二つの計画は同時に国際的協議事項として登場したのだったが、ヤーリング任務の消滅とともに、アッ＝サーダートの計画提案が、以降の議論の基調になった。

アッ＝サーダートの提案は、イスラエルにとって意外なものではなかった。一九七〇年八月に停戦がスタートしたのに続き、モシェ・ダヤンはイスラエルのマスコミに、エジプトとの新しい合意の必要について語った。その主たる関心は、エジプトが戦争を再開するような動機を軽減することであり、そのためにダヤンは部分的合意を考慮するつもりでいた。彼が持ち出した独特のアイディアは、イスラエルがスエズ運河から撤退し、エジプトが運河を再開し、消耗戦争で大打撃を受けていた諸都市を再建できるようにすることだった。(原注23) 一九七一年一月十五日、米国務省近東問題担当補佐官のジョセフ・シスコー*がラビンに、アメリカのカイロ駐在代理大使、ドナルド・バーガスのところに、アッ＝サーダートに近いエジプト軍将軍からスエズ運河再開の合意の可能性を探りたいとの提案があった、と伝えてきた。提案は、エジプト側からすれば安全圏ぎりぎりの、運河から約四十キロメートルの地点までのイスラエルの退却と水路の再開、であった。ラビンはこれで「国連決議二四二号に関わるあらゆる『最終合意』提案をとりまいていた、一か八かの大博打の緊迫感がすっかり変わった」と思った。(原注24)

ラビンはイエス回答を進言した。しかし、ゴルダ・メイアはエジプトの提案をまるで喜ばなかった。彼女は、和平条約がないまま昔の国境線まで戻されることになりはしないかと恐れたのであった。彼女は、彼アッ＝サーダートの提案の公表に対して、アメリカのテレビ放送を通じて、怒りをこめた否定的コメントで答えた。アッ＝サーダートはそれにもめげずに国務省にメッセージを送り、メッセージはエルサレムに転送された。アッ＝サーダートは、提案は危機の拡大を抑えるためであり、策略でも机上の空論でもない、と説明していた。彼は、国連ではなくアメリカの尽力で、イスラエルと真剣な議論をしたいと考えていた。シスコーはゴルダ・メイアに、アッ＝サーダートの提案にアバ・エバンのように肯定的、建設的に対応するよう進言した。二月九日、メイアはクネセトで慎重に言葉を選びながら、政府は一定の厳しい条件のもとにエジプトの提案を論議する意向であると声明した。ギデオン・ラファエルによれば、「彼女はこの方針を、良しとしてではなく、戦術的対応として、渋々受け入れた」(原注25)。

メイアの、アッ＝サーダートの提案に対する煮え切らない懐疑的な返答に、アメリカは本気になってプレッシャーをかけ出した。運河の再開は実はソ連の方に都合がよく、アメリカは交戦再開を防ぐ手段としてこの考えを了解したのであった。三月初め、シスコーがイスラエルに、アッ＝サーダートとの間で議論した準備案の文面を見せた。曰く、イスラエルは軍隊を運河から四十キロメートル離れた距離のところまで撤退させる、撤退後の地域は非武装地帯とする、運河東岸から十キロメートル幅の地帯内に、エジプトは技術者と警察官七百名を立ち入らせることができる、和平合意調印後六ヵ月で、運河はイスラエル船舶を含めて通航を再開する、そして、合意は国連決議案第二四二号の完全履行に向けた第一段階を構成し、

ジョセフ・シスコー：アメリカの外交官。一九一九年生まれ。キッシンジャー国務長官時代に中東とのシャトル外交で主要な役割を果たした。アイゼンハワー、ケネディ、ジョンソン、ニクソン、フォードの大統領五代にわたり国務省で中東外交に携わった。引退後はＣＮＮのコメンテーターを務めた。二〇〇四年死去。

両者とも一年後に停戦を再検討することができるものとする、であった。
ゴルダ・メイアは、アッ＝サーダートの新提案に不満だった。和平協定なき撤退など、彼女には縁起でもなかった。彼女は、和平協定が締結されるまでは一歩たりとも停戦ラインから撤退しない、という正式方針を頑として変えなかった。二番目に、運河協定、そしてアラブ側から見れば六日戦争による全占領地からの撤退と解釈できる国連決議案第二四二号の完全履行とを連結させた提案に彼女は反対した。三番目に、エジプト軍当事者の運河東岸への配置、あるいは警察官七百名の配置にも頑として首を縦に振らなかった。(原注26)
アッ＝サーダートの新提案は三月二十二日に閣議で討議された。モシェ・ダヤンが、和平以前の何かと引き換えに運河からの限定撤退に賛成する、と主張して議論を引っ張った。限定的撤退を引き換えにして、エジプトに運河再開を可能にさせ、交戦状態を終結し、撤退後の地域を非武装化し、運河西岸に平常の市民生活を復活させるよう仕向けよう、と提案した。もう一つの条件は、イスラエルに対するアメリカの長期的軍事援助の約束と、イスラエル撤退後の地域の非武装化の保障であった。ダヤンは、運河から三十キロメートルの、戦略地点ギディの西端とミトラ峠（スエズ運河南口からネゲヴ砂漠に向かって約三十キロの地点にある峠＝訳者）まで撤退する用意はあった。内閣は、たとえ和平協定がなくとも、原則として暫定的合意の文脈内で軍隊を限定的撤退させることを受け入れた。
この閣議決定をもって、アバ・エバンは「中東外交の新時代が始まった。部分的暫定合意の考え方がそれまでの『すべてか無か』の和平志向にとって代わった。そして、アメリカの『努力』が、それまでの国連の調停にとって代わった」と述べている。(原注27) しかし、この考え方の適用についてては合意などなかった。エバンは、この考えを思いついたのがダヤンであるという事実が、彼の政敵をしてこれに反対させることになったと指摘する。運河からの本格的撤退に反対したのは、イスラエル・ガリリーとイーガル・アロンで、そしてさらに驚いたことに、穏健派のピンハス・サピールまで反対した。参謀総長のハイム・バール＝レヴは、イスラエルの撤退は運河から十キロメートルを超えるべきではない、と考えていた。限定的撤退なら、エジプトは大挙して運河を渡って攻撃するのが難しくなる、と彼は主張した。また、そうすることでイスラエルは、エジプト側が協定に違反した場合に運河を「奪い返す」ことができる。(原注28)

意見の内部対立で、イスラエルの対案策定が遅れた。この対案は、アッ＝サーダートの準備案がイスラエルに提案されてから一ヵ月半後の四月十九日にアメリカに提出された。イスラエルの対案の一番の問題は、イスラエルがエジプトに対し、その非常に限定的な運河からの撤退と引き換えに、交戦状態の放棄を要求していた点であった。ラビンは、これは現実的ではないと考えたが、内閣は頑迷そのもので、アメリカには戦闘の終結は部分的合意の必要絶対条件だ、と伝えよと指示した。イスラエルにはどれくらい撤退の用意ができているのかと訊かれたら、ラビンはわからないと言うことになっていた。一方、イスラエルの要求はある程度詳細に組み立てられていた。イスラエルを含むすべての船籍の船舶に対する運河の開放、無期限の停戦、合意された距離までのイスラエル軍の撤退、イスラエルが撤退した地域へのエジプト軍の立ち入り禁止、運河西岸のエジプト軍の削減、そして戦争捕虜の全員釈放、である。

ラビンは内閣案をキッシンジャーに見せた。キッシンジャーはそれを驚くべきスピードで読むと、提案に対してこれまた素早い評価を下した。彼はきいた。

「これは何だ？　どこが新しい？　これがイスラエルの提案なら、私はもう何も知らん。これはシスコーに渡してくれ……見たくもない！　本質的問題とイスラエルのアメリカでの立場を根本的に勘違いしているじゃないか。不信と対立を呼ぶだけだ。好きなようにすればいい。私はもう知らん！」

シスコーの反応はまだましだった。ウィリアム・ロジャースに打診した後、「これをエジプトに見せて、いい答えを貰いましょう」と言った。(原注29)

五月初旬、ロジャースとシスコーはカイロに赴き、そこからエルサレムに飛んで、妥協を探った。ロジャースはアッ＝サーダートの穏健性とイスラエルの安全保障の必要性に対する理解度に感銘を受けた。ゴルダ・メイアはロジャースを世間知らず扱いし、両者の会談はとげとげしく、実のある話にならなかった。続いて行なわれたダヤンとシスコーとの会談は、より建設的なものだった。ダヤンは、イスラエルにどの程度撤退する用意があるかときかれて、二つの方法の可能性を述べた。一つの可能性は、戦闘が再開されるかもしれないと仮定した場合で、イスラエル国防軍が運河を奪還できる距離である十キロメートルだけの限定的撤退しか譲歩できないというものである。これが、内閣案に書かれていた内容であった。もう一つの方法は、バール＝レヴ線の解除を含む、ギディとミトラ峠までの三十キロメートルの撤退と、運河へのイスラエルからのルートの永久放棄であった。ダヤンは、彼自身は第二案を支持していることは教えなかった。彼は、エジプト側が運河を再開したとして、こんな至近距離にイスラエル軍がいて、町が再建できるとは思えなかった。ダヤンは、柔軟過ぎると見られて、周囲から叱責を浴びた。エバンはダヤンに、自身の考えを内閣で票決してもらう気はないかと尋ねるメモを渡した。ダヤンは、首相の支持が得られないかぎり、話題にさえする気はない、と答えた。エバンは、「ヨム・キプール戦争を回避できたかもしれなかった幻の提案への支持を、ダヤンがしつこく追求しなかった」のをいつまでも残念がった。(原注30)

ダヤンも、自分の提案でヨム・キプール戦争は避けられただろうと思ったが、そのチャンスを逸した原因をゴルダ・メイアのせいにしている。彼の第一の目的はずっと、エジプトの戦争への動機を鎮静化することであった。もしイスラエルが軍隊を退却させ、エジプトに各国船舶のために運河を再開させ、周辺の諸都市に日常生活を再建させることができれば、戦争の危険性は小さくなる、とダヤンは見ていた。まず彼がしたのは、この考えが軍事的に成立するものであるかどうかを国防軍の参謀に打診することだった。参謀たちの意見は分かれた。イスラエル・タルやアリエル・シャロンといった将軍たちは彼に賛成した。彼らは一貫して、バール＝レヴ線による静的戦略概念ではなく、シナイ半島の柔軟な防衛を推していた。運河から峠まで退却しても、イスラエルの安全が脅かされることはないし、実際これで軍事的課題が解決できる面もあった。バール＝レヴとダヴィド・エラザールは、運河地帯の動きを監視する立場にあったので、より限定された撤退の方を求めた。ダヤンによると、ゴルダ・メイアは彼の考えに真っ向から反対で、バール＝レヴとエラザールの意見に納得していた。ダヤンとメイアとの意見の相違は、軍事的なものではなく、政治的なものであった。ダヤンは、暫定合意で緊張緩和が生まれ、エジプトとの今後の交渉の道筋がつけられることに期待した。ゴルダ・メイアは、単にエジプトが信用できなかった。国防軍と政府との意見が分かれ、ダヤンは首相の意見が優先しても仕方がない、と思った。(原注31)

アメリカは、イスラエルの態度が暫定合意の障害になっていると受け取っていた。アメリカは、イスラエルから何らかの外交的柔軟性を引き出すために、ファントム戦闘機の供給を一時停止までした。一九七一年十月四日、ウィリアム・ロジャースが、国連総会での演説で、暫定合意に関するアメリカの立場を説明した。彼は、スエズ運河の再開は、国連決議第二四二号の履行への第一歩であり、包括的合意に向けた交渉は、ヤーリング博士の立ち会いで行なうべきである、とした。そして両国は、運河東岸におけるエジプト人職員の存在を含め、運河運営に関わるあらゆる技術的問題の解決策を見出さねばならなくなるであろうとも付け加え、ニューヨークでの「近距離外交」を示唆した。

二日後、ゴルダ・メイアはこの提案を拒否した。彼女は、国務長官の演説はエジプト側の頑迷な態度を後押しするだけである、と言った。イスラエルの撤退合意は、原則としてエジプト軍が一切、運河東岸に配置されないということを基本にしていた。もっとも重要なのは、運河再開の合意は包括的合意の一部としてではなく、それ自体独立したものだ、と彼女は強調した。彼女は十月二十一日、クネセト議員を前にした挑戦的演説でこれを繰り返した。数日後、彼女はアメリカに対し、メイア政権はイスラエルにファントム戦闘機が送られてくるまで、運河再開に関する提案についてこれ以上検討は加えない、と通告した。

同じ時期、アメリカは中東問題の全体的解決についてソ連と議論を交換した。十一月五日、キッシンジャーはラビンに、レオニード・ブレジネフ首相がニクソン大統領に伝えてきた秘密の提案が存在することを伝えた。その提案とは、二段階に分けて合意を図るというものであった。第一段階は、運河再開の暫定合意である。その後、一九七二年の米大統領選挙が終わった後、ヤーリング準備案を基本にした包括的合意を行なう、というものだった。エルサレムでは、全員一致でソ連の提案を断固拒否し、ラビンはこの決定をキッシンジャーに伝えるように命じられた。キッシンジャーは、イスラエルはどんな条件なら受け入れられるのかを明示せずに、すべての提案にノーと言い続けることはできない、と警告した。彼は、部分的合意と包括的合意の関係性を否定しながら、エジプトに軍事的選択肢を放棄せよと要求したイスラエルのやり方の最大の弱点を突いた。キッシンジャーとラビンの間で話がついたのは、首相が大統領に会いに

行く、ということだけだった。(原注32)
ゴルダ・メイアは、十二月二日にニクソン大統領と会談した。彼女の主目的は二つで、一つはロジャース案をあきらめさせ、もう一つはイスラエルへの兵器供給を再開するようニクソンを説得することだったが、彼女はこれを両方とも実現した。ニクソンはまた、イスラエルを困らせるような米ソ間の取引はしないことを確約した。部分的合意の考えについては、一般的に議論しただけだった。ニクソンは、この案件を国務省から国家安全保障問題担当補佐官（キッシンジャー）の責任に移管し、彼女は詳細についてこの人物とやり合わねばならなくなった。ロジャース案が消え、ファントム戦闘機の供給が再開されることが保障され、メイアには暫定合意に対する柔軟性を示す条件が整ったわけである。十二月十日のキッシンジャーとの会談で、彼女は重要な譲歩をいくつか行なった。シナイ峠の西に向かっての撤退は行なわない、停戦は一年半から二年に限定する、イスラエルがロジャース案にいかなる形でも拘束されないかぎりにおいて、暫定合意と最終合意に関係性を持たせる、少数であるならば軍服を着たエジプト兵が運河を越えてもよい、である。(原注33)
これらの譲歩はしたが、メイアの基本的立場は動かなかった。彼女は、部分的撤退をすれば、そこから予定どおりにイスラエルのシナイ半島全面撤退にトントン拍子につながるなどとんでもない、と言い続けた。これは彼女にとって、核心的問題であった。エジプトとの国境線を、一九六七年六月五日以前の状態にまで戻す義務は、明確な形でも、暗黙な形でも存在しない。新しい国境線は、暫定合意が発効してからイスラエル－エジプト間の交渉で合意すべきなのだ。彼女は、イスラエルが領土見直しを要求できる権利は留保した。(原注34)だが、条件の厳しい暫定合意への原則的同意とは、それを積極的に支持したり、ましてやそうした合意を熱望したりすることとは異なるのであった。

軍情報部長のアハロン・ヤリヴ少将は、ニクソン大統領との会談を終えたメイア女史とニューヨークのホテル、ウォルドーフ・アストリアで話し合った。ヤリヴは、アッ＝サーダートに達成感を感じさせ、また彼を武力行動に駆り立てるプレッシャーを抑えるために、その要求に応えられるようにもう少し粘ることを勧めた。「私は祖国の領土の一部を解放した、エジプト国旗がスエズ運河の両岸ではためいている」とアッ＝サーダートに宣言させたところで大勢に影響はないとヤリヴは見ていた。イスラエル軍の峠までの撤退が孕む危険性は、運河から十キロメートルまで撤退する危険性よりそれほど高くはなかった。イスラエル軍は戦略的に優位な立場にあり、多少譲ってもまだ余裕があります、とヤリヴは説いた。メイアはまだ疑っていた。彼女は、部分的撤退がシナイ半島からの全面的撤退へのプレッシャーにつながるのを危惧しており、内閣と国民大衆が、エジプトへの大幅な譲歩を支持するかどうかも疑わしかった。彼女の個人的な理由も無視できなかった。ヤリヴには、メイアが撤退のプロセスを開始させたくても、イスラエルの歴史上、敵に領土を渡した最初の首相になりたくないと思っているのが、ありありとわかった。(原注35) この話し合いは、次のヘンリー・キッシンジャーとの会談で、より柔軟に対応できるような好影響をメイアに与えたかもしれないが、彼女の政治的、軍事的、領土的現状（ステータス・クオ）への基本的なこだわりに変化は生まれなかった。

一九七一年十二月十日の、対キッシンジャー会談におけるメイアの譲歩は不十分なものではなかったが、遅きに失した。もう半年早ければ、暫定合意の模索への突破口が開けたかもしれなかった。しかし、この間にアッ＝サーダートの態度は硬化していた。合意、という考えはあきらめてはいなかったが、今や彼は、これはイスラエルがシナイ半島から全面撤退する段階でしか話はできない、として譲ろうとしなくなっていた。どちらにせよ、キッシンジャーはメイアの最終提案をカイロには伝えなかった。

キッシンジャーがメイア案を伝えなかった理由は、よくわからない。一つ言えるのは、国務省がイスラエルとエジプトとの近距離外交を設定しようとしており、キッシンジャーは戦術的理由でイスラエルの提案を秘密にしておいた、ということである。この外交は一度も成功しなかった。それは、一九七二年二月にエジプトが参加を断ってきたからであった。もう一つの可能性としては、キッシンジャーが合意への道はモスクワ経由にある、と確信していたことにある。彼は、モスクワが暫定合意に反対していることは知っていたが、焦ってはいなかった。米ソ会談が成果のないまま長引けば長引くほど、アッ＝サーダートは一気にアメリカになびいてくるだろうとキッシンジャーは読んでいた。彼は、アッ＝サーダートの戦闘的演説を額面どおりには受け取っていなかったし、一九七二年五月の両超大国のモスクワ首脳会談の方に注目していた。首脳会談が開催されたとき、運河の部分撤退合意構想が流れ、それとともに近距離外交の考えも流れた。(原注36)

消耗外交

一九七二年から一九七三年にかけてのイスラエルの主要な目標は、現状（ステータス・クオ）を永続させることにあった。アバ・エバンが、この方針の根拠と、そのためにイスラエルが最終的に支払わされた代価についてまとめている。

正直に言うと、この時期はイスラエルの防衛戦略はずっと消耗戦略だった。それは、アラブ人が戦争もしくは大国の圧力で領土を奪還できないのなら、彼らは交渉に頼らざるを得ないし、イスラエルの安全上の利益を多少なりとも満たす必要がある、という理屈である。この考え方は、アラブ人に三つ目の選択肢——従順さでも交渉でもなく、たとえ攻撃が失敗しても強制された停戦ラインよりはまだましだと、破れかぶれになって戦争に突入するという——があることを想定していなかった。(原注37)

消耗戦略には、きわめて論理的に、消耗外交が伴っていた。消耗戦略が領土的現状(ステータス・クオ)の永続化を指向していたとすれば、消耗外交は政治的膠着状態の永続化と、イスラエル側の合意条件を受け入れるまではアラブに一切の政治的収穫を得させないことを指向していた。イスラエルは現状を維持する能力に自信があったが、それには二つの要因があった。一つは、軍事的優位性とアメリカの強い支援である。

リチャード・ニクソン政権時代、両国の関係は次第に緊密な戦略的協力を結ぶまで発展した。アメリカは東南アジアで、犠牲の多い、終わりなき戦争にかかずらい、ニクソン・ドクトリン*を発表するに至った。このドクトリンは、アメリカは第三世界での直接的軍事関与は避けるべきであり、その代わりにペルシャ湾はイランのシャーに、中東はイスラエルなどに代理させ任せる、と主張していた。ニクソン・ドクトリンの文脈では、イスラエルはアメリカの利益にかなう地域の力関係を保持する役割を担っていた。この意味するところは、何よりもアラブ急進主義を抑え、ソ連の中東進出を阻止することにある。イスラエルはアラブ人を封じ込めておきたいのであり、それはニクソン政権が中東からソ連を追い出したがっていることとぴったり符合した。

中東はつねに外国勢力の対立に巻き込まれてきた。中東はまた、冷戦時代が始まって以来、超大国間の戦いの主戦場でもあった。しかし、一九五〇年代のとらえ方とは対照的に、今ではアメリカはイスラエルを中東支配の砦、そして戦略的資産ととらえていた。このポリシーを設計した主人公が、ヘンリー・キッシンジャーである。キッシンジャーはイスラエルに対する国務省のアプローチに批判的であった。国務省の戦術は、イスラエルからより優れた外交的柔軟性を引き出すために、武器供給を控えることであった。キッシンジャーは、イスラエルが不安感を抱けばそれだけ、妥協への抵抗が強まるだろうと考えた。彼はまた、膠着状態が続けば中東でのソ連の立場が強化される、という国務省による基本的前提に異議を唱えた。彼の考えではそれは逆で、膠着状態が長引けば長引くほど、ソ連がアラブの要望をかなえられないことがはっきりするのであった。(原注38)

キッシンジャーの消耗戦略は、主としてエジプトに向けられていた。ヨルダンが戦略の対象にならなかったのは、部分的にはハシミテ王国がアメリカの同盟国だったからであるが、冷戦下での戦略的重要性が

ニクソン・ドクトリン：ニクソン大統領が一九六九年七月二十五日にグアムで、アメリカは以後南ベトナム自身の軍事防衛を期待する、と述べた。その主旨は、①アメリカは、条約はすべて守る。②核保有国が我々の同盟国の自由または我々の安全保障に不可欠な同盟国の存続を脅かせば、我々は防衛力を行使する。③別の形の攻撃で、条約に従って軍事・経済援助を求められれば、我が国はそれを供給する。しかし、国家防衛は脅威を受けた国自身の人的資源をもって責任を果たすべきである。

エジプトに比べてより小さかったからでもある。それだけではなく、中東紛争の解決をめぐるヨルダンの立場が、アメリカのそれに近かったからでもある。ヨルダンは決議二四二と一九六九年のロジャース案の両方を受け入れ、一九七〇年二月のヤーリングの質問状に対する回答もイエスだった。そこでイスラエルは、ヨルダンとの和平の可能性を探ることにおいて、アメリカの支持が期待できた。イスラエルはアメリカの仲介でエジプトと接触していたが、ヨルダンとは直接で、しかも首脳級の接触を持っていた。ゴルダ・メイアはフセイン王のことが気に入っていたと言われていたが、戦争中に王と会っていたのは彼女だけではなかった。アバ・エバン、イーガル・アロン、モシェ・ダヤン、そしてその他のイスラエル高官も、時に単独で、時に二人で、あるいは数人で会っていた。会談は、ロンドンや、両国の国境近くの砂漠のテントや、アカバ湾に浮かぶ王のヨットや、そして時にはテルアビブでも持たれた。

ゴルダ・メイアは、パレスチナ・オプションには一切興味を示さなかった。彼女は、パレスチナ人をイスラエルの不倶戴天の敵と考えていた。彼女のパレスチナ人観は、独立前の時期に形成され、それはほとんど変わらなかった。一九四七年十一月、彼女とアブドゥッラー王は、パレスチナ人を犠牲にしたパレスチナ分割で同意し、この方針は一九六七年六月まで変わらなかった。一九六七年六月以降、彼女はパレスチナ民族主義を一貫して敵視した。彼女は実際、パレスチナが一つの国であること、そしてパレスチナ人の民族自決権を認めることを拒否した。首相になってからは、彼女はパレスチナ問題に関する時代錯誤で非妥協的な考え方で有名になり、パレスチナ人というものは存在しない、と発言して悪名を高めた。彼女は言った。

「あたかもパレスチナに、自分たちのことをパレスチナ人と思っているパレスチナ人がいて、そこに我々がやって来て、彼らを追い出して、彼らの国を奪い取った、というのではない。パレスチナ人は存在しなかったのだ（原注39）」

メイアはパレスチナ民族主義を、イスラエルだけではなく、ヨルダン王国への脅威であるとも考えた。これが、フセイン王との連帯感を抱いた理由の一つであった。一九六八年八月、彼女は王宛のメッセージをあるアメリカ人訪問者に託した。

「陛下にイスラエルが貴国の中東における最良の友人であることをご理解いただきたい」

ケネディ大統領の親密な顧問を務めたこのアメリカ人、セオドア・ソレンセンは、エルサレムに戻ってきて報告した。メッセージを聞いたフセイン王は、にっこり笑って言った。

「私がイスラエルの中東で一番の友だ、と言う人たちがいる（原注40）」

彼女のパレスチナ人に対する敵対心とフセイン王に対する親近感を考えると、メイアがパレスチナ問題の解決にフセイン王を参加させたいと考えたのは驚くにはあたらない。しかし、彼女の考え方は性格的なものを超えて、歴史的、政治的次元のものであった。彼女の考え方について、一九六九年から一九七三年まで内閣官房長官を務めたシムハ・ディニッツが説明している。

ゴルダにとって、パレスチナ問題の唯一の現実的解決は、人口問題的、地理学的観点から言って、パレスチナ人をヨルダンの支配下におくことであった。ヨルダンと結びつけずにパレスチナ問題を扱おうとする試み、言い換えれば、イスラエルとヨルダンとの中間に新しい国家を創り出そうとする試みはうまくいかない。なぜなら、そのような国家は地理的にも人口論的にも妥当な基盤を持つことができないからだ。これが彼女の考え方の基本であった。結果、パレスチナ問題の解決に到達するために、ヨルダンと関係を結ばねばならなくなった。フセインとの会談も、議論もすべてこれが理由だった。

ディニッツはさらに、和平合意は実現されなかったが、ヨルダン志向は様々な形で功を奏したと言う。

まず、ヨルダンとの第一回会談が、パレスチナ陣営の中心勢力としてのＰＬＯの台頭を防いだ。対話が継続するかぎり、ＰＬＯはパレスチナの代弁者、あるいは最強の代弁者にはなれない。

二番目に、両国の接触によって、テロリストとの戦いから蚊退治まで、あらゆる種類の合意がもたらされた。イスラエルとフセインとの、この実践的な安全保障の合意が、形だけの和平ではなく、事実上の和平の状況を創出した。ヨルダン川に自由往来できる橋を架ける方針があった一方、ヨルダンと我々を脅かすテロリストを抑えるための協力活動もあった。土地の分割や農耕や害虫駆除や灌漑といった実践的な事柄の協働もあった。

三番目に、フセインとの接触はアラブ指導者との直接対話の先例になった。それによって、アッ＝サーダートのエルサレム訪問が、考えられていたより穏便で現実的な形で実現した。したがって、ヨルダンとの関係におけるこの期間は、無駄な時間ではなかった。(原注41)

フセイン王には、安全保障、行政、司法、経済の領域においてイスラエルと協力する彼なりの理由があった。一方、彼に関するかぎり、政治的領域においてヨルダン・オプションがあるわけがなかった。かくも話題のヨルダン・オプションとは、イスラエルでは西岸地区をめぐる領土的妥協を意味していた。これは、フセインには受け入れられなかった。ゴルダ・メイアは、合意の基礎としてアロン計画に賛成したが、王はこれを何度も拒絶した。彼女も、実用的解決のためにダヤン計画を使う用意をしており、その肝心な部分とは、ヨルダンが西岸地区を統治し、イスラエルは安全保障を担う、というものだった。この案も、王としては受け入れ難かった。(原注42) 一九七二年三月、王はアラブ連合王国という彼独自の連邦国家計画の全容を公開した。連邦国は二つの地方で構成されていた。東岸地区を含むヨルダン地方と、西岸地区とガザ地区を含むパレスチナ地方である。それぞれに地方政府と独自の司法制度が設けられる。アンマンを連邦国とヨルダン地方の首都とし、エルサレムをパレスチナ地方の首都とする。王はこの案を提起することで、西岸地区とその住民であるパレスチナ人を代表している、という主張あきらめるつもりがないことを、アラブ世界と国際社会に知らしめようとした。この提案は、PLO、エジプト、イスラエルが拒否した。

メイアの提案拒否は、迅速ではっきりしていた。彼女は、三月十六日のクネセトでの演説で、イスラエルはアラブ国家の内的構造や形態に干渉したことは一切なかった、と述べた。もし、ヨルダン王がその王国の名称を「パレスチナ」に改め、その内部構造を改変することを相応しく思うのであれば、何も反対はしない。彼女はしかし、王の連邦構想には、それがイスラエルの国境と安全に影響することから、強硬に反対した。計画には、イスラエルと交渉する、あるいは和平協定を締結する意志については言及されていないと指摘した。

フセイン王の連邦構想をメイアが厳しく否定したのは、PLO指導者、ヤセル・アラファトにはいい知らせだった。アラファトと同志たちは、王の計画を「PLOはずし」と見ていた。アラファトは、彼の伝記作家に、もしイスラエルが西岸地区からの撤退に同意していたなら、フセイン王はすぐに和平協定を結び、「PLOはお陀仏になっていただろう。完全に。私は、イスラエルが敵でいて運が良かったと時々思うことがある。イスラエルには、よく助けられたからね」と語っている。(原注43)

　アッ＝サーダート大統領はフセイン王の連邦構想に抗議して、ヨルダンとの国交を断った。どちらもアラブ穏健派に属していたが、彼らはお互いを疑いの目で見ていた。アッ＝サーダートは、フセインが西岸地区をめぐってイスラエルと単独取引しようと企んでいるのではないかと疑い、フセインはアッ＝サーダートがシナイ半島をめぐってイスラエルと単独取引しようとしていると疑っていた。イスラエルはどちらとも単独取引することに興味があったが、占領地から完全撤退してまで取引するには及ばないと考えていた。一九七二年七月、アッ＝サーダートが爆弾発言をした。いずれ知られるようになる、その千両役者的才能で、彼はエジプトにいた一万五千人のソ連軍事顧問団の国外退去命令を発表するという大見得を切った。この動きは実はそれほど虚を突いたものではなかったのだが、それでもワシントンとエルサレムはこれにはすっかり驚かされた。

　エルサレムはソ連軍事顧問団の国外退去命令を、エジプトの軍事選択肢の消滅とイスラエルの消耗戦略の正当性の証明と理解した。一般的な見方は、アバ・エバンの言葉を借りれば、「アッ＝サーダートは、彼の戦略的、政治的権力を犠牲にして感情的に充足した。ソ連軍将校がかくも重要な役割を担っていた軍事組織の崩壊で、スエズ運河沿岸のエジプト軍の戦闘隊形は確実に弱体化するだろう。ソ連がいなくなったエジプトは、政治的敵としても迫力がなくなった」というものであった。(原注44)ソ連の出エジプト記を書いた張本人が涼しい顔をしているのを見て、外務省事務総長のギデオン・ラファエルも決して唯々諾々とはしていなかった。彼は、アッ＝サーダートがソ連を、軍事行動の支援者としてよりも、抑制要因として位置づけており、ソ連の軍事顧問団に出ていってもらったのは、彼自身の自由を取り戻すためであったからかもしれない、と指摘した。これには誰も賛同せず、ラファエルは孤立無援だった。(原注45)

エバンは、アッ＝サーダートのソ連に対する仕業はやぶ蛇であり、エジプトの兵力を弱め、イスラエルの立場を強化させるものだという多数派の意見に傾きがちだった。かといって彼は、状況が変わったから外交停止政策が正当化される、という意見には賛成していなかった。彼は、外交の空白は、地域に政治的動揺を生みかねない、と警告した。(原注46)エバンの警告は聞き入れられなかった。一九七二年前半、中東紛争に関わるすべての外交活動が停止した。エルサレムでは、予定表には消耗外交が書き込まれた。エバン自身が『エルサレム・ポスト』紙の編集者に、イスラエルには何の和平主導計画もないと認めている。「現在のイスラエルの最善の政策は、エジプトのアッ＝サーダート大統領に、最終的にイスラエルと交渉するまで、どんどん狭まる選択の幅に『じっと耐えて』もらうことだ(原注47)」

この消耗外交政策は、現実にアッ＝サーダートの選択肢の幅を限定したが、結局それが彼を交渉のテーブルではなく、戦場へと引っぱり出すことになった。

アッ＝サーダートは戦争準備を整えつつ、政治的解決のためにエジプトの条件を受け入れるようイスラエルにプレッシャーをかけてほしい、とアメリカを説得しようとした。彼は、国家安全保障顧問のハーフェズ・イスマイールを、ワシントンに極秘派遣した。ロジャースに代わり国務長官に就任していたヘンリー・キッシンジャーが、一九七三年二月末から五月末まで、数度イスマイールと会談を持った。キッシンジャーはイスマイールとの最初の会談の前に、フセイン王と二度話し合いを持っている。三月一日、ゴルダ・メイアがニクソン大統領と会談し、それに続いてキッシンジャーと細部について話し合った。かくして、一九七三年初めの数ヵ月のうちに、キッシンジャーは望むところとはやや裏腹に、中東外交の迷路に引きずり込まれていった。

キッシンジャーがアラブとイスラエルの仲立ちをするのを渋ったのは、彼自身がユダヤ人であり、そこできっとアラブ人は彼のことを親イスラエルと決めつける、ということと関係があるだろう。だがキッシンジャーは、外交政策を理想論や感情論ではなく、その重要性を基本に構築できることが自慢だった。彼が中東外交に関わりたくなかった真の理由は、中東が膠着状態になれば、アメリカだけでなくイスラエルにも有利になり、それはソ連とそのアラブ同盟国に対しても都合よく作用する、というイスラエルの主張を彼が採用したからである。

ハーフェズ・イスマイールが提示したエジプト側の条件に、キッシンジャーはあまり楽観してはいられなくなった。フセイン王はもっと前向きだった。キッシンジャーは王が立たされていた苦境を親身になっておもんぱかっている。

フセインは、イスラエルと和平を交わしたいと何度も言った。しかし、極秘に接触したが出口は見出せなかった。フセインは、アラブ穏健派の運命を象徴していた。彼は、イスラエルとの戦争が持続できないことと、アラブ急進派と共通の主義主張を持つ意志がないこととの間で、身動きがとれないでいた。彼は、たとえ百歩譲っても外交的に解決する用意があったが、イスラエルからすればフセインが孤立しているのなら、交渉する意味がなかったのだ。イスラエルには、どんな形でも占領地の返還が現状（ステータス・クオ）維持より確実な結果を生むとは思えなかった。そして、それが歴史的遺産を有する西岸地区であれば、イスラエル国内で激しい論議を巻き起こすだろう――というのも、それなくして連立政府が立ち行かない存在の国家宗教党が、西岸地区のいかなる部分の返還にも断固反対していたからである。（原注48）

次のホワイトハウス訪問者はゴルダ・メイアだった。三月一日のニクソン大統領との会談で、彼女は公然と「こんなにいいことはなかった」と公言して、アラブ側に軍事的選択肢がなかったがゆえに、膠着状態は安全だったかのようなことを言った。メイアには目的が二つあった。一つは時間稼ぎ。現状（ステータス・クオ）が続けばそれだけ、イスラエルの占領地領有が確実になる。もう一つは、ニクソンにイスラエルへの新規軍事援助を承認させることである。交渉に関しては、彼女の立場は単純だった。「彼女は、イスラエルは軍事的に絶対負けないと考えていた。厳密に言って、何も変える必要はない。とにかく口出ししないと気が済まないアメリカの生来の性格もあって、何らかの成果を約束するわけではないが、彼女は会談に臨む意志はあった（原注49）」

キッシンジャーと、エジプト、ヨルダン、イスラエルの訪問者との話し合いは何ら現実的な成果を生まなかったが、主人公たちの態度と、中東の膠着状態の根底にある原因を解明するのに非常に役に立った。アカデミックな訓練にはなったことを除いては、これらの会談にあまり価値はなかった。元大学教授だったキッシンジャー博士も「アカデミック」という形容詞が「机上の空論」を意味するという皮肉を理解したに違いない。

ワシントンでの会談は何も生まず、アンワル・アッ＝サーダートとゴルダ・メイアはそれぞれ別の道を選んだ。アッ＝サーダートは会談の結果から、膠着状態を破るためにエジプトの方から軍事行動を起こさなければアメリカは動かない、という判断を強めた。彼は、エジプトの準備態勢をイスラエルとの軍事的対決レベルにまで引き上げておくしか手はない、との結論に達した。(原注50) メイアはワシントン訪問の成果に満足していた。彼女はいつものように、武器調達人と政治的引き延し屋という二役を演じたが、どちらも同じくらい首尾は上々だった。彼女は、アメリカの和解調停よりも、その武器の方に関心があった。モシェ・ダヤンはこんなことを言っている。

「アメリカの友人は、お金と武器と助言をくれる。我々はお金をいただき、武器をいただくが、助言は断る」

アメリカとの良好な関係を保つことの大切さは決して過小評価しなかったが、これがメイアの基本方針であった。この時は、アメリカからの助言は非常に少なく、プレッシャーもほとんどそれとはわからないほど軽いものだった。したがって彼女は、アラブに軍事的選択はありえず、イスラエルの軍事的優位性は保証されており、現状（ステータス・クオ）はずっと継続できる、との確信を固めて帰国した。

さらに、帰国した彼女を待っていたのは、近づく選挙に備えて党内態勢を整える作業だった。彼女は国内論争に国際問題を追加したくはなかった。ギデオン・ラファエルはこう見る。

「ここは、動かない方が、困難を避けるためには一番簡潔なやり方だと彼女には思えた。(原注51) しかし、簡潔さだけが知恵のある政治の根幹ではない。知恵のある政治は、洞察力の有無で判断できる」

もし、ゴルダ・メイアが政治的現状維持主義の旗頭だったとすれば、モシェ・ダヤンは領土拡張主義の旗頭であった。一九七三年夏、占領地の将来に関するアラインメント党内の議論はもつれた。ダヤンは、西岸地区におけるイスラエルの権利を主張するために、大規模なユダヤ人入植地建設論をぶち上げた。当面やるべきことは、彼が言うに、イスラエルの隣国との和平の展望を探ることではなく、イスラエルの新しい地図が描けるように、既成事実を具体的に積み重ねることであった。一九七三年七月三十日、彼は『タイム』誌で「もうパレスチナは存在しない」と語った。一九七三年四月、彼はマサダ頂上*から、「ヨルダンからスエズ運河の間に広がる、イスラエル政府の権威をそなえた、広大な国境線を持つ強靭で強固な新しいイスラエル国家（原注52）」なる理想像を宣言した。

アバ・エバンとピンハス・サピールが率いる穏健派は、党精神の維持のために奮闘した。二人は、アラブとの和平を選択し、同時にユダヤ的で民主的なイスラエル国家の性格を守るという方向に党を導こうと努めたが、あまり成功しなかった。エバンは、いくつかの演説と文章を通して、無条件の信頼関係を基盤にした安全保障政策は、自分たちのライフスタイルと質を落とし、その永続性の見かけも幻想にすぎない、と警鐘を発した。政治的、軍事的行き詰まり状態は戦争に帰着する。なぜなら、もしアラブに外交的領域

マサダ：イスラエル東部、古代ローマ時代の要塞の遺跡。エルサレムに次ぐ人気の観光地。帝政ローマ期のBC六六年から七四年の、ローマ帝国対ユダヤ人のユダヤ戦争でユダヤ人が集団自決した（BC七三年）要塞。一八三八年にドイツ人研究者が発見した。ユダヤ人にとって特別な思い入れのある場所で、イスラエル国防軍の入隊式はマサダ頂上で行なわれている。二〇〇一年に世界文化遺産に登録された。

で何か獲得できる希望がないのなら、彼らが軍事行動を控えることなど望むべくもないからだ。(原注53) サピールは、占領の継続はイスラエル人社会の道徳的構造を破壊するだろう、と予言した。彼は、国全体が幻の幸福感に浸っていると考えていたが、来るべき選挙で党勢に悪影響が出るのを恐れて、エバンほどずばずば発言しなかった。

強硬派と穏健派の落差を橋渡しする役目は、無任所大臣で最強硬派の一人でもあったイスラエル・ガリリーに任された。八月末、ガリリーはイスラエル労働党の閣僚による、占領地の以後四年間の政策提案に関する声明を発表した。最終的に、ガリリー文書として知られたこの声明は、占領地における既存ユダヤ人入植地の増強と新規建設、占領地に工場を建設するイスラエル企業家に報償を与えること、占領地の土地の購入を許可すること、ガザ地区の南側入口のラファに近いヤミットにプレハブハウスを建設すること、を求めていた。ガリリー文書には、ダヤンの要求が多く含まれており、強硬派と領土拡張主義者にとっては大勝利といえた。これで占領地の正式な併合が命じられたわけではないが、併合へとにじり寄る政策への力強い景気づけにはなった。

ガリリー文書は、イスラエルの隣国との和平とは両立しなかった。この文書を支持する人たちは、いずれにしても近い将来、アラブとの和平の現実的な可能性はないと主張した。これに対し、批判勢力は後に、これが最終的にアッ＝サーダートとハーフェズ・アサドの戦争突入を後押しした、と主張した。もちろん、シリアとエジプトはガリリー文書の発表以前に開戦を決定している。しかしながらこの文書は、そこに含まれるアラブ人に対する侮蔑感ゆえに、広汎な心理的効果を及ぼした。アッ＝サーダートは、イスラエルのこのあからさまな傲慢さに誰よりも敏感だった。彼は、イスラエルの選挙戦で政党や候補者が、占領したアラブの土地の利用計画で論争するのをじっと見ていた。ダヤンは、ヤミットの深水港建設案をおおっぴらに展開していたが、これが建設されれば、エジプトとガザ地区は分断されてしまう。アッ＝サーダートは言った。

「ヤミットについての一言一言は、私と私の自尊心に突きつけられる刃だ」(原注54)

アラインメント政権の併合主義的発言と軍一辺倒の安心感とがミックスして、騒々しい開発論議が花開いた。政治、軍事の主流派勢力は、この現状（ステータス・クオ）に依存した自己満足に浸っていた。アバ・エバンは、イスラエルがその歴史的権利と他国の権利とのバランスを計る必要性、ステータス・クオの危うさ、和平活動継続の道徳的義務などを説き続けたが、それはかすかに聞こえる犬の遠吠えでしかなかった。彼自身が振り返る。

「一九七三年の外交的行き詰まり状況、ヤーリング特使の失敗、ニクソン—キッシンジャー政権が消耗戦略に与えた強い支持、これらすべてが一体となって、ほとんど幻想に近い自信満々の風潮を生み出した。政治的、精神的国境というものを無視した、物理的国境の妄想であった。一九七三年の謳い文句たるや、ほとんど想像を絶するものだった。まともな考え方が、自信過剰に変わり、自信過剰が幻想へと変貌し、それが一九七三年には不条理とも言えるレベルにまで到達した」(原注55)

この自信過剰の国民的風潮は、一九七三年四月のエルサレムにおけるイスラエル建国二十五周年記念パレードで顕在化した。数ヵ月後、エバンはヨーロッパ各国のイスラエル大使をエルサレムに招集して会議を開いた。イスラエルを軍事的に叩くためではなく、政治的閉塞状況を打開するためにアラブが攻撃してくる可能性を情報部高官にただした外交官が何人かいた。情報部高官は、アラブ側はそのような攻撃をする危険を冒さないだろう、それが自殺行為であることは彼らにもわかっているし、たとえそうしたところで、イスラエルの抑止力はこれまでになく強力になっているから、即座にこっぴどくやり返されてしまう、と自信満々であった(原注56)。この自信たっぷりの見解には、現代戦を戦うアラブの能力に対する低い評価が働いていた。ある軍情報部の元長官は後にこう告白している。

「慢心と見くびりが混じった考え方によって、中東地域の将来的展開の評価を歪める傾向になったと言える」(原注57)

ヨム・キプール戦争

一九七三年十月六日土曜日午後二時、エジプトとシリアが合同してイスラエルに武力攻撃を敢行した。情報部高官が「確率は低い」と評価していた戦争が、見事にも突如、勃発した。アラブ側が攻撃に選んだ日は、贖罪の日で、ユダヤ暦ではもっとも神聖な日である。ゆえに、この戦争は「ヨム・キプール戦争*」という荘厳な名前で呼ばれることになった。

一九七三年十月六日にエジプトとシリアが敢行したのに匹敵する完璧な奇襲作戦は、軍事史上でもわずかしか例がない。この戦争の後、政府は最高裁判所長官のシモン・アグラナットを委員長とする調査委員会を発足させ、敵の攻撃を予測できなかったことと、初期段階における戦争遂行逸脱の責任を軍人、文民の両権威に問うた。アグラナット委員会は政治指導者を免責し、全責任は軍情報部が負う、と判断した。そしてさらに、参謀総長のダヴィド・エラザールと軍情報部長のエリ・ゼイラを含む四人の上級将校の地位剥奪を勧告した。

イスラエル国防軍の情報部は、敵の軍事的能力と作戦計画に関して非常に詳細で正確な情報を持っていた。アラブの攻撃を予測できなかったのは、情報の不足が原因ではなく、入手した情報の読み違えであった。アグラナット委員会は、情報部の失敗を、「思い込み」に起因するとした。ここで言う思い込みとは、二つの前提に根ざしている。(a)エジプトはイスラエル内陸部、とくにその主要空軍基地に空襲をかけて、イスラエル空軍兵力を制圧できるようになるまでは、開戦しない。(b)シリアは、エジプトが戦わないかぎりはイスラエルとの全面戦争には突入しない。

アラブの攻撃は、情報処理の失敗だけでなく、とりわけ政策の失敗を表わすものであった。十月六日の早朝まで、情報部高官はアラブが開戦を計画しているとは考えていなかった。しかし、そのアラブが開戦を決定したという事実そのものが、現状維持政策の失敗を証明したのであり、そこに政治家の最終責任があった。この政策は、イスラエルにはこの現状（ステータス・クオ）をどこまでも続けることができるという前提に拠るものであり、そしてその前提が誤謬であることが判明したのであった。そういうわけで、情報部の失敗と政策の失敗は、アラブの攻撃は抑えられると考えていたイスラエルの軍事力への自信過剰が根本原因であった。

ヨム・キプール：大贖罪日。聖書レビ記十六章に規定するユダヤ教の祭司。現代ユダヤ暦でティシュリー月の十日（西暦では毎年九月末から十月半ば）。この日は労働、飲食、入浴、化粧など一切が禁止、ユダヤ教徒は断食する。エルサレムでは、イスラエル人居住区の西エルサレムは交通機関や企業、商店は閉店（軍や警察などは別）するが、パレスチナ人居住区の東エルサレムは正常に機能する。

アラブの戦争突入の目的は、政治的膠着状態を打破し、世界的緊急事態を誘発して、超大国の介入を呼び、一九六七年六月に奪われた領土からイスラエルを撤退させるようプレッシャーをかけるためであった。エジプトの目標は、スエズ運河を実力で渡り、外交交渉が始まる前に運河東岸に陣地を築くことであった。シリアの目標は、ゴラン高原を奪還し、そこで多少なりともイスラエル軍を叩くことにあった。エジプトもシリアも、戦争目的を限定していた。どちらも、イスラエルに勝利して、一九六七年に奪われた領土から完全に追い出せるといった幻想は持っていなかった。その目標は、きわめて戦略的なものであった。戦争とは形を変えた政治の継続である、というクラウゼヴィッツ*の格言どおりである。

戦争でイスラエルが目標にするのは、「軍事的には敵に一切譲らず、敵兵力と軍事インフラを破壊する。そして、軍の支配力においても停戦ラインにおいても、イスラエルに多大な軍事的優位性をもたらす」ことである。イスラエルの抑止力を強化し、アラブには軍事的選択肢がないことをあらためて思い知らせ、戦争終結の交渉の場でイスラエルが有利な立場に立つべく、この目標の実現をめざした(原注58)。だが、このどれ一つも十分には実現できなかった。

ヨム・キプール戦争すなわち十月戦争は、三度目のシリア―イスラエル戦争であり、五度目のエジプト―イスラエル戦争であった。それまでの戦争では、戦闘の終結と同時に政治的膠着状態が始まった。十月戦争は、政治的交渉が後に続いた最初の戦争である。この戦争がいかにして、五年後にエジプトとイスラエルとの間に和平協定が締結される条件を備えることになったのかは、三つの理由で説明できるかもしれない。

一つ目の理由は、戦争の初期段階におけるアラブ軍の見事な戦いである。エジプト軍は運河を実力で渡り、バール・レヴ防衛線を突破し、シナイ半島を一定程度の距離まで前進し、イスラエル軍の戦車、航空機、兵士に大きな損害を与えた。シリア軍はゴラン高原に高度に効果的な装甲車攻撃をかけ、短時間ではあったが破竹の勢いを見せた。この間、エジプト、シリア両軍はイスラエルが決して無敵ではないことを証明してみせ、彼ら自身も六月戦争のトラウマから抜け出すことができた。彼らはアラブの誇りと名誉と自信を取り戻した。戦争が終わったとき、彼らはもう絶望的劣等感を抱くことなく、イスラエルに面と向かっていた。これは、政治的解決に向けて進展するための、不十分ではあったが大切な条件であった。

十月戦争が政治的プロセスに貢献した二つ目の理由は、イスラエルの戦い方とも関係がある。イスラエルは奇襲攻撃を受け、戦闘が始まってからようやく大量の予備役を動員することになり、戦闘初期段階でかなり深く攻め込まれた。それでもイスラエルは、不意打ちの打撃から立ち直り、統制力を回復し、強力な反撃に出ることができた。中でももっとも大胆な作戦は、運河西岸へ渡ってエジプトの第三軍を分断したことだ。この戦争は、イスラエル軍がカイロに六十マイル（約百キロメートル）、ダマスカスから二十マイル（約三十二キロメートル）に達していたときに終結した。最初の一撃を吸収し、その後イスラエルは形勢を逆転させた。アラブが第一ラウンドで勝ったとすれば、イスラエルが第二ラウンドで取り返し、試合は結局引き分けた。イスラエルのダメージは、六日戦争よりもかなり大きかった。イスラエルの戦死者は

クラウゼヴィッツ：クラウゼヴィッツ、カール・フォン。プロイセン王国の軍人で軍事学者（一七八〇～一八三一）。ナポレオン戦争にプロイセン軍将校として参加、戦後は研究と著述に専念した。死後の翌年に発表された『戦争論』で、戦略、戦闘、戦術の領域で多大な業績を残す。戦争が政治に対して従属的な性質を持ち、戦争の様態はすべて政治に規定され、「戦争は他の手段をもってする政治の延長」である、と述べている。

二千八百三十八人で、負傷者は八千八百人。アラブ側は死者が八千五百二十八人、負傷者は一万九千五百四十九人であった。イスラエルは、飛行機百三機、戦車八百四十台を失い、アラブは飛行機三百九十二機、戦車二千五百五十四台を失った。(原注59) かくして一九七三年戦争の決算は、一九六七年戦争とは非常に異なっていた。一九六七年、イスラエルの勝利はあまりにも決定的で、アラブの敗北があまりにも壊滅的で、アラブ側は交渉の席でイスラエル側の顔を見るのも嫌がったほどだった。一九七三年、最終決算は少なくとも心理的な次元では、はるかに釣り合いがとれていた。このことが、両陣営からのより現実的な取り組みを助け、取引や妥協をやりやすくさせる基盤になった。

戦争が終わった後すぐに交渉が可能になった三番目の理由は、アメリカの介入である。ヘンリー・キッシンジャーが仕切るアメリカの政策は、大きくイスラエル支持と現状維持に集約されていた。ところが、いったんこの現状が揺らぐや、キッシンジャーは驚くべき素早さで、アメリカ外交にアラブのポジションを導入した。彼の狙いは、両陣営が一歩ずつ政治的解決に向かって動き出すために、戦争で生まれた流動的状況を活用することにあった。彼自身も、エルサレムからカイロ、ダマスカスを行き来する往復外交に乗り出すことで、この流れに没入していった。

キッシンジャーが独自のやり方を追求する中で、ジュネーヴで国際会議が開かれた。この会議は国連事務総長が招集し、国連決議二四二号の適用と中東和平の正当で継続的な確立を話し合うことが議題だった。会議の共同主催者はアメリカ合衆国とソビエト連邦であった。戦争当事国の代表として、それぞれの外務大臣が出席した。シリアは欠席し、イスラエルはパレスチナを排除して参加した。手続きをめぐっての議論が長引き、正式の開会は十二月二十一日になった。イスラエルは月末に総選挙を控えており、選挙前に重要政策の決定を下すことができなかった。エバンは例によって最高にすばらしい演説をした。キッシンジャーは、すみやかに実質交渉段階に入ることに賛成する演説をした。彼は両陣営に対して、アラブの格言を引用して、これまでの恨みを忘れるよう強く求めた。「Illi fat mat ＝過去は死んだものだ」(原注60)。だがヨルダンは、キッシンジャーが決議二四二を、すべての国に万遍なく適用させようとしてはいないことを素早く見抜いた。そして、エジプト―イスラエル単独交渉を行ない、それを自分の功績にしようと準備しつつ、ヨルダンの排除にかかっているという疑いを抱いた(原注61)。三日間の議論と作業部会の後、会議は延期された。その後、一九七四年一月の第一週に再開されたが、次の開会時期を決めずに解散した。キッシンジャーは、ソ連を脇に追いやり、一人で実質交渉を受け持った。彼の往復外交で、二種類の軍事的撤退の合意が成立した。イスラエル―エジプト撤退合意が一九七四年一月十八日に、イスラエル―シリア撤退合意が一九七四年五月三十一日に調印された。前者の合意は、イスラエルがスエズ運河の西側に占領していた全地域からの撤退を求めていた。運河の東側の幅三十キロメートルの地域は三つのゾーンに分割されていた。エジプトは運河の横のゾーンを与えられ、それはエジプトの橋頭堡に相当するもので、兵士七千名、戦車三十台、砲台三十六基まで装備を許された。中間ゾーンは国連管理下の緩衝地帯であった。東側のゾーンはシナイ峠まで至っていたが、イスラエルはここにエジプトと同程度の兵力を装備することを許され

国連決議三三八号：エジプト、シリアとイスラエル間の停戦を要求し、国連決議二四二号の実施を求めた決議。
一九六七年十月二十二日、国連安保理は停戦決議三三八号を採択し、同二十三日に決議三三八による停戦を確認し、停戦の遵守を監視するために国連オブザーバーの即時派遣のための措置をとることを国連事務総長に求める決議三三九と、同二十五日には国連緊急軍の設置を求める決議三四〇を採択した。

た。兵力引き離し合意は、国連安保理決議第二四二号と第三三八号*に則った、正当で継続的な和平に向けた第一歩に過ぎないと明記されていた。一九七三年十月二十二日の決議三三八号は、当該国に停戦と決議二四二の履行を開始することを求めていた。イスラエルは、一九七一年前半に暫定合意と引き換えに譲歩するのを拒否したことがあったが、この一九七四年にはエジプトとの兵力引き離し合意と引き換えに、この時よりも大幅な譲歩をした。これは決して証明などできないが、一九七一年にイスラエルがこのような譲歩をしていれば、ヨム・キプール戦争は回避できたかもしれない。

イスラエル―シリア撤退合意も全体的に同様の要領で行なわれたが、キッシンジャーはこの仲介に三十二日も費やした。イスラエルは、戦時中に奪ったシリア領土から撤退しなければならなかった。ゴラン高原は三つのゾーンに分割された。限定された兵力を装備するシリアとイスラエルのゾーンの間に、国連の狭い緩衝地帯が挟まれていた。クネイトラの町はシリアに返還されたが、イスラエルは隣接する高地の支配権を守った。

もともとは十月に予定されていたイスラエルの選挙は、戦争のせいで一九七三年十二月三十一日に延期されていた。メイアー―ガリリー―ダヤンのトリオは、国家を欺瞞的安全保障政策で欺き、アラブの襲撃を予知できなかったとして、その外交・防衛政策全体をこっぴどく批判された。除隊したばかりの兵卒や、政府に幻滅した予備兵が大量に参加した抗議行動が起きた。参加者の怒りは、戦争前のモシェ・ダヤンの不可解な発言と行動に集中した。クネセトのアラインメント代表は議席を五十六から五十一に減らした。批判票の多くが右派に流れた。選挙の数ヵ月前に、ガハルは二つの弱小政党を吸収し、リクードを結成した。リクードとはヘブライ語で「統一」を意味する。この年の初めの頃にイスラエル国防軍を退職し政界に入ったアリエル・シャロンが合併の牽引車になった。合併前のガハルは前の選挙では三十二議席だったが、リクードはクネセトで三十九議席を獲得した。アラインメントは議席を減らしはしたが、最大多数にとどまり、ゴルダ・メイアが次期政権も担当することになった。

メイアは、イスラエル史で一番の短命に終わった新政権の国防大臣にモシェ・ダヤンを据え置いた。一九七四年四月一日、認証式の三週間後、アグラナット委員会がその仮報告を発表した。報告は、一九七三年の戦争に際してのイスラエルの準備態勢の不備の直接責任はゴルダ・メイアとモシェ・ダヤンにはない、としていた。報告は、開戦の日のメイアの決断を賞賛さえしていた。兵士を罰し、政治家を許す明らかに不公平な発表内容に、大衆は激怒した。首相と国防相の辞任を迫る大規模デモが巻き起こった。四月十日、ゴルダ・メイアは辞表を提出。七十五歳という高齢と罪悪感で、彼女はもうこれ以上踏ん張ることはできなかった。後継者候補は、シモン・ペレスとイツハク・ラビンであった。党は僅差でラビンを選出した。メイアは、ラビンが六月三日にクネセトに組閣を報告するまで、政府の相談役にとどまった。

ゴルダ・メイア政権の特徴は、イスラエルとアラブ世界との関係の再評価を頑なに拒否したことである。彼女自身が、アラブ人を理解せず、アラブ人への共感もなく、アラブ人との平和共存の可能性も信じていなかった。これが、イスラエルは間違っておらず、アラブに正当性はない、という単純な世界観を支えていた。イスラエルは鉄の壁の内側で身を守らねばならないという観念、イスラエルは剣を頼りに生きていかねばならないという運命論的信念を、イスラエルの指導者の誰よりもむき出しにした。メイアは、優れた戦争指揮官であったが、現状維持というその政治志向が、ヨム・キプール戦争を勃発させたことに重大な責任を負っている。五年間の首相時代に、彼女は二つの大失敗を犯した。一つは、まさにこれが八年後にエジプト―イスラエル和平協定の基礎となった条件であったが、イスラエルはエジプトとの和平と引き換えにシナイ半島を渡すべきだというヤーリングの提案、これを拒絶したことである。二番目は、アッ＝サーダートの暫定合意の提案を突き返したことだ。これでアッ＝サーダートは、エジプトにとって許しがたき領土的現状を転覆するには、戦争に突き進む以外に手がなくなってしまった。彼女以上に和平を語り、和平の発展に努力した指導者も少ない。メイアは、和平のためなら、いつでも、どこへでも出かけて、アラブのどんな指導者とも会うつもりだ、と言ってやまなかった。この言葉は、その領土拡張主義政策のゆえに、確かに虚ろな響きしか持たない。彼女の側近でさえ、ゴルダのコインランドリーは一日二十四時間営業している、*と冗談を言っていた。彼女の辞任で、イスラエルとその隣国との、とりわけ不毛な時代は、ここに終焉した。

＊ゴルダのコインランドリー：いつでも空いているが、誰もいないという意味。

第8章　兵力引き離し　一九七四年〜一九七七年

イツハク・ラビンは一九七四年六月三日に首相になったが、当時はまだ政治家としては駆け出しであった。クネセトの議員になってからまだ半年に満たず、労働大臣を三ヵ月経験しただけであった。ゴルダ・メイアの後継者争いに勝てた要因の一つは、彼がヨム・キプール戦争の大失敗とまったく関係がなかったことである。ラビンはこの国の政界に新風を吹き込んだ。彼はイスラエルで生まれ——一九二二年エルサレムに生まれた——としては最初の、そして労働党ではなく、軍隊出身の初めての首相でもあった。彼の中東紛争についての見解は、兵士そして外交官としての経験によって大きく形づくられていた。兵士として生きた前半生で、中東の発展をイスラエルの安全の見地から考えるようになった。また、ワシントンに五年暮らした大使生活で、イスラエルとアメリカとの特殊な関係という観点から中東の発展を考えるようになった。首相としては、他の何よりもとりわけ二つの問題に関心を持った。イスラエルの安全保障と、イスラエルとアメリカとの戦略的協力関係である。

謎なきスフィンクス

ラビン政権には新鮮さがあった。十九人の閣僚のうち、前の内閣にいたのは七人だけだった。閣僚の平均年齢は、イスラエルのそれまでのどの政権の平均年齢よりも若かった。だがこの政権は、統一と調和のとれた一つのチーム、といったものではまったくなかった。多くの問題があり、それは与党の内部抗争に起因していた。アラインメントは一九六八年に結成されたが、その選挙母体は派閥的忠誠心の集合だった。このせいで組閣作業は混乱した。シモン・ペレスはラフィ派閥に属し、アラインメントの指導者争いではほぼ二位につけ、国防大臣のポストを要求した。アフドゥト・ハ＝アヴォダはこのポストにイーガル・アロンを推した。ラビンはこれをペレスに与え、アロンを外務大臣にすえた。そのおかげで、外務大臣としては最適格者だったにもかかわらず、党内権力基盤なきがゆえにアバ・エバンがはずされた。ラビンとペレスの関係は戦争状態で、アラブとの和平の追求で協働するのはまず無理だった。ラビンは疑い深く、ペレスがつねに彼に対して何か企んでいると考え、回想録にも「疲れを知らぬ卑劣なやり手」と書いている。ペレスは、ラビンの閣僚として働きつつも、その権力の転覆を狙っていた。両者は、つねに何かにつけて対立しては行政活動の遂行を阻害する結果を招いていた。

ラビンは首相として、クネセト議員百二十名中六十一名というぎりぎりの多数決で成立した連立内閣の長という、さらなるハンディを背負った。クネセトの議席数十の国家宗教党（NRP）は連立政権に加わらなかった。NRPは昔から労働党と連合しており、指導部は一九四八年以来、ほぼ全政権で仕事をしてきた。ところが六日戦争後、同党は大きくナショナリスト化し、聖書に書かれた故国イスラエルのいかなる部分をもアラブの支配下に戻すことに反対し、戦闘的なネオ・メシアニック植民運動のグッシュ・エムニーム（信者連合）*を生み出した。西岸地区のどの領土の返還をも含んだ和平合意の締結に先立ってラビンは、国家宗教党を引きつけるべく、手始めに政権を選挙に託すことにした。一九七四年九月、国家宗

＊グッシュ・エムニーム：トーラ（モーセ五書）を絶対的な宗教的根拠に「イスラエルの地」が神に与えられた土地と信じ、信仰的理由からパレスチナに入植する運動体。信者連合という意味で、ネオ・メシアニック植民運動と呼ばれ、国家宗教党の強い影響下で六日戦争勝利後に勃興し、ヨム・キプール戦争後に正式に組織化された。現在、組織は消滅したが、その影響はイスラエル社会に根強く残っている。

教党は連立政権に参加した。これがすぐに、クネセトに三議席を持っている戦闘的ハト派市民分派組織の「シチズン・ライツ・ムーブメント（市民権運動）」の政権離脱を誘発した。最終結果としては、与党の議会議席数が六十一から六十八に増えたが、それとともにヨルダンとパレスチナに関するラビンの方針が相当束縛されることになった。アラインメントは、西岸地区に関しては領土面での妥協を考えていた。国家宗教党は、大イスラエルに含まれる西岸地区全体――ジュディアとサマリア――を守る立場であった。

ラビン政権は脆弱でかつ内部分裂しており、大問題を山ほど抱えていた。イスラエル国防軍の士気と抑止力の回復、経済破綻の回避、エジプト、シリアとの兵力引き離しの継続、である。一九七四年六月三日、ラビンはクネセトに組閣案を提起し、承認された。彼はその政権を「継続と変化」の内閣と表現した。継続、これはいわずもがなであった。しかし何を変化させるのかを正確に指摘するのは難しかった。新しいアプローチの勘所はどこか、政権発足後数ヵ月を経たラビンの演説にそれを探ることができる。まず彼は、和平を模索するのも譲歩を拒むのも、どちらも大きなリスクを伴うもので、少なくとも政府がこのようなリスクに対する準備ができていなければ仕事はできない、と言い切った。二番目に、和平に向けた行動は、イスラエルとアラブとの直接交渉から始める必要はない。したがって、第三者を交えた交渉過程を経て、目的に達すればよい、と述べた。三番目に、小刻みな領土の切り売りで、和平とまでは行かない政治的和解を徐々に重ねることを提案した。

このアプローチは、現状（ステータス・クオ）を凍結し、政治的リスクを避けるという以前のやり方に戻って出発することを意味した。これは、少なくともアラブ国家のいくつかと話をつけるためには、イスラエルは手持ちの財産を交換条件の切り札に使うことを決断しなければならない、ということだ。しかし、ラビンがこの基本原則を踏み越えた時、変化より継続が前面に出てきた。彼は、交渉に先立って正確な地図を準備するのを拒否した。そこで、彼がイスラエルの安全保障に不可欠だとして挙げた領土をすべて含めると、できあがった地図は一九六九年にアラインメントが口述教書で提示した地勢図とさほど変わらなかった。そこでラビンは、アラインメントの議員、ローヴァ・エリアヴ*に頓知っぽく「謎なきスフィンクス*」と言われた。

イスラエルとアラブ世界との関係について考えたとき、ラビンは時間稼ぎの必要を痛感した。彼は、一九七三年十月以降の七年間を、痩せた七年と表現し、それに続く七年を、肥った七年と表現した。痩せた七年の理由として挙げたのは、アラブのオイル・パワー、ヨーロッパのアラブの石油への依存、中東における米ソの敵対関係の継続、であった。肥った七年の理由として挙げたのは、十年後に始まったアラブのオイル・パワーの衰退、西側諸国のアラブ石油依存の克服、そしてアメリカにおいては、自己中心主義的風潮に替わり、イスラエルが主たる受益者となるような外交関係を目指す意欲が復活してきたことである。問題は、アメリカを疎外することなく、また一九六七年境界線への回帰とパレスチナ国家の独立の実現という、アラブの二つの中心的要求を満たすことなく、いかに痩せた七年を終わらせるかにあった。端的に

ローヴァ・エリアヴ：イスラエルの政治家、国会議員（一九二一～二〇一〇）。モスクワに生まれ、十三歳でパレスチナに移住。ハガナーから国防軍大佐。ヘブライ大学卒。教員生活の後、ハーバード大学、トリニティ・カレッジで教えた。駐ソ外交官を務め、一九六五年にアラインメントからクネセトに当選。一九七三年にアラインメントを離党し市民権運動を結成。晩年はネゲヴ砂漠でコミュニティを建設、教育活動を行なった。

謎なきスフィンクス：スフィンクスが旅人に「朝は四本足、昼は二本足、夕は三本足。この生き物は？」などと謎をかけたギリシャ神話から。解答が謎々になっていない謎々。

言うと、いかに時間を稼ぐかの問題であった。

ラビンの時間稼ぎ主義は、前首相と同じように、現状を維持し、難問題を忌避し、和平の長期的展望がなさそうな印象を与えた。この印象がまったく当を得ているわけではない。シュロモ・アヴィネリ*によると、ラビンには中東紛争を解決に導くための大戦略があった。エルサレムのヘブライ大学の政治学理論家であるアヴィネリは、一九七六年にイーガル・アロンから外務省事務総長に任命された。アヴィネリは、首相を訪問し、和平はいかにして実現できるかについての考えを聞かせてほしいと求めた。ラビンは、一時間に及ぶ講釈で答えた。

ラビンは、中東紛争の解決は間違いなく、エルサレム、ヨルダン渓谷、そして戦略的価値を持った特殊な地点を除いて、六日戦争でイスラエル国防軍が占領した領土の大部分からの撤退を伴ったものになると考える、と明言した。西岸地区とガザ地区のアラブ人密集地域を永久にイスラエルの支配下におくことはできないし、交渉の柔軟性を最大限に保証するためにも、我々はそこにユダヤ人入植地を建設しないようにしなければならない。ジュディアとサマリアの今後についての交渉の相手国は、ヨルダン王国でなければならない。

しかし——そしてこれが問題の核心なのであるが——この交渉は、ヨム・キプール戦争の影響と、当時最高潮にあったアラブのオイル・パワーのプレッシャーがかかる中で行なわれるべきではない。ラビンは言った。何の影響も受けず、いかにもしおらしく、イスラエルは占領地から撤退すべきなのである。彼の政権の最初の大仕事は、ヨム・キプール戦争のトラウマを振り払い、イスラエルの戦略的、外交的、心理的立場を再構築する時間を作ることであり、そしてそこから――彼は五年という期間を示した――イスラエル自身の力で、彼が示す方向に沿って問題解決に努めていくべきなのだ。

戦略の核心は、イスラエルは不利になったら譲歩する、という見方をアラブ人の観念から払拭することだ。アヴィネリはこの戦略を、ハト派でもあるし同時にタカ派でもある、と実感した。目的はハト派だが、手段はタカ派。和平合意の枠内ではアラブに寛大に譲歩するが、その合意に至るまでのやり方は断固として譲らない。またアヴィネリは、実施が危うくなると困るので、ラビンは戦略の核心を公表するわけにはいかなかったのだ、と見た。(原注1)

占領地におけるユダヤ人入植地に対するラビン政権の姿勢は、ラビンの大計画を実行する難しさをもっともよく表わしている。彼は一方で、その領土的妥協の確約の論理的帰結として、西岸地区とガザ地区の人口過密地域のユダヤ人入植地建設に反対していた。敵も味方も、和平への障害物として、またイスラエルの領土拡張主義の証しとして、このような入植地を糾弾してきた。その一方で、政権内部に入植を推奨する強力なロビー活動があり、そこにはシモン・ペレス、イスラエル・ガリリー、それに国家宗教党の閣

シュロモ・アヴィネリ：イスラエルの政治学者。一九三三年ポーランド生まれ。ヘブライ大学政治学教授。ブダペスト欧州中央大学客員教授。マルクス、ヘーゲル、ヘルツル等の政治哲学が専門で、中東問題に関する著書多数。アヴィネリによるとヘルツルの政治的シオニズムに影響を与えたのはドレフュス事件よりもむしろ生まれ故郷のオーストリア・ハンガリー帝国の状況であった、とする。七十年代は外交官としても活躍した。

僚たちがいた。彼ら閣僚が束になってかけた圧力が、深刻な金詰まり状況下でのゴラン高原ニュータウン建設許可や、一九七七年の総選挙の接近とともにサマリアのユダヤ人入植地建設開始の決定が下された要因である。これはまた、西岸地区に違法な入植地を建設して公然とラビンに歯向かったグッシュ・エムニームに対する寛大な扱いの原因でもある。この狂信的新興宗教の一団がナブルス近郊のセバスティア*に仮設小屋を建てたとき、ラビンは烈火の如く怒った。ラビンは彼らを退去させようと手を尽くしたが、ペレスの積極的支援やその他の閣僚の消極的支援に妨害された。セバスティアがうまくいったことで、グッシュ・エムニームは分裂状態にある政府を尻目にサマリアの入植地建設をさらに推進した。このような違法入植地は、西岸地区の大半を交換条件に、最終的にヨルダン・ハシミテ王国と和平を交わそうという、ラビンが内心考えていた戦略の急所を衝くものであった。

ヨルダンとパレスチナ人

エジプトとの兵力引き離し協定は一九七四年一月十八日に調印され、シリアとの兵力引き離し協定は五月三十一日に調印された。第二次ラビン内閣は今後の方針を問われていた。しかし、内閣は「ヨルダン優先」派と「エジプト優先」派とに分裂し、それは一九四八年から一九四九年にかけて、内閣が二派に分裂したのと似たようなものであった。イーガル・アロンが「ヨルダン優先」派の中心だった。彼は、新しい一歩はヨルダンとの暫定合意であるべきで、次にエジプトと暫定合意するべきである、と主張した。彼はヨルダン・オプションの熱心な支持者で、アラブ世界での地位を強化するために、フセイン王に優先権を与えたいと考えた。イツハク・ラビンは「エジプト優先」派の中心であった。彼は、交渉の再開はエジプトとの暫定合意を意識したものでなければならない、と主張した。

パレスチナ解放機構（PLO）との交渉に賛成する者はいなかった。PLOは十月戦争に参戦していなかったにもかかわらず、戦争の結果、その政治的地位を向上させた。また、その政治方針を整える準備に踏み出していた。パレスチナ国民憲章は、パレスチナ全土の解放のための武装闘争を訴えていた。一九七四年六月にカイロで開かれたパレスチナ民族評議会（PNC）は、武装闘争から段階的計画による政治的解決に力点を移した。第一段階として、「解放パレスチナ全領土内の任意の場所における独立国家権力(原注2)」の確立を承認した。この規定は曖昧ではあったが、イスラエルに代わってというよりも、それと並ぶ形でのパレスチナの可能性を追求するという意志を示すものであった。

だがイスラエル側は、パレスチナ民族評議会（PNC）の決議を、目標ではなく作戦の変更であると解釈した。パレスチナの一部としてのパレスチナ国家は、パレスチナ全土を解放するための武装闘争を継続する基地としてだけ利用する、と主張するパレスチナ解放機構による段階理論はしばしば問題にされた。ラビン政権は、PLOの承認またはPLOとの交渉を拒否するという正統的方針に忠実に従った。アハロン・ヤリヴとヴィトール・シェムトブの穏健派閣僚二人が、PLOを承認し、テロ活動を放棄するならば、いかなるパレスチナ組織ともイスラエルは交渉する、とした解決案を提案した。だが、この解決案は多数の賛成を得られなかった。ラビンもこれに反対した。彼は、パレスチナ問題の「凍結」を望んだ。彼は、

セバスティア：パレスチナ西岸地区ナブルス県の村。現在は、村の面積の四割がオスロ合意のC地域（イスラエル統治地域）に指定されている。

イスラエルの破壊を狙ってきたテロリスト組織と話し合うことなどは、否定すべきであるという立場をとった。また、イスラエルと並び立つパレスチナ国家など、歯牙にもかけなかった。これは、「イスラエル国家の終わりの始まりを意味するものだ」と彼は言った。あらゆる現実的対象への立場は、ゴルダ・メイアと変わらなかった。彼女は、パレスチナ人の存在を否定した。ラビンは、パレスチナ人の存在も、パレスチナ問題があることも認めたが、それをどうこうするという気はなかった。彼の立場は確固としていて、曲げられるものではなかった。イスラエルはＰＬＯを認めることも、ＰＬＯとの交渉に望むことも、パレスチナ国家の成立に合意することも絶対にないのだ。

ラビンの個人的信条がＰＬＯへのいかなる提案も阻んだとすれば、フセイン王への実質的提案ができなかったのは内政的束縛のせいであった。ラビンのアメリカ人の友が、新西欧派の王国との対話を勧めた。ラビンが首相に就任した二週間後、リチャード・ニクソン（間もなくウォーターゲート事件で大統領の椅子を失うことになる）がイスラエルを訪問した。ニクソンは、エジプト、シリアとの兵力引き離し協定に続けて、同様の合意をヨルダンとも交わすよう要請した。キッシンジャーはイスラエル首脳に、フセインと合意するか、アラファトと合意するか、二つに一つだ、と迫った。キッシンジャーはラビンに忠告した。（原注3）

「後生だから、まだ役に立つうちにフセインをうまく使え」

それでもラビンは、イスラエルの有権者の意見を遠慮して、西岸地区からの撤退を甘受するのをためらい、選挙民に信を問うことを躊躇した。結果的に、彼はフセインに何も提案できず、両者の交渉は成立しなかった。

ラビンには西岸地区を取引する用意はできていなかったが、フセイン王との関係は高く評価していた。

首相時代の三年間に、彼は王と六回以上会っている。王はいつも、信頼厚い首相のザイード・アッ＝リファーイを従えていた。ラビンは、アロンとペレスを伴っていた。どの会談もイスラエルの方から提案し、イスラエルの国内で持たれた。一回はテルアビブの北のゲストハウスで行なわれた。他はすべて、アラバ砂漠の国境に近い場所で、エアコン付きのキャンピングカーで、安全上の理由から毎回場所を変えて行なわれた。王とアッ＝リファーイはヨルダンからヘリコプターでやって来て、自動車またはヘリコプターに乗り換えて、マサダ近郊の会談場所に到着した。会談は、夕食をはさんで毎回およそ三時間半続いた。話はまず地域情勢と国際情勢の概観から始まった。ラビンもフセインもゆっくりしゃべるので、会談は非常に長引いた。イスラエル側は高官が各会談を周到に準備し、また会談内容を詳細に記録した。イスラエルはこの会談に四つの主題を設定していた。ヨルダンとの取引の可能性を探る、両国関係に悪影響を及ぼしていた比較的瑣末な問題を解決する、経済的協力関係を促進する、西岸地区対策およびパレスチナゲリラ組織対策に向けて協働する、である。ヨルダンは、これらの会談を通して二つの提案をした。イスラエルの西岸地区からの部分的撤退を含む暫定合意、そしてイスラエルの完全撤退と引き換えの全面的和平合意であった。(原注4)

最初の会談は、一九七四年八月二十八日に行なわれた。アロンが、フセイン王にラビンとペレスを紹介した。王は、以前すでにゴルダ・メイアに提案した、ヨルダン川両岸約八キロメートルまでの撤退を含む兵力引き離しを再度提案した。この提案は、ヨルダン渓谷全域をイスラエル支配下に残そうとしていたアロン計画と相容れるものではなかった。ラビンは即座にこの提案を拒否し、この提案はこの先も選択肢として考慮の対象にはならない、とした。そこでペレスが彼の腹案を出した。

フセインとの会談に先立ってペレスは、ラビンとアロンからパレスチナ問題に関して自分の考えを提案してもかまわない、と承諾されていた。彼は、三つの国家の創設によって解決の糸口が得られると提案した。三つの国家とは、イスラエル、ヨルダン、そしてこの両者が共同で治めるパレスチナ国家である。パレスチナ国家は西岸地区とガザ地区で構成され、すべて非武装化され、どの国家の支配下にもおかれない。その代わりに、ヨルダンのパスポートを持つ住民はヨルダン議会の選挙権を有し、イスラエルの市民権を持つ住民は、エルサレムのクネセトの選挙権を有する。その多くが無国籍難民であるガザ地区の住民には、ヨルダンのパスポートが受給される。三国家は単一の経済圏を形成し、物品、人間、思想信条は自由に往来することができる。ペレスは、彼の計画は現実離れしているかもしれない、とは認めたが、「この際、空想しか状況を変えられない」と言った。

フセイン王は急かせるように、目の前の現実の話をしたがった。つまり、兵力引き離し協定のことであった。アロンが、会談が壊れないように救いの手を差し伸べた。彼は、エリコの町をヨルダン・ハシミテ王国に返還して、そこに民間の行政機関を設置するのはどうかと提案した。王はイエスともノーとも答えなかったが、それは彼の本音は、シナイ半島やゴラン高原の場合と同様に、イスラエルの全国境線沿いの撤退であったからである。会談は、何の成果も得られずに終わった。(原注5)

二回目の会談は、十月十九日に行なわれた。この時は、フセインはエリコ案を考え直してやって来た。とは言っても、彼はエリコの町だけではなく、ラマッラーまでのルートを確保する周囲の飛び地領も要求した。フセインは、エリコ案を西岸地区での彼の影響力を拡大する手段ととらえたのである。しかしラビンは、国家宗教党を政権内に吸収したばかりで、脆弱な連合政権が壊れることを恐れ、たとえ飛び地領といえども譲るわけにはいかなかった（原注6）。ラビンがエリコ案を却下した理由は、すでに政権から脱けていたアバ・エバンがずばりぶちまけている。

「なぜイスラエル政府はヨルダンとの兵力引き離しを追求しなかったか、その答えは国内事情のみに見出される。クネイトラとスエズは選挙に無関係だ。エリコは選挙で信を問うことになる。選挙は避けたい――とすればヨルダンとの撤兵合意も望まない。ここに、外交政策と国内的制約の相関関係という非常に典型的な例があった」（エリコは第一次中東戦争以降ヨルダン占領下だったが、第三次中東戦争後はイスラエル主権下になっていた＝訳者）（原注7）。

十月の終わり、アラブ連盟首脳会議がモロッコの首都ラバトで開催された。首脳会議が、ＰＬＯの「パレスチナ人の唯一の合法的代表」という自己主張を支持したことで、フセイン王は手痛い敗北をなめた。首脳会議はふたたび、解放パレスチナ全領土における、ＰＬＯ指導下によるパレスチナ人の独立国家権力を建設する権利を主張した。

このような決議の採択は、一九六七年に占領された領土はヨルダンに返還されるのではなく、独立国家を建国するためにパレスチナ人に返される、という意味である。一ヵ月後、ヤセル・アラファトは国連総会に招かれて演説し、パレスチナ人の民族自決権を是認する決議案の可決を求めた。ＰＬＯが国際的合法性の獲得に成功しても、イスラエル政府は動じなかった。イスラエル政府はヤリヴ―シェムトブの解決案（ＰＬＯを承認し、テロ活動を放棄するならいかなるパレスチナ組織とも交渉する＝訳者）の採択を却下した。ラビンは実際問題として、イスラエルはフセイン王とだけ取引すると明示することで、ＰＬＯに対する姿勢を硬化させた。

アンマンから見れば、イスラエルの態度はまったく役に立たなかった。イスラエル政府は一貫して兵力引き離し協定という形の命綱を投げるのを拒否していた。占領された領土を取り返すことがまったくできないという状態にあるフセインの立場は、ラバトで非常に苦しくなった。アラブ各国首脳がPLOをパレスチナ人の唯一の合法的代表と認めたとき、フセインはこの決定に従う以外にほとんど方法がなくなってしまったのだ。(原注8) フセインは、イスラエルは自分を見捨てた、と怒りをあらわにした。フセインとイスラエル首脳との次の会談は、一九七五年五月二十八日まで持たれなかった。この時には、イスラエルはエジプトとの第二次兵力引き離し協定に向けた交渉に入っていた。

フセインはこの合意が成立すれば、中東におけるヨルダンの立場がさらにまた弱くなることを恐れたが、アッ＝サーダートの信頼性に対する心配を振り払う以外には、なすすべはなかった。前回、前々回の会談同様、この時も何の合意も得られなかった。

ラバト首脳会議後も、会談は続けられたが、それはどちら側も接触を保つことに何らかの価値があると考えていたからである。だが、会談の重点は、政治的解決を図ることから、日常的問題の取り扱いにずれ込んでいった。出てきた議題としては、パレスチナ過激派グループのテロ活動に対する戦いとか、エコロジー、水問題、航空、アカバ湾の水運、国境線画定などであった。(原注9) 本当に大切な問題については、フセイン王によれば、「ラビンは非常に頑なだった」。彼は、礼儀正しく、誠意に溢れていたが、いかんせん頑固でとりつく島がなかった」。一九九二年から一九九五年までのラビンの二度目の首相時代に二人が再会したとき、ラビンがフセインに言った。

「あなたは頑固だった」

するとフセインが答えた。

「ああ、そうだった。パレスチナの領土をひとかけらも、パレスチナの権利をこれっぽっちも渡したくなかったからね」

フセインはまた、一九七六年のラビンとの最後の会談で、ラビンがこう言ったのをおぼえている。

「よろしい。もうこれ以上何もできません。十年待ちましょう。その頃には片がついているかもしれない」

すると、フセインが応じた。

「それは残念だ」(原注10)

全体としては、ラビンはヨルダンとの関係においては、政治家としての手腕も、洞察力も発揮したとは言えない。彼は、国際関係に求められているものよりも、国内事情の方を優先させたのであった。彼は、その内政への波及に対処する勇気がなく、イスラエル―ヨルダン関係の大テーマに取り組もうとしなかった。彼の戦術は、時間稼ぎであり、難しい決断を先延ばしにしながら、地域的諸関係がイスラエルに有利に働くようになるまで、政治的に延命することにあった。彼にとって、ヨルダン問題とパレスチナ問題のどちらも、主要でもなければ緊急を要するものでもなかった。彼はいくつかの機会に、中東問題の核心はイスラエルとエジプトとの関係である、と繰り返していた。ヘンリー・キッシンジャーの段階的アプローチのやり方と彼のやり方とは、エジプトとの関係においても共通するところがあり、彼は紛争の核心的問題をできるだけ先へ先へと延ばした。しかし彼はここで、和平よりいくらか安くつくなら、領土で支払う用意だけはしていた。

シナイ合意Ⅱ

エジプトとの暫定合意交渉のイスラエル代表団は、またしてもラビン、アロン、ペレスであった。しかし、フセインとは直接交渉だったが、エジプトとは第三者を通じての交渉であった。一九七五年三月、あの疲れを知らぬ米国務長官が、エルサレムとカイロ間のシャトル外交を再開した。この時までに、リチャード・ニクソンは不名誉のうちにホワイトハウスを去っており、ジェラルド・フォードが新大統領に就任していた。フォードとキッシンジャーは、中東問題の全面的解決にはまだ到達する段階ではなく、次のステップはイスラエルとエジプトとの暫定合意であるべきだ、との見解でラビンと一致していた。キッシンジャーは、ニクソン大統領の国家安全保障問題担当補佐官時代、ラビンの型破りの外交スタイルに接していた。以下が、ワシントン時代のラビンにキッシンジャーが抱いた感想である。

イツハク・ラビンは優れた才能に溢れていたが、人間関係の才能はなかった。もし彼に、全米空軍戦略指令権をプレゼントしたとしたら、(a)イスラエルは当然貰うべきものを貰った、という態度をみせる。そして(b)航空機に技術的欠点を見つけ出し、私たちに向かって、ほしくはないが貰ってやるか、という顔をする。(原注11)

キッシンジャーの訪問を控え、イスラエルの政策決定者たちはエジプトとの暫定合意をどのような形で実現するかを話し合った。一九七一年（六日戦争後の暫定合意交渉のこと＝訳者）のように、軍幹部は政治家たちよりは領土にこだわっていなかった。イスラエル国防軍参謀本部には、シナイ半島の新しい安全保障協定を望む総意が生まれていた。要望の核は、できるだけ幅の広い緩衝地帯と、そこから両国の軍隊を排除することにあった。国防軍の提案によると、この緩衝地帯はイスラエル―エジプト共同偵察隊あるいは国連軍が監視することになっていた。この提案は、シナイ半島の防衛が静的概念から柔軟な概念に転換したことを表わしていた。緩衝地帯の大きな利点は、いくらエジプト軍がそこを横断してイスラエル国境に向かおうとしても、彼らの地対地ミサイルの傘は取り払われていて、イスラエルの装甲戦車隊と空軍の攻撃にさらされることになる、という点であった。これを提案した中心人物は、一九七四年にダヴィド・エラザールに代わって参謀総長になったモルデハイ・グール中将だった。グールは、シナイ半島の北、地中海沿岸のエル＝アリーシュから紅海沿岸のラス・ムハンマドまでを結んだ線までのイスラエルの大幅な後退を勧めた。しかもなお、この後退はエジプトとの政治的合意の上で条件付きとしないことを勧めた。

政府は、参謀総長推薦案を受け入れなかった。政府は一方で、シナイ峠からの完全撤退を実施する意思はなく、ウム・ハシバの早期レーダー警戒基地をイスラエルの管理下に保つことに固執した。他方、あらゆる後退に対する政治的見返りを要求する決意でもあった（原注12）。ラビンは、とくに強硬な態度に出た。彼がフォード大統領に説明したように、一歩ずつのアプローチにも一つ一つ落とし穴がある。もしイスラエルが「ひとかけらの領土」と引き換えに「ひとかけらの和平」も得られないのなら、イスラエルが持てるものをすべて手離した上に、目的を達することがないまま交渉が終わることもありえる。したがって、和平に向けた政治的手続きを踏襲することが、今後の合意のためには不可欠である。ラビンはあくまで戦争状態の終了と、ミトラとギディ峠、アブ・ルデス油田の保持を要求した。一九七五年三月初旬に往復外交に乗り出したキッシンジャーは、これは非現実的な態度だ、と強く感じた。

エルサレムで持たれたある会談で、ラビンはキッシンジャーにシナイ半島のほぼ全部と引き換えに単独全面講和を結ぶ用意がアッ＝サーダートにあるかどうか、直接確かめてほしいと頼んだ。アッ＝サーダートの答えは、単独講和は結べない、であった。それでも、暫定合意交渉においてもラビンは、エジプトを現実的に軍事的対峙からはずすような条件設定にこだわり続けた。ポイントはシナイ半島の峠（ミトラとギディ）であった。ラビンがここで提示した最終案は、エジプト軍が峠の西端を越えて前進しないことを条件にした上での、イスラエルの峠の東端までの撤退であった。そうすれば、非交戦を宣言する、とまた頑張った。アッ＝サーダートには、これは受け入れられなかった。キッシンジャーは、交渉の行き詰まりをイスラエルのせいにし、強い圧力をかけ始めた。キッシンジャーは、もしイスラエルが強情な態度を取り続けるのなら、ソ連を呼んでジュネーヴ会議を招集する、と恫喝をかけた。三月二十一日、フォード大統領がラビンに非常に手厳しい書簡を送り、キッシンジャーの任務が失敗すれば、中東地域と米―イスラエル関係に途方もない結果を招くことになる、と警告してきた。このメッセージは予想外の逆効果を呼んだ。動揺していた閣僚たちまで、交渉代表団は断固として既定方針を貫くべきだと意志一致した。キッシンジャーが打った手は失敗し、彼はそれをイスラエルのせいにした。またもや彼は、専用機内で記者団に、イスラエルの強硬方針のせいでチャンスを逃した、と語った。

交渉の失敗に続いて、フォード大統領は、アメリカの中東政策の「見直し」を公式に発表した。これは、米―イスラエル関係のもっとも難しい時期の予兆の一つであった。一九七五年の三月から九月まで、アメリカは兵器取引契約改定の調印を拒否したが、それでも関係悪化の前に交わしていた契約は守った。六月、問題解決を図るためラビンがワシントンに飛んだ。滞在中、現地のユダヤ人団体がイスラエル支持の広報活動を展開した。上院議員七十六人が、イスラエルに「防御できる国境線」と大規模な経済・軍事援助を求める嘆願書に署名した。フォードはラビンに二つの選択肢を提示した。中東問題の包括的解決を図るためにジュネーヴ会議に回帰するか、またはイスラエルとエジプトとの暫定合意を再度試みるか、であった。ラビンは後者を選択したが、イスラエルはエジプトに、イスラエルがエジプトに行なうべきだと認識していた譲渡への代償を、アメリカの通貨で支払うことを要求した。

参謀本部は、シナイ半島の両峠の東側口にイスラエル軍が存在していることに反対するエジプトの要求に応じるための撤退計画を策定していた。イスラエル国防軍は、ギディ峠の北とミトラ街道の南にとどまり、両峠間を走る稜線の東側までを保持する計画だった。これによって、イスラエルは峠を占有することなく、その東側を統御することができる。この計画は、峠地域に早期警戒警報装置を設置し、イスラエルとエジプト双方のための操作をアメリカに求めるものであった。キッシンジャーとフォードは最初、シナイ半島における米軍の存在、という話にえっと驚いた。七月初旬、フォード政権が、シナイ半島に軍関係者を送る準備はまだできていないが、ウム・ハシバ早期警戒警報基地に人員を配置し、エジプト側にも早期警戒警報基地と人員を追加設置する用意がある、とイスラエルに連絡してきた。エジプト側と接触していたアメリカとの連絡で、イスラエルが納得できる暫定合意への段取りが最終的に整ったことをラビンは確信した。(原注13)

キッシンジャー主導による交渉の第二ラウンドは、八月二十一日から三十一日まで続いた。この十一日間、キッシンジャーは合意に向かって駒を少しずつ着実に進めた。彼が交渉を進めるやり方は、参加者全員の忍耐力と持続力、そして肉体的な耐久力さえぎりぎりまで試すものだった。第二次シナイ合意は、九月一日に非公式に承認され、九月四日、公式にジュネーヴで調印された。九月一日にイスラエル内閣が承認し、九月三日にクネセトで、七十対四十三で批准された。合意反対に投票した議員の中には、モシェ・ダヤンの他に二人のラフィ派がいた。ラビンがどうしてもわからなかったのは、なぜダヤンが反対票を投じたかであった。

エジプトとイスラエルの合意――以後シナイ合意IIとして知られるようになる――は、一九七四年一月十八日の第一回撤兵合意をひな形にしている。しかし、そこには一つ新しい特徴が見られる。合意内容とイスラエルの両方に関係するアメリカの役割である。イスラエルは、アブ・ルデス油田と峠からの撤退に同意したが、ギディ峠の東端のいくつかの丘陵は保持していた。また、峠にあるウム・ハシバの精巧な早期警戒警報装置も保持していた。アメリカは同様の装置を峠のエジプト側にも設置すると約束しており、二つのレーダー基地が、アメリカ民間人職員が配置されたシナイ地域任務（Sinai Field Mission）の一部を構成することになっていた。油田と峠は非武装の緩衝地帯にあり、国連軍の監視下にあった。国連緩衝地帯の両側に、シナイ合意Iによる武力制限地帯があった（地図9参照）。これらを獲得した代わりに、エジプトはいくつかの非交戦要素を受容したが、戦争状態の包括的放棄には合意しなかった。

第一条にはこうある。

「両国間の、および中東における紛争は武力によってではなく、平和的手段によって解決されなければならない」

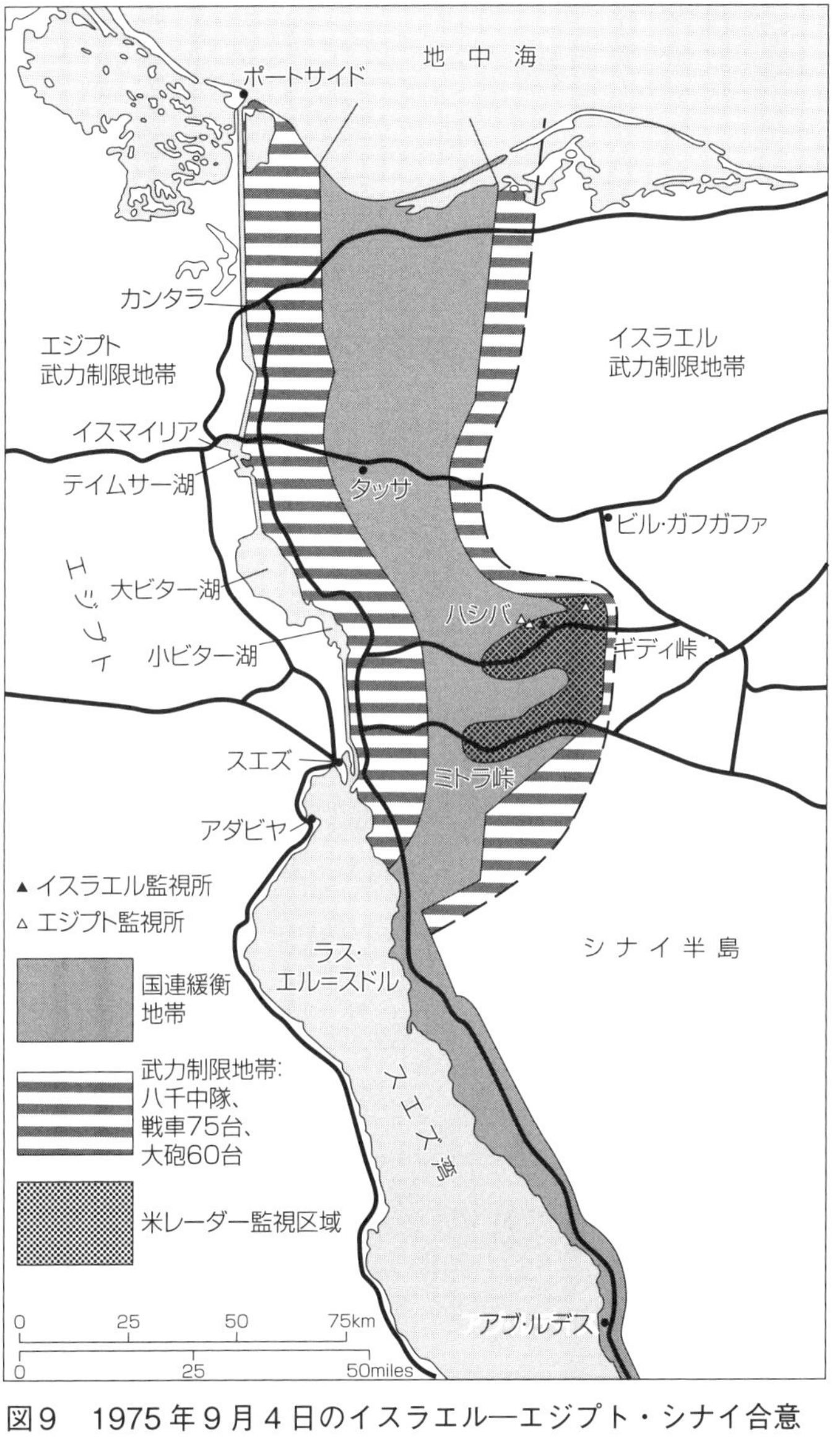

図9　1975年9月4日のイスラエル—エジプト・シナイ合意

第二条には、「当事国は、お互いに向けた脅威あるいは武力行使あるいは軍事的封鎖に訴えないと確約するものとする」とある。

第三条は、当事国に対し、地上、海上、上空における停戦の監視を継続することを課し、第八条は当事国がジュネーヴ平和会議の枠組み内で、また国連安保理決議第三三八号に従って、最終的和平合意に向けて交渉する努力を継続することに言及している。(原注38)

ラビンはキッシンジャーに対して、米―イスラエル合意が伴わなければ、シナイ合意IIはイスラエルの内閣が承認しない、と明言した。そこで両者は、暫定合意によって生じたイスラエルに対するアメリカの責務事項を詳述した両国間の「合意覚書」の検討を進めた。両国間問題の最終的議論は八月三十一日に始まり、翌朝六時まで続いた。両国とも出席者の大半がへとへとに疲労困憊して途中退席し、最後はラビンとキッシンジャーの二人だけが、いびきの大コーラスの中でまだ議論していた。覚書は、「進行中および長期的基盤での、イスラエルの軍事設備とその他の防衛用必需品、エネルギー関連必需品と経済的必需品の」アメリカによる援助を約束していた。さらに具体的には、イスラエルのF―16戦闘機と通常兵器弾頭付きのパーシング・ミサイルの要求に対する前向きの回答も約束していた。実はもう一つ、極秘の「合意覚書」が交わされており、そこでアメリカはPLOと交渉しないし、承認もしない、また中東において、イスラエルへの事前の承諾なしにいかなる動きにも出ないし、和平交渉の唯一の規準としての国連決議二四二号と三三八号から逸脱することもない、と確約している。(原注15)

ラビンにとって、アメリカとの合意はエジプトとのそれと同じく重要なものであった。イスラエルは今やアメリカと事実上の同盟関係にあった。この合意にかかるアメリカの経費は以後三年、毎年およそ四億ドル（一九七四年当時のレートで約百四十億円＝訳者）、当時のアメリカの対イスラエル援助額の倍であった。アメリカ国内のある筋からは、高くつき過ぎる、そしてイスラエルの負担を考えると法外だ、という批判もあった。ジョージ・ボールは、シナイ合意Ⅱは「アメリカがイスラエルから、シナイの一切れの砂漠を大変高価な経済的、政治的評価を与えて買い取り、エジプトに金を出して受け取ってもらったという、途方もない不動産取引と言えるだろう」と書いた。(原注16)

イスラエルでは、シナイ合意Ⅱはエジプトとの和平に向かうための、何物にも代えがたいものとされた。これは前任者の外交から決別する、ラビンが踏み出した第一歩であった。しかし、ある見方からすればこの合意は、新しい始まりというよりも、ある道程の終わりを示すものであった。イスラエルは、占領していた戦略的ギディ峠や油田を含むエジプト領土の七分の一を手放した。その代わり、大きな政治的決断を求められることのない三年間の休息時間を得て、新しい現状（ステータス・クオ）を強化することができた。何と言っても、合意にはイスラエルがゴラン高原や西岸地区に関する交渉に入るなどという確約はなかった。そのとおり、合意は正当で継続的な、しかしイスラエルとエジプト間にかぎる、平和に向けた努力を継続することに言及していた。イスラエル政府とアメリカ合衆国が交わした合意覚書は、両者ともシナイ合意Ⅱを単独講和と見なし、中東の包括的和平の第一歩とは考えていないことを明らかにしていた。第十二条は、こう述べている。

「アメリカ合衆国は、エジプト－イスラエル合意に従ったエジプトの関与、その遂行、その有効性、その期間が、他のアラブ国家とイスラエルとの間の何らかの行為あるいは展開上の条件とはならないと考える」

もしキッシンジャーの目的が、アッ＝サーダートとソ連との間を裂くことであったなら、ラビンの目的は、アッ＝サーダートとシリアとの亀裂を広げることであった。

シリアとレバノン

シナイ合意IIは、アラブ世界では非常に評判が悪かった。イスラエルが一九六七年に奪った他のアラブ領土からイスラエルを撤退させる可能性をアッ＝サーダートが弱めた、と考えたのはシリア人とパレスチナ人だけに限らなかった。シリアは一九七三年十月、アッ＝サーダートと協力してアラブ世界のためにシリアが手に入れた政治資産を、他ならぬアッ＝サーダートが食い潰したと感じていた。アッ＝サーダートの「失策」を取り返すために、シリアは紅海のアカバから地中海のナクラまでの三日月形の、別名「バナナ戦線」なる連合の結成を試みた。バナナ戦線は、シリアを中心にヨルダン、イラク、レバノンで構成され、イスラエルの東北側を囲むように展開する手筈になっていた。イスラエルは、シリアがレバノンで地歩を固めることに成功すれば、この戦線の危険性は相当程度増すと見ていた。(原注17)

これと同時にシリアは、国連に中東紛争の全面的解決、およびパレスチナ人の諸権利とパレスチナ人の唯一の代表としてのPLOの国際的承認を求める外交攻勢を開始した。米国務省の高官の中には、パレスチナ問題が中東問題の核心であり、PLOの姿勢が状況を穏便に持っていくのではないか、という見方に好感を持つ者がいた。一九七六年一月、フォード大統領はイツハク・ラビンが公式にワシントンを訪問した機会を利用して、和平交渉を前進させるために一歩踏み出すよう、私的にも公的にも強く要請した。ラビンは連邦議会で演説し、イスラエルはどのアラブ国家とも交渉する用意はあるが、PLOと会うのは国家的自殺を図るようなもので、その意思はない、と述べた。実際、シリアとの交渉の道は閉ざされたままになっていた。キッシンジャーはアッ＝サーダートに、シナイ合意IIが締結されたなら、次にシリアとイスラエルの合意を進める、と約束していた。彼はまた文書で、アメリカはシナイ合意IIを単独のものと考えている、とイスラエルに確認していた。そういうわけでアメリカは、シリアとの合意の可能性はイスラエルの意向に任せざるを得なかった。イスラエルは、ゴラン高原の撤兵ラインはせいぜい「その場しのぎの変更」にしかならない、という考え方をとった。シリアはこれに興味を持つわけがなく、第二回シリア―イスラエル交渉は少しも始まらなかった。(原注18)

ダマスカスとカイロ間の不協和音は、レバノンの国内紛争にも悪影響を与えた。レバノンはイスラエルにとって、軍事的問題でも戦略的問題でもなかった。問題は、マロン派キリスト教徒、イスラム教ドゥルーズ派、イスラム教シーア派、イスラム教スンニ派という主要四グループ間の微妙な力関係をめぐって動くレバノンの内政事情から発生していた。一九四八年に流れ込んできたパレスチナ難民で構成される大規模なパレスチナ人社会は、一九七〇年九月の（ヨルダン内戦での）PLOの敗北でヨルダンから逃げてきたパレスチナ人でさらに膨れ上がり、人口的、政治的均衡を崩していた。ヨルダンからベイルートや南レバノンにやってきたPLOの指導者、闘士はレバノンに国家内国家を作った。レバノン国内の対立党派は国外にスポンサーや支持者を擁していた。レバノン国家の弱点とレバノン社会の分裂状況は、国外勢力の介入を許していたのみならず、それを引き寄せていたと言えよう。レバノン抗争劇の外国人の主役は、シリアとイスラエルであった。シリアの指導者は歴史的根拠から、レバノンを独立主権国家とは見なさず、シ大シリアの一部と考えていた。イスラエルとマロン派キリスト教徒社会とのつながりは、イスラエル独立以前の時代から存在し、独立後もイスラエルは、レバノンのキリスト教分離主義者と、彼らが主導権を求める運動を支援してきた。とくに、イスラエルと、汎アラブ主義に対抗する政党で民兵組織でもあるファランヘ党*との間には緊密なつながりがあった。シリアとイスラエルは、レバノンがそれぞれの敵に支配されるのではないかという恐れで共通していた。シリアはイスラエルを包囲しようとしていたのであり、逆に包囲されたくはなかった。イスラエルにとっては、対シリア、対レバノンとの国境線にシリアの軍隊がのさばる風景などありえなかった。どちらも、レバノンにおける敵の動向を虎視眈々と見守っていた。一九七五年四月、煮えたぎるレバノンの緊張がついに爆発、内戦が勃発した。内戦の第一局面は銃撃戦で、左派―PLO連合対内部分裂していたキリスト教徒民兵組織各派との散発的武力衝突などが一九七六年一月まで続いた。第二局面は一九七六年五月まで継続し、先鋭化した戦闘が拡大したが、左派―PLO連合の勝利の兆候が見えた。劣勢になったマロン派は、完全に立場を異にする二つの相手に救いを求めた。シリアとイスラエルである。シリアは、この要請にいくつかの段階を踏んで応えた。まず、戦闘中の党派をダマスカスに召還して政治的介入を試み、彼らに対しレバノンの若干修正しただけの旧憲法体系の復活を企図した合意を押しつけた。これがうまくいかないとなると、シリアはその忠実な軍事組織であるサイカ*を送り込み、キリスト教徒側に立って内戦に介入した。一九七六年六月一日、キリスト教右派が壊滅の危機に陥った時、シリアはレバノンに正規軍を送り込んだ。

　イスラエルの政策決定者は、レバノンのめまぐるしく変わる出来事や、ますます絶望的になるマロン派キリスト教徒からの救済の訴えに、どう対処すればいいのかよくわからなかった。ここでは、現状（ステータス・クオ）が維持できないのは明らかだったが、レバノンという国家が崩壊の危機にあると同時に、逆にここがチャンスとも言えた。イーガル・アロンはチャンスととらえ、イツハク・ラビンは危機ととらえた。アロンは、中東のイスラム教徒のスンニ派支配に対抗する少数派連合の強固な支持者だった。彼は、積極的介入策と、クルド人、ドゥルーズ派、キリスト教徒たちとの連携をアラブ世界のいたるところで作り出すことに賛成だった。彼が一九五〇年代以来ずっとあたためてきた計画は、シリア国内、ゴラン高原、レバノンのシュフ山脈などのドゥルーズ派の統一を援助し、イスラエルと同盟関係を結ぶ、というものであった。十月戦争の間、アロンは国防軍をシリアに進軍させ、シリアの負担でドゥルーズ派国家の建設を助けようと企てたが、この意見は聞き入れられなかった。レバノン内戦は、アロンに言わせれば、イスラエルが一九七三年の失敗を改める歴史的チャンスだった。彼は、イスラエルとつながった二つの小国家をイメージしていた。ドゥルーズ国とマロン国である。二十年前のダヴィド・ベングリオンのように、アロ

ファランヘ党：レバノンのキリスト教マロン派系極右政党。一九三六年にレバノン独立を目的に結成され、反仏抵抗運動から独立後は親イスラエル路線に変わった。その後、反シリアとなり一九七五年のレバノン内戦で右派民兵組織として名を上げた。一九八二年、ジェマイエル大統領がファランヘ党本部で爆殺され、民兵がベイルートのサブラ・シャティーラでパレスチナ難民を襲撃、虐殺した（イスラエル軍は静観）。八〇年代には親欧米指向を強め、一九八九年の内戦終結で武装解除、現在レバノン議会野党連合の一角をなしている。

サイカ：シリアで一九六六年に結成されたパレスチナ人バース党軍事組織。アラブ語発音ではアッ＝サイカ。一九七〇年のアサドのクーデターでアサド派パレスチナ解放武装組織となった。レバノン内戦では、ファタハに次いで強力なパレスチナ武装組織となり、ダムールのキリスト教徒虐殺にも関わった。オスロ合意調印後は急速に勢力を失い、一九九〇年代に入ってからはテロ組織指定からもはずされている。

ンはアラブ世界に向けた介入政策の連続攻撃を主張したのである。

イツハク・ラビンはそれとは対照的に、メリットありとする見方には懐疑的で、レバノンの泥沼にはまり込むことの危険性を危惧していた。彼は生まれつき用心深く慎重な性格で、政治的、軍事的ギャンブルを好む傾向ではなかった。彼はともかく本能的に、ステータス・クオの保持をめざすだけであった。彼は、レバノンの終焉を早めたり、国家でっち上げの実験室に仕立て上げたりするのではなく、シリアとイスラエルの間の緩衝地帯として維持したいと考えていた。マロン派指導者にあまり感心していなかったラビンは、レバノン内戦に引きずり込まれて彼らのために戦う気にはならなかった。二十年前のモシェ・シャレットのように、マロン派が「折れた葦*」になるのではないかと危惧したのである。彼はシャレットほど頑強に介入政策反対ではなかったが、できないものはできないとはっきり線を引いた。マロン派に武器と軍事訓練施設を提供することには同意したが、マロン派とイスラム社会との闘争に直接的に、あるいは積極的に介入するつもりはなかった。マロン派は自分で何とかしなさい、というのが彼の関わり方であった。

マロン派の救済の要請、PLOと同盟勢力の優勢、シリアの介入、と引き続き、イスラエルにはレバノン政策の再検討が必要になった。政府は三つの選択肢を挙げた。一つ、内戦へのイスラエルの直接介入。ラビンは、このオプションには反対の立場をとったが、それは現状維持派の民兵組織を助けるイスラエルの大規模介入は、対シリア戦争につながりかねず、エジプトとの関係を傷つけることを恐れたからであった。二つ目の選択肢は、もし旧来のレバノン国家が生き残れなかったとすれば、シリアに委ねる、である。PLOとその同盟軍に制圧されるよりはこの方がよかったが、短所は地域におけるシリアの立場を強化しかねず、イスラエルは二つの前線でシリアを迎え撃たねばならなくなることであった。

三つ目の選択肢は、中間主義的であった。シリアの介入は認めるが、一定の限度を設定する、である。その限度とは「レッド・ライン」として知られるようになった、アメリカがシリアに宣告した制限事項であった。レッド・ラインは、シリアはシドンの南まで軍隊を進めない、空軍を出撃させない、レバノン領内に地対空ミサイルで攻撃しないことを条件づけていた。これが、イスラエル政府が選んだオプションだった。(原注19) 別の言い方をするなら、レッド・ラインは、シリアがシドンの東からレバノン―シリア国境までを直線で結んだ線を越えることはできず、上空からイスラエルを攻撃することはできず、イスラエル空軍機をミサイルで攻撃することもできないことを意味していた。イスラエルの立場からすれば、この中間的方針には、少なからず利点があった。第一に、これはレバノン国内でのイスラエルとシリアの軍事衝突の危険を抑える。第二に、シリアの介入はレバノン国内でのイスラエルの敵、PLOとイスラム左翼勢力、に向けられる。第三に、これによってイスラエルはレバノンにおいてアメリカと共通の政策を追求することが可能になる、ということであった。アメリカは、イスラエルと同様、シリアをレバノンの内政にとってきわめて強い安定要素と判断するようになった。

フセイン王が、ハーフェズ・アル＝アサドとイスラエルとの間の暗黙の了解を取り付けるのに一役買った。王はマロン派に、中東で生き残りたいのであれば、イスラエル側につくべきである、と忠告した。彼はまた、彼がイスラエルの指導者と連絡がとれると知っているアサド大統領から、メッセンジャーとして

折れた葦：聖書イザヤ書三十六章第六節にある「見よ、あなたはかの折れかけている葦のつえ、エジプトを頼みとしているが、それは人が寄りかかるとき、その人の手を刺し通す。エジプトの王ファラオはすべて寄り頼む者にそのようにするのだ」から、頼りにすると裏切られる、という意味。

動くことを頼まれ、それを引き受けた。一九七六年四月のある晩、ロンドン駐在のイスラエル大使、ギデオン・ラファエルは、共通の友人の家でフセイン王に会ってほしいとの緊急連絡を受けた。王は、この地域に高まる緊張を深く憂慮していた。彼は、レバノンの現在の状況をコントロールして戦闘を鎮めるのがお互いのためだ、と力説した。彼がアサドからラビンに伝えたメッセージは、シリアがレバノンに介入したのはキリスト教徒を保護するためであって、レバノンにおけるイスラエルの利益に危害を加えるためではない、という内容であった。アサドは、彼の軍隊をイスラエル国境から遠ざけると約束し、イスラエルに介入しないよう求めた。数時間後、ラファエルはイスラエルに向かった。ラビンは、メッセージに満足した。臨時閣議が開かれ、内閣はシリアの弁明を受け入れ、レバノンへの直接介入は行なわないという決定を再確認した。ラファエルは、王を安心させるメッセージを携えてロンドンに引き返し、王は即刻ダマスカスに転送した。(原注20)

イスラエルは、キリスト教徒民兵組織からの救援要求に応えるために、直接の連絡ルートを設置した。三月の終わり頃、ベンヤミン・ベン＝エリエゼル大佐*率いる四人の情報員と軍将校のチームが、内戦でのキリスト教徒民兵組織の兵力とその能力を評定する目的で派遣された。私服姿の四人は、イスラエルの砲艦に乗り込んでジュニエ港に向かい、レバノン北部にあるキリスト教徒の要塞を訪ねた。四人は、キリスト教徒の指導者、シェイク・ピエール・ジェマイエルとその息子のバシール、前議長のカミール・シャムーンとその息子のダニーに会った。キリスト教徒たちは、パレスチナ人を虐殺するためと称して武器を要求した。ベン＝エリエゼルはこのような残虐で執念深い、露骨なほどの山賊まがいの連中が、明日はイスラエルの友軍になるのかと思うと愕然とした。カミール・シャムーンがベン＝エリエゼル一行を中庭に案内し、女性隊員を閲兵してほしいと言った。戦闘服に身を固めた若い女性隊員たちはカラシニコフ、拳銃、手榴弾、アーミーナイフで全身を固めていた。ベン＝エリエゼルがこれまでの戦果をきいた。「お見せしろ」とシャムーンが一人の隊員に命令した。すると女性隊員は、ポケットから透明なナイロンの袋を出して見せた。中には切断された人間の指が数本入っていた。彼女が殺した敵の指であった。別の女性隊員は切り取った耳たぶがいっぱい詰まったナイロンの袋を振りかざして見せた。これも勝利の勲章であった。ベン＝エリエゼルはもう十分とばかりに、中に入りましょうと言った。彼はこの訪問で、レバノンのキリスト教徒はイスラエルにレバノンを占領させ、内戦を共闘してほしいと考えている、と結論した。その代わりに、彼らによれば、彼らはイスラエルとの防衛条約と和平協定に調印する用意がある、と言うのであった。

イスラエル訪問団は、臨時内閣防衛委員会に報告を提出した。出席者は、ラビン、アロン、ペレス、参謀総長のモルデハイ・グール、モサド長官のイツハク・ホフィであった。ベン＝エリエゼルの報告はどちらかといえば、やや混乱していた。彼は、キリスト教徒同士の分裂があり、期待が大きすぎると評定したが、武器と軍事教練による援助を勧めていた。ホフィはレバノンへの大規模な関与には反対だと警告した。彼は非常に慎重で、戦争に巻き込まれる危険性を指摘した。モサド内部にも二つの考え方があることが後でわかった。ホフィ派は過剰な関与に反対であった。他方、ダヴィド・キムチーを代表とする一派は、キリスト教徒側に立った介入に賛成であった。(原注21)

ベンヤミン・ベン＝エリエゼル：イスラエルの元軍人で政治家。一九三六年イラク生まれ。現在労働党選出のクネセト議員。工業相、貿易・労働相、国防相、副首相を歴任。

キムチーは、レバノンのキリスト教徒の主導権を強めれば、イスラエルの利益にもっとも役立つと考えていた。彼は、イスラエルのイスラム教徒とパレスチナ人を敵とするキリスト教徒は、これまでの制限された地域で生き残りを図るのではなく、レバノン全土を支配下に治めるべきだ、とする「クリスチャン構想」の創始者であり推進者でもあった。キリスト教徒は、レバノンとアラブ世界全体における政治的同盟者であり情報源と受け取られていた。キムチーの考え方は、キリスト教徒の言動はいつも裏表があり、その情報も役に立たないと言っていたイスラエル国防軍情報局から、かなり反発を喰っていた。一九八〇年四月、ホフィはキムチーをモサドの長官補佐の地位からはずし、渉外部長に左遷した。その主たる理由は、彼がキリスト教徒への武器供給のために権威を濫用した、ということであった。キムチーが培っていたキリスト教徒との緊密な関係がホフィのお気に召さなかったのは明らかだった。(原注22)

イスラエルとマロン派トップとの頂上会談は、一九七六年の八月にハイファ港の沖合に停泊したミサイル艦の船上で行なわれた。列席したのは、カミール・シャムーンとイツハク・ラビンである。シャムーンがずばり訊いた。

「介入されますか?」

「介入してくれというわけですか?」

ラビンがこう訊き返して、煙に巻いた。ラビンはベン=エリエゼル大佐の報告を土台に話を進めた。報告には、マロン派内部の分裂と歴然とした軍事的欠点が指摘されていたが、PLOに対する闘争への献身と、民兵組織に対する広汎な民衆的支持も強調されていた。ラビンはシャムーンに、イスラエルからの武器援助を増やすことを確約した。

「我々の基本的立場は、あなた方の自立を我々はお手伝いする、ということです」

ラビンは、レバノンからの年長者の客にこのように語った。この会談の後、マロン派にアメリカからライフル銃、TOW対戦車ロケット砲、旧式シャーマン戦車が届き始めた。後の概算では、イスラエルはラビン政権の三年間にレバノンのマロン派民兵組織のために一億五千万ドル（当時のレートで約六百億円以上）投入している。（原注23）

北部レバノンのマロン派に供与した武器と軍事教練支援以外に、イスラエルは南部レバノンのキリスト教徒民兵組織にも援助の手を延ばした。国境近くの地域はイスラエルの影響下にあった。民兵組織と接したおかげで、イスラエルは他のキリスト教徒社会諸階層との関係を拡大することができた。両国間を隔てていた垣根がいくつかの地点で取り除かれ、「よい垣根*」として知られるようになった。よい垣根政策でイスラエルは敵国内に味方を作り、イスラエルの影響が広がったが、戦略的価値としてはむしろ限られていた。

南レバノンでの影響力を広げつつ、イスラエルはレバノン国内の他地域におけるシリアの動きを監視していた。レバノン内戦は、アラブ世界において大きな政治的問題になっていた。一九七六年十月、アラブ連盟はアラブ抑止軍の名目を与えてレバノンにおけるシリアの存在を正当化した。シリアは、アラブ連盟の権威によって、法と秩序を取り戻し、停戦を実施する権限を与えられた。この権限の遂行のために、シリア軍はPLO部隊を南レバノンに押し込んだ。イスラエルは、ワシントン経由でレッド・ライン越え

よい垣根：Good fences make good neighbors ＝よい垣根はよい隣人を作る（親しき仲にも礼儀あり）のことわざから。

ないようダマスカス（アサド政権）に警告した。シリアは友好的態度で応えた。シリアは、自分たちはイスラエルのよい垣根政策に反対していたのでもなく、ＰＬＯをイスラエルに反抗するよう仕向けるのでもなく、彼らを武装解除させることが目的なのだ、と説明した。ヘンリー・キッシンジャーは、シリアがＰＬＯを武装解除させるために南レバノンに軍隊を配置することを歓迎した。イスラエルは、レバノン政府がＰＬＯを武装解除させ、南部の秩序を回復したことは歓迎したが、シリアが約束を守るとは信じなかった。だが、キッシンジャーが指摘したように、ＰＬＯを屈服させ南レバノンを鎮静化するよう仕向けられるのはシリアだけであった[原注24]。

　レッド・ライン合意は、エルサレムとダマスカスが直接会わなくとも、実際には戦略的な対話が可能だったことを示すものだ。

　イスラエルの政策決定者は、この合意の成果に十分満足していたが、状況が変わり辻褄が合わなくなってきた。イツハク・ラビンは、シリアは数ヵ月のうちに、パレスチナ人ゲリラ組織がこれまでの三十年間に、対イスラエルの作戦行動やイスラエル国防軍との衝突で失ったよりも多くのパレスチナ人の命を奪うと読んでいた。ラビンは記している。

「それよりもまだ皮肉なのは、シリア軍は『レッド・ライン』以南に進むことを禁じられていたので、南レバノンがテロリスト天国になっていた、という事実であった。我々はこうした可能性を予測はしていたが、この地域のシリアの軍事支配が我々の領土に及ぶよりはましだった。だがこれで、おかしな状況は少しも収まらなかった。他ならぬイスラエルの仇敵、ＰＬＯテロリストは、他ならぬイスラエルの『抑止力の傘の下』に身を隠し、シリアに敵対していたのだ」

膠着状態、そして敗北

中東紛争の解決を求めるなか、一九七六年は平穏無事な年だったと言えよう。アッ＝サーダート大統領は、その一歩一歩着実型の方法論もシナイ合意IIで使い尽くされたと考え、包括的合意への交渉継続を強く求めた。しかしながら、彼にはイスラエルをそうした方向に向かわせるために、有効な国際的圧力をかける力がなかった。アメリカでは、一九七六年は選挙の年で、またいつものごとく、どちらの候補者もイスラエル支援を公約に挙げて、ユダヤ人票を獲得しようとしていた。イスラエルのラビン首相には、ジュネーヴ会議を再開する意欲はなかった（一九七四年一月に無期限で閉会したままであった＝訳者）が、それはイスラエルに受諾可能な包括的合意の可能性がなかったからだ。アメリカから実質的圧力がかけられさえしないなら、好きにすればよいのだ――時間稼ぎ、である。

ラビンが探ろうと思っていた唯一の可能性は、エジプトとの単独講和の可能性であった。一九七六年の春、ラビンはモロッコ王のハッサン二世に接触して、エジプトとのパイプ役になる意志があるかどうかを打診した。モロッコ王は承諾し、ラビンは王に会見するため、変装してフランス経由でモロッコに飛んだ。ラビンはハッサンに、イスラエルは直接会談を真剣に求めている、とアッ＝サーダートに伝えてほしいと依頼した。ハッサンは、アッ＝サーダート宛ての密書を託して近衛師団司令官アフメド・アル＝ドゥレイミ将軍をカイロに派遣した。書簡は、和平実現を最終目的とする直接会談を提案し、秘密厳守を確約していた。ハッサンも個人的に、ラビンの真剣な態度を評価し、アッ＝サーダートに対しては対米依存をやめ

て、イスラエルと直接話し合うよう忠告した。アッ＝サーダートは、この提案を受けなかった。(原注26)

一九七七年初頭、エジプトの副大統領、ハッサン・トゥハミが、オーストリア首相のブルーノ・クライスキーに、彼自身とシモン・ペレスとの会談をアレンジしてほしいと依頼してきた。アッ＝サーダートの旧友の一人で、かなりの親友でもあるトゥハミは、駐オーストリア大使の経験があった。中東紛争の解決に個人的に深く関与するユダヤ人で社会主義者のクライスキーは、親友の一人に頼んでラビンにその旨を伝えた。ペレスが回想記に書いている。

「イスラエルの歴史では、よく瓢箪から駒が出たが、この時提案された会談も後に実現し、エジプトとの和平会談を引き受けたのは、それもリクードではなく、労働党だった。しかし、首相のラビンは提案が嘘か本当かよくわからなかったようだ」(原注27)

ラビンの返答は、自分はいつでもアッ＝サーダートと会う用意があるが、もしアッ＝サーダートが自分に会いたいのなら、住所もわかっているのだから仲介者なしで直接連絡してほしい、というものであった。この話には、嫉妬も少しはあったかもしれない。しかしながら、ラビンがオーストリアの仲介の申し出を拒否した主な理由は、議会多数派の支持を失うリスクを冒すことなく、イスラエルとの和平を検討するための遠大な提案をアッ＝サーダートに用意させるなど、彼にはできない相談だったからである。

一九七六年の終わり頃、ラビンの中期政権は、部分的には彼自身にも起因する政治的危機で大きく揺らいだ。危機は最終的に議会多数派を襲い、早期解散、総選挙という流れとなり、ふたたび労働党連立政権の指導者を争うペレスとの一騎打ちとなった。国家宗教党は、連立政権内にあったにもかかわらず、内閣不信任案動議を提出し、安息日を理由に投票を棄権した。動議は却下されたが、ラビンは突き進んで国家宗教党の閣僚三人を更迭した。クネセトの絶対多数を失ったラビンは辞表を提出、選挙日は一九七七年五月十七日に繰り上がり、ラビン内閣は暫定政権に変わった。ペレスは、ここがチャンスとアラインメントの代表戦に打って出たが、またもや僅差で敗れた。アラインメントの基盤は、相次ぐ金融スキャンダルで崩れていった。ラビン派から出馬したイスラエル銀行頭取候補のアッシャー・ヤドリンは収賄で有罪となり、懲役五年を宣告された。住宅相のアヴラハム・オファーは金融関係の不正行為疑惑で自殺を図った。

外交面での膠着状態も、アラインメントの選挙の展望をまるで好転させなかった。十月戦争以来ずっと、アメリカとの関係は危機がらみで、そのいくつかは政府が取引目的で意図的に作り出したものであった。イスラエルの国民大衆は、アメリカとの関係をおかしくしたのは自国政府の責任だった、と思うに至った。大衆の大部分は、イスラエルがかなりの占領地を手放し、それでもテロはなくならず、アラブとの和平は近づかず、世界中がイスラエルのことを悪く言い、友だちにまで見捨てられた、という思いを味わった。これはすべて、自分たちの政府がしくじった証拠ではないか、というわけだ。(原注26)

アメリカがイスラエルに背を向けているという思いは、大統領選挙でのジミー・カーターの勝利でさらに強くなった。ラビン政権は、新生民主党政権がその滑り出しの時期に中東に何か新機軸を打ち出すなどとは期待していなかった。ところがカーターは、選挙前の公約を守ったのである。彼は、今や包括的解決をめざして暫定合意の先へと動き出すべき時である、と主張するブルッキングス研究所*の研究グループの

ブルッキングス研究所：アメリカのNPOシンクタンク。一九一六年にロバート・ブルッキングスによって「政府活動研究所」として創立。経済、行政、外交等の分野での研究と教育に貢献。中道、リベラル系として特に民主党政権に影響を及ぼしてきた。

報告にとくに影響を受けた。グループの何人かは新政権の閣僚に指名されてもいた。

一九七七年三月上旬、ワシントンに着いたラビンは、新大統領が三点についてしっかりとした支持を表わしていることを知らされた。ジュネーヴ会議の再招集、若干の変更を伴う一九六七年六月四日国境線までのイスラエルの撤退、パレスチナ人の権利の認定、がそれであった。カーターは、一九六七年以前の境界線までのイスラエルのほぼ完全な撤退を公式に主張した最初のアメリカ大統領であった。そのパレスチナ問題に関する立場は、イスラエルからすればさらに面倒なものであった。彼は最初、「パレスチナ難民の郷土」を支持すると表明したが、すぐにこれが「パレスチナ人の郷土」を支持する、に変わった。こうしてカーターは、パレスチナ人の権利を民族自決権として擁護した初めてのアメリカ大統領となった。PLOには妥協の用意があると信じた彼は、PLOとパレスチナ人という二つの言葉を区別しなかった。カーターとラビンはそこで、手続きと国境に関してだけではなく、パレスチナ問題でもぶつかるはめになった。両者は私的に会ってもいるが、カーターはラビンが、たとえイスラエルの合法性を否定されたとしてもPLOを絶対に否定する、と言ったことには批判的であった。会談は、アメリカとの緊密な協力の中でアラブ諸国と部分的和解をめざす、というラビンの地道に積み上げる戦略総体の大きな後退を意味した。

ラビンの政治的な問題の上に、さらに私的な問題がのしかかった。あるイスラエルの新聞が、彼と夫人が大使時代以来、ワシントンの銀行にドル口座を持っていたことをすっぱ抜いたのである。これは、イスラエルの為替法に違反していた。口座はラビン夫人のレア名義になっていたが、彼はこれに責任を感じた。四月七日、彼は首相を辞任すると発表した。三日後、アライメント中央委員会は満場一致で、ペレスを暫定政権のラビンの後継首相として、そして近づく総選挙に向けての党代表に選出した。

一九七七年五月十七日の選挙は、イスラエル政治史における世紀の大変動という結果になった。ほぼ三十年に及んだ労働党天下に幕が下ろされ、メナヘム・ベギン率いる右派のリクードに権力が移行したのである。労働党の凋落は、リクードの進出よりもはるかに劇的であった。リクードは三十九議席から四十三議席と議席を増やしクネセト最大党派となった。一方、アラインメントは五十一議席から三十二議席に後退した。広汎だったアラインメント人気の衰退で一番得をしたのは、リクードではなく、変革民主運動（DMC）と称する新党で、党首は元参謀総長で著名な考古学者のイガエル・ヤディンといった。「クリーンな政治」勢力を謳い文句にしていたDMCは、アラインメントの得票数の約半分近い得票で、十五議席を獲得した。このめざましい躍進にもかかわらず、アラインメントのパートナーたちの冴えない結果で、DMCはクネセトのキャスティング・ボードを握るまでには至らなかった。アラインメントと連携していた統一アラブリストは三議席中二議席を失い、市民権運動は同じく三議席中二議席を失くし、独立リベラル党は四議席中三議席を失った。国家宗教党は議員数を十人から十二人に増やした。この政党は、事実上クネセトのキャスティング・ボードを握っており、リクードとの連立を選択した。リクードと国家宗教党、宗教系党派二党、その他小党派二党で、ベギンは議会内多数派を掌握し、次いでDMCまで参加して連立政権はまた議席を増やした。イスラエルの労働党支配の時代はここに終焉した。

イツハク・ラビンの首相第一期は、何とか三年もった。ラビンはこの期間を、自分としては失敗だったと位置づけている。彼は、自分の権力を党と政府に十分に強く押し出せなかったことを悔やんだ。ラビンは、表舞台でも自分を押し出すことができなかった。彼は、優柔不断で、積極性に欠け、慎重に過ぎた。主導権を奪うかわりに、彼は状況がイスラエルに有利に転換するのを待った。彼の戦略は、譲歩することが弱さの印として解釈されるようなことがない次元にまで、ユダヤ人の軍事力による鉄の壁を再構築することだった。結果として、首相としての三年間に、彼は時間稼ぎ以上の仕事はしていない。首相としての彼の業績から得られる教訓は、彼の前任者の二人のそれと同様、時間はアラブとの和平を求める積極外交のために使わない限り、イスラエルの味方にすることはできなかった、ということである。これは、十五年後にラビンが権力の座に返り咲いたときに実行に移した教訓であった。

5. 同上 129–30; and Peres, *Battling for Peace*, 165 and 301.
6. Ya'acobi, *On the Razor's Edge*, 174.
7. Interview in *New Outlook* 18, no. 6 (Sept. 1975) .
8. Raad Alkadiri, "Strategy and Tactics in Jordanian Foreign Policy, 1967-1988" (D.Phil. thesis, University of Oxford,1995) ,83–96.
9. Melman and Raviv, *Behind the Uprising*,130–34.
10. Interview with King Hussein.
11. Kissinger, *White House Years*,568.
12. Shaham, *Israel—50 Years*,375–76.
13. *Rabin Memoirs*,198–215.
14. Agreement between Egypt and Israel, 1 Sept.1975, in John Norton Moore, ed.,*The Arab-Israeli Conflict: Readings and Documents*,abr. and rev. ed. (Princeton, 1977) ,1209–10.
15. 同上 1219–23; and *Rabin Memoirs*, 213–15.
16. George Ball, "The Coming Crisis in Israeli-American Relations," *Foreign Affairs* 58,no. 2 (Winter 1979–80) .
17. Avner Yaniv, *Dilemmas of Security: Politics, Strategy, and the Israeli Experience in Lebanon* (New York,1987) ,60.
18. Nadav Safran,*Israel—The Embattled Ally*(Cambridge, Mass.,1978) ,561–62.
19. Itamar Rabinovich,*The War for Lebanon,1970–1983*(Ithaca,1984),105–6.
20. Rafael, *Destination Peace*, 363; and Yossi Melman, "Talks amid Hostility," *Ha'aretz*, 2 Aug. 1991.
21. Aryeh Bandar, "Secret Mission to Beirut," *Ma'ariv*,11 May 1997.
22. Ronen Bergman, "The Gamble," *Ha'aretz*,3 Jan.1997.
23. Ze'ev Schiff and Ehud Ya'ari, *Israel's Lebanon War* (London, 1984) ,18.
24. Yair Evron, *War and Intervention in Lebanon: The Israeli-Syrian Deterrence Dialogue* (London, 1987) , 55–56.
25.*Rabin Memoirs*,219.
26. Mohamed Heikal,*Secret Channels: The Inside Story of Arab-Israeli Peace Negotiations* (London,1996) , 244.
27. Peres,*Battling for Peace*,203.
28. Shaham,*Israel—50 Years*,388.

and the Olive Branch: The Roots of Violence in the Middle East (London, 1977) , 264.
40. Zak, *Hussein Makes Peace,* 44.
41. Interview with Simha Dinitz.
42. Interview with King Hussein.
43. Alan Hart, *Arafat: A Political Biography,* rev. ed. (London, 1994) , 219–20.
44. Eban, *Autobiography,* 479.
45. 同上 ; and Rafael, *Destination Peace,* 277–78.
46. Rafael, *Destination Peace,* 277–79.
47. *Jerusalem Post Magazine,* 27 Oct. 1972.
48. Henry Kissinger, *Years of Upheaval*(London, 1982) ,218–19(emphasis in original) .
49. 同上 220–21.
50. Anwar el-Sadat, *In Search of Identity: An Autobiography* (London, 1978) , 238.
51. Rafael, *Destination Peace,* 280.
52. As quoted in Eban, *Autobiography,* 487.
53. 同上 489.
54.Mohamed Heikal, *The Road to Ramadan* (London, 1975) , 205.
55.Interview with Abba Eban.
56.Eban, *Autobiography,* 488.
57. Major General Chaim Herzog, *The War of Atonement* (London, 1975) , 41.
58. Israel Tal, *National Security: The Few against the Many* (ヘブライ語) (Tel Aviv, 1996) , 166–67.
59. Dupui, *Elusive Victory,* 609.
60. Eban, *Autobiography,* 548.
61. Madiha Rashid Al Madfai, *Jordan, the United States and the Middle East Peace Process, 1974–1991* (Cambridge, 1993) , 19–21.

第8章　兵力引き離し 1974年～1977年

1. Shlomo Avineri, "Leader in the Grip of Political Constraints," *Ha'aretz,* 1 Dec. 1995. This article was published a month after Yitzhak Rabin's assassination.
2. Moshe Shemesh, *The Palestinian National Entity, 1959–1974: Arab Politics and the PLO* (London, 1988) , 294.
3. Kissinger, *Years of Upheaval,* 976.
4. Yossi Melman and Dan Raviv, *Behind the Uprising: Israelis, Jordanians, and Palestinians* (Westport, Conn., 1989) ,127–29.

Penetration Bombing in Egypt, 1970," *World Politics* 30, no. 4 (July 1978) .

11. Eban, *Personal Witness,* 485–86.
12. Gad Ya'acobi, *On the Razor's Edge* (ヘブライ語) (Tel Aviv, 1989) , 34.
13. Eban, *Personal Witness,* 482.
14. Weizman, *On Eagles' Wings,* 274–75.
15. Yaacov Bar-Siman-Tov, *The Israeli-Egyptian War of Attrition, 1969–1970* (New York, 1980) , 199.
16. Mordechai Gur, "The Six-Day War: Reflections after Twenty Years" (Hebrew) , *Ma'arachot,* no. 309 (July–Aug.1987) .
17. William B. Quandt, *Peace Process: American Diplomacy and the Arab-Israeli Conflict since 1967* (Berkeley, 1993) , 57–58.
18. Uri Bar-Joseph, "The Hidden Debate: The Formulation of Nuclear Doctrines in the Middle East," *Journal of Strategic Studies* 5, no. 2 (June 1982) .
19. Eban, *Personal Witness,* 500–501; and Rafael, *Destination Peace,* 256–57.
20. Eban, *Personal Witness,* 501.
21. *Rabin Memoirs,* 151–52.
22. Rafael, *Destination Peace,* 257.
23. Dayan, *Milestones,* 569.
24. *Rabin Memoirs,* 149–50.
25. Rafael, *Destination Peace,* 258–59.
26. 同上 260–61.
27. Eban, *Personal Witness,* 503–4.
28. 同上 504.
29. *Rabin Memoirs,* 155–56.
30. Dayan, *Milestones,* 527–28; and Eban, *Personal Witness,* 504–5.
31. Rami Tal, "Moshe Dayan: Soul Searching," *Yediot Aharonot,* 27 April 1997.
32. *Rabin Memoirs,* 159–62.
33. 同上 162–64.
34. Interview with Simha Dinitz.
35. Interview with Major General Aharon Yariv.
36. Mordechai Gazit, *The Peace Process 1969–1973: Efforts and Contacts,* Jerusalem Papers on Peace Problems, 35 (Jerusalem, 1983) , 92.
37. Eban, *Autobiography,* 488.
38. Henry Kissinger, *The White House Years* (Boston, 1979) , 376.
39. *Sunday Times,* 15 June 1969, as quoted in David Hirst, *The Gun*

55. Meeting between Dean Rusk and Abba Eban, 21 June 1967, National Security File, Country File, "Middle East Crisis," vol. 7, Cables, 6/67–7/67, Box 109, Lyndon Baines Johnson Library, Austin, Texas.
56. Interviews with Tahseen Bashir and Ismail Fahmy.
57. Reuven Pedatzur, "The June Decision Was Canceled in October," *Ha'aretz*, 12 May 1995.
58. Reuven Pedatzur,"Coming Back Full Circle:The Palestinian Option in 1967," *Middle East Journal* 49, no.2 (Spring 1995) .
59. Protocol of the meeting of the Political Committee, 7 July 1967, Labor Party Archive.
60. Meir Avidan, "19 June 1967: The Government of Israel Hereby Decides," *Davar*, 2 June 1987.
61. Haber, *Today War Will Break Out*, 297.
62. 同上 281–82.
63. Reuven Pedatzur,*The Triumph of Confusion:Israel and the Territories after the Six-Day War*（ヘブライ語）(Tel Aviv,1996) ,195–99.
64. Robert Stephens, *Nasser: A Political Biography* (London, 1971) ,523.
65. Interview with King Hussein.
66. Pedatzur, *Triumph of Confusion*, 112–13.
67. Interview with Abba Eban.
68. Eban, *Autobiography*, 416.
69. Yossi Beilin,*The Price of Unity: The Labor Party to the Yom Kippur War*（ヘブライ語）(Tel Aviv, 1985) ,16.
70. Pedatzur, "Coming Back Full Circle."
71. Eban, *Autobiography*, 446.
72. Interview with King Hussein.

第7章　現状維持主義 1969年～1974年
1. Medzini, *Proud Jewess*, 351.
2. 同上 523.
3. Meir, *My Life*, 312.
4. Interview with Simha Dinitz.
5. Rael Jean Isaac, *Israel Divided: Ideological Politics in the Jewish State* (Baltimore, 1976) .
6. Beilin, *Price of Unity*, 53–54.
7. Interview with Avraham Harman.
8. Interview with Abba Eban.
9. Rafael, *Destination Peace*, 211.
10. For a more detailed account see Avi Shlaim and Raymond Tanter, "Decision Process, Choice, and Consequences: Israel's Deep-

26. Interview with King Hussein.
27. Interview with Lieutenant General Yitzhak Rabin.
28. Interview with Miriam Eshkol.
29. Rami Tal,"Moshe Dayan: Soul Searching," *Yediot Aharonot*, 27 April 1997.
30. Eban, *Autobiography*, 319.
31. *The Rabin Memoirs* (London, 1979), 58–59.
32. Eban, *Personal Witness*, 386–91.
33. Haber, *Today War Will Break Out*, 194–99.
34. Meir Amit,"The Road to the Six Days:The Six-Day War in Retrospect,"*Ma'arachot*,no.325 (June–July 1992).
35. 同上 ; and Haber, *Today War Will Break Out*, 216–21.
36. Haber, *Today War Will Break Out*, 273.
37. 同上 246.
38. Interview with Lieutenant General Chaim Bar-Lev.
39. Zvi Lanir,"Political Aims and Military Objectives in Israel's Wars," in *War by Choice: A Collection of Articles* (ヘブライ語) (Tel Aviv, 1985) ,129–31.
40. Eban, *Autobiography*, 408.
41. Uzi Narkis, *Soldier of Jerusalem* (ヘブライ語) (Tel Aviv, 1991), 327.
42. *Ha'aretz,* 31 Dec. 1997.
43. Abraham Rabinovich,"Into the West Bank: The Jordanians were Laughing,"*International Herald Tribune*, 6–7 June 1992.
44. Interview with Major General Uzi Narkis.
45.Moshe A.Gilboa,*Six Years—Six Days: Origins and History of the Six-Day War* (ヘブライ語), 2nd ed. (Tel Aviv 1969) ,229.
46. Shlomo Nakdimon,"The Secret Battle for the Golan Heights," *Yediot Aharonot,* 30 May 1997.
47. *Rabin Memoirs*, 90.
48. Haber, *Today War Will Break Out*, 246–53.
49. Rami Tal, "Moshe Dayan: Soul Searching" ; and Serge Schmemann, "General Dayan Speaks from the Grave," *International Herald Tribune*,12 May 1997.
50. Trevor N. Dupui, *Elusive Victory*: *The Arab-Israeli Wars, 1947–1974* (New York, 1978) ,333.
51. Alexei Vassiliev,*Russian Policy in the Middle East: From Messianism to Pragmatism* (Reading,1993), 69–71.
52. Geoffrey Aronson,*Israel, Palestinians and the Intifada:Creating Facts on the West Bank* (London and New York,1987) ,10–12.
53. Dayan, *Milestones*, 490–91.
54. Eban, *Autobiography*, 435–36.

ISA.
47. Interview with Gershon Avner.

第6章　哀れな小男のサムソン 1963年～1969年

1. Ezer Weizman, *On Eagles'Wings: The Personal Story of the Leading Commander of the Israeli Air Force* (London,1976) ,262–63.
2. Interview with Miriam Eshkol.
3. *FRUS*,1961–63,18:624–26.
4. Interview with Shimon Peres.
5. Interview with Avraham Harman.
6. Protocol of the Meeting of the Secretariat,19 June 1964,Labor Party Archives.
7. Interview with Yitzhak Ben-Aharon.
8. Eban, *Personal Witness*, 327.
9. Interview with Major General Meir Amit.
10. Eitan Haber, *Today War Will Break Out: The Reminiscences of Brigadier General Israel Lior, Aide-de-Camp to Prime Ministers Levi Eshkol and Golda Meir* (ヘブライ語) (Tel Aviv, 1987) ,64–65.
11. Interview with King Hussein.
12. Report by Yaacov Herzog to Levi Eshkol,24 Sept.1963, quoted in Moshe Zak, *Hussein Makes Peace: Thirty Years and Another Year on the Road to Peace* (ヘブライ語) (Ramat Gan, 1996) ,12 and 41–42.
13. Interview with King Hussein.
14. Shaham,*Israel-50 Years*,215.
15. Haber,*Today War Will Break Out*,95–96.
16. Haytham al-Kilani, *Military Strategy in the Arab-Israeli Wars, 1948–1988* (アラブ語) (Beirut, 1991) , 260.
17. Moshe Shemesh,*"The Arab Struggle against Israel over Water, 1959–1967"* (ヘブライ語) ,*Iyunim Bitkumat Israel,7* (1997) .
18. Yezid Sayigh,*Armed Struggle and the Search for State:The Palestinian National Movement,1949–1993* (Oxford, 1997) .
19. Protocol of the Meeting of the Secretariat,27 April 1965, Labor Party Archive.
20. Interview with Lieutenant General Yitzhak Rabin.
21. Meron Medzini, ed., *Israel's Foreign Relations: Selected Documents,* vol. 2, *1947–1974* (Jerusalem, 1976) , 671–72.
22. Levi Eshkol,*On the Way Up* (ヘブライ語) (Tel Aviv, 1966) ,314–20.
23. Shaham,*Israel—50 Years,* 238.
24. Haber,*Today War Will Break Out*, 43.
25. Interview with Lieutenant General Yitzhak Rabin.

19. Ben-Gurion' s diary,17 July 1958.
20. Interview with King Hussein.
21.Ben-Gurion' s diary,17 July 1958.
22. 同上 18 July 1958;and Sir F.Rundall to FO,19 July 1958, FO 371/34284,PRO.
23.David Ben-Gurion to Dwight Eisenhower,24 July 1958,4316/7,ISA.
24.*FRUS*,1958–60, 13:74, n.2.
25. 同上 77–79.
26. 同上 82–83.
27. Lord Hood to Sir William Hayter, 9 Sept.1958, FO 371/134279, PRO.
28. Bar-Zohar,*Ben-Gurion*,3:1364.
29. Yuval Ne'eman, "Israel in the Age of Nuclear Weapons: Threat and Deterrence beyond 1995,"（ヘブライ語）, *Nativ* 8, no. 5 (1995). See also Yair Evron, *Israel's Nuclear Dilemma* (London, 1994).
30. Interview with Yitzhak Ben-Aharon.
31. Interview with Simha Dinitz.
32. Peres, *Battling for Peace*,136.
33. Avner Cohen,*Israel and the Bomb* (New York, 1998) ,108.
34. Meeting of President Kennedy and Prime Minister Ben-Gurion,30 May 1961,3294/7,ISA.
35. Feldman to Kennedy,19 Aug.1962, *FRUS*, 1961–63, 18:64–66; and Meron Medzini,*The Proud Jewess: Golda Meir and the Vision of Israel: A Political Biography* (ヘブライ語) (Tel Aviv, 1990) ,289–91.
36. Medzini,*Proud Jewess*,282–83.
37. Eshed, *Who Gave the Order?*,251–55.
38. Shaham, *Israel-50 Years*,206–8.
39. Harel, *Security and Democracy*, 411–12 and 427–33.
40. *Ben-Gurion's diary*, 5 Nov.1962.
41. 同上 27 Feb.1963.
42. Bar-Zohar, *Ben-Gurion*,3:1526–29.
43. Press release,29 April 1963, 2454/17,ISA.
44. Rafael, *Destination Peace*, 125–26. Rafael cites 12 May as the date of the letter, but American documents give the date as 26 April.For a summary of Ben-Gurion's letter,see *FRUS*,1961–63, 18:481–82.
45. Central Intelligence Agency, memorandum for the director,"Consequences of Israeli Acquisition of Nuclear Capability," 6 March 1963, John F. Kennedy Library,copy in the Ben-Gurion Archive.
46. Abba Eban to Chaim Yahil,30 April 1963, Yaacov Herzog to Gideon Rafael,5 May 1963, Katriel Katz to Shimshon Arad,3 June 1963, memorandum "The United States and Israel' s Security," 10 June 1963; and consultation on Israel-U.S. relations, 13 June 1963, 3377/6,

88. Michael Brecher,*Decisions in Israel's Foreign Policy* (London,1974) ,287–88.
89. Interview with Gershon Avner; Eban,*Personal Witness,* 277; and Rafael, *Destination Peace*,62–63.
90. Eban, *Personal Witness*,279–85.

第5章　周辺国との同盟 1957年～1963年

1. Lecture by Moshe Shemesh,"The Sinai War between Illusion and Reality: Egypt and the Arab States after the War," 21 Nov.1996, University of Haifa, conference on the fortieth anniversary of the Sinai War.
2. In writing this chapter, I benefited particularly from three books: Bar-Zohar, *Ben-Gurion*,vol.3; *David Ben-Gurion: The First Prime Minister: Selected Documents,1947–1963* (ヘブライ語), editing and historical notes by Eli Shaltiel (Jerusalem, 1996) ; and David Shaham, *Israel—50 Years* (Hebrew) (Tel Aviv,1998) .
3. Interview with Yitzhak Ben-Aharon.
4. Dayan, *Milestones,* 348–49.
5. Ben-Gurion to Dulles, 22 Aug.1957,in Shaltiel, *David Ben-Gurion*,406; and Harel,*Security and Democracy*,408.
6. Ben-Gurion's diary, 4 Jan.1958.
7. Interview with Major General Uzi Narkis.
8. Interview with Major General Yehoshafat Harkabi.
9. One discussion of the development is Michael Bar-Zohar,"Ben-Gurion and the Policy of the Periphery," in Itamar Rabinovich and Jehuda Reinharz, eds.,*Israel in the Middle East* (New York, 1984) 164–74.
10. Haggai Eshed, *Reuven Shiloah: The Man behind the Mossad*(London, 1997) ,xxvi–xxxi and 311–14.
11. Harel,*Security and Democracy* 409–10.
12. Central Intelligence *Agency,Israel: Foreign Intelligence and Security Services Survey* (ヘブライ語) ,trans. and ed. Yossi Melman (Tel Aviv, 1982) ,57.
13. Ben-Gurion to Emperor Haile Selassie,6 Nov.1958,in Shaltiel, *Ben-Gurion*,418–19.
14. Interview with Gershon Avner.
15. Harel, *Security and Democracy*,410.
16. Interview with Gershon Avner.
17. Ben-Gurion's diary,14 July 1958.
18. Selwyn Lloyd to Sir Francis Rundall (Tel Aviv) ,12 Aug. 1958, FO 371/134285, PRO.

documents. An edited version of his account was published as "Collusion at Suez," *Financial Times*, 8 Jan.1986.

70.Bar-On, *Challenge and Quarrel*. Bar-On originally wrote this detailed account of the events leading up to the Sinai Campaign at Dayan's request in 1957 with full access to the official documents. He was only allowed to publish it in Hebrew in 1991. Bar-On also published a book based on his doctoral thesis: *The Gates of Gaza: Israel's Road to Suez and Back, 1955–1957* (New York, 1994).

71. Ben-Gurion's diary, 24 Oct. 1956 (emphasis in original).

72. 同上 25 Oct. 1956.

73. Interview with Sir Donald Logan.

74. Ben-Gurion's diary, 25 Oct.1956.

75. Peres, *Battling for Peace*,130.

76. Yossi Melman, "A Royal Present," *Ha'aretz*, 11 Oct.1992.

77. BBCのドキュメンタリー番組『スエズ危機』は1996年10月22日に放映された。プロデューサー：ジェレミー・ベネット、キース・カイルと筆者が時代考証を担当した。英仏政府からの承諾の手紙を得、当時イスラエル外務大臣だったシモン・ペレスとの長い交渉の末に、ようやくセーヴル議定書の写しを取る許可が下りた。議定書は現在、スデ＝ボケルのベン＝グリオン資料館とエルサレムの国立公文書館が所蔵している。S. Ilan Troen,"The Protocol of Sèvres: British/French/Israeli Collusion against Egypt, 1956," *Israel Studies* 1, no. 2 (Fall 1996), reproduces the original French text of the protocol, a translation into English, the annex to the protocol, and the letters of ratification. An English translation of the protocol and the annex also appears in Keith Kyle, *Suez* (London, 1991),appendix A,565–67.

78. For a fuller account see Avi Shlaim, "The Protocol of Sèvres, 1956: Anatomy of a War Plot," *International Affairs* 73, no.3 (July 1997).

79. Bar-On, "David Ben-Gurion and the Sèvres Collusion," in Louis and Owen, eds., *Suez* 1956, 154–58.

80. Abba Eban, *Personal Witness: Israel through My Eyes* (New York, 1992),257.

81. Interview with Colonel Mordechai Bar-On.

82. Ben-Gurion's diary, 17, 19, 22, 24, 25,and 26 Oct.1956.

83. 同上 7 Nov.1956.

84. Interview with Major General Yosef Avidar.

85. Moshe Zak, *Forty Years of Dialogue with Moscow* (ヘブライ語) (Tel Aviv, 1988),180.

86. Bar-Zohar, *Ben-Gurion*, 3:1273–74.

87. Herzog, *A People That Dwells Alone*, 243–48.

French in the Sinai Campaign," *Ma'arachot*（ヘブライ語）,306-7（Dec. 1986-Jan.1987）.

50. Bar-On, *Challenge and Quarrel*,148.
51. Shimon Peres, *Battling for Peace: Memoirs*（London, 1995）,119-21; Dayan, *Milestones*, 205-7; and interviews with Major General Yehoshafat Harkabi and Colonel Mordechai Bar-On.
52. Ben-Gurion's diary, 29 July 1956.
53. 同上 30 July 1956.
54. 同上 29 July 1956; and Dayan, Milestones, 218-19.
55. Ben-Gurion's diary, 29 July 1956.
56. Peres, *Battling for Peace*, 121-22.
57. Bar-On, *Challenge and Quarrel*, 193-94.
58. Ben-Gurion's diary, 10 Aug. 1956.
59. 同上 25 Sept. 1956; Dayan, *Milestones*, 230-31; and Shimon Peres, *David's Sling: The Arming of Israel*（London, 1970）,189-92.
60. Dayan, *Milestones*, 233-40; Peres, *David's Sling*, 192-97; and the diary of the bureau of chief of staff Moshe Dayan for Sept. 1956, written and edited by Mordechai Bar-On. 日記の引用を認めてくれたモルデハイ・バール=オンに謝意を表する。
61. Anthony Nutting, *No End of a Lesson: The Story of Suez*（London, 1957）,92.
62. Interview with Sir Anthony Nutting.
63. Mordechai Bar-On, "David Ben-Gurion and the Sèvres Collusion," in Louis and Owen, eds., *Suez* 1956, 149-50.
64. 同上 150.
65. Ben-Gurion's diary, 18 Oct.1956.
66. 同上 17 Oct. 1956.
67. Interview with Shimon Peres.
68. Ben-Gurion's diary, 22 Oct. 1956; Dayan *Milestones*, 253-55; and Bar-Zohar, *Ben-Gurion*, 3:1229-31.
69. Christian Pineau, *Suez 1956*（Paris, 1976）; Abel Thomas *Comment Israël fut sauvé: Les Secrets de l'expédition de Suez*（Paris, 1978）; Selwyn Lloyd, *Suez 1956: A Personal Account*（London, 1978）; Moshe Dayan, *Story of My Life*（London, 1976）; Peres, *Battling for Peace;* "Ben-Gurion's Diary—The Suez-Sinai Campaign," edited and introduced by Selwyn Ilan Troen, in Selwyn Ilan Troen and Moshe Shemesh, eds., *The Suez-Sinai Campaign: Retrospective and Reappraisal*（London, 1990）; Donald Logan, "Suez: Meetings at Sèvres, 22-25 October 1956"; and Memorandum by Sir Patrick Dean, 1986. I am grateful to Sir Donald Logan for giving me copies of the last two

24. Sharett' s diary, 23, 25, 27, and 28 Dec.1955.
25. Protocol of the Political Committee, 27 Dec.1955, Labor Party Archive.
26. Rafael,*Destination Peace*,48.
27. Weekly Survey No.198,25 Jan.1956, probably written by Gideon Rafael,2454/11,ISA.
28. Interview with Gershon Avner.
29. Memorandum from the Secretary of State to the Under Secretary of State (Hoover) ,12 Dec.1955, *FRUS*,1955,14:848–49.
30. Memorandum of a Conversation, Department of State,13 Dec.1955,ibid.,856–57.
31.Dayan, *Milestones*,174–75.
32. Ben-Gurion's diary,17 Jan.1956.
33. Interview with Gershon Avner.
34. Sharett to Dulles,16 Jan.1956,2456/3,ISA.
35. The main sources for the following account of the Anderson mission are David Ben-Gurion, *Negotiations with Nasser* (Jerusalem, Israel Information Center, n.d.) ;Rafael *Destination Peace*, 48–52; Yaacov Herzog, *A People that Dwells Alone* (London, 1975) ,237–42; Mohamed Hassanein Heikal,*The Suez Files* (アラブ語) (Cairo, 1986) ,387–93 and documents,780–84; Shamir, "Collapse of Project Alpha," 80–81;and interviews with Gideon Rafael and Gershon Avner.
36. Ben-Gurion's diary, 15 Jan. 1956.
37. Isser Harel, *Security and Democracy* (ヘブライ語) (Tel Aviv, 1989) ,395–401.
38. Interview with Gershon Avner.
39. Dayan *Milestones*, 179–82; and Sharett' s diary, 18 March 1956.
40. Sir John Nicholls to Selwyn Lloyd,26 Feb.1957, "Israel: Annual Review for 1956,"FO 371/128087, PRO.
41. Byroade to the Department of State, 9 April 1956, *FRUS*, 1955–57, 15:498–500.
42. Dayan *Milestones*,200.
43. Interview with Yitzhak Ben-Aharon.
44. Proceedings of the Knesset, 19 June 1956.
45. Ben-Gurion to S. Yizhar, 21 June 1956, 2375/49,ISA.
46. Ben-Gurion's speech of 18 Jan. 1957, quoted in Sharett's diary for that date.
47. Interview with Gershon Avner.
48. Interview with Shimon Peres.
49. Colonel (res.) Yuval Ne'eman,"The Link with the British and the

102. 同上 19 Oct.1955.
103. 同上 22 Oct.1955.
104. 同上 25, 26 and 27 Oct.1955.
105. Dayan, *Diary of the Sinai Campaign,*12.
106. Mordechai Bar-On, *Challenge and Quarrel: The Road to the Sinai Campaign–1956*（ヘブライ語）(Beersheba, 1991）,39–41.

第4章　スエズへの道 1955 年～1957 年

1. Interview with Colonel Mordechai Bar-On.
2. Yair Evron,"The Interrelationship between Foreign Policy and Defense Policy in the Years 1949–1955,"（ヘブライ語）,*Skira Hodshit*, 35, no.11 (Dec. 1988）.
3. Interview with Colonel Mordechai Bar-On.
4. Bar-On, *Challenge and Quarrel*,45.
5. Interview with Major General Uzi Narkis.
6. Shimon Shamir,"The Collapse of Project Alpha," in Wm. Roger Louis and Roger Owen, eds.,*Suez 1956: The Crisis and Its Consequences* (Oxford, 1989）,81–82.
7. Annual Report for 1955 on Israel, 20 Feb. 1956, FO 371/121692, PRO.
8. Dayan, *Milestones,* 162–65.
9. Interviews with Colonel Meir Pail, Major General Uzi Narkis, Major General Meir Amit, and Lieutenant General Chaim Bar-Lev.
10. Dayan, *Milestones,*165.
11. Dayan, *Diary of the Sinai Campaign*, 13–15; and interview with Chaim Yisraeli.
12. Sharret's diary, 13 Feb.1955; Hutchison, *Violent Truce*,109–10; Burns, *Between Arab and Israeli,* 107–8; Hameiri, "Demilitarization and Conflict Resolution," 107; Tal,"Development of Israel' s Day-to-Day Security Conception," 329; and Morris, *Israel's Border Wars*, 364–69.
13. Sharett to Ben-Gurion, 27 Nov. 1955, 2454/11,ISA.
14. Sharett's diary, 16 Dec.1955.
15. Dayan, *Milestones,* 170; and Sharon, *Warrior,*124–25.
16. Sharon, *Warrior,*124.
17. Bar-On, *Challenge and Quarrel,*56–58.
18. Interview with Major General Uzi Narkis.
19. Sharett's diary, 10 Dec.1955.
20. Sharett to Ben-Gurion, 12 Dec. 1955, 2454/11,ISA.
21. Abba Eban, *An Autobiography* (London, 1977）,199.
22. Sharett's diary, 19 Dec.1955.
23. Brecher, *Foreign Policy System of Israel*,380–81.

75. Ben-Gurion's diary,3 March1955.
76. Zaki Shalom, *Policy in the Shadow of Controversy: Israel's Day-to-Day Security Policy, 1949–1956*（ヘブライ語）(Tel Aviv, 1996) ,46–47.
77. Moshe Dayan, *Diary of the Sinai Campaign* (New York, 1967) ,5.
78. Love,*Suez*,85.
79. Ehud Ya'ari, *Egypt and the Fedayeen, 1953–1956*（ヘブライ語）(Givat Haviva, 1975) .This pamphlet contains photographs of a sample of original documents in Arabic and a summary of the findings in English at the end,on pp.40–42.
80. Moshe Dayan,*Living with the Bible*（ヘブライ語）(Jerusalem, 1981) ,75–76.
81. Sharett's diary, 25 and 27 March,1955.
82. 同上 11 April 1955.
83. 同上 4 April 1955.
84. "Israel's Policy toward the Western Powers: Conclusions of the Conference of Ambassadors," 7 June 1955,2446/8 ISA;and Ben-Gurion's diary,12 May 1955.
85. "Israel's Policy towards the Western Powers: Conclusions of the Conference of Ambassadors," 7 June 1955, and"Summary of the Prime Minister's Talk at the Conference of Ambassadors on 28.5.1955," 2446/8 ISA.
86. Sharett's diary, 26 May 1955.
87. 同上 16 May 1955.
88. 同上 28 May 1955.
89. 同上 17 May 1955.
90. 同上 17, 18, 19 May 1955.
91. Ben-Gurion's diary, 30 July 1955.
92. 同上 31 July 1955.
93. Sharett's diary,31 July 1955.
94. 同上 7 Aug.1955.
95. 同上 8 Aug.1955; and Protocol of the Central Committee,8 Aug.1955, Labor Party Archive.
96. Elmore Jackson, *Middle East Mission: The Story of a Major Bid for Peace in the Time of Nasser and Ben-Gurion* (New York, 1983) ,40–45.
97. Sharett's diary, 24 Aug.1955; Dayan, *Milestones,* 150–52; and Bar Zohar, *Ben-Gurion,* 3:1146–48.
98. Sharett's diary, 5 Oct.1955.
99. 同上 12 Oct. 1955.
100. Interview with Gideon Rafael.
101. Sharett's diary, 14 Oct.1955.

38. Sharett's diary,letter dated 26 Oct.1954.
39. 同上
40. E. L. M. Burns,*Between Arab and Israeli* (Beirut,1969) ,41–44.
41. Sharett's diary, letter dated 26 Oct.1954.
42. Sharett's diary, letter dated 22 Dec.1954.
43. Sharett's diary, 13 Jan.1955.
44. 同上 18 Jan.1955.
45. 同上 23 Jan.1955.
46. Interview with Tahseen Bashir.
47. Jack Nicholls to Evelyn Shuckburgh, 14 Dec.1954, FO 371/111107,PRO.
48. Report by Dan Avni on the situation in Egypt,10 Oct. 1954, 2409/2,ISA.
49. Interview with Abdel Rahman Sadeq.
50. Gideon Rafael to Moshe Sharett, 19 Jan.1956, Summary and Lessons of the Contacts and Negotiations with Egypt,1949–1955,2454/2,ISA.
51 .Sharett to Nasser,21 Dec.1954,2454/2,ISA.
52. Included in Divon to Sharett,31 Dec.1954,2453/20,ISA.
53. Rafael to Sharett,22 Dec.1954,2553/21,ISA.
54. Sharett' s diary,26Jan.1955.
55. 同上 27 Jan.1955.
56. Rafael, *Destination Peace*,39.
57. Sharett's diary,10 Feb.1955.
58. Interview with Yaacov Shimoni.
59. Quoted in Eshed,*Who Gave the Order?*,128.
60. Sharett's diary,10 Jan.1955.
61. Rafael, *Destination Peace*,41.
62. Eshed, *Who Gave the Order?*,46.
63. Interview with Mordechai Bar-On.
64. Michael Bar-Zohar, *Ben-Gurion: A Political Biography* (Hebrew) , 3 vols. (Tel Aviv, 1975–77) , 3:1126.
65. Sharett's diary,20 and 21 Feb.1955.
66. 同上 27 Feb.1955.
67. 同上 6 March1955.
68. Kennett Love,*Suez:The Twice-Fought War* (New York,1969) ,1.
69. Rafael, *Destination Peace*,40.
70. Love,*Suez* 83.
71. Burns, *Between Arab and Israeli*,20.
72. Protocol of the Political Committee,16 Oct.1955, Labor Party Archive.
73. Sharett's diary,12 March1955.
74. Interview with Mordechai Bar-On.

chive.
12. Sharett's diary, 29 and 30 Nov.1953.
13. Moshe Dayan, *Milestones: An Autobiography*（ヘブライ語）(Jerusalem,1976) ,191.
14. Ury Avnery,*Israel without Zionists: A Plea for Peace in the Middle East* (New York,1968) ,133–34.
15. Quoted in Tal,"Development of Israel' s Day-to-Day Security Conception,"132 (emphasis in original) .
16. Moshe Dayan,"Military Operations in Peacetime,"（ヘブライ語）, *Ma' arachot,* May 1959.
17. Moshe Sharett,"Israel and the Arabs—War and Peace (Reflections on the Years 1947-1957)"（ヘブライ語）。シャレットの談話は1957年10月に採録されたものだが、出版はシャレットの死後の1966年10月。英訳は1966年10月18日の『エルサレム・ポスト』紙に掲載された。
18. Dayan, *Milestones,*139.
19. 同上
20.Sharett's diary, 31 Jan.1954.
21. 同上 27 Feb.1954.
22. 同上 28 Feb.1954.
23. Kirsten E.Schulze,*Israel's Covert Diplomacy in Lebanon* (London,1998) ,39–40.
24. Sharett's diary, 31 March 1954.
25. Protocol of the Political Committee, 12 May 1954, Labor Party Archive.
26. Sharett's diary, 17 May 1954.
27. Quoted in Haggai Eshed, *Who Gave the Order?: The Lavon Affair*（ヘブライ語）(Jerusalem, 1979) , 38.
28. Sharett's diary, 31 May 1954.
29. 同上 6 June 1954.
30.Protocol of the Political Committee, 27 June 1954, Labor Party Archive.
31. Interview with Yaacov Shimoni.
32. Dayan, *Milestones*,122.
33. Rafael, *Destination Peace,*36.
34. Sharett's diary,report dated 12 Jan.1955.
35. 同上 19 July 1954.
36. Record of a meeting on the Anglo-Egyptian agreement for the evacuation of the Suez Canal Zone, 3 Aug. 1954, 2446/8,ISA.
37. Annual Report on Israel for 1954, 18 Jan.1955, FO 371/115810, Public Record Office (PRO) .

51. 同上 , 94–95.
52. 同上 introd.
53. Interview with Gideon Rafael.
54. *DFPI*,1953,766–68.
55. Shabtai Teveth, *Moshe Dayan* (London: Weidenfeld and Nicolson,1972) ,211–14.
56. Commander E. H. Hutchison,*Violent Truce: A Military Observer Looks at the Arab-Israeli Conflict, 1951–1955* (London,1956) ,44.
57. *DFPI*, 1953, introd. and editorial note,769–71.
58. *DFPI*, 1953,companion vol.,451–52.
59. Ariel Sharon with David Chanoff, *Warrior: The Autobiography of Ariel Sharon* (London,1989) ,90–91.
60. Gideon Rafael,*Destination Peace: Three Decades of Israeli Foreign Policy* (New York,1981) ,32–34.
61. Morris,*Israel's Border Wars*,67.
62. The text of the report was posthumously published in David Ben-Gurion,*"Army and State,"Ma'arachot*, 279–80 (May–June 1981) .
63. Moshe Sharett, *A Personal Diary* (ヘブライ語) ,8 vols., 1953–57 (Tel Aviv, 1978) ,entry for 19 Oct. 1953, 1:53–55. Henceforth only the date of entry into the diary will be cited, without volume and page references.

第3章　和解の試み 1953 年〜1955 年

1. Quoted in Michael Brecher, *The Foreign Policy System of Israel: Setting, Images, Process* (Oxford, 1972) ,253.
2. Gabriel Sheffer,*Moshe Sharett:Biography of a Political Moderate* (Oxford,1996) .
3. Quoted in Zaki Shalom,*David Ben-Gurion, the State of Israel and the Arabs,1949–1956* (ヘブライ語) (Beersheba,1995) ,10.
4. Yaacov Erez,*Conversations with Moshe Dayan* (ヘブライ語) (Tel Aviv,1981) , 33.
5. Brecher,*Foreign Policy System of Israel*,285.
6. Protocol of the Political Committee, 12 May 1954, Labor Party Archive, Beit Berl, Kfar Saba.
7. David Ben-Gurion, *Vision and Fulfillment* (ヘブライ語) (Tel Aviv,1958) ,5:125.
8. 同上 171.
9. Golda Meir,*My Life* (London,1975) ,239.
10. Pinhas Lavon, *In the Paths of Reflection and Struggle* (Hebrew) (Tel Aviv,1968) ,153–63.
11. Protocol of the Central Committee,15 April 1954, Labor Party Ar-

Avner, Mordechai Gazit, and Major General Yehoshafat Harkabi.
26. *DFPI*, 1951, 249–50.
27. *DFPI*, 1952, 585–86.
28. 同上 592–93.
29. *DFPI*, 1953, introd. and 321–22; Simha Blass, *Water in Strife and Action*（ヘブライ語）（Ramat Gan, 1973）, 183–84; Ben-Gurion's diary, 17 and 23 April 1953; and Shalev, *Israel-Syria Armistice Regime*, 156.
30. *DFPI*,1952, 396.
31. Interview with Yaacov Shimoni.
32. *DFPI*,1952,454–56.
33. 同上 575–78.
34. 同上 587.
35.Interview with Abdel Rahman Sadeq.
36.*DFPI*,1953,82–83.
37. 同上 126–27.
38. 同上 356–57.
39. 同上 395.
40. 同上 414–15.
41. 同上 729–31.
42. David Tal,"The Development of Israel's Day-to-Day Security Conception, 1949–1956"（ヘブライ語）（Ph.D. thesis, Tel Aviv University,1994）,1–4.
43. Benny Morris,*Israel's Border Wars,1949–1956: Arab Infiltration,Israeli Retaliation,and the Countdown to the Suez War*（Oxford,1993）,49 and 412.
44. 同上 412–16.
45. Interview with King Hussein of Jordan.
46. See, for example, Lieutenant General J. B. Glubb,"Violence on the Jordan-Israel Border: A Jordanian View," *Foreign Affairs*, 32, no. 4,（July 1954）,and his autobiography, *A Soldier with the Arabs*（London, 1957）,chaps.13–15.
47. Glubb, "Violence on the Jordan-Israel Border."
48. Minister of Defense to the Prime Minister, 27.2.1952, collection of Jordanian records of the General Investigations, General Security,and Military Intelligence Departments captured by the IDF during the June 1967 war.Private Papers deposited in the Ben-Gurion Archive,Sede-Boker.
49. 同上 Protocol of a meeting held with district commanders on 2.7.1952 and chaired by Ahmed Sidqi al-Jundi.
50. *DFPI*,1953,introd.

9. Interviews with Lieutenant General Yigael Yadin, Major General Yehoshafat Harkabi, Joshua Palmon, Dr. Walter Eytan,Yaacov Shimoni,and Gershon Avner.
10. Mordechai Bar-On, "Status Quo Before—or After? Reflections on the Defense Policy of Israel,1949–1958" (ヘブライ語)) ,*Iyunim Bitkumat Israel* 5 (1995) .
11. Interview with Yaacov Shimoni.
12. Interview with Gideon Rafael.
13. Appendix no. 9,"Report on the Activities of the General Secretariat," record of the 11th session of the Arab League's Council, 25.3.1950–17.6.1950, p.161; copy in the library of the Harry S. Truman Research Institute for the Advancement of Peace, the Hebrew University of Jerusalem, Jerusalem.
14. This account of the Lausanne conference draws heavily on the introduction by Yemima Rosenthal to the volume of documents she edited: *DFPI,* vol.4, *May–December 1949* (Jerusalem,1986) .
15. Ben-Gurion' s diary, 14 Dec.1949.
16. For a detailed account of these talks see Shlaim, *Collusion across the Jordan.*
17. Interview with Moshe Sasson.
18. Sir Alec Kirkbride, *From the Wings: Amman Memoirs, 1947–1951* (London,1976) ,112.
19. Ben-Gurion's diary, 26 Nov.1949.
20. The Conference of Ambassadors, 17–23 July 1950, Third Session:"Israel and the Arab World,"36-9, 112/18, ISA.
21. Ben-Gurion's diary,13 Feb.1951.
22. Ben-Gurion's diary,21 and 23 July 1951.
23. Israel and the Arab States,a consultation in the Prime Minister's Office, 1 Oct.1952, 2446/7,ISA.
24. The main sources used for this section were the introductions and the official documents in *DFPI* for 1951, 1952, and 1953; Yehezkel Hameiri, "Demilitarization and Conflict Resolution: The Question of the Demilitarized Zones on the Israel-Syria Border, 1949–1967" (ヘブライ語)) (M.A. thesis, University of Haifa, 1978) ; Nissim Bar-Yaacov, *The Israel-Syria Armistice: Problems of Implementation, 1949–1966* (Jerusalem, 1967) ; Aryeh Shalev, *The Israel-Syria Armistice Regime, 1949–1955* (Boulder, Colo., 1993) ; and Moshe Ma'oz, *Syria and Israel: From War to Peacemaking* (Oxford,1995) .
25. Eli Nissan, "Who Is Afraid of Yosef Tekoah?"*Bamahaneh* (IDF weekly) ,13, no. 1024 (26 Dec.1967) ; and interviews with Gershon

1948–July 1949 (Jerusalem,1983) .
20. Ben-Gurion,*War Diary,*3:884–87.
21. Patrick Seale,*The Struggle for Syria: A Study in Post-War Arab Politics,1945–1958* (London,1965) , chap. 5; Miles Copeland,*The Game of Nations: The Amorality of Power Politics* (London,1969) ,42–46; and Wm. Roger Louis,*The British Empire in the Middle East,1945–1951: Arab Nationalism, the United States, and Postwar Imperialism* (Oxford,1984) ,621–26.
22. Record of Consultation held on 19 April 1949, Box 2441, File 7,Israel State Archives,Jerusalem (hereafter ISA) .See also Avi Shlaim "Husni Zaim and the Plan to Resettle Palestinian Refugees in Syria,"*Journal of Palestine Studies* 15,no.4 (Summer1986) .
23. Ben-Gurion's diary,16 April 1949,the Ben-Gurion Archive,Sede-Boker.
24. Ben-Gurion's diary,30 April 1949.
25. Protocol of cabinet meeting, 24 May 1949,ISA.
26. For a comprehensive treatment of the Arab and Israeli positions,see Rony E. Gabbay, *A Political Study of the Arab-Jewish Conflict:The Arab Refugee Problem* (Geneva,1959) .
27. これは、この問題に関するおそらくもっとも包括的な決定である、1952年9月23日のアラブ連盟会議で明瞭に述べられている。General Secretariat, the League of Arab States, Decisions of the Council from the first session to the nineteenth session (4 July 1945–7 Sept.1953) , p. 103; copy in the library of the Harry S.Truman Research Institute for the Advancement of Peace, the Hebrew University of Jerusalem, Jerusalem.
28. Protocol of cabinet meeting,29 May1949,ISA.
29. Ben-Gurion's diary, 14 July 1949.
30. Ben-Gurion's diary, 18 July 1949.

第2章　強化の時代 1949年～1953年

1. Proceedings of the Knesset,4 April 1949.
2. Ben-Gurion,*War Diary*, 3:937,entry for 8 Jan.1949.
3. Proceedings of the Knesset, 4 April 1949.
4. 同上
5. 同上
6. Ben-Gurion, *War Diary*, 3:958. See also Tom Segev,1949:*The First Israelis* (New York,1986) , 18–20.
7. Interview with Isser Harel.
8. Yeroham Cohen, *By Light and in Darkness* (ヘブライ語) (Tel Aviv,1969) ,274.

ブライ語）,ed.Gershon Rivlin and Elhanan Orren（Tel Aviv,1982）,1:97–106.
3. Benny Morris,*The Birth of the Palestinian Refugee Problem,1947–1949*（Cambridge,1987）,62–63.
4. Iraq, *Report of the Parliamentary Committee of Inquiry on the Palestinian Problem*（アラブ語）（Baghdad, 1949）,131.
5. Provisional State Council, *Protocols, 18 April–13 May 1948*（ヘブライ語）（Jerusalem,1978）,40–44. See also Shlaim,*Collusion across the Jordan*, 205–14.
6. Interview with Lieutenant General Yigael Yadin.
7. Ben-Gurion,*War Diary*,2:427.
8. Simha Flapan,*The Birth of Israel:Myths and Realities*（New York,1987）;Benny Morris,*The Birth of the Palestinian Refugee Problem and 1948 and After:Israel and the Palestinians*（Oxford,1990; rev.and exp. ed.,1994）;Ilan Pappé, *Britain and the Arab-Israeli Conflict,1948–51*（London,1988）and *The Making of the Arab-Israeli Conflict,1947–51*（London,1992）; Shlaim, *Collusion across the Jordan and*"The Debate about 1948,"*International Journal of Middle East Studies* 27,no.3（Aug.1995）.
9. Flapan, *Birth of Israel,187–99*, and Morris,*1948 and After*,13–16.
10. アラブ諸国間の不一致や騙し合いについてのさらに明らかな資料はイラクの：*Report of the Parliamentary Committee of Inquiry on the Palestine Problem*; Salih Saib al-Jubury, *The Palestine Misfortune and Its Political and Military Secrets*（アラブ語）（Beirut,1970）; and Abdullah al-Tall, *The Palestine Catastrophe*（アラブ語）（Cairo,1959）.
11. Interview with Yaacov Shimoni.
12. Ben-Gurion,*War Diary*, 2:453–54.
13. Sir John Bagot Glubb,*A Soldier with the Arabs*（London,1957）,110.
14. Uri Bar-Joseph,*The Best of Enemies:Israel and Transjordan in the War of 1948*（London,1987）.
15. Interviews with Lieutenant General Yigael Yadin,Major General Moshe Carmel, Ze'ev Sharef, and Yehoshua Palmon.
16. Yehoshua Freundlich, ed., *Documents on the Foreign Policy of Israel*（*DPFI*）, vol. 1, 14 May–30 September 1948（Jerusalem,1981）,632–36.
17. *The Autobiography of Nahum Goldmann:Sixty Years of Jewish Life*（New York,1969）,289–90.
18. Yehoshua Freundlich,ed., *DFPI*,vol.2,*October 1948–April 1949*（Jerusalem,1984）,126–27.
19. この章ではヘブライ語で書かれたイェミナ・ロゼンタールの解説を集中的に活用した。*DFPI*,vol.3, *Armistice Negotiations with the Arab States,December*

原注

プロローグ　シオニズムの成立

1. Yitzhak Epstein,"A Hidden Question"（ヘブライ語）,*Ha-Shiloah,*March 1907.
2. Theodor Herzl,*The Jewish State* (New York,1970)．
3. Raphael Patai, ed.,*The Complete Diaries of Theodor Herzl,*trans.Harry Zohn (New York,1960),2:581.
4. シオニズムとアラブ関連の文献は大量にある。とくに本章の執筆に有益と思われたのは以下の著作である。Simha Flapan, *Zionism and the Palestinians*（London,1979）; Shlomo Avineri,*The Making of Modern Zionism: The Intellectual Origins of the Jewish State* (New York, 1981); Shmuel Almog,ed., *Zionism and the Arabs: Essays* (Jerusalem 1983); Yosef Gorny, *Zionism and the Arabs, 1882–1948: A Study of Ideology* (Oxford, 1987); and David J. Goldberg,*To the Promised Land: A History of Zionist Thought from Its Origins to the Modern State of Israel* (London,1996)．
5. Theodor Herzl, *Old-New Land* (New York,1960),137–41.
6. Ze'ev Jabotinsky,*Writings:On the Road to Statehood*（ヘブライ語）(Jerusalem,1959),251–60.
7. 同上,260–66.
8. Ian Lustick,"To Build and to Be Built By:Israel and the Hidden Logic of the Iron Wall,"*Israel Studies* 1,no.1 (Spring 1996)．
9. Quoted in Shabtai Teveth, *Ben-Gurion and the Palestinian Arabs: From Peace to War* (Oxford,1985), 166.
10. David Ben-Gurion,*My Talks with Arab Leaders* (Jerusalem,1972),80.
11. David Ben-Gurion,*Letters to Paula* (London,1971),153–57.
12. Menachem Begin,*The Revolt,*rev.ed. (New York,1977),433.

第1章　イスラエルの出現 1947年～1949年

1. Ezra Danin,"Talk with Abdullah, 17 Nov.1947, S25/4004,Central Zionist Archives (CZA),Jerusalem, and Elias Sasson to Moshe Shertok,20 Nov.1947,S25/1699,CZA.See also Avi Shlaim,*Collusion across the Jordan:King Abdullah,the Zionist Movement,and the Partition of Palestine* (Oxford,1988),110–17.
2. David Ben-Gurion,*War Diary:The War of Independence,1948–1949*（ヘ

【ワ行】

【ラ行】

【ヤ行】

【マ行】

【ハ行】

【ナ行】

【タ行】

【サ行】

【カ行】

索引（五十音順）

インタビュー・リスト

氏名と役職	インタビュー期日
アミット少将 ＜軍情報局長、モサド長官＞	'82.8.5
ヨセフ・アヴィダル少将 ＜中央司令部司令官、駐モスクワ大使＞	'82.8.11
ガーション・アヴナー ＜外務省＞	'82.7.4,14/ '83.9.6
ハイム・バール＝レヴ中将 ＜参謀総長＞	'82.8.3, 30
モルデハイ・バール＝オン大佐 ＜モシェ・ダヤンの官房長＞	'82.8.3,6,11,23,29
タハセエン・バシル ＜エジプト外務省＞	'81.5.23
イツハク・ベン＝アハロン ＜労働者統一党党首、運輸大臣＞	82.7.21/8.9
モシェ・カーメル少将 ＜北部司令官＞	'83.9.1
シムハ・ディニッツ ＜外務省＞	'82.7.21
アバ・エバン ＜外務大臣＞	'76.3.11
ミリアム・エシュコル ＜エシュコル夫人＞	'82.1.31
ウォルター・エイタン ＜外務省＞	'82.4.28/5.18
イスマイール・ファハミ ＜エジプト外相＞	'82.9.17
モルデハイ・ガズィット ＜外務省＞	'82.8.22
イッセル・ハレル＜モサド長官＞	'82.8.13
イェフォシャファト・ハルカビ少将 ＜軍情報局長＞	'81.8.12/'82.6.11,8.12,17
アヴラハム・ハーマン ＜駐ワシントン大使＞	82.8.25
フセイン・ビン・タラル ＜ヨルダン王＞	'96.12.3
ドナルド・ローガン卿 ＜イギリス外務省＞	'96.12.7
ウジ・ナルキス少将 ＜中央司令部司令官＞	'82.7.20,8.2,4
アンソニー・ナッティング卿 ＜イギリス外相＞	'97.3.12
メイア・ペール大佐 ＜イスラエル国防軍＞	'82.7.19
イェホシュア・パルモン ＜アラブ問題首相顧問＞	'82.5.31,6.14,8.18/'83.9.26
シモン・ペレス ＜国防相、外相、首相＞	'82.8.20
イツハク・ラビン ＜参謀総長、国防相、首相＞	'82.8.22
ギデオン・ラファエル ＜外務省＞	'82.5.17,27
アブデル・ラハマン・サデック ＜ナセル大統領補佐＞	'82.9.19
モシェ・サッソン ＜外務省、駐エジプト大使＞	'82.9.8/'83.9.23
ゼエヴ・シャレフ ＜内閣官房＞	'82.5.24
ヤーコヴ・シモニ ＜外務省＞	'82.8.26/ '83.9.26,29
イガエル・ヤディン中将 ＜参謀総長＞	'82.2.18,8.19/'83.8.30
アハロン・ヤリヴ少将 ＜軍情報局長＞	'82.8.30
ハイム・イスラエリ ＜国防相＞	'82.6.3,9.9

[著者略歴]

アヴィ・シュライム（AVI SHLAIM）

イギリス在住のユダヤ人歴史学者。1945年10月31日にバグダッドに生まれ、イスラエルで育った。16歳でイギリスに渡り、ユダヤ人学校に入学、その後イスラエルに戻り1964年から1966年まで兵役を務めた。1966年にケンブリッジのジーザス・カレッジで歴史を学び、学士号を取得。バルフォア宣言当時の英国外相だったロイド・ジョージの曾孫と結婚、以来イギリスに定住、イギリスとイスラエルの両方の国籍を所持する。現在、オックスフォード大学セント・アントニーズ・カレッジで国際関係論を教えている。本書の他に以下の著書がある。

Collusion across the Jordan: King Abdullah, the Zionist Movement and the Partition of Palestine（1988）

The Politics of Partition（1990 and 1998）

War and Peace in the Middle East: A Concise History（1995）

The Cold War and the Middle East（co-editor, 1997）

Lion of Jordan: The Life of King Hussein in War and Peace（2007）

Israel and Palestine（2009）

[訳者略歴]

神尾賢二（かみお けんじ）

翻訳家、映像作家。1946年大阪生まれ、早大中退。バルセロナ在住。翻訳書に『ウォーター・ウォーズ』（ヴァンダナ・シヴァ著、緑風出版）、『気候パニック』（イヴ・ルノワール著、緑風出版）、『石油の隠された貌』（エリック・ローラン著、緑風出版）、『灰の中から—サダム・フセインのイラク』（アンドリュー・コバーン、パトリック、コバーン著、緑風出版）、『大統領チャベス』（クリスティーナ・マルカーノ、アルベルト・バレーラ著、緑風出版）、『海に消えた星の王子さま』（ジャック・プラデル、リュック・ヴァンレル著、緑風出版）、『金持ちが地球を破壊する』（エルベ・ケンプ著、緑風出版）、『資本主義からの脱却』（エルベ・ケンプ著、緑風出版）、著書に『An English Guide to Kamakura's Temples & Shrines』（緑風出版）がある。

鉄《てつ》の壁《かべ》［第二版］［上巻］
――イスラエルとアラブ世界

2013年6月15日　初版第1刷発行　　定価3,500円＋税

著　者　アヴィ・シュライム
訳　者　神尾賢二
発行者　高須次郎
発行所　緑風出版 ©
〒113-0033　東京都文京区本郷2-17-5　ツイン壱岐坂
［電話］03-3812-9420　［FAX］03-3812-7262［郵便振替］00100-9-30776
［E-mail］info@ryokufu.com［URL］http://www.ryokufu.com/
装　幀　斎藤あかね
制　作　R 企 画　　印　刷　シナノ・巣鴨美術印刷
製　本　シナノ　　用　紙　大宝紙業・シナノ　　E1500

ISBN978-4-8461-1311-7　C0031